太原市迎泽区年鉴

2017

太原市迎泽区史志办公室 编

方志出版社
Publishing House of Local Records

图书在版编目(CIP)数据

太原市迎泽区年鉴.2017 / 太原市迎泽区史志办公室编.一北京：方志出版社, 2018.6

ISBN 978-7-5144-3113-1

Ⅰ.①太… Ⅱ.①太… Ⅲ.①区（城市）一太原一2017一年鉴 Ⅳ.①Z522.54

中国版本图书馆 CIP 数据核字(2018)第 143293 号

太原市迎泽区年鉴(2017)

编　　者：太原市迎泽区史志办公室
责任编辑：顾　洁

出 版 人：冀祥德
出 版 者：方志出版社
地址　北京市朝阳区潘家园东里 9 号(国家方志馆 4 层)
邮编　100021
网址　http://www.fzph.org
发　　行：方志出版社图书经销中心
电话　（010）67110500
经　　销：各地新华书店
印　　刷：山西省史志印刷厂

开　　本：889×1194　1/16
印　　张：25.25
字　　数：452.5千字
版　　次：2018年6月第1版　2018年6月第1次印刷
印　　数：0001～1000册

ISBN 978-7-5144-3113-1　定价：298.00元

太原市迎泽区政区图

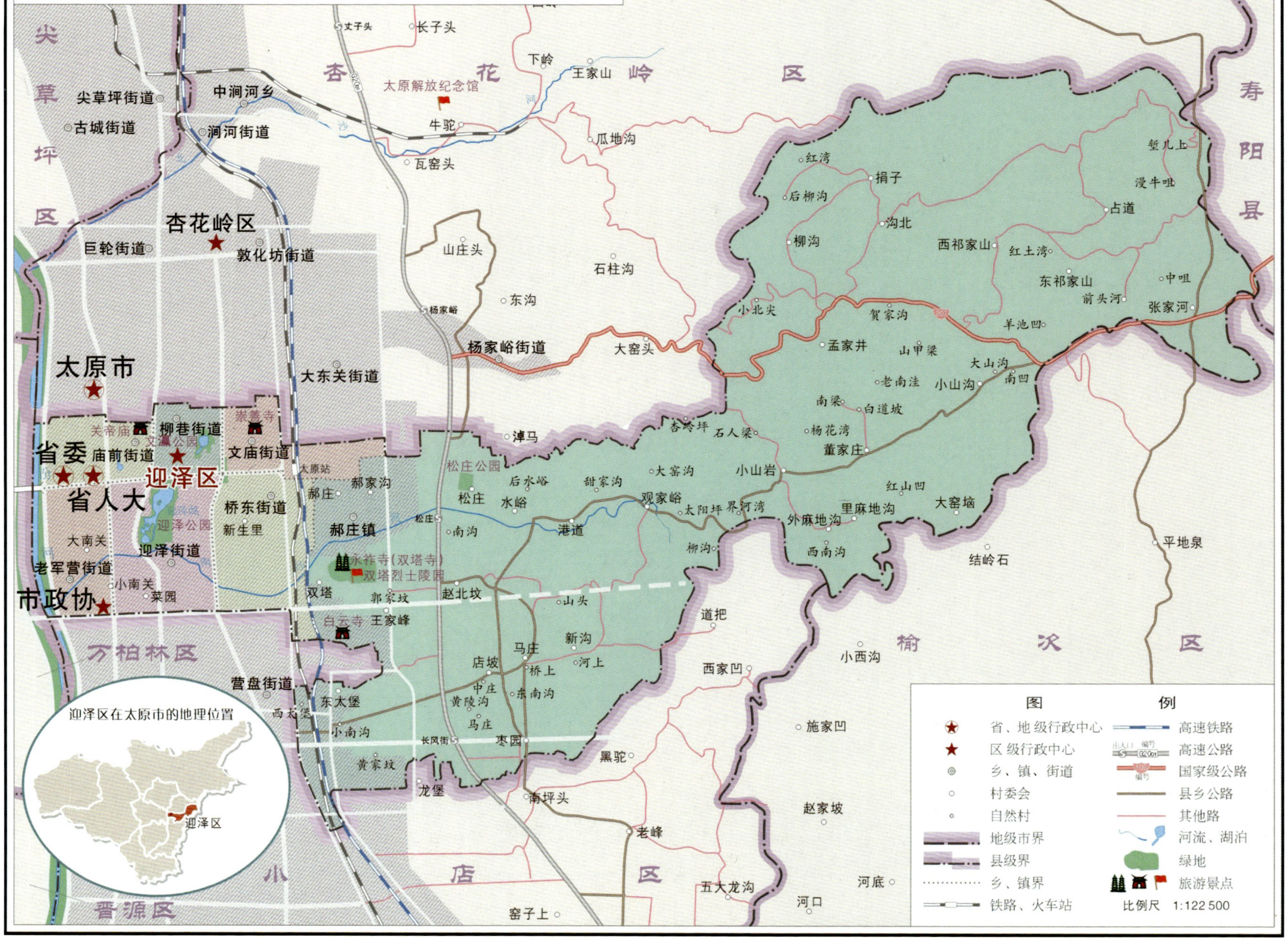

审图号：晋S(2017)037号

万柏林区
漪汾桥
市环保局、市发改委
金融大厦
杏花岭
国贸大厦
省政府
市中级人民法院
西华门街
省电力公司
省中西
府
西
街
市委
太原日报社
市房地局
外文书店
府
东
五
少年科技城
桃
园
二
巷
新
半坡西街
半坡东街
山西戏剧职业学校
解
省眼科医院
柳
五一路小学
北京华
市政府
鼓楼街
天地坛
市劳务市场
市劳动局
山西剧院
巷
铜锣湾购物中心
市人民医
滨
桃园
省气象局
田和商厦
柳巷街道
羊
市
钟楼街
桥头街
上
省农业厅
海边街
都
放
汾酒大厦
六味斋
郭家巷
汾
桃园四巷
水渠巷
司
关帝庙
柴市巷
柳
柳巷街道办事处
省公安厅
省水利厅
建
街
巷
文瀛湖
海子边东街
上官
北
天美名店
庙前街道
省地税局
华宇巷
纯阳宫
太原
水
西
门
开化寺街
文瀛公园
市公安局
山西经济报社
南
南
路
学
庙前街道办事处
韶九巷
棉花巷
前所街
侯家
路
市水力资源勘测分局
西海子
南海西街
南海东街
路
迎泽区
河
纺织大厦
海
富百家
五一广场
水西关南街
路
旧城街
后铁匠巷
起凤街
五
劲松北路
迎泽宾馆
省机关事务管理局
天一宾
省委
省人大
金广快捷酒店
联通营业厅
大
墨艺园
省财政厅
铁三局
省测绘地理信息局
并州饭店
三晋国际
泽
湖滨国际大酒店
迎
迎泽大桥
迎
南工人文化宫
景峰国际
青
邮政大厦
省广播电视厅
井
劲
省科技厅
解
迎
迎
东陵里巷
金港大酒店
桥东
珠林园
桃园西巷
老
山西大酒店
新
省歌舞剧院
新泽巷
迎
劲松公寓
东
军
松
省交通厅
三友电器
省图书馆
少年宫
泽
岗
文
源
街
迎泽区公安分局
路
营
省审计厅
山大一院
青年东街
省艺术职业学校
巷
园
山西水文水资源勘查局
泽
泽
年
中科院山西煤炭化学研究所
放
公
晋商博物馆
州
街
省纤维检验局
康乐
并州西街
井
热力公司
化工部第二设计院
建
街
湖
五中
省中医院
南
道
山西医科大学
园
道
游乐园
路
邮电后街
大南关
省邮政储汇局
河
办
省煤矿安监局
佳泰花园
省公安厅交警大队
路
事
市疾病预防控制中心
南
市传染病医院
市公交公司
迎泽街道
公交二公司
南
东岗路
省人民医院
北
管道桥
塔
西
事
街
双
山西日报社
山西中
双
老军营街道
处
省造林局
寇
双西小学
体
新华印刷厂
市供电公司
滨
老
省第二人民医院
处
市第八人民医院
东
庄
省招生考试管理中心
军
小南关
街
营菜园西街
园
路
菜
市地矿局
菜园路
东
市质监局
育
河
巷
山西财经大学（北校区）
路
省引黄工程局
省贸易
市文化艺术学校
市妇幼保健院
市政协
省电影学校
环
南内环桥
南
内
鼎太风华
晋武宾
太原卫校
赛格数码广场
青龙电脑城
阳光数码城
航天科工山西通信
体
长
西
市人大
市委党校
平
育
滨
东太原市林业局
黄河京都大酒店
寇庄北街
并
万
河
省轻工建设设计院
大健康生活广场
古玩市场
育
寇庄
柏
太原大学外语师范学院
治
合成帝景
寇庄南街
迎泽区人民法院
西
阳
寇
小
店
路
省体育局
省体彩中心
州
林
美特好超市
渠
紫竹苑
庄
路
南
区
平阳路西一巷
王村北路
街
慧泽苑
太原旅游
路
市公路局
路
山西投资大厦
西
路
泽丰苑
王村南街
营盘街

太原市迎泽区城区图

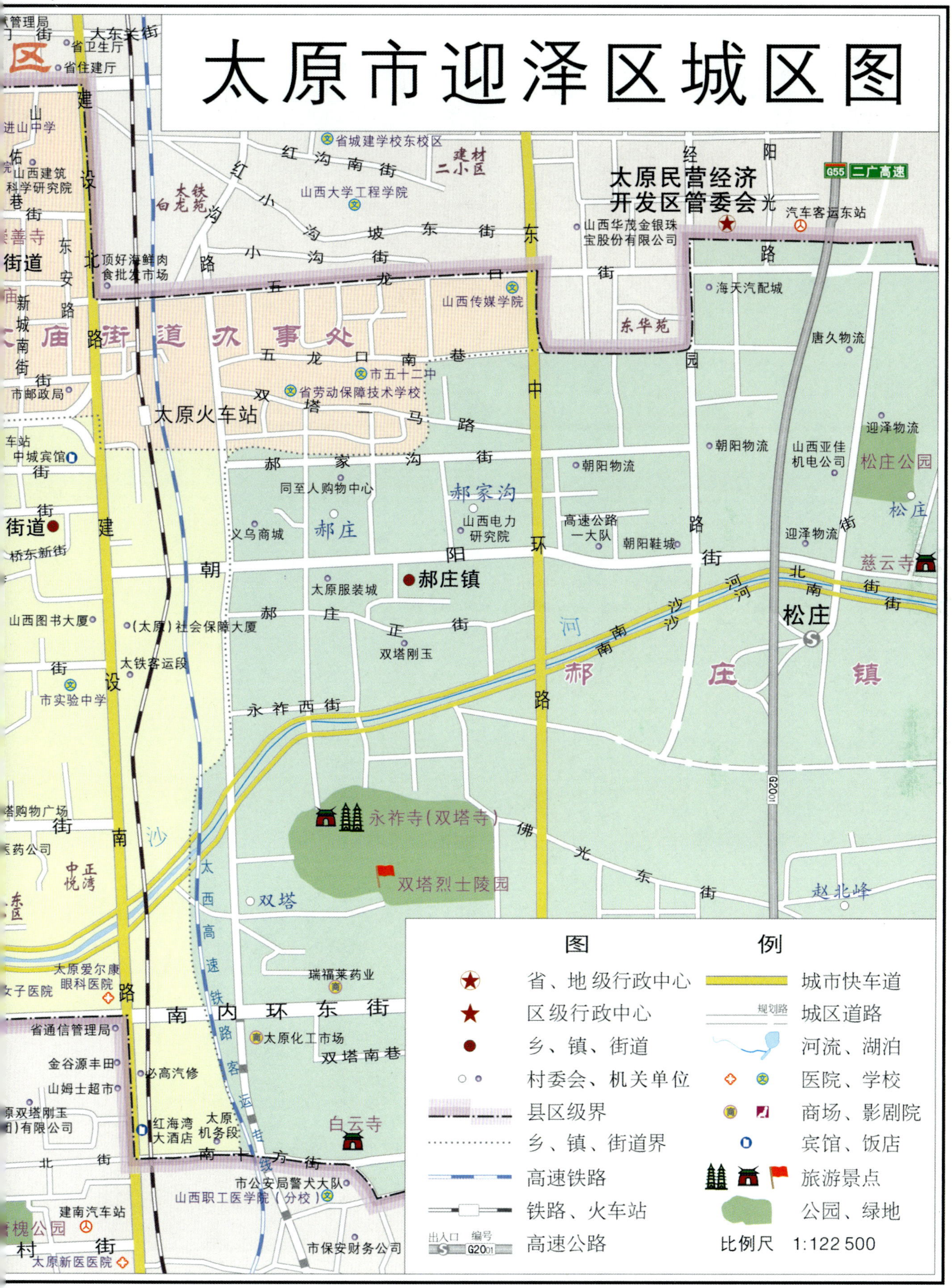

审图号：晋S(2017)037号

2016年5月16日，最高人民检察院检察长曹建明（右一）与参加第六届全国先进基层检察院表彰大会的迎泽区检察院代表亲切握手

2016年11月2日，国家禁毒委委员、文化部副部长项兆伦（右二）在迎泽区检查指导禁毒工作

2016年5月4日，省委副书记楼阳生（左二）和副省长、省公安厅厅长刘杰（左一）在迎泽公安分局调研社会治安风险隐患大排查大整治工作

2016年7月21日，省人大一行视察迎泽区侨办企业

2016年12月13日，太原市副市长、市公安局局长马润生（左四）到迎泽区并州路慰问执勤干警

迎泽区五届人大一次会议

迎泽区人大代表履职培训

郝庄镇第四次党代会

郝庄镇四届人大一次会议

迎泽区直机关庆“七一”暨“两学一做”诗歌朗诵会

2016年4月8日，来自全省各地的150多名社区党组织书记在南海街二社区观摩学习

文庙街道党工委举行“两学一做”知识竞赛

郝庄镇党委开展“两学一做”学习教育活动

2016年6月5日，迎泽公安分局民警在新址举行重温入党誓词活动

2016年11月15日，迎泽区水务局开展廉政党课活动

2016年11月8日，太原市委宣传部副部长、市文明办主任詹玉梅（左六）在南海街二社区指导文明创建工作

迎泽区国土局道德讲堂

2016年3月4日，迎泽区检察院青年志愿者在柳巷街区开展活动

文庙街道中华经典诵读暨传统服饰展示活动

文庙街道"争做文明太原人"签名活动

海边街社区"浓情五月 感恩母亲节"文艺汇演

郝庄镇土地确权调解现场

2016年6月水毁工程
修复现场

郝庄镇郝家沟城中村改造

店坡社区城中村改造

2016年8月，迎泽公安分局新址指挥中心

2016年12月31日，迎泽公安分局应急小分队民警与特警在太原站联合巡逻

2016年12月30日，迎泽公安分局在五一广场举行保“两节”联合执法行动启动仪式

2016年6月26日，迎泽公安分局在火车站举行禁毒宣传活动

2016年8月，指挥中心民警正在进行视频追踪

2016年9月26日，迎泽公安分局局长魏毅（右）赴火车站迎接押解8·17专案嫌疑人抵并的专案组民警

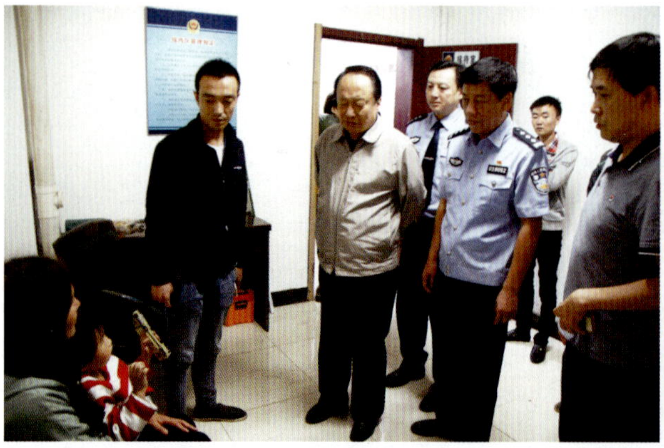

2016年9月27日，迎泽公安分局仅用10小时破获拐骗儿童案。市公安局副局长雷毓智（左立二）到现场看望被解救的儿童

2016年12月24日，迎泽公安分局在柳巷开展平安夜圣诞节安保活动

2016年12月25日，柳巷派出所民警在视频指挥室监控调度安保警力

2016年12月26日，迎泽公安分局长风东派出所捣毁一制贩假证窝点，缴获伪造公章证照2800余件

2016年8月，迎泽公安分局刑侦大队技术中队民警在新建DNA实验室紧张工作

2016年8月，法医在迎泽公安分局新建实验室进行证据提取

2016年4月28日，迎泽公安分局老军营派出所开展安全进社区宣传活动

迎泽区检察院被最高人民检察院授予“全国先进基层检察院”称号

迎泽区检察院被山西省人民检察院授予“全省先进基层检察院”称号

2016年9月，迎泽区开展统战宣传月活动

2016年9月20日，迎泽区委统战部、桥东街道党工委与鼎元商会共同举办“送温暖 献爱心”捐赠活动

常务副区长侯森（右一）出席迎泽区不动产统一登记揭牌仪式

迎泽区领导检查指导防震科普教育基地

开化寺垃圾中转站改造后全景图

迎泽区城管局执法队员整治占道经营

五龙口38号院抢险救灾现场

2016年11月15日，康隆商城设立公益饮水亭

2016年9月29日，区侨联、迎泽街办、青二社区侨之家在景峰国际举办“心系侨眷 情暖侨心 和谐迎泽”书画展

伊期兰教文化知识培训

2016年12月4日，迎泽区档案局开展档案法制宣传日宣传活动

迎泽区城镇职工基本医疗保险中心通过山西省档案局三级档案验收

朝阳街小学

永祚寺双塔

崇善寺

大关帝庙

中正天街

东山绿化

文瀛公园

《太原市迎泽区年鉴》编纂委员会

《太原市迎泽区年鉴》编审人员

主　　编　范　勇

副 主 编　刘晓明　罗汝玲

监　　制　丰　胜

编　　辑　杨水云　张国文　董剑云　张　洁

统筹策划　山西省方志发展中心

审　　稿　太原市地方志办公室

编纂说明

一、《太原市迎泽区年鉴》由太原市迎泽区人民政府主管、迎泽区史志办公室主办并组织编纂。以马克思列宁主义、毛泽东思想、邓小平理论、“三个代表”重要思想、科学发展观、习近平新时代中国特色社会主义思想为指导，坚持辩证唯物主义和历史唯物主义的立场、观点和方法。

二、《太原市迎泽区年鉴》是系统记述迎泽区自然、政治、经济、文化、社会等方面情况的年度资料性文献，为认识迎泽区、研究迎泽区、建设迎泽区提供翔实资料，为科学决策、指导工作提供最新信息。

三、《太原市迎泽区年鉴（2017）》记述时限为2016年1月1日至12月31日。

四、《太原市迎泽区年鉴（2017）》采用分类编辑法，以部类为单位，部类由分目和条目组成。条目为收录资料信息的基本单元。共设19个部类：特载、大事记、区情概览、中国共产党太原市迎泽区委员会、太原市迎泽区人民代表大会常务委员会、太原市迎泽区人民政府、政协太原市迎泽区委员会、社会团体、武装、法治、经济管理与监督、农林水务、城乡建设与管理及环境保护、财政税务、商业、社会生活、街道（镇）、人物、附录。卷末设索引，以备查阅。

五、《太原市迎泽区年鉴（2017）》所有分目和条目，均由区直各单位、各街道（镇）及驻区省属、市属有关单位负责撰写，并经撰稿单位领导审核。撰稿人姓名署于各条目之后；连续多个条目为同一撰稿人撰写，则在最后一个条目署名。

六、《太原市迎泽区年鉴（2017）》中的综合性资料、数据，一般截至2016年底。“区情概览”部类中的“国民经济和社会发展”分目，由迎泽区统计局供稿。因统计口径等原因，有关部门所用个别数据与该部类中的数据不尽一致，凡涉及迎泽区国民经济和社会发展的全局性数据，以区统计局提供的资料为准。

总目

ZONGMU

目　录

MULU

特　载

大事记

区情概览

中国共产党太原市迎泽区委员会

太原市迎泽区人民代表大会常务委员会

太原市迎泽区人民政府

政协太原市迎泽区委员会

社会团体

军　事

法 治

经济管理与监督

农林水务

城乡建设与管理　环境保护

财政　税务

商　业

社会生活

街道（镇）

人　物

附　录

抢抓机遇　争先进位　奋力谱写迎泽创新转型新篇章

——在中国共产党太原市迎泽区第五届代表大会第二次会议暨经济工作会议上的报告

中共太原市迎泽区委书记　冯原平

（2017 年 1 月 24 日）

2016 年的工作回顾

2016 年，是实施“十三五”规划和全面建成小康社会决胜阶段的开局之年，也是我区建设“省城首善之区”的起步之年。一年来，区委在市委、市政府的坚强领导下，深入学习习近平总书记系列重要讲话精神和治国理政新理念、新思想、新战略，认真学习贯彻党的十八大，十八届三中、四中、五中、六中全会精神和省、市第十一次党代会精神，坚决落实“一个指引、两手硬”和“两个走在前列”的重大思路要求，强化政治意识、大局意识、核心意识、看齐意识，进一步加强和改善党对经济工作的领导，主动适应经济发展新常态，以扎实开展“两学一做”学习教育为契机和动力，深入推进“双学双促”专项行动，攻坚克难，苦干实干，全区经济持续保持平稳较快增长势头，政治、文化、社会、生态文明和党的建设全面加强，创新驱动、转型升级取得新突破。

经济发展的方向更加明确，质量和效益进一步提高。坚持以新理念引领发展新实践，进一步明晰发展思路，科学规划建成区、城乡结合部地区和东山地区“三个板块”的功能定位和产业布局，积极探索中心城区创新驱动、转型升级新路径。持续推进传统服务业提质改造，实施柳巷智慧商圈建设，对朝阳商圈及周边街巷进行综合整治和业态提升，促进了核心商圈多元业态集成发展。大力发展新兴产业，积极承接产业转移，精准招商引资，签约落地了华润地产、红星美凯龙城市家居、万科紫院、张家河特色小镇旅游等一批重大项目，厚植发展优势，培育了一批新的经济增长点。大力扶持民营经济和小微企业创业创新发展，积极筹备红十字口腔医院上市，为9个“双创”项目融资2500万元，解决了一批小微企业融资难问题。深化商事制度改革，优化审批服务，全面推行“五证合一”，率先实行个体工商户营业执照“两证整合”，进一步营造了亲、清的政务环境。2016年，全年地区生产总值完成602.2亿元，同比增长6.6%；服务业增加值完成521.3亿元，同比增长6.4%；社会消费品零售总额完成440.2亿元，同比增长10.8%；固定资产投资完成218.2亿元，同比增长14.3%；城镇常住居民可支配收入预计达到30195元，同比增长6.5%；农村常住居民可支配收入预计达到19192元，同比增长6.8%；公共财政预算收入完成13.9亿元。主要经济指标处于省市前列。

城中村改造取得突破性进展，城市建设管理水平迈上新台阶。坚持把城中村改造作为补短板、破解空间制约的重大发展战略工程和头号民生工程，全面开展2015年6个整村拆除重点村的“清零”行动，完成了郝庄、双塔、赵北峰3个村的收尾工作。启动并基本完成2016年确定的郝家沟、店坡、马庄3个城中村整村拆除，实现了中环以内城中村全部拆除目标。加快回迁安置项目建设，建成19万平方米，新开工25.08万平米，王家峰村实现了全部回迁安置目标。高度重视城市建设与管理，组织实施了五一路、迎泽大街下穿火车站通道、轨道交通2号线建设及18条小街巷改造的房屋征收工作。围绕“五城联创”，扎实开展9项专项整治，对2个片区和19条背街小巷进行高标准综合整治，累计拆除违法建设17余万平方米。持续开展露天烧烤等环境顽疾治理，升级改造公厕83座，在全区528条街道增加人工保洁次数，在123条主次街道全面推行机械化水冲洗作业，小广告整治工作经验在全市推广。建成区燃煤采暖锅炉实现全部清零，既有居住建筑节能改造完成96.68万平方米。新建5个游园和5个绿地，新增绿化面积1.6万平方米，绿化补植14条街道，完成了5条道路林荫化提档升级。新增造林3000亩，高标准建成森防通道9.76公里。城乡生态环境明显改善。

文化建设取得新成果，区域软实力明显提升。采取多种形式组织开展弘扬社会主义核心价值观的宣传教育，持续深入开展了“我们的节日”“道德讲堂”“讲文明树新风”等群众性精神文明创建活动，激发了全区人民团结奋进的强大正能量。整理完善新沟刘家大院、三清观、益源庆醋坊等文物单位的有关资料，为保护开发奠定了基础。完成26个社区体育健身活动场所建设，文体设施建设实现全覆盖。广泛开展了形式多样的广场文化及文化惠民基层行活动，让人民群众有更多的文化获得感。

着力保障人民安居乐业，民生福祉持续增进。自觉践行以人民为中心的发展思想，全力推进一批群众要求强烈、感受明显的民生实事和民生项目落地，提前完成城镇新增就业任务和基本医疗保险、失业保险等参保任务。覆盖城镇职工、城镇居民、农村居民三类重点人群的社会保障体系初步构建。社会救助和社会福利精准化服务水平进一步提升，按时足额发放了低保金、医疗救助金、高龄保健津贴、残疾人生活补贴等各类款物。新开工建设保障性住房6992套，人民群众的幸福感不断增强。着力提升公共服务水平，实施了3所中学校舍改造和1所幼儿园建设，成为全省唯一一家通过全国中小学校责任督学挂牌督导创新县区。启动了一批区级医疗机构和社区卫生服务中心改造工程，拓宽护理上门服务项目，设立80个“医养结合”床位，实施15个社区养老服务中心和17个社区（农村）老年人日间照料中心建设，基层卫生计生养老服务能力不断提高。持续强化社区建设提档升级，社区活动场所全部达到200平方米以上标准。深入开展“双拥在基层”活动，扎实推进国防动员和民兵基层建设，营造了爱国拥军、爱民奉献的良好社会氛围。扎实开展对口帮扶娄烦县静游镇扶贫工作，扶贫攻坚开局良好。

全力维护社会和谐稳定，人民群众安全感进一步提升。认真贯彻国家总体安全观，严格执行《迎泽区安全生产党政同责一岗双责失职追责暂行办法》，扎实开展“反三违”、安全稳定风险隐患大排查大整治、“除隐患、保平安”专项整治，所有城市社区和160家重点单位实现消防“微型站”全覆盖。扎实做好信访稳定工作，推动书记大接访、领导接待日活动，开展大接访47次，接待来访群众209批次1490人，进一步畅通群众诉求表达渠道。认真开展“信访积案大交办暨重复信访事项专项治理”，化解了一批不稳定因素。大力推进“平安迎泽”建设，开展“三大战役”等专项行动，社会面发案率持续降低。

民主法治建设深入推进，安定团结的政治局面更加巩固。支持区人大、区政协依法依章程履行职责。区人大及其常委会围绕重点项目建设、民生社会保障、城中村改造等重点工作开展了一系列监督、视察、调研活动，严格程序任免了一批国家机关工作人员，依法履职水平进一步提高。区政协坚持团结和民主两大主题，围绕服务业转型发展和民生实事工作开展调查研究，主动建言献策，发挥了协商民主重要渠道作用。发挥统一战线优势，积极帮助解决民营企业发展中的困难和问题，助推我区民营经济发展。全面落实了民族宗教“月巡”“约谈”制度。区总工会坚持“4+1”组建模式，巩固和扩大了工作覆盖面。团区委实行“1+100”直接联系青年制度，迎泽街道区域化团建成为全国首批示范项目。区妇联推动解决了一批妇女群众关心关注的问题，接待了国家妇儿办调研并受到好评。

党的建设扎实推进，管党治党责任进一步落实。牢固树立抓好党建是最大政绩的理念，高度重视理论武装，着力加强理论阵地建设，创刊编辑出版《迎泽之窗》，为干部理论学习、工作指导、交流经验提供了载体平台。深入开展“两学一做”学习教育，区委中心组集中专题学习12次，专题讨论4次，深入基层讲授专题党课38次，举办了全区首期干部主体培训班，学习贯彻习近平总书记系列重要讲话精神不断引向深入。落实“关键在做”要求，扎实开展“双学双促”专项行动，区级领导以上率下，推动解决突出问题456项。着力推动基层基础工作全面进步，实现13个软弱涣散基层党组织转化升级，7项重点任务全面落实，14项重点工作全面完成。充分发挥片区党组织、楼宇党组织、协会党组织孵化兜底作用，进一步提升了非公经济和社会党组织工作覆盖面。在全市首家试点建成迎泽区服务群众工作信息平台，有效解决了服务群众“最后一公里”问题。严格落实“九个严禁”纪律要求，圆满完成区镇两级换届工作。落实新时期“好干部”标准，树立“德才兼备、以德为先、以廉为基”的用人导向，全面调整干部8批次133人次，全部完成了超职数配备干部整改消化任务。稳步推进“三个一批”，对403名科级以上干部进行“五查”，实现区管科级干部个人重大事项报告“全覆盖”。

党风廉政建设和反腐败斗争取得新成效。一是层层传导压力。区委主要领导全年批办党风廉政建设和反腐败工作13次，约谈部门主要领导14人次，区委常委会40次专题研究全面从严治党工作，6次专题剖析典型案例。召开党（工）委书记履行基层党建工作责任专项述职评议考核和履行“两个责任”述责大会，通过现场述责、质询、点评、测评，进一步增强了各党组织履行“两个责任”的意识。二是扎实开展谈话函询。坚持抓早抓小，对2015年以来经初核查否的19名区管干部和9名农村两委主干进行了谈话函询，起到了及时制止和纠正小错，防止酿成大错的作用，解决了一批重信重访问题。三是严肃查处群众身边的腐败问题。组织开展财经纪律执行情况专项检查，对发现的41条问题线索移交巡察联组进行了核实。持之以恒纠正“四风”，高密度开展明察暗访，加大重要时间节点的监督检查，严肃查处了一批违规违纪问题。四是加强纪律审查力度。联组巡察56家单位，向下延伸基层单位46个。一年来，全面落实从严治党要求，营造了良好的政治生态环境。

2017年工作的总体要求和主要任务

2017年是党的十九大召开之年，是供给侧结构性改革的深化之年，是全面贯彻省、市第十一次党代会精神，补短板、破难题、增实力的攻坚之年，是爬坡过坎、厚植优势、提升首位度的关键之年。

在新的一年里，我们虽然面临着复杂宏观经济形势的风险考验，兄弟县市区竞相赶超的压力挑战，以及加快创新转型发展的艰巨任务，但我们有着从中央到省、市更多的政策利好和发展机遇，以及多年来打下的坚实工作基础，我们有信心，能够打好主动仗，开创新局面。当前，我国仍处于重要战略机遇期，经济发展进入新常态，供给侧结构性改革深入推进，“一带一路”“中部崛起”“京津冀”协同发展等重大战略深入实施，全省转型综改试验区建设全面推动，并把太原都市区作为全省转型综改示范区建设的主战场，为中心城区加快发展、创新发展、率先发展创造了重大历史机遇。近年来，我区做了许多打基础、利长远的工作，引进的一批重大产业项目将陆续建成投产，启动改造的城中村棚户区将进入建设高峰期，城市承载能力和城乡生态环境明显改善提升。落实全面从严治党的要求，干部作风明显好转，政治生态进一步优化。全区上下奋发进取，干事创业氛围日益浓厚，提升迎泽首位度，开创发展新境界，迎来难得的发展机遇。

在关键之年走好关键之步，做好各项工作意义重大。全区工作总体要求是：深入贯彻习近平总书记系列重要讲话精神和治国理政新理念新思想新战略，全面落实党的十八届六中全会、中央经济工作会议精神，按照省、市委十一届二次全会暨经济工作会议安排部署，坚持发展新理念，坚持稳中求进工作总基调，坚持转型示范区建设与创新驱动、转型升级有机结合，紧紧围绕区第五次党代会提出的目标任务，苦干实干，全力做好稳增长、促改革、调结构、惠民生、防风险各项工作，持续提升经济、政治、文化、社会、生态文明和党的建设水平，努力实现各项工作走在全市前列，全面加快建设更具实力、更富活力、更有魅力、更加宜居、更加幸福的省城首善之区的步伐，以优异的成绩迎接党的十九大胜利召开。

做好全年的工作，必须做到：

牢牢把握主基调。认真贯彻中央省市稳中求进的总要求，做好稳，确保经济基本面稳定、社会和谐稳定、安全生产形势稳定和社会舆情稳定；抓好进，着力推进经济持续增长，坚定不移推进转型升级，全面加快改革创新，着力促进干部队伍能力提升。

攻坚克难不懈怠。保持近年来在城中村棚户区改造中的敢啃硬骨头、敢打大仗硬仗胜仗的魄力和勇气，撸起袖子，鼓足干劲，以更大的力度和气魄，再攻克一批影响迎泽发展的重点、难点问题，为创新驱动、转型升级释放新的活力和动力。

担当作为争先进。进一步强化省城中心城区的率先意识、责任意识和贡献意识，勇于担当，积极作为，争先进位，坚决有力地把中央、省、市各项要求和决策部署落到实处，在转型综改示范区和太原都市区建设以及提升省城首位度中发挥出中心城区应有的率先引领作用。

今年的主要工作任务是：

一、加快服务业创新转型，推动区域经济振兴发展

服务业是我区的支柱产业，是振兴区域经济、建设省城首善之区的基础和潜力所在，也是全区深化供给侧结构性改革的关键切入点和深化转型综改示范区建设的主战场。必须坚持把服务业创新转型作为发展的主攻方向，加快推进功能布局复合、区域资源整合和产业业态融合，进一步增创发展新优势，提升发展新动力。

一是全力提升“两个商圈”品质。柳巷—钟楼街商圈传承和记忆着城市数百年的商业文化历史，是省城传统商贸业的标志性“名片”；朝阳商圈曾首开太原开放发展先河，经营触角辐射全省乃至华北地区，是全市服装批零业的“金字招牌”。这两大核心商圈在全区服务业发展中占有举足轻重的地位，我们必须以对历史负责、对未来发展负责的态度，抓好商圈发展，绝不能让其在经济下行压力下没落，在激烈市场竞争中落伍。

要积极谋划探索大商圈形成机制。在柳巷—钟楼街商圈，通过改善市场环境和基础设施，鼓励发展智慧型服务业和新零售模式，引导食品街、开化寺街等做优做强特色品牌，进一步促动商业街区错位经营、组团发展、提升业态，丰富和完善消费及休闲功能，提升对各类消费群体的吸引力，努力打造体量强大、业态丰满、具有规模竞争力的城市核心消费圈。在朝阳商圈，引导服装加工业发展，鼓励周边物流配送业整合提档，加快形成产销一体化格局；引导企业拓展线上线下一体化市场，扩大餐饮、休闲、娱乐等服务，加快提升业态集聚力和消费吸引力；引导各类商城、市场抱团发展，走集约经营、集群发展的路子，提升市场竞争力；加大街区和市场整治力度，加强车辆通行、停放等管理，提升商业街区荷载能力，努力打造环境整洁、功能完备、经营规范、多业态融合的现代商贸物流城。

二是同步推进“三大板块”发展。统筹协调“五规合一”，推动建成区、城乡结合部地区和东山地区三大板块特色发展，按照“定位明确、各有侧重、特色鲜明，优势互补、错位发展、互促并进”的功能配置原则，引导城市功能要素及产业项目的合理流向和有效集聚，实现区域资源利用的最优化和发展效能的最大化。

在建成区，加快城市棚户区、老旧居住区和传统商业街区改造，通过腾挪和置换，盘活有限的城区土地资源，为传统商贸、现代商务、居民服务等产业发展释放更多空间；加快楼宇经济、总部经济发展，通过改造楼宇设施，完善楼宇功能，强化政府及市场的集中服务，打造一批品质高、上规模的高端精品楼宇，涵养一批标准高、配套好的专业特色楼群，促进城市立体空间的高效利用，推动区域经济由平面发展向立体发展转变，吸引更多的总部企业和关联产业集中入驻，以楼宇总部经济的集群发展，提升我区传统商贸中心区优势，巩固省城中心商务区地位。

在城乡结合部地区，加快城中村整村改造，通过引进实力雄厚、视野宽阔、具有先进规划设计能力和较强社会责任心的企业，参与城中村改造开发，合理布局产业，优化居住环境，高标准配置城市功能设施和优质教育等资源，实现建成区面积翻倍和区域地价增值，有效拉开城区框架，推动发展空间扩容，促进人口集聚和新兴产业集群，打造区域经济发展新引擎。

在东山地区，依托植被好、生态佳、雾霾少、气候清凉宜人的先天优势，重点布局发展面向市民的生态、休闲、度假、旅游等产业。通过推进生态修复、造林绿化和引水济山等生态建设重点工程，实现生态提质，进一步改善东山发展基础；通过加快松小线等市政公路、307国道至柳占线等县乡公路和村内村间道路建设，实现道路成环成网，进一步改善东山交通条件；通过完善镇域、村域规划，合理布局实施一批有市场前景和发展活力的现代都市农业项目，建设一批美丽乡村示范村，打造一批特色小镇、古镇，形成山、水、林、景、村相得益彰，人与自然、产业与生态协调融合的发展新格局，逐步把东山地区打造成为集生态旅游、民俗观光、休闲度假、健康体验于一体的城市特色功能片区。

三是加快实施“四个园区”建设。发展园区经济是推动创新转型、提升产业集群发展力的重要载体和途径。要积极争取省市在政策、资金、规划、土地、审批等方面的帮扶指导，整合土地资源，拓展园区范围，完善配套功能，加快新兴产业园区建设；要突出园区特色和主导产业，在精准招商、交易市场培育、产学研结合等方面加大支持扶持力度，引进、培育、发展一批领军企业、优势项目和先进技术，提升园区发展品质和对区域经济发展的支撑力、引领力。

着力打造电子商务、智慧物流、汽车服务和农业生态等四个特色园区。加快太原互联网+智慧产业园建设，结合新一轮规划调整，推动扩容提质，引进一批高新技术企业和项目，打造融高端商务、现代商贸、智慧创新等于一体的特色园区；加快中鲁物流园扩园步伐和智慧化建设进程，打造省内规模最大的快递中转基地和现代物流产业核心园区；加快新东峰汽车贸易园建设，拓展区域服务业发展新领域；加快东山农业生态公园建设，高标准规划建设张家河特色小镇旅游风景区，按照一村一品、集中连片的思路，布局发展一批森林公园、林果基地、现代农业、休闲度假等项目，努力打造面向城市、服务市民、具有影响力的生态旅游产业园区。

四是创新推动“五项产业”和“四个融合”发展。传统商贸服务业是我区的产业特色和发展优势，主导并支撑着区域经济总量扩充和增量提升，但产业结构单一的问题也制约了经济持续稳定较快增长，已经成为迫在眉睫、亟待解决的重大发展课题。我们必须以创新发展的思路和举措，在调优结构上下功夫，在融合发展上做文章，尽快打造经济发展的多点支撑格局。

要加快培育发展服装加工贸易、物流信息、文化创意、休闲旅游、汽车后市场服务等“五项产业”，进一步完善服务业内部结构，拉长商贸业链条，开拓发展新领域，引领消费服务新潮流，以多产业、多业态支撑，加快推动服务业提质提效、规模扩容。

要加快推进产城融合。通过城市更新改造与产业项目有序布局开发的有机结合，实现互促互动，激活承载发展的土地和空间资源，提升城市未来发展价值和企业现实发展资本，进一步壮大城市竞争力和区域经济发展实力。

要加快推进商文旅融合。以建设旅游目的地为方向，在做强做大文化旅游产业上寻求突破。推动双塔历史文化景区建设，牢牢把握省市高度关注和支持双塔景区建设的难得历史机遇，以追古溯今及远的视野和打造国际国内一流的胸襟，高标准规划设计，高速度征地征收，使双塔景区成为太原的城市地标、文化灵魂、活力绿肺、休闲客厅，重塑传承省城文化自信的标志性景观；抓好文庙—崇善寺、文瀛湖—五一路等府城历史文化片区保护和展示，积极推进姓氏根祖文化、名人文化、街巷地名文化等无形文化资产实体化，实现保护、利用、传承、创新的有机结合，打造城市文化名片。以打造具有历史感和文化感的综合性产业街区为目标，全力抓好钟楼街历史街区的保护开发。市委市政府已将钟楼街历史街区的保护开发列为今年全市重点工作，我们要坚定信心和决心，把工作做深做细做在前，引导居民和商家正确处理好眼前利益和长远发展的关系，争取群众理解和支持，尽快启动改造，实现群众多年的期盼；要坚持凸显历史文化特色，科学规划商业步行街的设施功能和周边街巷、店面、院落的风格，抓紧推动建设；同时，加强柳巷、食品街、上马街、庙前大关帝庙等区域历史文化遗存的修复重建和保护开发，逐步实现“大柳巷文化街区”的连片发展，恢复统一的历史风貌，留住城市的文化记忆，让老太原人记得住“乡愁”，打造全市商文旅融合互促、一体发展的品牌和样板。

要加快推进小微企业创业创新与民营标杆企业提质提效的互补融合。全力推动“大众创业、万众创新”，健全政策支持体系和联动推进、对接协调、监督保障等机制，强化载体平台的支撑作用、产业集聚的促动作用、科技创新的驱动作用和财政资金的撬动作用，扶持小微企业创新和成长，成为全区经济增长的重要力量。全力支持民营企业做大做强，落实常态化服务企业制度，创新企业融资体制机制，切实解决企业发展的要素制约和制度制约；积极支持个转企、小升规，扶持一批主业突出、带动作用大、品牌效应好的民营企业成为行业标杆，培育一批拥有自主知识产权和自主品牌的高新技术企业成长为“小巨人”企业，努力壮大市场主体，巩固民营经济在创新转型中的主力军地位。

要加快推进招商引资项目建设与本土企业发展的互促融合。深化对外交流与合作，积极融入“一带一路”“京津冀”协同发展等国家重大战略，主动承接东部、沿海地区和北京非首都功能产业转移；加快建立“亲”“清”新型政商关系，优化发展环境，深化行政审批、商事制度等改革，健全科学决策、高层推动、快速审批、协调服务的项目推进机制，以精准招商和责任考核，促进项目快落地、快建设、快投产。高度重视本土企业发展，主动帮助企业搭建多形式、深层次的交流合作平台，引导企业主动走出去、请进来，对外开展强强合作，实现发展理念、思路、路径和经营管理模式的创新；积极推进区属企业改革，指导企业建立有效制衡的公司法人治理结构和灵活高效的市场化经营机制，提高生存能力和竞争实力；大力振兴“老字号”企业，鼓励名老企业挖掘品牌价值，加强品牌建设，按照市场化的思路，创新提升竞争力，重振独有的品牌优势。

二、推动城市功能提档优化，促进城乡面貌、环境质量的整体提升

城市是发展的载体，是人民群众生活的家园，建设好、管理好、经营好、治理好城市，是群众的要求，更是我们的重大责任。要按照省市提出的把太原都市区建设成引领全省新型城镇化的龙头，建设创新、开放、品质、智慧、绿色、低碳、平安、幸福城市等要求，立足中心城区应有担当，找准我区工作定位，努力增强城市功能、彰显城市特色、提升城市品质，打造更具生态风情、更具现代魅力、人民群众更加宜居乐业的省城首善之区。

一要坚定不移推进城中村和棚户区改造。经过全区上下的共同努力，我区城中村改造取得重大进展。要保持工作态势和工作干劲，全力推动整村拆除，按照既定目标完成改造任务。对前两年启动的改造村，要着力加快安置房建设，确保如期回迁，兑现承诺；要尽快启动松庄、新沟、水峪等村拆迁，并同步启动安置开发建设；要认真谋划产业发展及教育、卫生、社区服务等城市优质公共服务资源在城中村地区的布局配置，切实保障城中村居民的长远利益。棚户区改造要注重与历史文物保护、建设历史文化名城相结合，与打造精品亮点、提升城市品位相结合，与完善公共服务、改善人居环境相结合，按照2018年全面完成的目标，倒排工期，加快推进，年内再启动一批棚户区房屋征收，抓紧完成已征收棚户区的回迁安置和拆迁“清零”。按照省市要求，进一步提高城中村和棚户区改造货币化安置比例，让群众早日享受改造成果。

二要加大城乡基础设施建设力度。当前，我市仍处在大规模城市建设期，要抓住机遇，乘势而为，持续用力，改善城乡基础设施，提升城市功能。要全力配合轨道交通2号线工程和南内环东延等市政重点道路建设，做好征地征收工作，确保工程顺利实施，尽快形成更加便捷畅通的城市路网。要积极争取一批小街巷改造计划，实施一批县乡公路建设，加快推进采煤沉陷区治理，使居民群众的居住和出行环境每年都有新改观。要加大城市游园、绿地、停车场等基础设施建设力度，加快综合管廊、水电气暖及各类地下管网建设，加强海绵城市和农村饮水安全工程建设，不断提高城市综合承载能力。

三要全力开展城市管理全面提升行动。

把开展城市管理全面提升行动作为实现“两个走在前列”的重要抓手和扎实推进“五城联创”、成功举办第二届全国青年运动会的坚实保障，按照“部门联动、属地责任、综合整治、常态管理”原则，建立党政同责的责任体系，构建区委统领、政府负责、部门联动、企业施治、公众参与的工作格局，整体提高城乡管理水平，全面改善市容市貌，持续提升城市品位。深化城市管理体制改革，理顺区、街镇、社区（村）之间的权责关系，推动管理重心下移和职责细化；强化“大城管”理念，先行先试、主动开展城市管理综合执法探索，着力解决好城市管理“多龙治水”问题。加强城市精细化管理，科学划分网格单元，健全管理网络，实现城市管理无盲点、上下联动无缝隙；以智慧城市建设为契机，加快现代信息技术在城市管理中的应用，完善数字城管平台、综合监控系统等功能，推进数字化城市管理与政务便民系统相融合，探索“贴心城管”新模式，提高城市管理效能。全面攻坚城乡环境重点难点问题，着力抓好道路交通秩序、占道经营、户外广告、违法建设、市容环境卫生、建筑工地扬尘噪声污染、公共场所环境、铁路沿线及火车站周边环境、各类市场物流仓储等综合整治，实现城市环境整洁、社会秩序良好、人民生活和谐。

四要着力改善环境质量。开展铁腕治污行动。坚持标本兼治、源头严防、过程严控、后果严惩，强力落实“控煤、治污、管车、降尘”等重要举措，延长“大气环境质量冬防严控十二条”期限，加强对主要街道、建筑工地、运输车辆及环境敏感区域的在线监测和治理管理，严厉打击环境违法行为；加大对燃煤污染问题的排查治理力度，全面推行煤改电、煤改气，完成城边村气化改造和既有居住建筑节能改造任务，加快推进清洁供暖全覆盖，解决好原煤散烧问题。加强生态环境建设，积极推进引滹沱河水济东山和南沙河上游河道治理这一功在当代利在千秋的德政工程，围绕创建国家森林城市，加快东山造林绿化提档升级和市区园林绿化，全力培育、呵护好山水城林之美。

三、推进民生事业提质升级，提升人民群众的幸福感

牢固树立以人民为中心的发展思想，把保障和改善民生作为一切工作的根本出发点和落脚点，把发展和民生更加紧密地结合起来，从解决群众最关心最直接最现实的利益问题入手，扎实办好各项惠民实事，促进经济发展与民生改善良性循环。

一是着力提升基本民生保障水平。坚持民生优先，不断加大民生投入，继续办好一批群众要求强烈、感受明显，针对性、实效性强的民生实事。要千方百计促进就业和增收，认真落实促进就业各项政策措施，健全政策扶持、创业服务、创业培训“三位一体”工作机制，鼓励创业带动就业，做好高校毕业生、去产能企业职工、农村转移劳动力等重点群体的就业工作，加大对困难人员的就业援助力度。要持续推进社会保障扩面，加大社会保险征缴、清欠力度，不断扩大参保人群和险种覆盖面。要编密织牢困难群众兜底保障网，完善社会救助制度，加大对特定人群的精准救助，全面建立“一门受理”服务窗口，畅通救助渠道，确保困难群众求助有门、受助及时。要按照“六个精准”要求，对娄烦县静游镇继续开展对口精准帮扶，坚决打赢脱贫攻坚战。

二是着力提升基本公共服务均等化水平。坚持问题导向，深化民生领域改革，加快基本公共服务机构和设施建设，不断增加优质公共产品和服务供给。要着力推进教育资源标准化、均衡化、优质化，加快校舍改造工程和教育信息化建设，积极开展“县域义务教育优质均衡发展”省级试点工作，努力办好人民满意教育。要加快文化强区步伐，认真落实意识形态工作主体责任，始终把意识形态工作的领导权、管理权、话语权牢牢掌握在手中，为加快创新转型提供坚强思想舆论保证；积极培育和践行社会主义核心价值观，广泛开展形式多样的主题实践和志愿服务活动，深化“道德讲堂”和家风、校风、行风等建设，持续推进文明创建；深入开展文化惠民基层行，积极组织群文群体活动，加快推进数字化文化平台建设，促进公共文化服务均等化。要完善医疗卫生服务体系，深化公立医院改革，促进优质医疗卫生资源向基层流动，继续做好人口和计划生育工作，全面提升卫生计生服务能力。要提升社区服务功能，加快建立以居家为基础、社区为依托、机构为补充、医养结合的社会化养老服务体系。要统筹做好科普、慈善、关心下一代等工作，让幸福民生成为迎泽区永不消褪的底色。

四、推进安全稳定巩固提升，全力维护社会和谐稳定

发展是第一要务，稳定是第一责任。要牢固树立总体安全观，切实做到守土有责、守土负责、守土尽责。

一要突出抓好安全生产。以铁的担当尽责、铁的手腕治患、铁的心肠问责、铁的办法治本，严格落实“党政同责、一岗双责、企业（单位）主责、失职追责”，健全安全隐患排查治理体系，建立安全生产专项整治常态工作机制，全面加强消防、燃气、交通、危化、特种设备、建筑施工、人员密集场所等重点行业领域安全生产工作。加强食品药品安全监管，保证“舌尖上的安全”，努力成为全市食品药品安全保障最好的城区。

二要着力化解不稳定因素。坚持源头治理、动态管理、应急处置相结合，加强对安全稳定形势的分析研判，严格落实矛盾纠纷排查化解工作责任制，做到矛盾发现在早、预防在先、处置在小；拓宽信访渠道，规范信访秩序，引导群众依法有序反映合理诉求，严格落实“五包一”责任和“五账”工作法，加大对信访案件的化解力度；要坚持依法治信治访、依法治安维稳，努力提高运用法治思维和法治方式化解矛盾、解决问题的能力；要深入开展安全稳定风险隐患大排查大整治，坚决防止重大安全事故发生，坚决防止大规模群体事件发生，坚决防止重大社会安全隐患的积累和突发，全力维护社会和谐稳定。

三要深入推进平安迎泽建设。全面加强社会治安综合治理，加强国家安全、反恐维稳和社会面管控，深入开展“打黑除恶”专项斗争，全面排查非法吸收公共存款等涉众经济犯罪活动，深入打击“两抢一盗”等多发性犯罪，进一步完善立体化治安防控体系，提升打防管控水平，提升人民群众的安全感。

五、推进民主法治协调发展，保持安定团结的良好局面

坚持党的领导、人民当家作主、依法治国有机统一，坚定不移走中国特色社会主义政治发展道路。

一是加强社会主义民主政治建设。充分发挥区委总揽全局、协调各方的作用，持续推进民主政治建设的制度化、规范化、科学化，凝聚全区创新驱动、转型升级共识，汇聚起建设省城首善之区的强大正能量。区人大及其常委会要围绕中心，服务大局，依法行使职权，坚持正确的政治方向，找准切入点、着力点、结合点，运用法治思维和法治方式，创新监督、把握重点、提升实效。区政协要围绕改革、发展、民生问题，集聚各方智慧，发挥协商民主重要渠道作用，在推进城中村棚户区拆迁改造、商文旅一体发展、保障改善民生等方面深入视察调研，实实在在地献计出力。要发挥统一战线的优势，通过创新思路、完善机制、打造亮点、夯实基础、凝聚共识，引导各类统战人士理解、支持、参与全区创新转型的生动实践。工青妇等群团组织要切实增强工作的政治性、先进性、群众性，不断改革创新，积极搭建特色平台，维护好各方权利，发挥好桥梁纽带作用。扎实开展“双拥”工作，巩固军政军民团结，促进经济建设和国防建设融合发展。

二是加快推进法治迎泽建设进程。健全权力运行制约和监督体系，提高科学决策、民主决策、依法决策水平。认真落实司法体制改革配套政策，完善阳光司法执法机制，推进司法公开，整合各类法律资源，精准开展法律援助和法律服务，努力让群众在每一个司法案件中感受到公平正义。深入开展“七五”普法，继续加强法治文化大院、法治文化街巷等阵地建设，打造迎泽特色的法治文化品牌；加强法治教育，提高各级党组织，各部门和单位以及全体党员干部学法用法、遵法守法、依法办事的自觉意识，推动全社会形成办事依法、遇事找法、解决问题用法、化解矛盾靠法的良好环境。

推动全面从严治党向纵深发展
以优异成绩迎接党的十九大胜利召开

实现今年的各项目标任务，必须坚持党要管党、从严治党。全区各级党组织要充分发挥总揽全局、协调各方的领导核心作用，贯彻落实全面从严治党的各项要求，为加快建设省城首善之区提供坚强的政治保证。

加强和改善党对经济工作的领导。要认真学习、深刻领会以习近平同志为核心的党中央对经济形势作出的重大判断、对经济工作作出的重大决策、对经济工作思想方法作出的重大调整，坚决落实中央和省委、市委经济决策部署。要加强市场经济、现代管理、科技、金融等知识的学习，不断提升统筹施策能力、抢抓机遇能力、依法行政能力、防控风险能力。要加强区委领导经济工作的制度化建设，定期分析经济形势，研究解决重大问题，确保中央方针政策和省市委决策部署落到实处。

严肃党内政治生活。党要管党必须从党内政治生活管起，从严治党必须从党内政治生活严起。严肃党内政治生活是全面从严治党的根本性基础工作，党的十八届六中全会通过的《关于新形势下党内政治生活的若干准则》，就加强和规范党内政治生活作出全面部署，为严肃党内政治生活、净化党内政治生态提供了基本遵循。要把落实准则作为重要政治任务，对准则阐述的重要观点要深刻领会，对准则提出的党内政治生活基本规范要严格执行，对准则反对和禁止的错误思想和行为要自觉抵制。要充分发挥党的组织生活作为党内政治生活的重要内容和载体的作用，使任何党员都不能游离于党的组织之外，更不能凌驾于党的组织之上，确保党的组织生活经常、认真、严肃。要严格执行民主集中制，鼓励讲真话、讲实话、讲心里话，允许不同意见碰撞和争论，营造民主讨论的良好氛围，同时善于进行正确集中，防止议而不决、决而不行。要认真开展批评和自我批评，保持正常的、健康的党内生活，在党内倡导不怕得罪人、容得下尖锐批评的作风，让敢于批评和自我批评成为党员干部的一种担当、坚守和责任。要坚决贯彻执行党内政治生活制度，健全和规范“三会一课”、组织生活会、民主生活会、党员领导干部双重组织生活等制度，增强党内政治生活的政治性、时代性、原则性、战斗性。

加强思想政治建设。思想上松一寸，行动上就会散一尺。全区各级党组织要把思想政治建设紧紧抓在手上，时刻绷紧思想建党这根弦，组织广大党员干部不断加强对党章党规、党的十八大以来党中央治国理政新理念新思想新战略和习近平总书记系列重要讲话的学习，引导广大干部坚定“四个自信”，增强“四个意识”，拧紧世界观、人生观、价值观这个“总开关”，推动广大党员做有定力、懂规矩、守底线的政治明白人。要推进“两学一做”学习教育常态化制度化，坚持全覆盖、常态化、重创新、求实效，教育引导广大党员做到政治合格、执行纪律合格、品德合格、发挥作用合格。

狠抓基层党组织建设。基层党组织是党的全部工作和战斗力的基础。要围绕加强“基层组织、基础工作、基本能力”建设，全面落实《关于加强基层服务型党组织建设的实施意见》，按照“五建五强”要求，进一步强化基层党组织的政治功能和服务功能。坚持以服务改革、服务发展、服务民生、服务群众、服务党员为工作目标，进一步深化在职党员到社区报到、“两代表一委员”工作室、党员承诺践诺、三进一巡、四问四看、结对帮扶、为民服务全程代理等好的经验做法；进一步完善服务群众信息系统功能，健全区、街镇、社区（村）三级便民服务中心；进一步强化工作保障，推动人财物向基层倾斜，加强对基层党组织书记的培养、选拔力度，切实解决好部分基层党组织软弱涣散、纪律松弛、战斗力不强等问题，努力把基层党组织打造成坚强有力的战斗堡垒。

加强干部队伍建设。精准科学选人用人，加强换届后领导班子和干部队伍建设，按照“好干部标准”，坚持“德才兼备、以德为先，以廉为基”的用人导向，严把政治关、作风关、能力关、廉洁关，规范操作每个环节，把能够适应和引领新常态，有能力推动创新驱动、转型升级的好干部精心培养起来、及时发现出来、合理使用起来。建立激励干部干事创业机制、改革创新合理容错机制和干部能上能下机制，为敢于担当的干部担当，为敢于负责的干部负责。强化“为官必为”意识，提高“为官善为”能力，追究“为官不为”责任，营造“为官愿为”环境，形成能者上、庸者下、劣者汰的选人用人导向。加强干部队伍的基本能力建设，加大教育培训力度，加强实践锻炼，提升综合素质，为创新发展提供有力的人才支撑。

强化党风廉政建设。一要坚决落实管党治党政治责任。习近平总书记指出，管党治党不仅关系党的前途命运，而且关系国家和民族的前途命运，必须以更大的决心、更大的气力、更大的勇气抓紧抓好。全区各级党组织要认真履行全面从严治党的主体责任，把抓好党建作为最大的政绩，强化抓好党建是本职、不抓党建是失职、抓不好党建是不称职的责任意识，把管党治党的责任牢牢扛在肩上、抓在手上、落实到行动中。各级党组织主要负责人要负好主责、首责、全责，班子成员自觉履行“一岗双责”。纪检部门要认真监督执纪问责。二要坚持把纪律和规矩挺在前面。以党章为根本遵循，认真执行《中国共产党廉洁自律准则》《中国共产党纪律处分条例》和《中国共产党问责条例》，坚持纪严于法、纪在法前，严格执行党的政治纪律、组织纪律、廉洁纪律、群众纪律、工作纪律和生活纪律，把纠正“四风”往深里抓、实里做，紧盯老问题、关注新动向，坚决防止反弹回潮，对执纪审查对象存在“四风”问题的，要先于其他问题查处和通报，做到抓早抓小。三要始终保持惩治腐败高压态势。反腐倡廉必须常抓不懈，拒腐防变必须警钟长鸣。坚持无禁区、全覆盖、零容忍，做到有腐必反、有贪必肃。要认真落实《中国共产党党内监督条例》，有效运用监督执纪“四种形态”，在加强日常管理监督上下功夫。要加强反腐倡廉教育和廉政文化建设，不断夯实廉洁从政的思想政治基础，筑牢拒腐防变的思想道德防线。四要发挥好巡察的利剑作用。坚持问题导向，严肃查处侵害群众利益的不正之风和腐败问题，深刻剖析典型案例，强化警示教育作用。通过全面落实从严治党的各项要求，为全区发展营造良好的政治生态环境。

太原市迎泽区人民代表大会常务委员会工作报告

——在太原市迎泽区第五届人民代表大会第二次会议上

太原市迎泽区人大常委会主任 侯富田

（2017 年 2 月 23 日）

2016 年的工作回顾

2016 年，在区委的坚强领导下，区人大常委会紧紧围绕全区工作大局，坚持党的领导、人民当家作主、依法治国的有机统一，紧扣中心，紧贴民心，紧抓自身，认真履行宪法和法律赋予的职责，为推进我区经济发展和社会和谐稳定，发挥了地方国家权力机关应有的职能作用。半年来，区人大常委会共召开 4 次常委会会议，8 次主任会议，审议“一府两院”10 项议题，顺利完成了区五届人大一次会议确定的各项任务。

一、坚持问题导向，围绕经济社会发展大局加强监督

常委会围绕全区发展大局确定工作思路，抓住经济社会生活中的重大问题，寓监督于支持，改进监督方式，增强监督效果，推动全区经济社会发展和各项重点工作有效落实。

加强对经济工作的监督。常委会把服务发展、促进发展作为首要任务，依法监督，努力推动经济转型升级和社会协调发展。听取和审议了区政府关于计划、预算执行情况的报告和财政决算报告、审计工作报告，审查批准 2015 年财政决算和 2016 年财政预算调整方案。要求政府进一步抓好重大项目的策划和推进工作，创新经济发展模式，强化预算执行管理，拓宽财政增收渠道。加大审计力度，扩展审计覆盖面，做好对审计结果的跟踪监督。

加强对重点工作和民生工作的监督。聚焦重点工作和民生问题，强化监督措施，促进民生改善。组织代表对我区城市管理工作进行了集中视察，督促区政府进一步完善和创新城市管理体制，加快城市基础设施建设，努力营造全民参与城市管理的社会氛围。对城市道路及棚户区拆迁改造与安置工作专题视察，建议加大依法拆迁力度，高度重视回迁安置工作，加强拆迁安置小区后续规范管理。去年 10 月到 12 月，对区政府贯彻实施《公共文化体育设施条例》情况进行了执法检查，建议区政府进一步深入开展对《条例》的学习宣传，提高居民的知晓率和设施使用率，切实抓好公共文化体育设施的建设和资金落实，加强全区现有公共文化体育设施的使用和服务，强化对公共文化体育设施的管理和保护。

加强对司法工作的监督。围绕维护公平

正义，推动解决人民群众反映强烈的突出问题开展监督。常委会听取和审议了区人民法院关于刑事审判工作方式改革工作情况的报告，督促法院要加强队伍建设，规范执法行为，提高刑事审判的质量和效率，改善基层法庭的工作条件。听取和审议了区人民检察院关于侦查监督工作情况的报告，督促检察院健全和完善监督机制，强化监督职能，提高侦查监督实效，全力维护社会公平正义。督导视察区人民检察院“加强侦查监督、维护司法公正”为主题的检察开放日活动，依法履行监督职能。在司法监督中，人大常委会既履行监督职责，又维护司法权威，实现了二者的有机统一，有效促进“一府两院”依法行政、公正司法。

抓好信访工作。加强信访案件的督办工作，促进了一批信访问题的依法妥善处理，维护了人民群众的合法权益和社会和谐稳定。半年来，共接待群众来信来访 12 件、20 余人次，通过及时转办和加强督办，群众反映的一些实际问题和困难得到了妥善解决。

二、坚持依法履职，做好重大事项决定和人事任免工作

决定重大事项，是宪法和法律赋予人大常委会的一项重要职权。常委会紧紧围绕全区发展大局，严格工作程序，在形式上做到重大事项的决定与经济社会的发展合拍，在内容上做到与人民群众合心，在执行上做到与“一府两院”合力，把区委的主张通过法定程序变为全区人民的意志，切实增强决定重大事项的针对性和实效性。常委会抓住事关全局的重大问题，认真审议，依法对预算、决算等作出决议、决定 2 项，为加快我区经济社会发展发挥了重要作用。

坚持党管干部原则，认真履行人事任免职责。常委会严格执行任免程序，进一步完善对任免干部的供职、表决、监督等机制，认真贯彻国家机关工作人员就职向宪法宣誓制度，进一步增强了被任命人员履行职务的合法性和严肃性，强化了其忠诚为民的责任感和使命感。半年来，常委会依法任命国家机关工作人员 28 人，免职 4 人。

三、坚持代表主体地位，更好支持和保障代表依法履职

提高代表履职能力。常委会坚持把加强学习培训作为提高代表整体素质的重要途径。先后对新一届人大代表、常委会组成人员进行履职培训；组织常委会机关工作人员与区财政局、税务局有关负责人及业务骨干就财政预算和税务征收管理等专业知识进行面对面交流学习；依托各工作委员会组织新一届委员进行相关业务培训；组织部分市人大代表参加封闭式学习。多形式、多层次的学习培训，进一步提升了人大代表和人大干部的履职水平，为开展工作奠定了良好的基础。坚持为代表订送《人民代表报》，为代表学习创造条件。加强常委会组成人员与代表的联系，坚持邀请代表列席常委会会议，参加常委会组织的调研、视察、执法检查等活动。

丰富代表活动内容。常委会始终把丰富闭会期间的代表活动作为代表工作的基础和代表履职的重要途径，不断提高代表活动的质量和效果。常委会精选议题，坚持会前集中视察，组织代表围绕全区的重点项目、重点工作，以及有关法律法规的执行情况，进行视察调研和执法检查，推动了“一府两院”各项工作的开展；坚持对区政府惠民实事的落实情况进行集中视察，督促和支持政府把实事办好；有序推进省人大基层立法联系点各项工作，拓展公民有序参与立法渠道；坚持以国家宪法日活动为契机，深入选区开展法治宣传教育，弘扬宪法精神，为经济社会发展营造良好法治环境；组织代表参加人民代表大会制度及相关法律知识竞赛、中华慈善日送温暖献爱心捐助、扶贫慰问等活动；坚持开展代表向选民述职、代表进选区等活动；加强对镇、街道人大工作的指导与联系，依托代表小组开展丰富多彩的活动。组织代表先后围绕环境保护、回迁安置房建设、迎泽公园改造等工作，广泛收集民情民意，为地区和谐发展建言献策。

加强议案建议督办。常委会高度重视建议办理工作，不断完善代表建议办理机制，突出跟踪督办和重点督办。区五届人大一次会议期间共收到代表建议、批评和意见 148 件，内容涉及城建、教育、卫生、经济、民政等方面的工作。其中，属市权限范围办理的 25 件，属我区职权范围的 123 件。所有建议均在法定期限内办理完毕，全部向代表做出了书面答复，代表满意率达 97%。常委会会议专门听取区政府关于办理情况的报告，并进行了满意度测评，进一步丰富了监督手段。

四、坚持夯实基础，切实提高履职能力和服务水平

常委会高度重视自身建设，不断提升依法履职能力和服务保障水平。

抓学习，提高能力。常委会把加强自身建设作为依法履职的重要基础，努力建设学习型常委会，坚持会前学法、实地调研，不断提高调查研究、组织协调能力，为服务发展、依法监督奠定了坚实基础。深入开展“两学一做”学习教育，组织机关干部认真学习贯彻习近平总书记系列重要讲话精神，切实增强“四个意识”，尤其是核心意识和看齐意识。常委会自觉在思想上、行动上同区委保持高度一致，围绕工作大局，始终做到与党委同心、与政府同力、与大局同步、与法律同向、与人民同声。

立制度，增强活力。常委会坚决维护党领导的核心地位，坚持重要工作和重大事项向区委请示报告制度。不断完善常委会议事规则、常委会机关管理等多项制度，严格依法办事，重大事项集体讨论决定。优化工作程序，促进人大工作制度化、规范化。

转作风，提升效能。常委会注重加强作风建设，把调查研究、倾听群众意见贯穿于整体工作之中。通过深入基层调查研究，接地气、摸实情、连民心，推动解决群众最关心、最直接、最现实的问题。严格按照中央八项规定要求，整肃机关作风，把党风廉政建设与人大依法履职相结合，促进机关工作人员清正廉洁、奉公守法。

各位代表，半年来，常委会取得的工作成绩，主要得益于区委的正确领导和对人大工作的高度重视，得益于“一府两院”和广大人民群众的大力支持，得益于全体人大代表和人大工作者的共同努力。在此，我谨代表区人大常委会，向所有关心、支持、帮助人大工作的同志们、朋友们，表示崇高的敬意和衷心的感谢！

各位代表，回顾半年来的工作，我们也清醒地认识到，常委会工作与人民群众、各位代表的期望相比，与新时期人大工作的要求相比，还有一定差距。今后的工作中，我们将自觉接受人民群众和人大代表的监督，虚心听取各方意见，不断加以改进，努力把人大工作不断推向前进。

2017年的主要任务

2017年是全面深化改革发展新阶段的关键一年，也是全面推进依法治国的重要之年，做好今年的人大工作意义重大。面对改革发展稳定的新形势、新任务，区人大常委会的总体工作要求是：全面贯彻党的十八大和十八届三中、四中、五中、六中全会精神，深入学习贯彻习近平总书记系列重要讲话精神和治国理政新理念新思想新战略，认真贯彻区五届二次党代会精神，坚持发展新理念，坚持党的领导、人民当家作主、依法治国有机统一，依法行使各项职权，努力增强人大工作实效，全面加快建设更具实力、更富活力、更有魅力、更加宜居、更加幸福的省城首善之区的步伐，以优异的成绩迎接党的十九大胜利召开。

根据这一总体要求，要着力做好以下工作：

一、在增强监督工作实效上要有新成效

围绕区委中心工作，加强对重大事项的监督，依法作出决定决议，努力把区委的决策、部署转化为全区人民的共同意志和自觉行动。

常委会要紧扣新发展理念、改革举措、法治要求，牢牢抓住关乎改革发展全局的重大问题和广大人民群众普遍关心的热点难点，坚持从人大监督工作的特点和规律出发，灵活运用这些年形成的行之有效的监督形式和方法，坚持正确监督，有效监督，在关键处和重要环节上加大监督力度，支持和监督“一府两院”依法行政、公正司法。坚持精选议题，拓宽监督面，深化视察、调研、审议、执法检查、督办等工作，组织人大代表对政府工作进行评议，着力提高监督效果。着重围绕与人民群众密切关注的生态环境保护、安全生产、食品安全、教育卫生、民生保障等热点、难点、焦点问题开展执法检查、视察和调研等监督活动。就正在开展的城市管理全面提升行动进行专题视察；就政府实事工程进行集中视察；进一步拓展专题询问的形式，积极探索由个别询问向普遍询问延伸，由少次询问向经常性询问延伸的方式方法。开展好宪法宣传日活动，形成维护宪法制度、尊重宪法权威的社会氛围；推动我区基层立法联系点有效运行。常委会要高度关注社会公平正义，加强与法院、检察院工作的联系，深化视察、调研等工作，提高监督实效，切实增强司法公信力，努力营造和谐稳定的社会环境。

二、在决定重大事项和任免工作上要有新举措

坚持党的领导和人大依法行使重大事项决定权相统一，常委会要紧紧围绕全区改革发展稳定重大问题和人民群众普遍关心的民生问题，深入开展调查研究，依法作出决议、决定，确保党的主张通过法定程序成为全区人民的共同意志。

坚持党管干部和人大依法任免的有机统一，做好人事任免工作，不断完善任免程序，加强干部任后监督，促进国家工作人员依法行政、公正司法、恪尽职守。

三、在发挥代表作用上要有新作为

进一步加强人大代表培训，增强培训效果，实现代表思想素质、履职意识、履职水平的提升。坚持常委会组成人员联系代表制度；坚持邀请代表列席常委会会议，参加常委会组织的视察、执法检查等活动，为代表履职搭建平台；不断完善代表述职活动，增强代表接受监督的自觉性。引深人大代表进社区活动，密切联系选民，广泛收集民情民意。组织好代表视察、调研和培训等闭会期间的活动，积极探索和改进监督方式，不断提高闭会期间代表活动的质量和效果，让代表更深入地参与到人大工作的各个环节，为代表依法行使职权提供服务和保障。加强对镇、街道人大工作的指导与联系，推动基层人大工作更加规范。改进建议办理方式，完善工作措施，强化重点督办，把与代表的联系沟通贯穿于办理工作的始终，形成双向互动，增强办理质量和效果，使办理过程成为推动有关方面改进工作、解决问题的过程。

四、在加强自身建设上要有新提高

一是抓好政治学习。深入学习贯彻党的十八大和十八届三中、四中、五中、六中全会精神，认真学习贯彻习近平总书记系列重要讲话精神，坚持用科学理论武装思想、指导实践、推动工作。坚持把加强学习贯穿于人大工作的全过程，在常委会及机关内部树立严谨笃学之风，努力把学习的成果转化为谋划工作的思路、促进工作的措施和开展工作的本领。二是抓好制度建设。在坚持已有制度的基础上，继续建立、健全和完善人大工作各项规章制度，深入推进人大及其常委会工作的规范化建设，全面提升人大工作水平和工作效能，切实做到用制度管人、管事。严格贯彻民主集中制，自觉坚持集体领导，依法按程序办事；进一步提高常委会会议的审议质量和水平。注重调查研究和解决实际问题，使人大工作更符合客观实际，更代表广大人民群众的根本利益。加强与兄弟县市的交流，学习借鉴先进经验，不断提高人大代表和人大机关工作人员的履职能力和综合素质。三是抓好党风廉政建设。严格执行中央八项规定，把党内政治生活《准则》和党内监督《条例》学习好执行好，切实履行好主体责任和监督责任，进一步加强和规范党内政治生活，严守党的政治纪律和政治规矩，自觉接受代表和人民群众的监督，牢固树立以人为本、执政为民理念，进一步改进机关作风，做到为民、务实、清廉，努力建设学习型、法治型、服务型机关。

政府工作报告

——在太原市迎泽区第五届人民代表大会第二次会议上

太原市迎泽区区长　李　慧

（2017 年 2 月 22 日）

2016 年工作回顾

2016 年是“十三五”规划的开局之年，也是我区建设省城首善之区的起步之年。一年来，面对复杂的宏观经济形势，在市委、市政府和区委的坚强领导下，在区人大、区政协的监督支持下，我们坚持稳中求进的工作总基调，自觉践行新发展理念，主动适应经济发展新常态，统筹做好改革、发展和稳定各项工作，较好地完成了区五届人大一次会议确定的目标任务，在扎实推进省城首善之区建设进程中迈出了坚实步伐。全区地区生产总值、服务业增加值突破 600 亿元和 500 亿元大关，分别达到 602 亿元和 521 亿元，同比增长 6.6%和 6.4%，总量继续领先全省各县区；规模以上工业增加值完成 38.4 亿元，同比增长 2.3%；固定资产投资完成 218 亿元，同比增长 14.3%；社会消费品零售总额完成 440 亿元，同比增长 10.8%；一般公共预算收入完成 13.9 亿元，同比下降 13.7%。

坚定不移提质增效，产业转型升级取得新进展。推进传统服务业提质转型，完成了开化寺街、海子边街改造，柳巷商圈基础设施进一步完善；实施了朝阳商圈综合整治和业态提升，太原小商品市场建成投运，促进了核心商圈多元业态集成发展；首家敞开式休闲购物广场中正天街建成开业，丰富了传统服务业经营模式。大力发展新兴产业，扶持“双创”项目 9 个，互联网+智慧产业园一期建成投运，引进了明鼎医药等一批高新科技企业；加快楼宇（总部）经济发展，引进企业区域总部 35 家。加大招商引资力度，引进资金 255.7 亿元，华润综合体、万科紫院等项目成功签约。实施省、市重点项目 104 个，完成投资 186.6 亿元。深化商事制度改革，全面推行企业“五证合一”，率先实行个体工商户“两证整合”，企业和个体工商户同比增长 48%和 19%。

协调推进建设管理，城乡环境面貌有了新改善。建成区基础设施建设步伐加快，实施了 18 条小街巷改造和五一路、南沙河快速路东延、迎泽大街下穿火车站通道、轨道交通二号线等重点工程房屋征收；启动了五一路周边、东五龙口铁路宿舍 38 号院等 5 个棚户区改造，征收房屋 1667 户、10.5 万平方米。举全区之力推进城中村改造，完成了郝庄、双塔、赵北峰 3 个村的拆迁收尾和马庄、店坡、郝家沟3个村的整村拆除。加快东山地区发展，编制了郝庄镇总体规划，完成了2条森防通道和小山岩凿井、小山沟水井配套工程建设。精益求精抓城市管理，高标准整治2个老旧片区和19条背街小巷，新建公厕5座，改造旱厕12座；持续扩大环卫机械化作业覆盖面，车行道和便道机械化作业率和里程数全市第一；积极推广垃圾分类试点，主城区实现生活垃圾上门全收集。严厉打击违法建设，拆除各类违建17万余平方米。综合整治大气环境，淘汰老旧车和黄标车2198辆，拆除燃煤锅炉109台，在全市率先实现分散燃煤采暖锅炉清零。完成提档造林3000亩，新建小游园、小绿地10处，城乡生态环境明显改善。

倾心尽力改善民生，人民群众获得感得到新提升。坚持建机制、补短板、兜底线，以十大惠民实事为载体，民生保障水平进一步提高。城镇新增就业1.8万余人。城乡低保、新农合门诊统筹补偿比例、一二级残疾人护理补贴和生活补贴全面提标，各项参保任务超额完成，新农合参合率达99.96%，创历史新高。在4个基层医疗卫生机构设立了80个“医养结合”床位，新建15个社区养老服务中心和17个社区（农村）老年人日间照料中心。以更高水平推进教育优质均衡发展，启动了3所中学改扩建和1所幼儿园新建项目，小学生、中学生、特教生生均公用经费分别提高到1000元、1200元和7000元，确保了教育经费的“三个增长”；创新教育督导工作，成为全省唯一一家国家级中小学校责任督学挂牌督导创新县区。深化医药卫生体制改革，加强重点特色专科建设，创新开展居家护理服务。新建成26个社区体育健身场地，社区全民健身活动场所实现全覆盖。新开工建设保障性住房6992套，完成既有居住建筑节能改造105万平方米。按照精准扶贫要求对口帮扶娄烦县静游镇，4087人实现脱贫。

践行总体国家安全观，和谐稳定局面得到新巩固。大力推进“平安迎泽”建设，深入开展“全警追逃”、打击“盗抢骗”等专项行动，社会面发案率持续降低。扎实做好信访稳定工作，全年开展大接访47次，接待来访群众270批、5600余人次，化解重大不稳定案件45件，调处各类矛盾纠纷2658起，依法处置涉嫌非法集资案件41起。夯实安全生产“两个主体责任”，落实“党政同责、一岗双责”，创新实施消防“微型站”建设全覆盖，全区90个社区（城中村）和160家消防重点单位全部建成“微型消防站”，受到公安部好评；深入开展重点行业、重点领域安全生产隐患排查整治，全年未发生重特大安全事故，各项指标控制在市控指标之内。

全面加强自身建设，政府服务实现新改进。深入贯彻党的十八届六中全会精神，切实增强“四个意识”，严守政治纪律和政治规矩。认真开展“两学一做”学习教育。自觉接受人大工作监督、法律监督和政协民主监督，认真听取各民主党派、工商联、无党派人士和人民团体意见，办理人大代表建议 126 件、政协提案 133 件。区级行政权责清单制度全面建立，梳理行政职权事项 1968 项、责任事项 14353 项。优化审批流程，创新服务方式，办结各类行政许可和服务事项 181690 件，群众满意率 100%。在全市首家试点开展服务群众工作系统建设，进一步解决了服务群众“最后一公里”问题。落实全面从严治党要求，严格执行中央八项规定，认真履行“一岗双责”，深入推进政府系统党风廉政建设和反腐败工作，严肃查处了一批违纪违法案件。国防动员、双拥共建和优抚安置工作进一步加强，统计、民族宗教、外事侨务、史志档案、防震减灾、妇女儿童、老龄、应急等事业都有了新的发展和进步。

各位代表，过去一年取得的成绩，是市委、市政府和区委坚强领导的结果，是区人大、区政协监督支持的结果，是广大干部群众和社会各界团结拼搏、共同努力的结果。在此，我代表区人民政府，向全区人民，向各位人大代表、政协委员，各民主党派、工商联、无党派人士和离退休老同志，向驻区单位、驻区部队和所有关心支持迎泽改革发展的各界朋友们，致以崇高的敬意和衷心的感谢！

2017 年工作安排

2017 年是实施“十三五”规划承前启后的关键之年，也是贯彻落实省、市第十一次党代会和区第五次党代会精神的重要一年，宏观经济环境依然严峻复杂，改革发展稳定任务更加艰巨繁重。我们必须主动担当，积极作为，撸起袖子加油干，不断提升发展指数和人民幸福指数。

今年政府工作的总体要求是：深入贯彻习近平总书记系列重要讲话精神和治国理政新理念新思想新战略，全面落实党的十八届六中全会精神，按照省、市委十一届二次全会暨经济工作会议安排部署，坚持新发展理念，坚持稳中求进工作总基调，坚持转型示范区建设与创新驱动、转型升级有机结合，紧紧围绕区第五次党代会提出的目标任务，解放思想、奋发进取、苦干实干，全力促进经济稳步向好、民生不断改善、社会和谐稳定，全面加快建设更具实力、更富活力、更有魅力、更加宜居、更加幸福的省城首善之区步伐，努力推动各项工作走在全市前列，以优异的成绩迎接党的十九大胜利召开。

综合考虑各方面因素，2017 年全区经济社会发展的主要预期目标是：地区生产总值增长 8%左右，社会消费品零售总额增长 8%左右，一般公共预算收入增长 8.5%左右，规模以上工业增加值增长 2%左右，全社会固定资产投资增长目标根据新的统计口径研究设置。约束性指标全面完成省、市下达任务。

实现全年目标任务，必须把思想、行动统一到市委、市政府决策部署和区委“一个主攻方向、两个商圈、三个板块、四个园区、五项产业”的战略布局上来，促改革、补短板、守底线、防风险，奋发有为做好各项工作。

一、着力培育新的动力源和增长极，持续提升区域综合实力。全面振兴实体经济，把服务业提质升级作为主攻方向，优化提升传统服务业，加快发展新兴产业，以园区经济为抓手，增创发展新优势，培植发展新动力。

优化提升传统服务业。瞄准建设一流商业街区，加快柳巷—钟楼街商圈环境改善和基础设施建设，大力发展智慧型服务业和新型零售模式，改造提升一批特色商业街区和夜市街区，扶持老字号企业加强品牌建设，挖掘品牌价值，创新提升竞争力，努力打造体量强大、业态丰满、更具规模竞争力的城市核心消费圈。引导朝阳商圈商贸企业发展服装加工制造业，开展网上交易、扩大网上销售，鼓励周边物流配送业整合提档，加快形成产销配一体化格局，加大环境整治力度，提升商业街区承载能力，努力打造环境优美、功能完备、经营规范、多业态融合的现代商贸物流城。深化区属国有企业混合所有制改革，提高国有资本配置和运行效率，实现国有资产保值增值。

加快发展新兴产业。巩固国家可持续发展实验区成果，助推太原市创建国家可持续发展议程创新示范区。推动大众创业、万众创新，启动林业大厦双创基地和今鼎创意空间建设，打造国家级“迎联智慧大健康产业科技企业孵化器”；充分利用总部楼宇和区属企业闲置厂房，再打造一批创新创业公共服务平台，吸引更多科技型企业及创客团队“拎包创业”。加快推进国海广场、华润综合体、月星家居广场、红星美凯龙城市家居、东城现代装饰城等现代服务业项目，着力打造产业转型升级新引擎。继续实施楼宇（总部）经济三年行动计划，发挥好中心城区的核心优势，再引进一批国际国内知名企业区域总部，促进总部企业和高端业态发展提速。大力发展幸福产业、健康产业，再打造一批高标准、专业化的社区养老服务机构，促进生活性服务业向便利化、精细化、品质化发展。

做大做强园区经济。把园区建设作为推进经济增长的新动力，紧紧抓住全省开发区改革创新发展的有利契机，在产业布局上主动融入，努力构建多园并立、产业互补、功能齐全、协调发展的格局。加快推进互联网+智慧产业园扩园，力争启动生物医药产业园、新东峰汽车贸易园建设，吸引高端制造业、节能环保、生物医药等新兴产业入驻。加快中鲁物流园扩园，推进太原大数据中心、老鸿运物流总部等落户园区。探索推进政府和社会资本合作融资，高标准实施张家河特色小镇建设，加快东祁家山林果基地建设，谋划布局一批森林公园、现代农业、休闲度假等项目，打造面向城市、服务市民、具有影响力的生态旅游产业园区。

强化招商引资工作。深化对外交流与合作，积极融入“一带一路”“京津冀”协同发展等国家重大战略，主动承接产业转移。加大招商引资力度，创新引资方式，围绕金融、互联网、现代服务业等重点，编制产业目录、“招商地图”、招商手册，实施精准招商。完善招商政策，提升保障服务水平，实行重大招商项目区级领导包联、一对一服务机制，改进和完善考核办法，切实提高招商引资的实效性。

二、着力统筹城乡一体发展，持续提升城市形象和品位。围绕建设省城首善之区目标，统筹做好城乡建设和管理，加快提升中心城区的核心竞争力、知名度和美誉度。

加大城乡基础设施建设。继续做好轨道交通二号线、迎泽大街下穿火车站通道及东广场建设涉及的房屋征收工作，全力做好松小线、迎泽大街东延、南内环街东延、南十方街东延、青年路南延、双塔南路打通等市政道路建设房屋征收，拉开城市框架，拓展发展空间。加大城市游园、绿地、停车场等基础设施建设力度，加快海绵城市、综合管廊、水电气暖及各类地下管网建设，维修改造24座院内户厕，不断提高城市综合承载力。完善东山地区路网建设，实施松小线观家峪至观枣线段、国道307至柳占线公路改造；启动区动物卫生监督所改建工程；实施小山岩、董家庄2个村的饮水管网配套建设，解决群众吃水和落地项目用水问题。加快美丽乡村建设，打造2—3个市级示范村。

坚定不移推进城中村改造。全面完成松庄、新沟、水峪3个村的整村拆除，在全市率先实现城中村改造全覆盖；继续引进有品牌、有实力、有信誉的大企业、大集团合作开发，进一步提高改造品质。加快王家峰、东太堡、枣园等村的整村拆除清零和回迁安置房建设，科学谋划产业发展和教育、卫生、文化、社区等公共服务资源的布局配置，在保障城中村居民长远利益的基础上，加快建设速度、确保工程质量、缩短时间成本，如期回迁安置。

大力推进片区改造和棚户区改造。按照商文旅融合互促、一体发展的思路，启动钟楼街历史街区保护开发和双塔历史文化大景区建设，年内完成房屋征收。坚持棚户区改造与历史文物保护、建设历史文化名城相结合，与打造精品亮点、提升城市品位相结合，与完善公共服务、改善人居环境相结合，力争启动双塔南巷、桃园北路、五一东街老官坊等棚户区改造，进一步提高货币化安置比例，满足群众多元化需求。加快回迁安置房建设，确保具备条件的居民尽快回迁。加快棚户区改造全覆盖进程，提前谋划明年任务，让更多群众早日享受改造成果。

深化城市管理体制改革。以智慧城市建设为契机，加快现代信息技术在城市管理中的应用，推进数字化城市管理与政务便民系统融合，探索“贴心城管”新模式，提高城市管理效能。理顺区、街（镇）、社区（村）之间的责权关系，试点推行城管执法队伍集中管理模式，建立奖罚分明、权责一致、科学规范的考核办法，完善层级管理、层级负责的责任机制，提升城管队伍工作效能和水平。面向全国引进有实力、有经验的大型专业保洁公司，提升城乡道路清扫保洁、垃圾清运、无物业院落管理等作业标准，提高城市管理精细化水平。

全面开展城市管理提升行动。扎实推进“五城联创”，把开展城市管理全面提升行动作为实现“两个走在前列”的重要抓手，以整治社会广泛关注和人民群众反映强烈的城市环境重点难点问题为突破口，深入开展道路交通秩序、占道经营、户外广告、违法建设、市容卫生、建筑工地扬尘噪声污染、公共场所、铁路沿线、各类景区、物流仓储等十项综合整治，倾力打造1—2个示范片区、5—6个精品片区，持续提升城市品位，不断增进民生福祉。

三、着力保障和改善民生，持续提升人民的幸福感和获得感。坚持以人民为中心的发展思想，扎实办好一批惠民实事，创新公共服务方式，提高基本公共服务优质均等化水平，让发展成果惠及更多人民群众。

千方百计扩大就业。加大就业创业扶持力度，建立健全政策扶持、创业服务、创业培训“三位一体”工作机制，扎实开展就业援助专项行动，鼓励创业带动就业，做好农村转移劳动力、城镇失业人员、“4050”人员、退役军人等群体就业工作，托底帮扶就业困难人员，确保零就业家庭动态清零。认真落实职业培训全覆盖计划，提升劳动者就业创业能力和职业转换能力，确保全年新增就业1.8万人。

全面提升社会保障能力。持续扩大社会保险参保人群和险种覆盖面，做到应收尽收、应保尽保；开展城乡居民养老保险指纹认证工作，实现城乡居民养老保险基础养老金公平、公正发放。编密织牢困难群众兜底保障网，扩大困难残疾人“两项补贴”面，将三、四级精神残疾人纳入救助范围；设立“一门受理、协同办理”服务窗口，加大对低保群体、优抚对象、孤儿、残疾人、下岗失业人员等困难群体的帮扶力度，确保困难群众及时受助。加快保障性住房建设，缓解困难群体住房问题。按照精准扶贫要求，继续做好对娄烦县静游镇的对口扶贫工作，再实现6个村、3000人脱贫。

推进教育向优质均衡发展。实施教育事业改革和发展“十三五”规划，继续提高生均公用经费，积极开展“县域义务教育优质均衡发展”省级试点工作；完善迎泽教育督导现代化评估监测平台的管理和使用，巩固全国中小学校责任督学挂牌督导创新县区成果。加快推进36中、37中、39中改扩建工程，年内完成主体建设，围绕城中村和棚户区改造，提前布局东部地区教育基础设施，启动37中东校、青年路小学东校等学校建设。普及推广教育信息化，新建15个“智慧教室”。均衡配置教育资源，提升办学质量，努力打造文化内涵深厚、特色品牌显著的“家门口好学校”，推进教育事业由基本均衡向优质均衡迈进。

加大文化惠民力度。加快文化强区步伐，积极培育和践行社会主义核心价值观。完成86个社区图书室数字化改造，深入开展内容丰富、形式多样的文化惠民活动，丰富群众文化生活；充分运用新媒体拓展服务功能，打造标准统一、互通互联的数字化公共文化服务平台。规范文化市场管理，加强执法队伍建设，努力建立协调有序的综合执法运行机制和统一高效的文化市场监管体系。

提高人民群众的健康水平。深化医药卫生体制改革，积极创建慢性病综合防控示范区，打造中医外科、骨伤科等4个重点专科，启动迎泽区中心医院建设，完成区产科医院和棉花巷社区卫生服务中心改造。继续推进家庭医生签约服务，力争签约覆盖率达到40%以上，重点人员签约覆盖率达到70%以上，努力构建服务到位、保障有力、分级诊疗的就医新格局。全面落实国家普遍二孩政策，提高出生人口素质。

提升社区建设管理服务水平。加快500平方米以下城市社区提档升级步伐，启动10个农村社区建设。落实加快养老服务业发展的扶持政策，探索推进机构养老、社区养老、居家养老等多种养老模式及养老产业协调发展，新建14个社区养老服务中心、18个社区（农村）老年人日间照料中心，启动一所区级公办养老机构建设，不断完善养老服务体系，提升为老服务质量。

启动区国家综合档案馆建设，实施婚姻登记、退伍军人安置、招工录用通知等民生档案数字化改造，方便群众查询档案。依法有序完成第十一届村委会换届选举和第六届社区居委会换届选举。全面完成第二次全国地名普查、第三次全国农业普查相关工作，为区域经济社会发展提供准确详实的基础数据。

四、着力推进资源节约和环境保护，不断提升可持续发展能力。牢固树立“绿水青山就是金山银山”的理念，实行最严格的生态环境保护制度，治理污染，保护环境，增强可持续发展能力。

全面改善空气质量。深入推进集中供热全覆盖、城边村气化、城中村整村拆除、污染企业搬迁、水环境治理等“五大工程”，全面实施工业污染治理、机动车尾气控制、扬尘污染控制、商品交易市场和饮食服务行业综合整治、垃圾秸秆焚烧污染控制等“五项整治”，改善生态环境。围绕“控煤、治污、管车、降尘”四个重点，开展铁腕治污行动，严厉打击环境违法行为。以治理雾霾为重点，加大冬季大气污染防控，全面排查主城区经营性门面房供暖方式，取缔燃煤设施；加快实施农村地区、城中村、未改造棚户区煤改电、煤改气工程，因地制宜解决污染问题。增设环境质量微观站点，加强跟踪分析，逐步解决影响环境质量的重点难点问题。严格机动车尾气排放管理，全面完成老旧车、黄标车淘汰任务。扎实推进既有建筑节能改造，提高建筑的安全性、舒适性和健康性。

加强生态安全屏障建设。加快推进港道、小山沟、大窑坳等村采煤沉陷区生态环境治理修复。实施绿化造林和生态建设，按照全市环城百万亩森林围城建设计划，完成6000亩提档造林和6个村的村庄绿化，构筑东山生态屏障；围绕太原建设国家生态园林城市要求，巩固和保持现有园林景观，结合棚户区改造、小街巷整治，新建10处小游园、小绿地，创建一批园林化居住区、先进居住区和标兵居住区。积极推进南沙河上游河道治理、水库清淤清障及水毁工程修复，打造东山生态景观。

五、着力加强和改进社会治理，持续巩固社会和谐稳定大局。牢固树立总体国家安全观，按照标本兼治、综合治理、系统建设的原则，以铁的担当尽责，铁的手腕治患，铁的心肠问责，铁的办法治本，坚决守住安全稳定底线。

深入推进平安迎泽建设。落实社会治安综合治理领导责任制，深入开展综治中心标准化建设，着力提高社会治理能力水平。全面加强国家安全、反恐维稳和社会面管控，扩大“天网”高清视频监控覆盖面，探索“传统+现代”的警务实战、群防群治新模式，进一步完善立体化治安防控体系，提升打防管控水平。深入开展“打黑除恶”专项斗争，严厉打击非法吸收公众存款和“两抢一盗”等多发性犯罪。加强社区服刑人员、刑满释放人员、严重精神障碍患者等特殊人群的服务管理，切实增强人民群众安全感。

突出抓好安全监管。牢固树立安全生产红线意识，坚持“党政同责、一岗双责、企业（单位）主责、失职追责”，按照“三个必须”和谁主管谁负责的要求，压实领导责任和部门监管责任。深入开展燃气、道路交通、危险化学品、特种设备、建筑施工、人员密集场所等重点领域安全生产隐患排查整治，坚决杜绝重特大安全事故发生。加快安全信息化平台建设，建立远程监控系统，绘制街（镇）及企业（单位）安全风险等级和重大事故隐患分布图，实现安全风险差异动态管理。创新消防安全工作，为精神病患者、卧病在床的老年人等特殊人群免费安装独立式烟感和可燃气体、超负荷用电报警装置，提高火灾防控能力。开展食品安全城市创建，建立从生产加工到流通消费的全过程监管机制和可追溯体系，保证人民群众“舌尖上的安全”。认真做好防汛、护林防火、防震减灾等工作，保障人民群众生命财产安全。健全完善突发事件监测预警机制，提升应急处置能力。

着力化解不稳定因素。坚持源头治理、动态管理、应急处置相结合，加强对安全稳定形势的分析研判，严格落实矛盾纠纷排查化解工作责任制，做到矛盾发现在早、预防在先、处置在小。严格落实“五包一”责任，加大对各类信访案件的化解力度；坚持依法治信治访、依法治安维稳，拓宽信访渠道，规范信访秩序，引导群众依法有序反映合理诉求，努力提高运用法治思维和法治方式化解矛盾、解决问题的能力。有效防范、依法处置各类金融风险，严厉打击非法集资等不法行为，维护金融安全。深入开展各类风险隐患大排查大整治，坚决防止大规模群体事件发生，坚决防止重大社会安全隐患的积累和突发，全力维护社会和谐稳定。

六、着力改善政府作风，持续提升政府自身建设水平。发展的重任、竞争的态势、人民的期盼，对政府自身建设提出了更高的要求。我们将始终本着对人民、对事业高度负责的态度，努力建设法治政府、高效政府、廉洁政府。

坚持依法行政，打造法治政府。主动接受人大法律监督、工作监督和政协民主监督，认真执行区人大及其常委会各项决议和决定，切实做好人大代表建议和政协提案办理工作。加强法治政府建设，依法设定、行使权力，落实重大行政决策合法性审查制度、终身责任追究制度及责任倒查机制。全面推行法律顾问制度，探索建立区政府法律顾问机构库，聘请与各部门工作相适应的法律专门人才，为各项工作把好法律关。加强法治教育，提高广大干部职工学法用法、遵法守法、依法办事的自觉意识，确保政府各项工作在法治轨道上、在制度的框架内运行。以公开为常态，不公开为例外，创新政务公开形式和机制，拓展政务公开内容，让人民群众更好地监督政府。扎实开展“七五”普法，精准开展法律援助和法律服务，推动全社会形成办事依法、遇事找法、解决问题用法、化解矛盾靠法的良好环境。

坚持优化服务，打造高效政府。牢固树立与中央要求“对表”、与发达地区“对标”、与国家通行惯例对接的意识，切实在“放管服效”上下功夫。深化行政审批制度改革，及时承接下放事项，坚决取消没有法律依据的审批事项，全面规范行政审批行为，最大限度减少前置程序和审批流程，持续提高窗口办结率和群众满意率。深化商事制度改革，大力推行“多证合一、一照一码”；加强事中事后监管，实现“双随机一公开”监管方式全覆盖，做到该放的放开、该管的管好，使市场和社会活而有序。深化机关作风整顿，全面落实“13710”工作制度，建立区和街（镇）电子督办平台，大兴马上就办、办就办好的作风，夙兴夜寐、激情工作，敢于担当、勇争一流，努力打造审批最少、流程最优、体制最顺、机制最活、效率最高、服务最好的高效政府。

坚持正本清源，打造廉洁政府。认真贯彻党的十八届六中全会精神，严守政治纪律和政治规矩，牢固树立“四个意识”，严格执行《关于新形势下党内政治生活的若干准则》和《中国共产党党内监督条例》，扎实推进“两学一做”学习教育常态化制度化，加强和规范党内政治生活，落实党内监督责任。深入推进政府系统党风廉政建设和反腐败工作，落实“两个责任”和“一岗双责”，在依法用权、正确用权、干净用权中保持廉洁，在守纪律、讲规矩、重名节中做到自律。加强行政监督，推进公共资金、国有资产、国有资源以及党政领导干部履行经济责任情况审计全覆盖。抓好廉政教育和廉政文化建设，夯实廉洁从政的思想政治基础，为全区发展营造良好的政治生态环境。严格落实中央八项规定精神，坚决防止“四风”反弹回潮。从严控制“三公”经费，把公共财政用到发展最需要、群众最受益的地方。

2017年惠民实事

1. 提升保障救助水平：将残疾人护理补贴和生活补贴范围由一、二级残疾人扩大到三、四级精神残疾人，每人每年补贴720元；按照800元/人·年的标准对严重精神障碍患者健康管理门诊用药实施专项补助；新建7个“慈善超市”，实施精准援助。

2. 扩大优质教育资源：加快推进36中、37中、39中改扩建工程，年内完成主体建设；围绕城中村和棚户区改造，提前布局东部地区教育基础设施，启动37中东校、青年路小学东校等学校建设；普及推广教育信息化，打造15个“智慧教室”，推进教育事业由基本均衡向优质均衡迈进。

3. 提供多元化养老服务：启动1所区级公办养老机构建设，新建18个社区（农村）老年人日间照料中心，14个社区养老服务中心，完善养老服务体系。

4. 改善提升城市形象：深入开展城市管理全面提升行动，综合整治交通秩序，从严控制打击违法建设，综合治理脏乱差，净化清理市容市貌、城市公园、城市道路、公共活动场所，专项治理铁路沿线周边环境，倾力打造1—2个示范片区、5—6个精品片区，提升城市品位。

5. 加快片区改造和棚户区改造：启动钟楼街历史街区保护开发和双塔历史文化大景区建设，年内完成房屋征收；力争启动双塔南巷、桃园北路、五一东街老官坊等棚户区改造，加快回迁安置房建设，让群众早日享受改造成果。

6. 优化公共文化服务：对86个社区图书室进行数字化建设，在每个街（镇）打造一个特色社区图书室，满足群众多元化需求。

7. 提升消防安全水平：为精神病患者、卧病在床的老年人等特殊人群，免费安装独立式烟感和可燃气体、超负荷用电报警装置，避免或减少家庭火灾“小火亡人”事件发生。

8. 加快清洁能源替代：对49个棚户区3243户、3个城中村590户、15个农村1943户的旧有采暖方式实施清洁能源替代，改善空气环境质量。

9. 提升档案服务民生水平：启动区国家综合档案馆建设，实施婚姻登记、退伍军人安置、招工录用通知等民生档案数字化改造，为群众提供便捷服务。

10. 改善人居环境：完成6000亩提档造林任务和6个村的村庄绿化，新建5处小游园、5处小绿地，持续改善人居环境。

中国人民政治协商会议第五届太原市迎泽区委员会常务委员会工作报告

——在政协第五届太原市迎泽区委员会第二次会议上

太原市迎泽区政协主席　张志勤

（2017 年 2 月 21 日）

2016 年工作回顾

2016 年是我区全面实施“十三五”规划的开局之年，是新一届政协的起步之年。一年来，在中共迎泽区委的坚强领导下，区政协及其常委会全面贯彻落实中共十八大和十八届三中、四中、五中、六中全会精神，深入贯彻习近平总书记系列重要讲话精神和治国理政新理念新思想新战略，全面落实区委各项决策部署，坚持团结和民主两大主题，围绕中心，服务大局，团结社会各界力量，认真履行职能，推进工作创新，加强自身建设，为建设省城首善之区做出了积极贡献。

一、风清气正，圆满完成五届区政协换届选举工作

2016 年 8 月 25 日，区政协五届一次全会圆满选举产生新一届政协领导班子，为我区政协事业发展奠定了坚实的组织基础。五届政协设置界别 23 个，新增新社会阶层和民主党派 2 个界别，共有政协委员 199 名。

二、加强学习，不断巩固团结奋斗的思想政治共识

新一届区政协把学习作为提升思想认识和工作水平的重要方法和途径。区政协组织广大委员认真学习贯彻中央、省市有关会议精神，审议通过了《迎泽区政协关于学习贯彻中共十八届六中全会精神和省、市第十一次党代会精神的决议》。创办“双塔学堂”，开班仪式上，贾媛、陈刚和罗小飞委员先后作表态发言，邀请太原市政协原副主席、文化专家王继祖就迎泽文化作开班讲座。“双塔学堂”成立后，通过邀请专家学者、政协委员授课及互联网+自主学习等多种形式，围绕政治理论、大政方针和政协业务等专题，开展多角度、多渠道、多层次的交流学习，编印 2 期《双塔学堂》学习资料。全体政协委员努力在融会贯通、学以致用上下功夫，不断增强同以习近平同志为核心的中共中央保持高度一致的思想自觉、政治自觉、行动自觉，更加坚定了坚持和发展中国特色社会主义的政治信念。

三、围绕大局，充分发挥政治协商作用

政协常委会充分发挥人民政协作为协

商民主重要渠道和专门协商机构的作用，精心组织协商活动，使协商选题与区委、区政府的总体部署相连接，与人民群众的重大关切相结合。五届一次全会期间，与会人员列席了区五届人大一次会议，听取并讨论了《政府工作报告》及其他有关报告。委员们通过小组讨论、撰写提案、反映社情民意等多种形式，紧紧围绕建设省城首善之区的发展目标深入协商讨论。区委、政府领导认真参加政协分组讨论、听取委员们所作的《被误读的山西煤炭何去何从》《关注民生完善养老服务体系》《浅谈对“营改增”的认识》《围绕我市重大基础设施项目不断改善我区城乡人居环境》等大会发言。五届一次会议以来，共召开常委会议 4 次、主席会议 9 次，委员们通过深入进行专题协商、对口协商、提案办理协商，就创新服务非公经济、城乡一体化发展等事关迎泽创新发展的重大问题，提出许多中肯的意见和建议。委员的合理建议得到区委、政府的积极回应和采纳，体现出协商民主的生机活力，凝聚了推进迎泽发展的强大合力。

四、抓住重点，民主监督工作扎实推进

区政协认真学习贯彻落实中共山西省委《关于加强人民政协民主监督的意见》，坚持民主监督与政治协商、参政议政相统筹，调研、视察、会议、提案相结合，紧紧围绕中央、省市大政方针和区委重大决策部署实施民主监督。组织部分政协委员深入食品药品监督管理局，对全区食药监管情况进行实地监督，对于校园周边流动商贩、餐厨垃圾的治理、网上外卖食品监管等问题，委员们提出了实行食品溯源和准入制度等建议。区政协班子成员和部分政协委员参加主题为“加强侦查监督、维护司法公正”的“检察开放日”活动，委员现场对检察院要进一步加强侦查监督工作提出意见建议。五届三次常委会议，听取了区政府 2016 年度提案工作办理情况、公安迎泽分局全年工作开展情况和迎泽区法院如何破解执行难的专题汇报。

五、紧扣中心，参政议政更富实效

牢牢把握全区经济社会发展的总体部署，把工作着力点放在服务我区创新发展的中心任务上，积极主动地开展多层次的参政议政。

抓好提案办理。认真落实省、市政协办理提案的规定，以提高提案质量、办理质量和服务质量为抓手，积极稳妥推进提案工作。五届一次会议以来，共收到提案 183 件，其中联名提案 20 件，立案办理 138 件，转意见处理 45 件。所立提案在规定时间内全部办复完毕，办结率 100%。

及时反映民意。按照“抓质量、出精品、上水平”的总体要求，组织开展社情民意信息工作的编撰、上报工作。目前，共编报社情民意信息 83 篇，其中《关于加快我省西气东输临汾管线改造工程的建议》《关于保障疫苗安全的建议》和《对政府采购法与招投标法部分内容修改的建议》分别被省市政协采纳或转办。

加强视察调研。区政协就民营经济发展、劳动就业、产业转型等方面开展视察调研。按照省、市政协的安排，对我区民营经济发展中存在的困难和问题进行调研，提出了加强对民营企业的扶持力度、提高民营企业抗风险能力、采取措施解决民营企业融资难等建议。组织政协委员视察迎泽区智慧创客空间园区、山西青年网和中鲁物流等民营企业并进行座谈交流，就如何深化行政审批制度改革、优化发展环境，协同推进简政放权、放管结合、优化服务、便利企业进行深入讨论。

组织开展“我为首善之区献良策”征文活动。为认真贯彻区五次党代会提出的我区未来发展的“担当新使命，争当排头兵，建设省城首善之区”的新定位，充分发挥政协独特优势，鼓励委员深入思考迎泽发展，在建设省城首善之区实践中展现委员风采，形成凝心聚力、共谋奋进的浓厚氛围，区政协在全体委员中开展了“我为首善之区献良策”活动。活动的主题是“倾心倾力建言献策，共建省城首善之区”，活动中，共收到178名委员撰写的征文198篇，朿海刚、王宏伟、陈刚等16名委员撰写2篇以上征文，其中，蔡杰委员撰写了6篇征文。政协委员围绕如何建设首善之区，实现“六个跨越提升”，全面完成我区“十三五”规划建言献策，形成了《加快推进迎泽会展业健康发展，不断塑造省城首善之区美好形象》《实践特色活动，创新宣传形式，推动省城“首善之区”建设》《迎泽区发展文化产业的长远思考》等一批有价值的良策。

六、发挥优势，促进社会和谐

区政协积极发挥人民政协团结各界、联系群众的独特优势，全力协助区委、区政府做好解民困、化民忧、惠民生的工作。

加强团结联谊工作。充分发挥政协联系广泛、人才荟萃的优势，积极组织委员开展各种活动。在教师节期间，组织开展教师节慰问活动，为政协委员中的教师送去节日的问候。联系文化界委员会同区委宣传部、区文联共同举办了“首善之区·文化引领”书画摄影展，激发起全区人民热爱迎泽、建设迎泽的热情。

围绕改善民生倾情出力。注重民生，围绕群众关心关切的问题开展民生工作。积极组织医卫界委员送医下乡，在郝庄镇开展义诊活动，免费为村民测量血压、血糖，免费咨询诊疗、发放健康知识资料。按照区委要求，组织开展慰问困难党员、困难群众活动，为因病致贫群众解决实际问题。

做好民族宗教工作。以促进民族和谐、宗教和睦为目标，加强与民族宗教人士的交流和沟通。在伊斯兰教圣纪节前，走访太原清真古寺和回族政协委员，并听取穆斯林群众意见和清真古寺的有关情况。在基督教平安夜前，走访太原市基督教协会，通过走访，加深了委员之间的了解与沟通，增进了友谊，巩固了民族团结，激发了民族宗教界委员的爱国爱教热情。

七、加强自身建设，打造“懂政协、会协商、善议政”的委员队伍

按照习近平总书记对人民政协提出的“懂政协、会协商、善议政”的新要求，进一步加强自身建设，不断提升参政议政的科学化水平。政协党组充分发挥领导核心作用，把党风廉政建设主体责任落到实处，内聚人心，外树形象，积极营造干事创业大环境。常委会组成人员以身作则，带头讲政治、讲规矩、讲道德、讲奉献，充分发挥了示范带头作用。通过深入开展“两学一做”学习教育和“双学一跟”活动，广大委员进一步提高了政治把握能力、调查研究能力、联系群众能力和合作共事能力。采纳李学宽委员建议，创新开展新老委员“结对子”活动。将新老委员划分为41个“结对子”小组，由各专委会通过组织召开座谈会、走访委员、联谊活动等多种形式进行“结对子”。通过“结对子”活动，老委员为新委员传授履职经验，新委员虚心向老委员学习，新老委员相互促进、共同提高，进一步增进了了解，熟悉了工作，提高了履职水平。依照政协章程，严格委员考核，去年，一名委员因工作原因调往外地，无法履行委员职责，建议其辞去委员职务。政协机关坚持把纪律和规矩挺在前面，以严的精神和实的举措深入推进机关思想、组织、作风、反腐倡廉和制度建设，切实提高机关精细化管理水平和服务保障能力。

2017 年工作安排

2017 年是中共十九大召开之年，也是我区抢抓机遇、争先进位，建设省城首善之区的攻坚之年。面对复杂的宏观经济形势风险，兄弟县市区竞相赶超的压力挑战，以及加快创新转型发展的艰巨任务，中共迎泽区委审时度势，从我区建设发展的全局出发，确定了稳中求进的工作总基调，作出了建设省城首善之区攻坚之年的一系列决策部署。这对于我们明确方向、把握重点，做好全年工作，意义至关重要。基于全区大局，区政协工作的总体思路是“勤学习、重规范、求创新、转作风、出成效”，指导思想是：全面贯彻中共十八大和十八届三中、四中、五中、六中全会精神，深入学习贯彻习近平总书记系列重要讲话精神和治国理政新理念新思想新战略，围绕区委五届二次全会暨全区经济工作会议的总体思路和工作重点，把服务转型示范区建设与创新驱动、转型升级有机结合作为第一要务，认真履行政治协商、民主监督、参政议政职能，充分发挥协调关系、汇聚力量、建言献策、服务大局的作用，为把迎泽建设成更具实力、更富活力、更有魅力、更加宜居、更加幸福的省城首善之区贡献新的力量。

今年的主要工作任务是：

一、加强理论学习，着力凝聚思想共识

强化理论武装，坚持在跟进学习、指导实践上下功夫。深刻领会和准确把握习近平总书记系列重要讲话的科学体系、立场观点，深刻领会和准确把握系列讲话对人民政协新的部署要求。牢固树立“四个意识”特别是核心意识、看齐意识，更加自觉地在思想上政治上行动上同以习近平同志为核心的党中央保持高度一致。坚持在中共迎泽区委领导下开展工作，紧扣区党代会精神及各项重大部署，谋划、推进政协工作，更加广泛地凝聚发展共识，自觉做到与区委、政府目标同向、工作合拍、步调一致。

二、做好政治协商，紧紧围绕区委部署推进政协工作

切实把协商民主理念贯穿履行职能全过程，不断提高协商民主制度化、规范化、程序化水平，在推动迎泽创新发展中做出新贡献。主动争取区委支持，加强与有关部门沟通协调，科学制定协商方案，周密组织协商活动，形成区委统一领导、政府大力支持、各方积极参与、政协组织实施的政治协商格局。今年，要将服务业创新转型发展、小微企业创业创新与民营标杆企业提质提效、推进城市建设等方面作为协商重点，通过专题协商、对口协商、界别协商和提案办理协商，促进科学决策。

三、积极探索创新，有序推进民主监督

中共十八届六中全会审议通过新修订的《中国共产党党内监督条例》，强调“党内监督和外部监督相结合”、各级党委应当支持和保证“人民政协依章程进行民主监督”。区政协要充分发挥好政协民主监督在全面从严治党中的重要作用，不断提升民主监督科学化水平。要结合实践，积极完善知情明政、沟通协调、办理反馈、权益保障、组织领导等五个方面工作机制，做到民主监督有计划、有题目、有载体、有成效。今年，要做好对“一府两院”和新成立的监察委员会的民主监督工作，要围绕区委、区政府重要决策部署、重要政策落实、重大项目和重大工程实施等开展好专项民主监督，务实提出建议对策，切实提高民主监督的实效。

四、集聚各方智慧，积极参政议政

按照区委五届二次全会确定的工作重点，紧紧围绕改革、发展、民生问题，集聚各方智慧，发挥协商民主重要渠道作用，在推进城中村棚户区拆迁改造、商文旅一体发展、保障改善民生等方面深入视察调研，实实在在地献计出力。积极开展专题调研活动，就提升柳巷—钟楼街商圈品质，打造规模竞争力城市核心消费圈、大数据经济、双塔历史文化景区建设和姓氏根祖文化等课题深入调研、科学论证、集中攻关，推出一批高质量的意见建议，帮助区委、区政府补齐发展短板、破解发展瓶颈、解决发展难题。要着力提高信息工作水平，坚持做到注重数量与注重质量相结合，坚持做到创新思路和延伸触角相结合，全面提升社情民意的汇总、分析、报送和跟踪反馈，不断推进政协社情民意信息工作的新发展。

五、发挥团结功能，促进社会和谐

突出大团结大联合主题，充分发挥人民政协协调关系、维护稳定、汇聚力量的优势，主动协助区委、政府做好理顺情绪、化解矛盾、凝聚人心的工作。坚持求同存异、体谅包容的原则，加强同各党派团体和社会各界人士的联系，努力营造团结民主、和谐活跃的议政氛围。

六、加强自身建设，提升履职水平

加强政协党组建设，坚持在区委统一

领导下，切实履行政协党组主体责任，发挥好党组管方向、抓大事、保落实的领导作用。加强常委会建设，不断提高谋大事、议大事的能力和水平。加强委员队伍建设，按照“扶上马，送一程”的工作思路，继续开展新老委员结对子活动，切实提高委员履职水平。积极推进“两学一做”和“双学一跟”学习教育常态化、制度化，坚持全覆盖、重创新、求实效，教育引导广大委员做到政治合格、执行纪律合格、品德合格、发挥作用合格。加强机关建设，深入推进机关思想、组织、作风建设，强化服务委员意识，发挥好委员主体作用，努力打造一支政治坚定、作风优良、敢于担当、业务熟练的高素质政协干部队伍。

太原市迎泽区2016年国民经济和社会发展计划执行情况与2017年国民经济和社会发展计划（草案）的报告

——在太原市迎泽区第五届人民代表大会第二次会议上

太原市迎泽区发展和改革局局长　张健康

（2017年2月22日）

一、2016年国民经济和社会发展计划执行情况

2016年，在区委的正确领导下，在区人大、区政协的监督支持下，全区上下深入贯彻党的十八届三中、四中、五中、六中全会精神，坚持稳中求进工作总基调，践行新发展理念，全面落实“坚持一个指引、两个走在前列、抓好三项任务”要求，着力抓好“五个一批”，统筹做好保稳定、稳增长、调结构、促改革、惠民生、强基础的各项工作，全区经济社会保持平稳发展，较好完成了区五届人大一次会议确定的目标任务。

2016年地区生产总值完成6022009万元，同比增长6.6%。其中，第一产业完成增加值3286万元，下降9.19%；第二产业完成增加值805952万元，增长7.73%；第三产业完成增加值5212771万元，增长6.39%。三次产业占地区生产总值的比重分别为0.05%、13.39%和86.56%。分别拉动GDP增长-0.01、1.1和5.48个百分点。社会消费品零售总额完成4401717万元，同比增长10.8%；规模以上工业增加值完成384914万元，同比增长2.3%；固定资产投资完成2182485万元，同比增长14.3%；一般公共预算收入完成139219万元，同比下降13.7%。

总体看，全区经济发展的基本面持续向好，除一般公共预算收入外，其余指标均持续增长。该指标增速下滑主要是受“营改增”结构性减税及经济下行的影响，客观上不可逆转。在2016年极其严峻的形势面前，我们主动适应经济新常态，加强了对经济的研判和预测，不断调整工作重点，把工作着力点放在提高经济发展的质量和效益上，使全年经济运行处于合理区间，尤其是地区生产总值和服务业增加值总量继续全省领先。这是区委科学决策、正确领导的结果，也是全区上下砥砺奋进、共同努力的结果。

2016年经济社会发展的成效主要体现在以下七个方面：

（一）区域经济提质增效，产业结构进一步优化

核心商圈提档升级步伐加快，完成了开化寺街、海子边街改造，中正天街投入运营，朝阳商圈及周边街巷进行了综合整

治和业态提升，东城现代装饰城建成开业，传统商圈核心竞争力持续提升。继续实施楼宇（总部）经济三年行动计划，在每个街（镇）组建1到2家社区楼宇服务中心，量身打造“贴身贴心”服务模式，引进国际国内知名企业区域总部35家，促进区域总部企业和高端业态集聚发展。创新经济发展新模式，推进传统产业转型提升，对众创空间、科技企业孵化器等9个“双创”项目的建设和运营给予奖励和补贴，建立了小微企业创业创新示范基地试点，互联网+智慧产业园投入运行，引进了康宁医药、纳得西生物等一批高科技企业，其中迎联智慧科技孵化器通过了山西省科学技术厅“省级科技孵化器”的认定，高新技术企业销售额占规模以上企业销售额达26%。

（二）项目建设有力推进，发展后劲进一步增强

重点项目跟踪服务。以省、市“项目创新年”为契机，结合我区实际，围绕片区改造、城市基础设施、文化产业及旅游业等重点，积极鼓励和支持企业上新项目、大项目。针对我区落地项目少、开工不足的现状，对在谈项目加紧对接，促其早日签约落地；对已签约项目加快推进，促其早日开工；对开工项目加强跟踪服务，持续推进万科紫院、中铁三局科技研发中心、龙投公司棚户区改造等重点项目建设，确保了新建项目按计划开工建设，形成有效投资增量。

重点项目推进有力。建立了重点项目的目标责任体系，将具体工作逐项落实到人，明确分工，责任到人，把投资大、序时进度滞后的项目作为推进重点，进行定向帮扶，加强与项目主管部门的协调，集中解决影响推进的问题，帮助项目单位完善手续，加快进度，形成了更多的工作量，确保了104个省、市重点工程项目全面完成年度目标任务，充分发挥了重大项目的集聚、引领和带动效应，促进了全区固定资产投资的适度增长。

“六位一体”进展顺利。其中项目储备完成2376亿元，完成率103.89%；项目签约完成255.7亿元，完成率106.54%；项目落地完成150.94亿元，完成率101.3%；项目开工完成179亿元，完成率100%；项目建设完成186.6亿元，完成率101.97%；项目投产完成178.38亿元，完成率106.18%。

（三）城乡建设统筹推进，城镇一体化进一步融合

城市基础设施建设步伐加快，完成18条小街巷改造和迎泽大街火车站通道、轨道交通2号线等重点工程房屋征收；启动了东五龙口38号院、五一路周边5个棚户区改造，征收房屋1667户、10.5万平方米；新开工建设保障性住房6992套，完成既有节能建筑改造105万平方米。完成郝庄、双塔等3个村的拆迁收尾和马庄、店坡等3个村的整村迁除。加大对村集体土地违法建设的巡查、管控力度，开展打击“两违”行为，共拆除违章面积17万平方米。高标准整治文源、桃园三巷2个片区和上马街、旧城街、羊市街等19条背街小巷；12个城中村实行了城市化清扫保洁和垃圾收运管理，16个山区村的生活垃圾实

行了专业收运管理，在农村地区修建并投入使用90个地埋式垃圾桶站（点）；改造改建公厕12座，新建公厕5座，开放宾馆、酒店等单位内部公厕30座。推进都市现代农业提档升级，台骀山滑世界农村生态游乐园晋升为省级休闲农业与乡村旅游示范点。扎实开展农村土地确权登记颁证工作，13个村完成基础数据测绘工作，8个村完成土地确权公示。开展三级示范社创建，新创建省级示范社1家、市级示范社2家、区级示范社3家，新成立合作社7家，合作社总量已达80家，辐射带动900余农户参与经营。

（四）生态质量持续改善，绿色发展进一步推进

淘汰老旧机动车和黄标车2198辆，有效控制了机动车尾气污染现象。开展燃煤锅炉清零行动，拆除燃煤锅炉109台，彻底解决了居民的采暖燃煤污染问题。在35个社区全面推广使用洁净煤，建成高污染燃料禁燃区8.146平方公里。对重点排污企业太原市热力公司城南供暖分公司、迪爱生（太原）油墨有限公司、智海企业集团有限公司西祁家山石灰石矿、太原润禾环卫设备有限公司以及混凝土加工企业加强整治，保证污染防治设施运行正常。抓好重点耗能单位的节能工作，积极促进供电、供热等用能大户进行节能降耗技术改造。提档升级造林3000亩，新建5个小游园、5处小绿地。完成小山沟至大窑垴、占道至柳沟2条森林防火通道。实施了小山沟水井配套和小山岩凿井工程。继续深入推进采煤沉陷区治理，生态环境得到明显改善。

（五）民生保障不断完善，人民生活水平进一步提高

全区就业形势保持稳定，以高校毕业生、农民工和就业困难人员为重点，认真贯彻落实一系列就业创业优惠政策，城镇新增就业18107人，完成年计划的115.33%；创业就业4275人，完成年计划的120.31%；失业人员再就业8669人，完成年计划的115.59%；就业困难人员再就业2069人，完成年计划的115.59%；转移农村劳动力328人，完成年计划的126.15%。积极推进社会保障“全覆盖”，各项参保任务超额完成，新农合参保率创历年之首，达99.96%。全面落实各项惠民保障政策，全区城乡低保对象每人每月提标25元，提标补发资金已全部足额发放到位，共为城乡低保对象1838户、2426人累计发放城乡低保金1395.7703万元；全年实施医疗救助7036人次，支出309.1405万元。加快城乡养老服务机构建设，在4个基层医疗卫生机构设立80个“医养结合床位”，新建15个社区养老服务中心和17个社区（农村）老年人日间照料中心。为全区60岁以上有需要的老年人免费发放“爱心一键通手机”500部。优质教育均衡发展，启动了3所中学改扩建和1所幼儿园新建项目，小学生、中学生和特教生生均公用经费分别提高到1000元、1200元和7000元，建设“智慧教室”9个，顺利完成近6000名小学适龄儿童的入学工作。

推进医药卫生体制改革，出台了《公立医院人事制度改革的实施方案》、《公立医院收入分配制度改革实施方案》和《区级公立医院绩效考核方案》；破除“以药补医”机制，取消药品加成，财政全年共补助90.2458万元。全面实施社区服务能力提升工程，庙前、解南、老军营社区卫生服务中心（站）通过了省级评审；郝庄镇卫生院成功创建为“国家级群众满意乡镇卫生院”。认真实施全面两孩政策，国家卫计委授予我区“新一轮国家计划生育优质服务先进县（区）”称号。建成26个社区健身活动场所，实现了全覆盖。设立文化产业扶持专项资金，对4个企业及5个非物质文化遗产企业予以扶持。脱贫攻坚合力全面形成，对口帮扶娄烦县静游镇4087人实现脱贫。

（六）严格落实安全责任，确保社会和谐稳定

加大安全生产监管和防范，落实安全生产“两个主体责任”，全年未发生重特大安全事故。扎实做好信访维稳，一批重大不稳定因素得到化解。进一步拓宽了矛盾纠纷化解渠道，最大限度地发挥了人民调解在化解社会矛盾中的基础性作用；社区矫正和安置帮教工作成效显著，全年接收社区服刑人员127名，解除矫正133名，在册管理社区服刑人员188人；继续深化“一社区（村）一法律顾问”工作。着力加强社会治安综合治理，“平安迎泽”创建取得新成效，居民安全感和满意度进一步提高。

（七）全面优化发展环境，工作效能进一步提升

持之以恒落实中央八项规定精神，结合“两学一做”学习教育活动，强力抓好作风建设。把依法行政作为政府工作的生命线，自觉接受区人大的监督，主动与区政协加强沟通，切实加强行政执法队伍建设，严肃查处各种不当执法行为。推进重点领域改革攻坚，深化“放管服”改革，全面推行“五证合一、一照一码”。

加强国防动员和民兵预备役建设，民族、宗教、人防、地震、档案等工作取得新成绩，残疾人、老龄、妇女、关心下一代等社会事业有了新进步。

总的来看，2016年经济社会事业取得了一定成绩，但仍有一些困难和问题不容忽视：经济下行压力大，实体经济生产经营依然困难；产业结构调整任务依然艰巨，产业发展基础仍不牢固，第三产业受金融业影响波动较大；新兴产业发展缓慢，现代产业集聚、集约程度及综合竞争力还需进一步提升；公共服务均等化水平仍需进一步提高；社会事业发展和民生保障需要更加有力地推进等。对于这些困难和问题，我们将积极应对，并在发展中努力加以解决。

二、2017年国民经济和社会发展的总体思路和主要预期目标

今年是党的十九大召开之年，是实施“十三五”规划的重要一年，是供给侧结构性改革的深化之年，做好经济工作意义重大。

2017 年总体思路是：深入贯彻习近平总书记系列重要讲话精神和治国理政新理念新思想新战略，认真落实中央经济工作会议、省委十一届二次全会暨经济工作会议精神和省、市第十一次党代会总体部署，按照省委“一个指引、两手硬”重大思路和要求，紧紧围绕区第五次党代会提出的目标任务，持续提升经济、政治、文化、社会、生态文明和党的建设水平，努力实现各项工作走在全市前列，全面加快建设更具实力、更富活力、更有魅力、更加宜居、更加幸福的省城首善之区步伐，努力实现“两个走在前列”，以优异成绩迎接党的十九大胜利召开。

综合考虑各方面因素，2017 年全区国民经济和社会发展的主要预期目标是：地区生产总值增长 8%左右，社会消费品零售总额增长 8%左右，一般公共预算收入增长 8.5%左右，规模以上工业增加值增长 2%左右，全社会固定资产投资增长目标根据新的统计口径研究设置，全面完成省、市下达的约束性指标。

三、2017 年国民经济和社会发展的主要任务

围绕 2017 年发展目标，重点做好以下六个方面工作：

（一）加快经济结构调整，推动产业优化升级

推进商圈提质增效。全力推进传统服务业和现代信息技术的融合发展，大力发展智慧型服务业和新型零售模式，引导柳巷、朝阳等核心商圈向综合商务区转变。加快柳巷—钟楼街商圈环境改善和基础设施建设，改造提升特色商业街，努力打造具有核心竞争力的城市商圈。引导朝阳商圈发展服装加工制造业，加大环境整治力度，提升商业街区承载能力，努力打造功能完备、经营规范、多业态融合的现代商贸物流城。

加快特色产业园建设。推进互联网+智慧产业园扩园步伐，引进生物制药、现代物流、电子商务等一批高新技术企业和项目；启动新东峰贸易园建设，吸引高端制造业、节能环保生物医药等新兴产业入驻。加快中鲁物流园建设，打造省内最大的快递中转基地和现代物流核心园区。

发展现代服务业。继续实施楼宇（总部）经济三年行动计划，再引进一批国际国内知名企业区域总部，促进总部企业和高端业态发展提速。大力发展与人民群众生产生活息息相关的文化、教育、体育、健康、休闲等幸福产业，再打造一批高标准、专业化的社区养老服务机构。大力推动大众创业、万众创新，重点推动林业大厦双创基地和“今鼎创意空间”建设，着力打造产业转型升级新引擎。

大力发展文化产业。挖掘历史文化底蕴，再现历史文化风貌，整合区域历史文化、文物遗存、商业服务等资源，加大旅游景点开发保护力度，按照商文旅一体发展思路，推进文化产业发展。尽快启动钟楼街历史街区保护开发，力争将钟楼街、崇善寺、文庙、纯阳宫和皇庙连片打造成集“吃、住、行、游、购、娱”为一体的

商文旅街区。适时启动双塔景区建设，做好前期摸底、房屋征收、违建拆除等基础工作，为全面启动景区建设打好基础。积极发展文化创意、文化会展、动漫制作、非物质文化遗产开发等新兴文化产业。

推进现代休闲农业迅速发展。积极发展休闲度假、旅游观光、创意农业、农村电子商务等新兴产业，推动农业与生态、旅游、文化等产业深度融合发展。加快东山农业生态公园建设，按照一村一品、集中连片发展思路，打造具有影响力的生态产业园区。

（二）发挥投资拉动作用，全力以赴稳定经济增长

全力抓好招商引资。创新招商方式，推动“政策招商”向“产业招商”转变，单个项目招商为主体向整体开发运营招商转变。突出精准招商，加强与龙头企业、行业协会、民间商会、投资咨询公司等的战略合作，开展专题性推介、区域性对接，实现企业集群式引进、产业链接式转移。拓展“技术+产业”等招商方式。围绕区域产业特点，实施跟踪服务，实行重大项目区级领导包联服务机制，为项目洽谈、落地和手续办理提供最优质的服务。积极做好与上级相关部门的协调，主动对接项目进展情况，争取政策、资金支持。对新引进或增资的战略性新兴产业和现代服务业项目，给予资金奖励和房租优惠等多种政策支持，促进项目落地。完善招商引资考核办法，重点考核签约项目的合同履约率、项目开工率和资金到位率，切实提高招商引资的实效性。

重点打造东山经济发展圈。随着市政建设和城中村改造步伐快速推进，东部城市空间得到了进一步的拓展，给我区招商引资工作带来难得的发展机遇。按照“招大引强”的发展思路，重点培育装备制造业、智能信息、医药器械、汽车服务、环保节能、文化创意、农林、民生服务、金融服务、物流服务等十大互联网+产业，加快集聚效应和集群发展。

完善项目推进机制。一是促开工。突出补齐新开工项目不足的短板，紧盯2017年计划新开工项目，加快推进项目审批流程，攻克征拆、融资难题，促进项目尽快落地开工。二是促建设。突出推进在建项目实物工作量，做好协调服务，加快形象进度，确保项目按时竣工投产。三是促前期。突出项目前期工作，从项目论证、规划布局到项目落地全过程进行服务指导，推进项目取得实质性进展。四是强储备。紧密对接国家和省、市重大战略、重大专项，推进项目入库储备，确保有效投资持续发力。

聚焦重大项目建设。完善“六位一体”工作机制，推进省、市重点工程建设。加快国海广场、红星美凯龙城市家居、华润综合体和万科紫院等重点项目建设，启动实施一批具有全局性、战略性的重大项目，重点推进补短板的重大基础设施以及重大产业升级项目，发挥重大项目的集聚、引领、带动效应，切实提高项目开工率、投资完成率和签约率。

（三）统筹建设完善功能，推动城乡协调发展

推进城乡基础设施一体化。继续做好轨道交通二号线、迎泽大街下穿火车站及东广场建设涉及的房屋征收工作，全力做好松小线、迎泽大街东延、南内环东延、南十方东延、青年路南延等市政道路的房屋征收工作。完善东山地区路网建设，实施松小线观家峪至观枣线和国道307至柳占线改造工程。完成小山岩、董家庄饮水管网配套建设。着力打造美丽宜居示范村，编制全区美丽乡村规划，力争将董家庄、东祁家山、捐子、张家河、外麻、小山沟打造成市区级美丽宜居示范村，实现农业增效、农民增收、农村增绿。

加快城中村、棚户区改造步伐。城中村和棚户区改造事关千家万户的利益，对改善群众住房条件和城市人居环境意义重大。要以对人民群众高度负责的态度，继续把城中村和棚户区改造放在心上、抓在手上，按照时间节点要求，扎扎实实地推进。全力做好东太堡、枣园、王家峰等5个村的拆除清零，同步加快回迁安置房建设，尽快启动松庄、新沟、水峪3个村的整村拆除，在全市率先实现城中村改造全覆盖。按照“政府主导、规划引领、连片改造、工程联动”的原则，加快棚户区改造步伐，力争启动桃园北路、西里片区、五一东街老官坊等棚户区改造，进一步提高棚户区货币安置比例；加快青年东街、东五龙口38号院等棚户区回迁安置房建设，确保拆迁户如期回迁。进一步加大货币化安置比例，满足群众多元化需求；要加快青年东街、新生里、南江、东岗巷等棚户区回迁安置房建设，针对房屋户型、回迁政策等加强与上级部门对接，做细做实分房方案，确保回迁安置工作有序进行。

有重点、有层次、有步骤地推进特色小镇建设。把特色小镇建设作为我区经济发展新的增长极，纳入重要议事日程，建立完善协调推动机制，形成政府引导、规划先行、示范带动、齐抓共管的工作格局。依托交通优势和区位条件发展商贸小镇，依托历史文脉和生态资源发展旅游名镇。完善小镇功能，开展镇容镇貌综合整治，将其建设成为服务“三农”的重要载体，服务周边居民的休闲度假中心。要用足用好财政、税收、投融资、资产管理、土地、社会保障等有关政策，为特色小镇建设提供服务。要坚持试点先行，选取条件相对成熟的村落启动试点建设，根据其自身的历史传承、文化底蕴和发展特点，努力打造产业上“新而特”、机制上“新而活”、功能上“小而精”、形态上“小而美”的特色小镇。

开展城市管理全面提升行动。以“城市管理全面提升行动”为契机，促进大数据、物联网、云计算等现代信息技术与城市管理服务融合，充分发挥科技提升城市管理效能的倍增效应。理顺区、街（镇）、社区（村）之间的责权关系，推行城管执法队伍集中管理模式试点工作，建立奖罚分明、权责一致、科学规范的考核办法。针对城市乱象屡禁不止的问题，开展专项

整治，加大对违法建设、占道经营、交通违章、市容卫生、户外广告、建筑工地、公共场所、铁路沿线、各类景区、物流仓储等十项综合整治力度，打造1—2个示范片区、5个精品片区，让城市更加文明整洁有序。

（四）加强生态文明建设，推进绿色低碳可持续发展

优化改善生态环境质量。生态环境是最普惠的民生福祉。要牢固树立低碳发展理念，实施大气、水、土壤三大污染防治行动计划，全面推进集中供热全覆盖、城边村气化改造、城中村整村拆迁、污染企业搬迁、水环境治理等“五大工程”。继续推进污染源网格化管理，全面提升环境监察常态化、信息化、规范化、精细化水平。实施农村分散燃煤整治工作，推广使用清洁能源，大力压减燃煤污染。加快推进采煤沉陷区生态环境治理修复。加强机动车污染防治措施，加快黄标车、老旧车淘汰步伐。

深入实施造林绿化提升工程。实施绿化造林和生态建设，推进高效生态林业建设，完成提档造林6000亩和6个村的村庄绿化。围绕太原建设国家生态园林城市要求，结合棚户区改造、小街巷整治，再新建5个小游园、5处小绿地，推进环境质量持续改善。

以提高环境质量为核心，建立生态文明绩效考核制度，完善企业违法排污黑名单制度，设定并严守生态红线，基本形成源头预防、过程控制的生态文明制度体系。强力推进节能降碳。抓好重点耗能大户的节能工作，积极促进供电、供热等企业进行节能降耗技术改造。严把项目准入关，通过节能评估审查，确保新项目符合能耗要求，从源头上管控能耗增长。大力发展循环经济，全面推进低能耗、低排放、低污染经济发展。

（五）切实保障和改善民生，增强人民群众获得感

强化保障惠民生。推动新形势下就业创业工作，推进大众创业、万众创新，进一步建立健全我区公共创业服务体系和平台建设，落实高校毕业生自主创业、到基层就业的各项政策，统筹做好农村转移劳动力、城镇失业人员、困难人群、退役军人等群体就业工作。充分发挥中小微企业吸纳就业主渠道作用，全面落实支持企业发展的扶持政策，力争城镇新增就业人数1.8万人。进一步完善社会保障体系建设，持续扩大社会保险参保人群和险种覆盖面，基本实现法定人员全覆盖，大幅提升灵活就业人员、农民工等群体参加职工保险比例，实现应保尽保。加强社会救助、优抚安置、慈善和减灾救灾等工作。扩大困难残疾人救助“两项补贴”覆盖面，将三、四级精神残疾人纳入补贴范围。大力发展养老服务，建设以居家为基础、社区为依托、机构为补充、医养相结合的多层次养老服务体系，推动医疗卫生和养老服务相结合，鼓励社区综合医院兴办健康养老服务机构。新建14个社区养老服务中心、18个城乡社区老年人日间照料中心，力争启

动1个公办养老院建设。

发展事业促民生。实施教育事业改革和发展“十三五”规划，积极开展“县域义务教育优质均衡发展”省级试点工作；巩固“全国中小学校责任督学挂牌督导创新县区”成果，充分发挥教育督导作用，完善迎泽教育督导现代化评估监测平台的管理和使用；继续提高中小学生均经费标准；加快推进36中、37中、39中改扩建工程，年内完成主体建设；继续实施教育信息化建设，新建15个“智慧教室”；均衡配置教育资源，提升办学质量，努力打造文化内涵深厚、特色品牌显著的“家门口好学校”，推进教育事业实现由基本均衡向优质均衡迈进。大力推进健康迎泽建设，启动迎泽区中心医院建设项目，完成区产科医院和棉花巷社区卫生服务中心改造。继续推进家庭医生签约服务，力争签约覆盖率达到40%以上。加强医院重点专科建设，打造中医外科、骨伤科等4个重点专科。实施全面两孩政策，统筹推进计划生育服务管理、家庭发展支持体系和治理机制综合改革。深入推进公共文化服务体系建设，完成86个社区图书室数字化改造，着力推进张家河特色小镇旅游项目建设，建立“迎泽微视”系统，打造标准统一、互通互联的公共文化服务数字化平台。启动区国家综合档案馆建设，提升区级档案管理水平，扩充档案容量，争取达到县（区）级一类档案馆标准。实施婚姻登记、退伍军人安置等民生档案数字化提升工程。加快200平方米至500平方米城市社区提档升级步伐，启动10个农村社区办公场所建设。强化扶贫工作责任考核，实行精准到户的工作机制，加大财政扶贫投入，进一步加强和改进定点扶贫工作，确保各单位落实扶贫责任。发挥部门职能作用，完善社会力量参与机制，鼓励支持民营企业、社会组织和个人参与扶贫开发，实现社会帮扶资源和精准扶贫有效对接。稳步推进农村集体产权制度改革，构建权属清晰、流转顺畅、保护严格的农村集体产权制度。

维护稳定安民生。要进一步完善社区“网格化”管理，构建城乡社区、社会组织、社会维稳工作联动机制，重点做好征地拆迁、回迁安置等领域的矛盾纠纷排查化解，妥善处置各类群体性事件，把矛盾化解在萌芽状态。完善和落实安全生产责任和管理制度，深入开展打非治违专项整治行动和安全生产大检查，围绕危险化学品、消防、道路交通、建筑施工、油气管道、人员密集场所等重点行业领域，持续开展隐患大排查大整治，坚决遏制重特大事故发生。要继续深入推进“平安迎泽”创建，加强和创新社会治安综合治理，严厉打击违法犯罪行为，营造和谐良好氛围。保障食品药品安全，重点加强基层监管能力建设，健全严密高效、社会共治的食品药品质量安全治理体系。

（六）以人民满意为追求，全面优化发展环境

要把优化发展环境作为当前的一项基础性工作抓好抓实抓出成效，努力打造全市审批最快、流程最优、体制最顺、机制

最活、效率最高、服务最好的政务服务环境，努力建设权责法定、执法严明、公开公正、廉洁高效、守法诚信的法治政府。

一是推进依法行政，建设法治政府。始终坚持把政府工作全面纳入法治轨道，牢记有权不可任性，把权力关进制度笼子，全面落实权力清单和责任清单，始终做到“法定职责必须为，法无授权不可为”。全面落实重大行政决策合法性审查、集体研究等法定程序，进一步完善内部管理制度，推进事权运行规范化。探索建立区级法律顾问机构库，完善覆盖全区各部门、各街（镇）的政府法律顾问制度。进一步规范执法行为、提高执法效能，自觉维护法律尊严与权威，确保政府工作在法制的轨道上，在制度的框架内运行，确保每一项工作都经得起法规制度审查和历史检验。自觉接受区人大的法律监督，主动接受区政协的民主监督，全面加强政务公开，广泛接受社会监督和舆论监督，让权力在阳光下运行，让政府工作接受人民的监督，充分体现人民的意愿。

二是强化担当意识，建设责任政府。我们要时刻牢记党和人民的重托，牢记富民强区的重任，敢于担当、勇于担当、善于担当，遇到矛盾不回避，遇到困难不推诿，遇到压力不放弃，敢于动真碰硬，敢于担难担险担责，把该管的事管住，把该办的事办好。

三是推进管理创新，建设服务政府。以敬民之心，行简政之道，革烦苛之弊，施公平之策，开便利之门，放管结合，优化服务改革向纵深发展，增强市场主体创业创新动力，加快发展新经济，培育壮大新动能，使我区经济迸发无限活力。持续深化简政放权，及时承接下放事项，坚决取消没有法律依据的审批事项，切实减轻企业和群众负担。继续深化商事制度改革，大力推行“多证合一、一照一码”；加大“两集中、两到位”力度，优化审批流程，减少审批环节，创优服务方式，提高窗口办结率和群众满意率。

四是倡导真抓实干，建设务实政府。坚持政府工作一切从实际出发，不搞形式主义、不做表面文章。按照省市要求，落实“13710”工作制度，即：“1”当天要研究部署；“3”3天内要反馈办理情况；“7”一般性问题原则上7天内要落实解决；“1”重大问题包括一些复杂问题要在1个月内落实解决，确实解决不了的，要拿出解决的时间节点和方案；“0”所有事项都要跟踪到底、销号清零，事事有着落，件件有结果。6月底前要在区、街（镇）两级建立电子督办平台，将重点建设项目、招商引资项目、重点工作纳入平台管理。

五是坚持从严治政，建设廉洁政府。严格落实中央“八项规定”精神，更加全面地纠正“四风”，更加负责地扛起主体责任。全力推进行政监察、审计监督全覆盖，坚持对腐败问题零容忍，坚决打掉权力寻租的空间，奋力铲除腐败滋生的土壤，努力建设干部清正、政府清廉、政治清明的廉洁迎泽。

关于太原市迎泽区2016年预算执行情况和2017年预算草案的报告

——在太原市迎泽区第五届人民代表大会第二次会议上

太原市迎泽区财政局局长　何吉铮

（2017年2月22日）

一、2016年区级预算执行情况

2016年，面对复杂严峻的宏观经济形势和繁重的改革发展任务，在区委的正确领导和区人大的监督支持下，全区上下主动适应经济发展新常态，妥善应对各种挑战，坚持发展第一要务，增强组织收入力度，调整优化支出结构，推进稳增长、调结构、惠民生各项工作，努力确保财政预算平稳运行。

（一）一般公共预算执行情况

2016年经区五届人大一次会议审查批准的区级一般公共收入预算为169420万元，增长5%；一般公共支出预算为206901万元，增长6.5%。

2016年区级一般公共预算收入完成139219万元，下降13.71%，加上税收返还收入20388万元，转移支付收入43162万元，上年结转收入18300万元，收入总量为221069万元；一般公共预算支出执行193940万元，下降13.39%，加上解上级支出10278万元，援疆支出240万元，结转下年支出16611万元，支出总量为221069万元。收支相抵，实现当年收支平衡。

1. 收入预算执行情况：受经济持续下行，财政体制调整等因素影响，2016年财政收入短收30201万元（税收收入短收32231万元，非税收入超收2030万元），报经区五届人大常委会第三次会议批准后，将区级一般公共收入预算从169420万元调整为139219万元，全年实际完成数与调整预算数一致，主要收入项目执行情况如下：

税收收入完成122589万元，占一般公共预算收入的88.1%，下降15.33%。其中：国内增值税19496万元，增长89.98%；改征增值税19809万元，增长85.41%；营业税22746万元，下降57.52%，以上三税增减幅度较大的原因是2016年5月1日全面推开“营改增”后，又同步实施调整中央与地方增值税收入划分过渡方案，双重因素影响下，我区三税的税收和分享比例均发生较大变化（国内增值税区级分享比例由17.5%调整为35%，改征增值税和营业税区级分享比例由70%调整为35%）。企业所得税6759万元，增长16.01%；个人所得税5054万元，增长4.4%；房产税10742万元，下降12.06%；土地增值税11718万元，下降 44.91%，主要是上年同期房地产企业一次性收入较大，抬高了基数。

非税收入完成 16630 万元，占一般公共预算收入的 11.9%，增长 0.43%。其中：专项收入 8787 万元，行政事业性收费收入 5465 万元，罚没收入 1173 万元，国有资产有偿使用收入 1205 万元。

2. 支出预算执行情况：预算执行中，由于出现短收，根据收支平衡原则，相应调减了支出预算。报经区五届人大常委会第三次会议批准后，将支出预算从 206901 万元调整为 210551 万元（因短收调减支出预算 30201 万元，预算执行中新增上级转移支付增加支出预算 33851 万元）。2016 年全区一般公共支出预算执行 193940 万元，为调整预算的 92.11%。主要支出项目执行情况如下：

教育支出 42674 万元，为预算（调整预算，下同）的 97.5%，增长 27.11%。主要用于普通教育支出 31744 万元，其中，学前教育 2438 万元，小学教育 20222 万元，初中教育 7307 万元等。实施校舍改扩建、数字校园建设、提高生均公用经费水平等，促进我区城乡义务教育均衡发展。

社会保障和就业支出 47100 万元，为预算的 90.27%，下降 30.4%（降幅较大的原因是 2015 年一次性增加企业注册资本金）。主要用于基层政权和社区建设支出 6279 万元，财政对社会保险基金补助支出 4925 元，行政事业单位离退休支出 14183 万元，就业补助支出 5522 万元，抚恤支出 4694 万元，退役安置支出 2473 万元，城乡居民最低生活保障支出 1435 万元等，我区各项民生政策得到较好落实。

医疗卫生支出 15757 万元，为预算的 89.7%，增长 6.11%。主要用于基层医疗卫生机构支出 2391 万元，医疗保障支出 6342 万元，基本公共卫生服务支出 2546 万元，计划生育支出 1269 万元等，推进我区基本公共卫生服务、医疗保障等医疗卫生事业的进一步发展。

城乡社区事务支出 42690 万元，为预算的 96%，下降 5.07%。主要用于城乡社区公共设施支出 14951 万元，城乡社区环境卫生支出 22039 万元，城管执法支出 3398 万元等，支持高标准整治背街小巷 19 条，综合整治老旧片区 2 个，新建小游园、小绿地 10 处，新建及改造公厕 17 座等，我区城市环境及公共设施建设得到较大提升。

节能环保支出 7221 万元，为预算的 74.11%，增长 693.52%（增幅较高的原因是省市增加专项转移支付）。主要用于污染防治支出 4164 万元，自然生态保护支出 2171 万元，污染减排支出 656 万元等，支持我区淘汰老旧机动车和黄标车 1684 辆，拆除城乡燃煤锅炉 109 台，有力推动了省城环境质量的改善。

3. 转移支付执行情况：2016 年上级对我区转移支付 43162 万元，增长 5.1%。其中：一般转移支付 16103 万元，增长 7.9%；专项转移支付 27059 万元，增长 3.5%。主要用于我区发展教育事业、社会保障、节能环保及公共卫生等方面。

（二）政府性基金预算执行情况

2016年政府性基金转移支付收入795万元，上年结转收入5856万元，收入总量为6651万元；政府性基金全年支出1728万元，为变动预算的37.15%，主要用于城乡建设、社会保障等相关支出。收支相抵，结转下年支出4923万元。

（三）社会保险基金预算执行情况

2016年区级社会保险基金收入39748万元，为预算的89.32%；社会保险基金支出38498万元，为预算的74.4%，当年收支结余1250万元，年末滚存结余43626万元。

（四）债务情况

2016年化解地方政府性债务346.1万元，用于偿还检察院技侦大楼工程欠款。2016年末，我区地方政府性债务全部化解完毕。

（五）落实区五届人大一次会议预算决议情况

2016年，按照区五届人大一次会议有关决议，稳步推进财税体制改革，创新完善财政工作机制，稳定民生投入，努力促进我区经济社会持续健康发展。

1. 合理调控，全力保障预算平稳运行

受“营改增”全面实施、财政体制调整、经济下行等多项因素影响，2016年我区遭遇前所未有的减收形势，我们多次召开经济形势分析会，研究解决财政收支运行中的突出问题，密切关注经济运行情况，及时调整征管重点，协调各方采取有效措施，确保应收尽收。与此同时，在财力吃紧的情况下，严格预算管理，调整支出结构，强化资金统筹，采取压减支出项目，盘活存量资金，收回沉淀资金等措施，弥补财力缺口，平衡财政收支，有效缓解资金压力，实现应支尽支。

2. 优化支出，着力改善和保障基本民生

在财政收入出现减收的情况下，财政资金始终保持向基本民生倾斜政策，全年民生支出161651万元，占一般公共预算支出的比重为83.4%，继续稳定在较高水平。积极落实教育均衡政策，提高城乡义务教育学校生均公用经费定额，小学生均经费提高到1000元，中学生均经费提高到1200元，特殊教育生均经费提高到7000元。全面落实各类社会保障提标政策，城乡居民最低生活保障标准每人每月提高25元达到530元，城乡居民医疗保险财政补助标准每人每年提高40元达到420元，基本公共卫生服务项目财政补助每人每年提高5元达到45元，困难残疾人生活补贴和重度残疾人护理补贴每人每月分别提高10元，机关事业单位和企业退休人员基本养老金平均提高5.5%等。认真落实精准扶贫政策，拨付2000万元，帮扶娄烦县静游镇脱贫脱困。我区民生政策得到全面落实，人民的获得感和幸福感进一步增强。

3. 深化改革，努力提升财政管理绩效

积极推进“营改增”等税制改革，将“营改增”范围扩大到建筑业、房地产业、金融业和生活服务业，有力减轻了企业负担。加大项目资金统筹使用力度，对执行较慢的资金调整用于经济社会发展急需的领域。压减部门专项资金30%左右，部门支出预算较上年减少 1.1 亿元。继续盘活存量，清理收回结转两年以上资金，同时加大对两年以内结转资金的盘活，全年收回部门结转资金近 1 亿元。全面推开预决算公开工作，及时在“迎泽之窗”等门户网站公开政府及部门预决算信息，公开内容按要求细化到功能科目的项级和经济科目的款级，实现了公开内容和公开范围全覆盖。聚焦预算管理、资金分配等核心业务环节，制定内控制度及操作规程，努力提升财政管理水平。

总的来看，2016 年我区财政工作在克服困难中前行，取得了新进展。但在新标准新任务新要求面前，我们也清醒地认识到，财政运行中还存在一些突出矛盾和问题。主要是：我区主导行业支撑不足，税收增长亮点不多，财政增收困难凸显；收入下降与支出刚性增长矛盾不断加剧，财政平衡难度日益加大；预算管理改革不到位，预算编制科学性不高，财政资金支出绩效有待进一步提高等等。我们将高度重视这些问题，采取有力措施切实加以解决。

二、2017 年区级预算草案

2017 年是推进“十三五”规划的关键之年，是全面贯彻区第五次党代会精神的起步之年，也是我区走出经济困境的攻坚之年。编制好 2017 年预算，做好各项财政工作，关系全区改革发展稳定大局，意义十分重要。

根据省、市经济工作和财政工作会议精神，2017 年财政预算安排的指导思想是：以党的十八届六中全会以及中央、省、市、区经济工作会议精神为指导，紧紧围绕区第五次党代会提出的目标任务，坚持新发展理念，坚持稳中求进工作总基调，着力深化财源建设，落实积极的财政政策，积蓄生财后劲；着力调整支出结构，加大资金统筹，强化保障能力；着力推进财政改革，加强预算管理，建立现代财政制度，为加快建设省城首善之区提供有力支撑。

2017 年财政预算安排原则：一是收入预算坚持实事求是、积极稳妥，确保与经济社会发展水平相适应，与国家政策相衔接，体现稳中求进总基调。二是支出预算坚持量入为出、不列赤字，统筹兼顾、突出重点，充分体现“紧日子、保基本、调结构、保战略”的要求。三是加大财政资金统筹力度，整合各类财政资金，保障全区重大战略和重点领域支出。

按照上述指导思想和预算安排原则，在综合考虑我区经济财政形势和全区各项经济社会发展预期指标基础上，我们编制完成 2017 年区级收支预算草案。

（一）一般公共预算

2017 年区级一般公共预算收入安排 151000 万元，增长 8.5%。按现行财政体制匡算，全年可用财力约为 211205 万元，其中：区级收入 151000 万元，税收返还收入 31174 万元，一般转移支付收入 13988 万元，专项转移支付收入 8950 万元，上年结转收入 16611 万元，上解上级支出 10278 万元，援疆支出 240 万元。

按照收支平衡原则，一般公共预算支出相应安排 211205 万元，增长 2.09%。其中民生支出安排176435万元，占全区一般公共预算支出的比重为83.5%。具体支出项目安排如下：

1. 一般公共服务支出安排15815万元，同口径（与上年预算同口径比较，下同）增长1.28%，主要用于行政事业单位提供基本公共服务与管理方面的支出。

2. 国防支出安排620万元，与上年持平，主要用于民兵及预备役部队建设等支出。

3. 公共安全支出安排9428万元，增长2.75%，主要用于公、检、法、司等部门维护社会公共安全方面的支出。

4. 教育支出安排39889万元，增长4.23%，主要用于中小学义务教育支出。重点安排义务教育优质均衡发展、三十六中等校舍改扩建、教育信息化建设等项目。

5. 科学技术支出安排2468万元，增长1.52%，主要用于科学技术管理方面的支出。

6. 文化体育与传媒支出安排1055万元，增长1.8%，主要用于文化、文物、体育等方面的支出。重点安排迎泽微视系统建设、社区文体设施建设、文物保护等项目。

7. 社会保障和就业支出安排44443万元，增长5.02%，主要用于社会保障及就业管理方面的支出。重点安排机关事业单位养老保险改革补助、各类困难及特殊人群生活补助以及养老服务机构建设等。

8. 医疗卫生与计划生育支出安排16905万元，增长1.83%，主要用于基本公共卫生服务、医疗保障等方面的支出。重点安排基层医疗卫生机构补助、中心医院等改扩建、基本公共卫生服务等项目。

9. 节能环保支出安排3589万元，增长2.74%，主要用于环境保护和节能减排等方面的支出。重点安排城乡采暖清洁能源替代等项目。

10. 城乡社区支出安排52820万元，增长3.3%，主要用于城乡设施建设及维护、环境卫生管理、城管执法等方面支出。重点安排城市管理提升工程、既有建筑节能改造工程、街巷绿化工程、城乡清洁工程、东山生态建设工程、精准扶贫等项目。

11. 农林水支出安排2760万元，增长2.18%，主要用于支农方面的支出。重点安排农村饮水安全、河道清淤治理、美丽乡村建设等项目。

12. 交通运输支出安排669万元，增长0.6%，主要用于交通运输管理方面的支出。重点安排东山路网建设等项目。

13. 资源勘探信息等支出安排2606万元，增长16.81%，主要用于安全生产监管和支持中小企业发展等方面支出。增幅较大的原因是上年专项资金结转较大。

14. 商业服务业等支出安排30万元，增长275%，主要用于商业服务业事务等方面的支出，增幅较大的原因是上年专项资金结转较大。

15. 国土海洋气象等支出安排100万元，下降84.78%，主要用于国土资源管理方面的支出。降幅较大的原因是专项转移支付结转数减少。

16. 住房保障支出安排6万元，全部为上级转移支付资金。

17. 预备费安排3000万元，与上年持平。

18. 其他支出安排15002万元，下降10.7%，主要用于2017年人员增资、城中村改造、省市转移支付需配套经费等。预算执行中，将根据实际情况，调整至相关支出科目执行。

经汇总，2017年区级行政事业单位使用财政资金安排的“三公”经费预算为820万元，同比下降8.4%，其中：因公出国（境）费15万元，公务接待费90万元，公务用车购置及运行维护费715万元（其中：公车运行维护费665万元，公车购置费50万元）。

（二）政府性基金预算

2017年政府性基金收入预算安排4948万元，其中：上年结转收入4923元，转移支付收入25万元。政府性基金支出预算安排1948万元，其中：国有土地使用权出让金支出1215万元，城市基础设施配套支出138万元，彩票公益金306万元等。结转下年预算安排3000万元，主要是国有土地使用权出让金支出项目中改制企业职工安置经费需逐年支付。

（三）社会保险基金预算

2017年社会保险基金收入预算安排130374万元，其中：当年各项收入86748万元，上年滚存结余43626万元。社会保险基金支出预算安排90570万元，收支结余39804万元。

以上预算安排的具体情况详见《迎泽区2016年预算执行情况及2017年预算（草案）》。

根据《预算法》规定，预算年度开始后，在本级人民代表大会批准预算草案前，可以安排的支出执行情况：2017年1–2月份一般公共预算支出18009万元。其中，区级当年预算支出17571万元，上年结转支出438万元。

三、完成2017年预算任务的主要措施

2017年我区财政收支矛盾更加突出，预算平衡压力很大。我们要坚持从经济到财政的思想，增强发展意识，积蓄增收后劲；增强底线意识，把保基本放在各项工作最突出的位置；增强大局意识，着眼全区统筹安排财政资金；增强重点意识，竭力保障落实全区重大决策部署。我们将全力化解财政收支矛盾，为我区经济社会发展提供有力支撑。今年要重点做好以下几方面工作：

（一）发挥财政职能，实现经济可持续增长

强化放水养鱼意识，继续落实和完善营改增等减税降费政策，促进经济结构调整，培育新的增长动力。加快新兴财源建设，扶持以大数据、智能技术为基础的新产品、新业态、新项目，增强财政收入可持续性。实施传统优势产业提质工程，支持企业技术创新和更新改造，促进实体经济发展。创新财政资金投入机制，引导金融资金、社会资本投资我区重点发展领域。深化转型综改试验区建设，加大招商引资力度，推进棚户区、城中村改造项目，加速形成发展新动能，为财政收入逐步好转提供支撑。

（二）加强收支管理，确保实现预算平衡

强化财政收入管理，坚持依法征收，坚决不收过头税、过头费。注重收入分析，加强重点税源征管，确保应收尽收。强化支出预算管理，大力压减一般性支出，严格控制三公经费，清理政策到期和绩效差的支出项目，腾出资金重点保障基本民生支出、部门基本运行支出等，做好“保基本”工作。强化支出结构调整，尽力保障全区重大战略和重点领域支出。强化预算执行管理，创新财政支出方式，建立考核制度，压实支出进度责任，对预算执行进度缓慢或预计年内难以执行的资金，要及时调整用途，避免资金沉淀。

（三）办好民生实事，共享发展改革成果

继续优化支出结构，按照保基本、可持续、兜底性原则，安排好民生支出，增进人民群众福祉。健全社会保障制度，继续提高退休人员基本养老金水平，提高城乡居民医疗保障财政补助标准和人均基本公共卫生服务标准。完善公共就业服务体系，加强财政政策与就业创业政策配套衔接，落实就业技能培训等政策，以创业带动就业。推动公立医院综合改革，推进养老服务设施建设。继续完善社会救助体系，完成区政府确定的惠民实事。

（四）深化财政改革，建设现代财政制度

深化部门预算改革，切实改进预算管理方式，进一步做实部门预算，列入预算的项目必须具备当年可执行性。加强项目库特别是储备项目建设，构建项目支出预算管理新模式，提升项目预算的执行性和合理性。推进预算绩效管理改革，逐步将绩效管理覆盖所有预算资金，提高财政支出效益。探索建立跨年度预算平衡机制，实行中期财政预算管理，实现项目资金的跨年度平衡。加强结转结余资金管理，建立定期清理机制，对部门结余资金及连续结转两年的资金，一律收回统筹使用，增加资金有效供给。扎实推进预决算公开，提高预算透明度，做到公开及时、内容真实、形式规范。

（五）加强财政监督，切实规范资金运行

加快法治财政建设步伐，进一步健全财政监督职责，注重服务财政改革发展，建立财政、部门、审计相互联动的预算执行监督体系，保证监督检查的经常化、规范化。加强对重大财政政策实施情况和专项资金使用监督检查，强化检查结果的追踪问效和反馈机制，提高财政管理水平，确保财政资金安全运行。

太原市迎泽区人民法院工作报告

——在太原市迎泽区第五届人民代表大会第二次会议上

太原市迎泽区人民法院院长　赵晋虎

（2017 年 2 月 23 日）

2016 年工作回顾

2016 年，我院在区委的坚强领导下，在区人大及其常委会的有力监督下，全面贯彻落实党的十八大和十八届三中、四中、五中、六中全会精神，深入学习贯彻习近平总书记系列重要讲话精神，紧紧围绕“努力让人民群众在每一个司法案件中都感受到公平正义”的目标，坚持司法为民公正司法，狠抓执法办案，推进司法改革，深化司法公开，加强队伍建设，不断提升司法公信力，为我区转型升级、社会稳定和法治建设提供了强有力的司法保障。

一、充分发挥审判职能，保障平安法治迎泽

在经济下行压力不断加大，各类矛盾纠纷不断增多的形势下，审判执行工作以维护社会稳定、保障经济发展为落脚点，创新方法，主动作为，全力服务发展大局。全年共受理各类案件 10435 件，审执结 8132 件，与去年同期相比各增长 18.6%和 14.5%，审执结标的额 15.96 亿元，结案率 77.9%。

依法惩处各类犯罪，维护社会稳定。受理刑事案件 1104 件，审结 929 件，结案率 84.1%。对 837 人做出生效判决，其中判处十年以上有期徒刑 17 人，三到十年有期徒刑 120 人，三年以下有期徒刑 360 人，判处拘役、管制、缓刑、免予刑事处罚等其它刑罚 340 人。刑事审判工作突出严打黑恶势力犯罪，严惩职务犯罪，专项打击当前经济下行期出现的集资诈骗、非法吸收公众存款等涉众型经济犯罪；坚持“宽严相济”的刑事政策，对影响人民群众日常安全的抢劫、抢夺、盗窃等多发性侵财犯罪，依法从快处理，全力维护社会稳定；开展以审判为中心的诉讼制度改革，推进庭审实质化，实现“难案精审、简案快审”，提高审判质量和效率，防止冤假错案，确保审判过程公开透明。完善轻微刑事案件快速审理机制，与远程审判模式相结合，提高审判效率，节约司法资源。

多元调解民商事纠纷，促进社会和谐。受理民商事案件 6600 件，结案 4955 件，结案率 75.1%，调撤率 38.8%，结案标的额 14.2 亿元。发挥民商事审判调解、疏导、规范经济活动功能，平等保护各类市场主体和公平竞争。一是妥善处理婚姻、继承等家事纠纷，《反家庭暴力法》实施后，发出全省首份人身保护令；积极调处民间借贷、劳动争议、医患纠纷以及票据、股权等新型案件，倡导诚实信用，维护市场秩序。二是将审判资源和社会力量有机结合，选任特邀调解员113人，全方位、多角度、差异化解决矛盾纠纷，形成了一套诉前调解+司法确认+庭前调解+执行前调解的多元纠纷“一站式”解决模式，取得了良好的社会效果。三是延伸司法服务触角，在老军营和柳巷街办辖区设立法官工作室。扎根群众身边，及时引导维权途径；与人民调解组织联动，就地调解纠纷，更好地预防和化解矛盾。四是发挥派出法庭的便民作用。交通巡回法庭在司法确认人民调解协议的基础上，对调解不成的交通事故案件就地开庭，就地审判，不出交警队大门即可解决纠纷。桥东法庭与省医调委继续完善诉调对接及司法确认工作机制，妥善解决医患纠纷。全年司法确认案件482件，极大地减轻了当事人诉累，提升了群众满意度。

强化行政审判职能，促进依法行政。受理行政案件81件，结案74件，结案率91.4%。面对城市建设快速推进的现状，高效服务城市发展，对市政重点工程、城中村改造等涉及行政拆迁案件及时依法裁定。建立了24小时随叫随到的“城中村”改造保障机制，坚持合法性审查原则，以协调解决行政争议为重点，妥善处理群体性行政案件；推进行政机关负责人出庭应诉制度，增进人民群众和政府之间的相互信任，减少社会不安定因素。

完善失信惩戒机制，努力破解“执行难”。受理执行案件2630件，执结2159件，执结率82.1%，执行标的额1.75亿元。建立执行查控平台，实现“互联网+执行”工作新模式，实现网上查封、冻结被执行人存款、车辆等财产。积极与公安、银行、工商、国土、房管等部门建立信息沟通和协作机制，使法院的“独奏”变成党委领导下的“合奏”，营造良好的执行环境。对“老赖”采取多种形式的失信惩戒，在市区繁华地段大屏不间断曝光，使一批“难案”、“骨头案”顺利执结，推动了诚信社会建设。

加强立案信访工作，及时维护群众权益。提档升级诉讼服务，去年7月新的审判大楼启用，诉讼服务中心设置八个窗口，集导诉、立案、诉前调解、信访接待、交费和执行接待于一体，在大厅设立自助立案区，实现全方位、零距离、流水化的诉讼服务体系，案件流转更加顺畅，极大地方便了群众诉讼。

信访工作始终把解决实际问题、化解矛盾放在首位。坚持院领导值周制度和院长“逢五”、执行局长“逢六”接待制度，推行法官带案下访和巡回接访制度，全年共接访95次125人，司法救助12案12人，救助金额44.5万元。开展涉法涉诉信访积案攻坚大会战活动，建立信访听证机制，破解涉诉信访案件导入难、纠错难、终结难，实现信访工作法治化管理，社会化监督。

二、规范法院管理，全面推进信息化建设

以“大数据、大格局、大服务”理念为指导，以创新为驱动力，向精细化管理要效率，向高科技要生产力，推进信息化技术在审判工作中的运用，提高审判质量和效率，努力建设“智慧法院”。

搭建信息化平台，实现科学管理。通过数字法院办案系统对各类案件进行管理，立案、排期、开庭、判决、执行、移送上诉等环节均通过网络进行。对案件流转节点全程跟踪监督，同步分析审判运行态势，科学合理地安排案件流程。将审判辅助事务剥离出来，成立综合保障中心，实现集约化管理，缩短了办案周期，提高了司法效率。

利用信息技术，助推审判执行。针对案件数量持续增长的现状，新审判大楼重点规划设计了诉讼服务中心、数字化法庭、视频会议中心、监控中心、档案室，实现审判区与办公区分离。各法庭安装警报装置，设置不同级别的警戒层级，体现现代化、智能化和节能型布局，实现了信息化建设和审判工作的深度融合。继续发挥远程审判节约司法资源、提升审判效率的优势；拓展远程技术在民事案件中的应用，在省医调委建设远程司法确认系统，医疗纠纷当事人无需到法院即可完成司法确认；在法官工作室设立远程调解终端，法官与当事人“隔空对话”；各部门均安装了OA办公系统和内网QQ，既方便了工作，又提高了效率。

打造“四微平台”，助力阳光司法。完善司法公开四大平台的同时，抓好自媒体的发展。做到每季度一期杂志，每年一期年鉴；建设新媒体“四微平台”——微博、微信、网站、手机APP，开通网络庭审直播，运用图文、音频、视频等方式及时公开审判信息，选取有法制教育意义的案件现场直播庭审，公众轻点手机即可获取诉讼服务，观看庭审现场，实现“掌上法院”。

加大司法宣传力度，开展送法进校园、进社区、进企业、进乡村等活动。结合“3·15”消费者权益保护日、“6·26”世界禁毒日、六一儿童节等不同节日，通过有针对性的专题法治宣传、巡回开庭、法制讲座、新闻发布会等群众喜闻乐见的形式以案说法、以案普法，提升群众的法制观念和法律意识。全年编发信息、简报175篇，裁判文书上网3108篇，发放各类法治宣传资料近千份。

三、全面加强队伍建设，深化司法体制改革

坚持从严治党、从严治院，始终把建设过硬队伍、确保司法廉洁摆上重要位置，以司法改革为契机，廉政建设为抓手，规范管理为重点，努力建设一支政治坚定、业务精通、作风优良的高素质法官队伍。

狠抓思想政治建设，筑牢廉洁司法根基。扎实开展“两学一做”和“纪律挺在前面”专项活动，坚持纪律教育先行，广大干警的政治意识、大局意识、核心意识、看齐意识进一步强化。全面落实从严治党和廉政建设主体责任、监督责任，坚持经常性检查与重点督查相结合，开展“三个一批”、“一倒查六整治”和纪律作风专题教育活动，加强出勤管理、用车管理、财务管理，严格遵守八项规定，防止“四风”反弹，推进司法规范化建设。

加快司法改革步伐，落实司法责任制。落实中央、省、市司法体制改革部署，成立了司法改革领导组，10月25日召开员额法官遴选动员大会，遴选工作程序公开、透明。经过资格审查、绩效考核、民主测评、全省统考等程序，将一批能办案、会办案、办好案的优秀人才吸引到办案一线，确定了员额法官46名，进一步充实了办案力量，为实现“审理者裁判，裁判者负责”的司法责任制打下了良好的基础。

推进法院文化建设，提升干警向心力。以凝聚政法干警核心价值观、树立法治信仰、推动法院发展为目标，深化法院文化建设。坚持把从优待警工作制度化，落实困难送帮助、生病送慰问、生日送祝福“三送”措施。同时，组织开展丰富多彩的法院文化活动，帮助干警放松减压、陶冶情操、强健身体，提升了队伍士气和凝聚力，保障了审判工作的顺利开展。

主动接受监督，促进司法规范化。主动接受人大及其常委会的法律监督、政协的民主监督和社会各界的广泛监督。向区人大常委会专项报告了刑事审判方式改革情况，认真听取审议意见，积极整改；落实人大督办事项院长领办制度和人大代表联络制度，定期邀请人大代表、政协委员旁听案件，落实提案、意见建议、监督事项，并将办理情况及时报告；开通举报网站、院长信箱和举报电话，全方位接受社会监督，促进司法活动更加规范、公正。

通过全院干警的共同努力，我院荣获“全国模范法院”、“全国法院系统司法宣传先进集体”、“双拥模范单位”等荣誉称号，入选全国百家网站“政法英模榜”，各项工作迈入全国法院系统先进行列。回顾一年来的工作，我们深切体会到，成绩的取得，离不开区委的正确领导和区人大及其常委会的有力监督，离不开区政府、区政协及社会各界的大力支持与帮助。在此，我代表全院干警向所有关心、帮助、支持法院工作的人大代表、政协委员和社会各界人士表示衷心的感谢！

同时，我们也清醒地认识到，工作中还存在一定的不足和困难：一是立案登记制以来案件量急剧增长，但办案人数几乎没有增加，案多人少矛盾凸显。法官年龄偏大，一线法官均处于高压状态下工作；二是司法改革带来的新压力、新变化，少数法官存在畏难情绪，存在人才流失的潜在因素，法官职业保障和司法环境有待进一步改善；三是司法公开的深度和广度还需进一步拓展，司法公信力有待进一步提升；四是极个别干警司法作风不正、服务意识不强的情况仍然存在。针对上述困难和问题，我们将积极采取措施，努力加以克服解决。

2017年工作计划

2017年是全区“担当新使命，争当排头兵”的关键之年。我院要全面贯彻落实党的十八大和十八届三中、四中、五中、六中全会精神，深入学习贯彻习近平总书记系列重要讲话精神，认真落实区五届二次党代会精神，把握正确的政治方向，主动适应经济发展新常态，坚守司法为民公正司法主线，依法履行审判职责，深化司法体制改革，拓展司法公开的深度和广度，为建设省城首善之区创造安全稳定的社会环境、公平正义的法治环境和优质高效的服务环境。

一是着力在服务大局上有新作为。牢牢把握新发展理念对法院工作提出的新要求，紧紧围绕深化供给侧结构性改革和转型综改试验区建设，找准工作定位，明确工作目标，服务我区创新驱动、转型升级和首善之区建设。依法惩治各类刑事犯罪，继续深化打黑除恶、严惩职务犯罪等专项斗争，推进平安迎泽、法治迎泽建设。坚持平等保护、全面保护、依法保护原则，准确把握司法政策，让创新创业者有安全感。进一步完善多元化纠纷解决机制，积极探索家事纠纷审判方式改革，保护未成年人、妇女、老年人等弱势群体的合法权益。依法稳妥审理商事案件、涉企纠纷，规范裁判尺度，助力经济转型升级。加大诉权保护力度，发挥行政审判职能，促进法治政府建设。提高执行信息化水平，完善执行指挥中心建设，继续加大信用惩戒力度，让“老赖”一处失信，处处受约，承受更大的社会压力和失信成本，努力解决“执行难”。

二是着力在司法为民上有新举措。坚持人民群众的司法需求在哪里，人民法院的司法服务就跟进到哪里。把法官工作室布满六街一镇，发挥自身优势，为群众提供贴身的法律服务。继续深化司法公开，构建开放、动态、透明、便民的阳光司法机制，大力推进“互联网+诉讼服务”，拓展新媒体应用，创新便民措施，丰富便民手段，提供更加优质、高效、便捷的司法服务。落实律师参与化解和代理涉法涉诉信访案件制度，切实保障人民群众的知情权、表达权和监督权。

三是着力在司法改革中有新成效。全面深化司法体制改革，积极稳妥地推进以审判权为核心、以审判管理权和监督权为保障的审判权力运行机制改革。建立完善独任法官、合议庭办案机制，落实“审理者裁判，裁判者负责”的司法责任制，坚持权力与责任相结合、放权与监督相结合、问责与免责相结合，建立符合司法规律的审判运行机制和司法人员单独序列管理、职业保障机制，确保改革取得成效。继续推进以审判为中心的刑事诉讼制度改革，发挥好庭审在查明事实、认定证据、保护诉权、公正裁判中的关键性作用，防止冤假错案的发生。完善案件繁简分流机制，优化资源配置，提高办案效率，缓解案多人少矛盾。

四是着力在队伍建设上有新提高。认真落实全面从严治党新要求，按照“五个过硬”标准加强队伍正规化、专业化、职业化建设。巩固“两学一做”学习教育成果，引导广大干警坚定理想信念，恪守职业良知，严守廉政底线，努力提高政治素质和专业素质。在法官分类管理、职业保障等方面向一线倾斜，促进司法能力水平的整体提升。更加自觉地接受人大、政协和社会各界的监督，有效杜绝外部和内部对依法独立办案的干扰，从严查处违纪违法行为，坚决维护公正廉洁司法。

太原市迎泽区人民检察院工作报告

——在太原市迎泽区第五届人民代表大会第二次会议上

太原市迎泽区人民检察院检察长　陈加林

（2017年2月23日）

2016年工作回顾

2016年，我院坚决贯彻党的十八大和十八届三中、四中、五中、六中全会精神和省、市第十一次党代会、区第五次党代会精神，始终坚持以习近平总书记系列重要讲话精神为统领，坚决落实“一个指引、两手硬”和“两个走在前列”重大思路和要求，在区委和上级检察机关的正确领导下，在区人大及其常委会的有力监督下，全面履行法律监督职责，积极配合搞好监察体制改革试点工作，深入推进司法体制改革，各项检察工作取得了新进展。

一、坚决站稳政治立场，全力配合国家监察体制改革试点工作

深化国家监察体制改革，是以习近平同志为核心的党中央确定的一项重大政治改革，是推进国家治理体系和治理能力现代化的重大顶层设计。我院把配合国家监察体制试点改革作为检察机关必须完成好的重大政治任务来抓。坚决站稳政治立场，认真做好反贪污贿赂等职能部门的机构、人员、编制、装备、案件线索、档案资料的调查摸底，积极参与区监察委员会的筹备工作，提早研究检察机关与监察委员会案件移送衔接机制，为顺利推进试点做了大量准备工作。

二、深入推进司法改革，着力构建公正高效权威的检察权运行机制

全面推进司法体制改革是实现全面依法治国重大战略布局，完善中国特色社会主义司法制度的必由之路。我院严格按照全省司改工作要求，围绕完善司法人员分类管理制度、健全司法人员职业保障制度、完善司法责任制、实行内设机构改革、建立省以下地方检察院人财物省级统一管理体制等5项内容进行改革。尤其在推行检察官员额制改革中，院党组统一思想，加强领导，严格标准，严格程序，公正透明，保证了检察官员额制改革的顺利进行。坚持以考核为主、考试为辅，既突出办案业绩、司法能力又兼顾经验丰富的老同志和业务骨干，真正把业务能力强、有办案经验的检察人员遴选进员额。通过笔试、业绩考核、会议推荐和个别谈话四个环节，遴选出入额检察官38名，员额比例占全院编制人数的39%；人员结构科学合理，比例适当，增强了改革的积极性和长远性，为确保司法体制改革扎实推进打下了良好的基础。

三、充分发挥检察职能，主动服务全区经济社会发展大局

充分发挥打击、预防、监督、保护等检察职能，共批准逮捕破坏企业生产经营、制售假冒、伪劣产品等破坏社会主义市场经济犯罪案件186件210人，提起公诉185件231人，为优化迎泽区经济社会发展环境作出了努力。将服务民营企业发展作为一项重点工作，落实宽严相济政策，依法妥善处理了一批涉及民营企业的案件。加大了对城中村、棚户区改造等领域的检察监督力度，立查了迎泽区双塔社区原书记杨某、主任魏某贪污等一批群众反映强烈的涉农案件，为我区城中村改造提供了有力司法保障。

四、严厉打击各类刑事犯罪，保障人民安居乐业

积极投身平安迎泽、法治迎泽建设。突出打击黑恶势力犯罪、严重暴力犯罪、“两抢一盗”等严重影响人民群众安全感的犯罪，维护了我区社会稳定。共受理提请逮捕刑事案件750件997人，批准逮捕583件754人；受理审查起诉案件969件1239人，提起公诉924件1161人。加大惩处涉众型经济犯罪及损害群众切身利益犯罪的力度。批准逮捕非法吸收公众存款犯罪案件18件29人，提起公诉22件54人；正确贯彻宽严相济的刑事政策，把化解矛盾贯穿于执法办案的始终，办结捕前、诉前刑事和解25件。扎实做好涉法涉诉信访工作，推动社会矛盾源头治理。全年共受理各类控告申诉案件30件，接待来访群众151人次。建成了面向社会的远程视频接访室，进一步拓宽了人民群众诉求表达渠道，维护了群众合法权益。

五、加大查办职务犯罪力度，深入推进反腐倡廉建设

始终坚持有腐必反，有贪必肃，充分发挥检察机关在反腐倡廉建设中的职能作用。共查办各类职务犯罪案件25件29人，其中贪污贿赂案件20件22人，渎职侵权案件5件7人，大要案比例占到100%。立案查处了某高校原院长徐某受贿、某县公安局交警大队原副大队长王某受贿、滥用职权等一批社会影响恶劣、群众反映强烈的案件。

坚持标本兼治，惩防并举。积极参与构建区委统一领导、有关部门和单位参加、检察机关发挥职能作用的社会化大预防格局。与相关单位召开联席会议4次，向有关单位发出预防建议6件。深入驻地单位开展宣传教育7次，直接受教育人数上千人。建立行贿档案查询便捷服务制度，全年已提供行贿犯罪档案查询12703条，为构建社会诚信体系建设作出了努力。

六、强化诉讼法律监督，着力构建法律监督新格局

积极适应以审判为中心的诉讼制度改革，破解监督难题，补齐短板，诉讼法律监督力度进一步增强，办案效果进一步显现，执法公信力进一步提升。刑事侦查监督方面。监督立案21件21人，监督撤案17件17人，纠正漏捕55件56人。刑事审判监督方面。提起抗诉14件，被二审法

院改判或发还重审10件；提出量刑建议731人，被采纳655人，被采纳率达到89%。民事审判和行政诉讼监督方面。综合运用检察建议、纠正违法等方式，支持起诉19件，被采纳18件；发出执行监督检察建议9件次，被采纳9件次。刑罚执行和监管活动监督方面。加大刑罚和监管活动监督力度，提出纠正违法意见143件次，已纠正143件次；针对监外执行活动情况，提出纠正违法14件次，已纠正14件次。

七、不断强化自身监督，保障检察权依法正确行使

牢固树立监督者更要接受监督的观念，完善和落实自觉接受监督的机制和措施，保证把人民赋予的检察权真正服务于人民。主动加强内部监督制约机制。依托统一业务应用系统受理流转案件2336件，监督纠正超期限办案、文书送达延迟等不规范情形29件次。自觉接受人大监督。坚持定期向区人大及其常委会报告重要工作。过去一年，区人大常委会对我院侦监等工作进行了专项审议，我们诚恳听取意见，逐条梳理，积极整改，并及时报告。认真办理人大交办、批办、督办的案件，做到快受理、快查处、快反馈。自觉接受民主监督。主动向区政协通报检察工作情况，积极邀请政协委员座谈、视察、专题调研，听取对检察工作的意见、建议。自觉接受社会监督。深入推进阳光检察工程，以公开促规范。举办检察开放日，诚邀社会各届人士来我院参观、座谈，深入了解检察工作。运用电话、短信告知、重要案件信息等多个信息公开平台，公开案件程序信息1020条，法律文书613份，重要案件信息72条，保障了人民群众的知情权、监督权和参与权。

八、加强检察队伍建设，提高公正廉洁执法水平

认真落实习近平总书记“五个过硬”要求，坚持以全面从严治党带动全面从严治检。扎实开展“两学一做”学习教育，教育和引导全体人员牢固树立“四个意识”，在思想上拥戴核心，在政治上维护核心，在行动上紧跟核心，打牢严格执法、公正司法的思想根基；严格落实《关于新形势下党内政治生活的若干准则》和《中国共产党党内监督条例》，着力提高领导班子的政治定力；严格落实“两个责任”，领导班子和纪检部门分别列出了“主体责任清单”和“监督责任清单”，层层签订责任状，传导压力和责任；深入推进“把纪律挺在前面”专项活动。加大内部督察力度，坚持抓早抓小，开展了“一周一巡查”活动；与每位干警家庭签订了“廉洁家庭承诺书”，筑牢了家庭反腐防线；完善教育培训机制，全面提升各类检察人员业务技能，3人在国家和省级业务评比中获奖，打造出一支政治坚定、勇于担当、能打硬仗的检察队伍。已连续三年综合考核位居太原市十县区检察院之首；连续七年蝉联太原市检察机关“基层建设先进单位”；2016年，被省检察院评为“先进基层检察院”，被省委政法委评为“严格执法公正司法先进集体”，被省精神文明建设指导委员会评为“省级文明单位”，被最高人民检察院评为“全国先进基层检察院”。

各位代表，2016年检察工作取得了一些成绩，是区委和上级检察机关坚强领导、区人大及其常委会有力监督的结果。同时，离不开区政府的大力支持、区政协的民主监督和社会各界的关心和理解。在此，我代表区检察院表示衷心的感谢和崇高的敬意！

同时，我们也清醒地认识到，检察工作仍然面临不少困难和挑战：一是检察职能发生重大调整，检察机关重构法律监督新格局任务艰巨；二是司法体制改革进入决战阶段，落实各项改革措施迫在眉睫；三是执法规范和标准体系建设需进一步推进，执法办案工作需更加精细，执法透明度和公信力仍需进一步增强；四是队伍专业化职业化水平需进一步提高，检察人员专业素质能力仍需进一步提升。对此我们将高度重视，认真加以解决。

2017年工作任务和思路

2017年是迎泽区建设“省城首善之区”的关键之年。我们要全面贯彻党的十八大和十八届三中、四中、五中、六中全会精神、习近平总书记系列重要讲话精神，按照省、市委第十一届二次全会暨经济工作会议和区第五次党代会议安排部署，按照“一个指引、两手硬”和“两个走在前列”重大思路和要求，全面履行法律监督职责，更加主动服务全区创新发展和转型升级战略，全力确保社会和谐稳定，有力维护司法公平正义，深入推进司法体制改革，为把迎泽区建设成为更具实力、更富活力、更有魅力、更加宜居、更加幸福的“省城首善之区”提供坚强有力的司法保障，以优异成绩迎接党的十九大胜利召开。

一是坚持以习近平总书记系列重要讲话精神为统领，牢牢把握检察工作正确政治方向。把学好用好习近平总书记系列重要讲话精神作为重大政治责任和历史担当，切实增强对系列重要讲话的思想认同、理论认同和情感认同，更加自觉地把系列重要讲话作为检察工作的根本遵循。牢固树立“四个意识”，特别是核心意识、看齐意识，自觉坚持党对检察工作的绝对领导，确保中央、省、市、区委重大决策部署在检察机关得到不折不扣的贯彻落实。

二是围绕中心，服务大局，在服务保障我区创新发展、转型升级中履职尽责。坚持检察机关的政治本色、法律地位、目标任务不动摇。找准定位，积极履职，主动承担服务保障全区经济社会发展的重大责任。坚持运用法治思维和法治方式提供司法服务，尊重社会主义市场经济规律，尊重企业市场主体地位，牢固树立平等保护的司法理念，更加注重保护企业利益，改进办案方式，规范司法行为。要树立谦抑、审慎、善意的司法理念，不轻易使用强制手段，最大限度地减少对企业正常生产经营的不利影响。

三是全力维护社会稳定，保障人民安居乐业。突出打击严重危害人民群众生命财产安全的黑恶势力、“两抢一盗”等刑事犯罪，增强人民群众的安全感；严厉打击非法吸收公众存款、集资诈骗等涉众型犯罪，有力保障我区经济社会平稳发展，保护群众合法利益；坚决打击在“城市管理全面提升行动”中发生的妨害公务等犯罪活动，为提升我区城市管理水平做出努力；坚决依法惩治“村霸”和宗族恶势力刑事犯罪，重点打击破坏城中村和棚户区改造的各类犯罪，依法快捕快诉，充分发挥惩治、教育、预防、监督、服务等多元检察职能，为社会和谐发展营造稳定有序的治安环境。

四是立足宪法定位，全面构建法律监督新格局。要继续增强“两个转变”的监督理念，从源头上监督，强化配合制约，严把证据关、事实关、程序关，防止案件“带病”进入审判程序，构建新型检警、检法关系；强化权利保障，完善与司法行政机关、律师协会的沟通协调机制，加强对律师执业权利的司法保障，构建新型检律关系；着力改变民事行政检察工作缺位、不到位的局面，深入开展民事执行专项监督活动，积极加强对行政违法行为的检察监督，努力促进公正司法、严格执法和依法行政。

五是坚持以提高检察机关司法公信力为目标，全面落实司法责任制。严格执行检察官权力清单，着力强化员额检察官的责任心和担当意识，不断提高办案质量和效率。严格执行检察官单独职务序列规定，全面实施检察人员分类管理，着力打造专业化高素质检察官队伍。全面加强改革配套机制建设，着力增强改革措施的协调性，确保改革取得实效。

六是坚持不懈抓队伍建设，夯实检察工作发展根基。要始终把思想政治建设放在首位，推动“两学一做”学习教育常态化、制度化；要认真落实《关于新形势下党内政治生活的若干准则》和《中国共产党党内监督条例》，严明政治纪律和政治规矩，以实际行动维护以习近平总书记为核心的党中央权威；严格落实“两个责任”，坚持把纪律规矩挺在前面，对违法违纪检察人员严肃查处，绝不姑息。

大事记

1月

15日　区人民法院先行调解中心正式运行。这是新民诉法确定先行调解程序后山西省成立的首家法院调解中心。

21日　在全国高级法院院长会议上，区人民法院被最高人民法院授予“全国优秀法院”荣誉称号。这是区人民法院首次荣获法院系统集体的最高荣誉。

24日　迎泽区在迎宾汽车站举行“冰雪情缘”大型冬季旅游主题活动暨“锦绣太原东线一日游”发车仪式，标志着迎泽区第一条东山旅游专线正式开通。

是月　中国法院网和《人民法院报》联合授予区人民法院“全国法院网络宣传先进单位”荣誉称号。

2月

6日　区人民法院被最高人民法院评为“有效实施失信被执行人名单制度示范法院”。

19日　中国共产党太原市迎泽区第四届纪律检查委员会第六次全体会议召开。区委书记刘文华发表讲话，区委、区人大、区政府、区政协四大班子主要领导出席会议。

3月

4日　太原市副市长张齐山带领市规划局、国土局、房管局、城改办等部门负责人深入迎泽区调研城中村改造和棚户区改造工作。区领导冯原平、侯富田、裴耀军、李社庆、侯森、薛凯及相关部门人员参加调研。

15日　区人民法院东太堡人民法庭发出山西省首份人身安全保护令。

是月　区人民法院被最高人民法院和人力资源和社会保障部授予“全国模范法院”称号，是2016年全省唯一获此殊荣的法院。

是月　庙前办事处被评为双拥模范单位。

4月

7日　在太原市防震减灾工作会议上，迎泽区被评为2015年度全国县级防震减灾工作先进单位。

20日　根据区长办公会议纪要精神，柳巷中队、柳巷商业区管委会划归区执法分局管理。

5月

5日　迎泽区召开2016年分散燃煤采暖锅炉“清零行动”动员大会，标志着迎泽区分散燃煤采暖锅炉“清零行动”在全市率先启动。

6日　庙前街道人大工委组织开展换届选举工作，圆满完成第五届人大换届选举。

18日　第十一届“全国青少年未来工程师博览与竞赛”分赛场项目比赛在北京青少年行知园实践体验基地拉开帷幕。迎泽区桃园小学的《荒岛求生》、郝庄中学的《通信天下》分别获得全国小学组及中学组铜奖；大南关小学、海边街小学获全国一等奖，双西小学、双北小学、桃南小学获二等奖，青年路小学获三等奖；区少年宫获优秀组织奖。

21—23日　由中国人才研究会教育人才专业委员会主办的第九届“两岸同课异教”小学数学精品课堂教学研讨会活动在上海隆重举行，迎泽区校尉营小学教师陈敏获一等奖，展现了迎泽区的教研成果。

是月　在山西省教育厅组织专家对山西省校外教育场所进行的等级申报评估中，迎泽区少年宫荣登榜首，名列全省A级第一名。

是月　由区执法分局牵头，组织开展整治露天烧烤活动，全市月考核排名第一。

6月

3日　区人民法院手机APP客户端正式上线运行。这是山西省法院系统首家手机APP平台。

9日　全省法院系统召开法院多元化纠纷解决机制改革推进会暨人民法庭工作会议，区法院被省高级人民法院确立为多元化纠纷解决机制改革示范法院。

12—13日　教育部督导局中小学校责任督学挂牌督导创新县区督导评估核查组对迎泽区进行督导评估认定。迎泽区作为全省唯一县区接受“全国中小学校责任督学挂牌督导工作创新县（市、区）”验收评估，达到国家规定的全国中小学校责任督学挂牌督导创新县（市、区）认定标准。

29日　迎泽区第四届人大常委会第三十次会议审议并通过区人民法院院长赵晋虎提请审议的《关于丁竖等100名人民陪审员任职》的议案，2015年区人民法院人民陪审员换届选任工作圆满结束。

是月　南海街二社区荣获山西省委“全省先进基层党组织”称号。

8月

14—16日　中国共产党太原市迎泽区第五次代表大会召开。

9月

24—26日　两岸名师大课堂暨全国第九届两岸“同课异教”小学英语精品课堂教学研讨会在苏州召开。迎泽区桃园南路小学教师任烨获一等奖。

是月　庙前街道组织辖区少数民族代表、统战人士代表、社区干部在南海街二社区大厅开展以“民族团结和谐中国”为主题的各族人民齐聚一堂庆中秋活动。

是月　新建路二社区与太原福寿和养老服务中心签订日间照料中心运营协议，标志着庙前地区引进第三方服务参与社区服务新启程。

10月

是月　南海街二社区荣获山西省文明委“山西省文明社区”称号。桃园路三社区被评为“太原市终身学习天天课堂优秀社区”。

11月

8日　太原市委宣传部副部长、市文明办主任詹玉梅到南海街二社区指导文明创建工作。

17日　山西省教育厅教育技术装备中心“省一级图书馆”认定验收组一行五人对迎泽区双塔北路小学图书馆建设工作进行验收。

29日　山西省首届中小学教师技能大赛在省城太原拉开序幕。双南小学教师李晓琦代表迎泽区参加道德与法治学科比赛，取得此次大赛第一名的好成绩。

是月　迎泽区首张“两证整合”个体工商户营业执照由工商迎泽分局迎泽工商所核准，在太原市迎泽区政务服务中心发出。这是迎泽区积极实施企业“三证合一”和“五证合一”登记制度改革基础上，进一步深化改革的一项重要举措。

是月　迎泽区新西小学教师李霞在第九届两岸“同课异教”小学语文精品课堂教学研讨会上获得一等奖。

12月

2日　区人民法院首次通过官方微博网络视频直播一起“信用卡诈骗案”庭审过程，人大代表、媒体记者和群众共40余人旁听了整个庭审过程。这是区人民法院构建开放、动态、透明的“网络法院”“阳光法院”，不断提升司法公信力的又一举措，标志着区法院司法公开工作迈向信息化建设3.0时代。

22日　迎泽区政府与华润置地就太原师院项目举行框架协议签约仪式。

是月　迎泽区人民法院成立太原首个综合保障中心并正式运行。

是月　庙前街道办事处被评为市级文明单位。

是月　海边街社区被太原市精神文明建设委员会评为文明社区。

是月　新建路一社区荣获2016年度山西省计划生育居民自治示范社区称号。

是月　桃园路三社区被评为“山西省综合减灾示范社区”。

是年　庙前街道妇联“妇女之家”被市妇联确认为妇女之家示范点。

是年　郝庄镇启动董家庄村“市级美丽乡村示范村”创建工作，山西省爱国卫生运动委员会命名小山岩村、董家庄村为2016年度山西省卫生村。

（杨水云）

区情概览

QUQING GAILAN

迎泽区概况

【历史沿革】 迎泽区得名于明太原城“迎泽门”。迎泽门俗称大南门，为洪武九年（1376）太原城扩建时所建。

战国时，迎泽地区属赵国。从秦至清代，在不同的历史时期属于太原郡、太原国、太原府。宋毁晋阳城，新建太原城后，迎泽地区为太原的政治、文化、经济中心。民国16年（1927）太原设市之前，迎泽地区属阳曲县。民国34年（1945），太原以城池为界，划为内八区、外八区，今区境为内一、二、三、八区及外一区管辖地。

太原解放后，于1949年5月27日将原16个区合并为8个区，改区公所为区政府，区境属第一、二、五、六区。1954年6月4日，太原市各城区以地区方位命名，遂将第一区命名为太原市南城区，辖13个行政街，区政府驻活牛市12号。1956年，区政府改称区人民委员会。1958年11月，区机关迁至柳巷南路19号。1980年8月，经南城区第七届人民代表大会选举产生南城区人民政府，下设8个街道办事处、216个居民委员会、428条自然街。1994年12月，区政府迁至棉花巷15号。

1998年1月1日，太原市市辖行政区划调整方案经国务院批准正式实施。以原南城区为主体，组建迎泽区，下辖迎泽、桥东、文庙、柳巷、老军营、庙前6个街道和郝庄、孟家井2个乡。共233个居委会、29个村委会。2001年，太原市撤乡并镇中，孟家井乡与郝庄乡合并为郝庄镇，全区辖95个社区、19个村。

【位置面积】 迎泽区地处太原市中南部汾河以东的河谷平原，市区中部，地理坐标为北纬37°47′56″~37°55′35″、东经112°31′07″~112°46′58″。东接晋中市寿阳县，南与太原市小店区、晋中市榆次区毗邻，西隔汾河与万柏林区相望，北与太原市杏花岭区相邻。总面积117平方千米，是太原市面积最小的城区，其中城区21.687平方千米，农村面积82.879平方千米。

【地质地貌】 迎泽区位于太原市中南部汾河以东的河谷平原，地面平坦，地势北高南低，微向西南倾斜，地形从东到西逐步倾斜，属晋中盆地的北端。地面海拔高度为800米左右。东部土石山区，包括郝庄镇孟家井全部、观家峪村以东部分，海拔高度1000~1500米，主峰罕山为1591.4米；中部黄土丘陵地区，包括郝庄镇中部，海拔高度900~1000米；西部冲积平原区，包括郝庄镇西部及市区，海拔800~900米。

【气候】 迎泽区深处大陆内部，属四季分明的大陆性气候中的季风暖温带气候区。年平均气温9.5℃~10.3℃，极端最高气温一般出现在6月上旬至7月底，为36.10℃~39.4℃；最高气温高达39.4℃（1955年7月24日）。极端最低气温出现在12月至次年1月之间，最低气温为-25.5℃（1958年1月26日）。每年1月最冷，月均-6.4℃左右；7月最热，月均气温一般在23℃左右。气压最高为（12月）929.7~935百帕；最低为（7月）864.6~907.5百帕。风向冬季为西北，夏季恒为东南。结冰期为11月28日，融解期为3月23日。每年10月上、下旬进入霜期，终霜期为4月下旬。年降水量平均为464毫米。境内阳光照射较充足，全年日照时数为2556.3~2872.6小时，日照百分率在60%以上，全年中1月的日照百分率最高，一般可达63%~78%。境内平均湿度为7.3~9.3百帕，有明显的自东南向西北递减的趋势。月平均最大值出现在7月，其最大绝对湿度为16.8~21百帕；月平均最小值出现在1月，其绝对湿度为1.6~2.0百帕。平均相对湿度为53%~60%，其分布自西向东南逐渐递增，一年中相对湿度变化以夏季最大，秋季次之，冬夏季最小，且最小相对湿度曾出现过0%的极值纪录。雾日数全年平均为12~13天。最多年份雾日数25天，出现在1976年；最少年份雾日数仅两天，出现在1957年。出现时间多在秋季，春、夏两季相对较少。

【土壤植被】 迎泽区土壤以山地褐土、淡褐土性土为主，山区土地肥力较低，以坡耕地为主，植被质量较差，水土流失较为严重，孟家井乡多数村人畜吃水较为紧张。

【土地资源】 据调查，迎泽区土地利用总面积153977.3亩。

1. 耕地23775.5亩，占土地总面积的15.44%，其中，水浇地75.8亩，占耕地面积0.3%；菜地186.7亩，占耕地面积0.8%；旱地23513.0亩，占耕地面积98.9%。

2. 园地8883.3亩，占土地总面积的5.77%，多分布在郝庄、孟家井缓坡地带。

3. 林地56842.4亩，占土地总面积的36.92%。其中，有林地7684.1亩，仅占林地总面积的13.5%；灌木林47396.1亩，占林地总面积的83.4%；其他林地1762.2亩，占3.3%。

4. 牧草地6749.5亩，占土地总面积的4.38%。其中，人工草地、改良草地275.1亩，占牧草地总面积的4.1%，绝大部分是从质量较好的荒草地中划入的天然草地。

5. 居民点及工矿用地 41989.4 亩，占土地总面积的 27.27%。其中，市建成区面积 34515.6 亩，占居民点及工矿用地的 82.8%；村庄面积 4088.2 亩，占 9.74%；独立工矿用地 3345.0 亩，占 7.97%；特殊用地 39.4 亩，占 0.09%。

6. 交通用地面积为 1558.4 亩，占土地总面积的 1.01%。其中，铁路用地已包含在城市用地之内；公路用地 272.6 亩，占交通用地面积的 17.49%；农村道路 1282.5 亩，占 82.31%。

7. 水域包括水库、坑塘、滩涂、沟渠、水工建筑物等，面积为 268.4 亩，占土地总面积的 0.17%。其中，滩涂面积为 32.1 亩，沟渠 126.7 亩，水工建筑物占地 73.3 亩，坑塘 6.3 亩。

8. 未利用地 13910.4 亩，占土地总面积的 9.03%。其中，荒草地 6492.6 亩，裸岩石砾地 213.3 亩，田坎 2907.5 亩，其他未利用地 4297.0 亩。

【矿产资源】 迎泽区已发现矿种 8 种。主要有：煤、石灰岩、石膏、砖瓦黏土等。

1. 煤：主要分布于东山一带，属于沁水煤田东山勘探区北部。含煤面积达 30.5 平方公里，占全区总面积的 29.2%。累计探明煤炭资源储量 7840.1 万吨。

2. 石灰岩：主要分布于东北部西祁家山一带，矿层主要赋存于古生界中奥陶统马家沟组，其质地好，厚度大，开采方便。累计探明储量 745.32 万立方米。

3. 石膏：主要分布于东部中奥陶统峰峰组一段中部，多为透镜状、似层状、窝子状产出。其矿层稳定、品位较高，累计探明储量 908.35 万吨。

4. 耐火土：主要分布于中东部石炭系本溪组铁铝岩段及太原组二段上部第四层灰岩之下，地质储量不详。

5. 铝土矿：其母岩均为铝土质黏土岩，主要赋存于石炭系底部本溪组中，地质储量不详。

6. 砖瓦黏土矿：主要分布于松庄、水峪、店坡一带的第四系离石组底部黄色黏土和第三系中部静乐组红色黏土层，累计探明储量 1596.8 万立方米。

7. 山西式铁矿：主要分布于东西祁家山等地。赋存于奥陶系马家沟组灰岩第六段侵蚀面之上，本溪组铁铝岩底部。品位较低，地质储量不详。

【水资源】 迎泽区位于太原东山（罕山）分水岭西侧，处于地下水补给区，其补给来源主要为大气降水渗入，属于太原盆地北端。根据 2005 年《太原市第二次水资源调查评价报告》，迎泽区 1956—2000 年地表水多年平均水资源量为 511 万立方米，地下水资源量为 930 万立方米，降水入渗补给量为 722 万立方米。

【自然灾害】 迎泽区属湿度、降水量较小的地区，且日照充足、大风日居多，极易发生干旱现象；而降水又集中在 6—10 月，东部山区一遇暴雨，容易出现山洪，造成局部洪涝灾害。

地质灾害主要分布于郝庄镇，主要灾害有地面塌陷、地裂缝、滑坡、崩塌、泥石流等。具体有：张家河村地面塌陷、裂缝；大窑垴村地面塌陷、裂缝；观家峪村地面塌陷、裂缝；小山沟村村东南地面裂缝；孟家井村—康家垴地面裂缝；松山公路滑坡、崩塌；太钢东山石灰石矿泥石流隐患7处。

【民族宗教】 迎泽区是一个多民族散杂而居的城区。据不完全统计，2016年辖区有佛教、伊斯兰教、基督教、道教四大教派，驻区有省、市、区8个宗教团体、8个宗教活动场所、18个宗教活动处所；有教职人员共50人，信教群众4万人以上。有清真饮食习惯的回族、维吾尔族、哈萨克族等少数民族6500多人，外来少数民族流动人口约1000人，从事清真食品生产经营单位100多户。

【行政区划】 2016年，迎泽区辖迎泽、柳巷、文庙、桥东、庙前、老军营6个街道办事处和郝庄镇1个镇，有社区居委会95个、村民委员会19个、自然村33个。

【人口】 2016年，迎泽区共有常住人口530512人、156158户。 （杨水云）

国民经济和社会发展

【概述】 2016年，迎泽区主要经济指标完成情况：地区生产总值6022009万元，增长6.6%；十县区排名第7。服务业增加值5212771万元，增长6.4%；十县区排名第5。规模以上工业增加值384914万元，增长2.3%；十县区排名第7。固定资产投资2182485万元，增长14.3%；十县区排名第3。社会消费品零售总额4401717万元，增长10.8%；十县区排名第3。一般公共预算收入139219万元，下降13.7%；十县区排名第9。

表1　全区各行业增加值、增速、占GDP比重

	各行业增加值（万元）	增速（%）	各行业占GDP比重（%）	贡献率（%）	拉动增长百分比（%）
地区生产总值	6022009	6.57	100.00	100.00	6.57
农林牧渔业	3286	−9.19	0.05	−0.09	−0.01
工业	392082	2.28	6.51	−1.04	0.17
建筑业	413870	13.68	6.87	7.25	0.93
批发和零售业	819635	0.53	13.61	1.13	0.08
批发业	493863	−1.69	8.20	−0.97	−0.16
零售业	325772	4.10	5.41	2.10	0.24
交通运输、仓储和邮政业	160617	0.33	2.67	0.41	0.01

续表

	各行业增加值（万元）	增速（%）	各行业占 GDP 比重（%）	贡献率（%）	拉动增长百分比（%）
住宿和餐饮业	321485	1.55	5.34	1.17	0.09
住宿业	82448	3.32	1.37	–0.08	0.05
餐饮业	239037	0.92	3.97	1.25	0.04
金融业	1962314	11.32	32.59	57.12	3.34
房地产业	165064	–10.60	2.74	–2.77	–0.36
房地产业(K 门类)	58823	–29.85	0.98	–3.48	–0.46
自有房地产经营活动	106241	5.00	1.76	0.71	0.09
其他服务业	1783656	8.08	29.62	36.82	2.32
营利性服务业	1217738	11.20	20.22	31.86	2.10
非营利性服务业	565918	2.18	9.40	4.97	0.22
第一产业	3286	–9.19	0.05	–0.09	–0.01
第二产业	805952	7.73	13.38	6.21	1.10
第三产业	5212771	6.39	86.56	93.88	5.48

【农业】　农业经济有所回落。2016 年，全区农林牧渔业总产值 7097 万元，比上年同期下降 8.31%，增速比上年（–3.24%）回落 5.07 个百分点。其中：农业产值 336.3 万元，增长 16.97%；牧业产值 979.1 万元，下降 10.35%；渔业产值 59.6 万元，同比增长 0.17%。

肉类总产量 258.45 吨，同比下降 30.97%；禽蛋产量 226 吨，增长 103.6%；牛奶产量 18 吨，下降 50%。

【工业】　规模以上工业增速呈下降趋势。2016 年，全区规模以上工业总产值完成 635250 万元，同比下降 3.72%，增速比上年同期（6.2%）回落 9.92 个百分点。规模以上工业增加值完成 384914 万元，同比增长 2.3%，增速比上年同期（3.78%）回落 1.48 个百分点。

从行业看，热力供应行业完成产值 181039 万元，同比增长 14.53%，比三季度（15.6%）回落 1.07 个百分点；制造业完成产值 454182 万元，同比下降 9.5%，比三季度（–3.9%）回落 5.6 个百分点。

从隶属关系看，中央企业完成产值 420925 万元，同比下降 8.84%，比三季度（–3.77%）回落 5.07 个百分点；省属企业完成产值 24226 万元，同比下降 20.2%，

表 2

全区及各街办规模以上工业产值

	上年同期		2016 年				
	绝对量（万元）	增速（%）	绝对量（万元）	占全区比重（%）	增速（%）	增速排位	增速比上年同期加快或减缓百分点
迎泽区	659820	6.2	635250	—	–3.7	—	–9.9
柳　巷	3688	8.7	3815	0.6	3.5	2	–5.2
桥　东	498036	3.0	450367	70.9	–9.6	3	–12.6
老军营	158096	17.7	181069	28.5	14.5	1	–3.2

表 3

全区各行业规模以上工业产值

行业类别	上年同期		2016 年		
	绝对量（万元）	增速（%）	绝对量（万元）	增速（%）	速度比上半年加快（+）减缓（–）百分点
烟草制品业	461742.85	3.68	420924.54	–8.84	–12.52
电力、热力生产和供应业	158096.1	17.65	181068.5	14.53	–3.12
印刷业	12093.3	–16.6	11927.7	–1.4	15.2
化学原料及化学品制造业	24200	2.54	17514.6	–27.63	–30.17
食品制造业	3687.7	8.69	5117.2	–13.68	–22.37

比三季度（–6.5%）回落 13.7 个百分点；市属企业完成产值 184884 万元，同比增长 14.3%，与三季度（15.5%）回落 1.2 个百分点；私营企业完成产值 5117 万元，同比下降 13.68%，比三季度（–8.51%）回落 5.17 个百分点。

【建筑业】 建筑业增速加快。2016 年，迎泽区全年建筑企业共完成产值 4039903 万元，同比增长 21%，比 2016 年同期（5.5%）提高 15.5 个百分点。全市总量排名第 4，增速排名第 5。

从各街办看，柳巷街办完成产值 50618 万元，增速 17.7%；文庙街办完成产值 143821 万元，增速 18.1%；庙前街办完成产值 3009388 万元，增速 22.4%；迎泽街办完成产值 406763 万元，增速 28.5%；桥东街办完成产值 116281 万元，增速 17.3%；老军营街办完成产值 159318 万元，增速 18%；郝庄镇完成产值 206715 万元，增速 27.7%。

从隶属关系看，中央企业产值 3235551 万元，增长 23.9%；省属企业产值 773260 万元，增长 11.4%；市属及以下企业产值 31093 万元，增长 5.5%。

从行业看，房屋建筑业产值 1180508 万元，下降 7.9%；建筑安装业产值 437400 万元，增长 36.4%；建筑装饰和其他建筑业产值 235782 万元，增长 7.9%。

从企业看，全区资质以上总承包和专业承包建筑业企业 300 家，比上年增加 38 家，增长 14.5%；其中有工作量的企业 237 家，增加 18 家，增长 8.2%。

【固定资产投资】 固定资产投资增长平稳。2016 年，全区全年固定资产投资完成 2182485 万元，同比增长 14.3%，增速比前 11 个月（17.6%）回落 3.3 个百分点，比上年同期（24.8%）回落 10.5 个百分点，高于全市（0.1%）14.2 个百分点，在全市 10 县区中居第 3 位。

从投资结构来看，城镇项目投资 739556 万元，下降 22.5%，比前 11 个月（-14.4%）回落 8.1 个百分点。房地产开发投资 1442929 万元，增长 51.0%，增速比前 11 个月（47.0%）提高 4.0 个百分点。

从隶属关系看，城镇建设项目中央投资 72046 万元，同比下降 40.1%；地方投资 667510 万元，同比下降 20.0%。

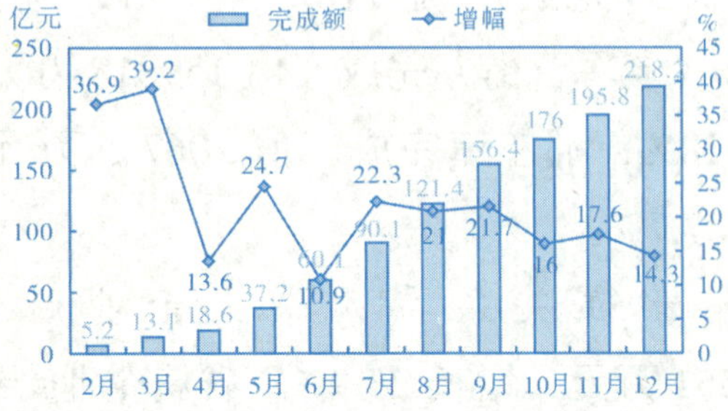

图 1　迎泽区 1—12 月投资趋势示意图

从经济类型看，城镇建设项目国有投资 460136 万元，同比下降 36.5%；非国有投资 278520 万元，同比增长 21.4%。

从投资构成划分看，建筑工程投资完成 1045680 万元，同比增长 7.6%；安装工程投资完成 244773 万元，同比增长 40.3%。

从销售情况看，房地产商品房销售面积为 289803 平方米，同比下降 35.7%；房地产商品房销售额 222750 万元，同比下降 23.9%。

【国内贸易】 社会消费品零售总额快速增长。2016 年，全区消费品市场有效需求旺盛，市场规模不断扩大，保持了较快的增长势头。全年实现社会消费品零售总额 4401717 万元，比上年同期增长 10.8%，增速比上年同期（10.6%）提高 0.2 个百分点，比上半年（8.9%）提高 1.9 个百分点。截至 2016 年年底，全区目前共有限额以上批发企业 34 个，零售企业 87 个，住宿业 33 个，餐饮业 34 个，个体工商户及非同业产业活动单位 145 个。

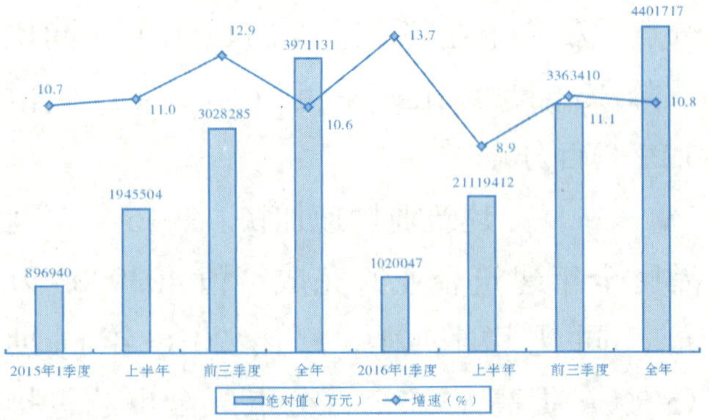

图 2　社会消费品零售总额走势示意图

表 4　全区及各街办社会消费品零售总额

	2015 年				2016 年			
	绝对量（万元）	在全区位次	增速（%）	在全区位次	绝对量（万元）	在全区位次	增速（%）	在全区位次
迎泽区	2557187	—	10.3	—	2845436	—	11.2	—
柳　巷	822689	1	2.3	4	883907	1	7.4	4
文　庙	62554	6	11.7	3	64050	6	2.4	6
庙　前	98272	5	–3.7	5	105227	5	7.1	5
迎　泽	202377	4	–14.8	7	254069	4	25.5	1
桥　东	770423	2	24.4	1	863042	2	12	3
老军营	50764	7	–8.1	6	53582	7	2.1	7
郝　庄	550108	3	23.8	2	621559	3	13	2

机构设置和领导名单

一、区级领导

1. 区委

书　记　冯原平（2016.7—）
书　记　刘文华（2013.5—2016.7）
副书记、区长
　　李　慧（女，2016.5—2016.8）
副书记、区长　冯原平（2013.6—2016.7）
副书记　杨敦勤（2016.7—）
副书记、政法委书记
　　阎生华（2011.5—2016.5）
常委、政法委书记　贾津生（2016.5—）
常委、宣传部部长　孙劲松（2016.5—）
常委、宣传部部长
　　曹　炬（2013.3—2016.5）
常委、区委办公室主任
　　曹　炬（2016.5—）
常委、区委办公室主任
　　秦　琦（2009.6—2016.5）
常委、组织部部长　赵树文（2016.5—）
常委、组织部部长
　　裴耀军（2014.1—2016.5）
常委、纪委书记　李　锦（女）
常委、统战部部长　王国栋（2016.5—）
常委、统战部部长
　　张志勤（2011.5—2016.8）
常委、副区长　侯　森（2016.5—）
常委、常务副区长
　　侯富田（2006.6—2016.5）
常委、人武部政委　尹亮君
常　委　刘锦春（女，2012.7—2016.5）

2. 区人大

党组书记、主任　侯富田（2016.8—）

党组书记、主任

阴国平（2011.6—2016.8）

副主任　韩石俊（女，2016.8—）

党组成员、副主任　尹晓平（2016.8—）

党组成员、副主任　秦宇星（2016.8—）

党组成员、副主任　孟晋忠（2016.8—）

党组成员、副主任

雒　继（2007.4—2016.3）

党组成员、副主任

王素钧（女，2007.4—2016.3）

党组成员、副主任

李社庆（2003.9—2016.8）

3. 区政府

区委副书记、区政府党组书记、区长

李　慧（女，2016.8—）

区委副书记、区政府党组书记、区长

冯原平（2014.3—2016.8）

区委常委、区政府党组成员、副区长

侯　森

区委常委、区政府党组成员、常务副区长

侯富田（2006.6—2016.8）

副区长　杨永生（2016.8—）

党组成员、副区长　薛　凯（2016.8—）

党组成员、副区长　魏　毅（2016.8—）

党组成员、副区长

闫晓琴（女，2016.8—）

党组成员、副区长　岳旭强（2016.8—）

副区长（挂职）　陈晓华（2016.12—）

党组成员、副区长　贾津生（2006.6—2016.8）

副区长　高　伟（2011.6—2016.8）

副区长（挂职）

何陈棋（2015.10—2016.12）

党组成员、副区长

王国栋（2011.6—2016.8）

4. 区政协

党组书记、主席　张志勤（2016.8—）

党组书记、主席

宋国庆（2007.4—2016.3）

副主席　赵利军（2016.8—）

党组成员、副主席

王晓燕（女，2016.8—）

党组成员、副主席　裴存锁（2016.8—）

副主席　王素云（女，2016.8—）

党组成员、副主席

王　晋（2011.6—2016.8）

副主席　秦喜顺（2003.9—2016.8）

副主席　韩石俊（女，2007.4—2016.8）

党组成员、副主席

薛　凯（2011.6—2016.8）

二、区委各部门、直属事业单位

1. 区纪律检查委员会

副书记　张建生（2016.8—）

副书记、纪检监察一室主任

李志伟（2016.8—）

副书记　李慧明（2008.12—2016.8）

副书记　申鹏程（2013.1—2016.3）

副书记　贾立新（2013.1—2016.8）

常　委　雷晓珍（女）

常委、办公室主任　张金树

信访室主任、正科级检查员　尚红革（女）

常委、党风政风监督室主任　毕　芳（女）

案件监督管理室主任　徐　磊（2016.3—）

案件审理室主任　杨艳红（女）

纪检监察二室主任　袁宏锐（女）
纪检监察三室主任　王增光
纪检监察五室主任　刘玉海（2016.3—）

行政效能投诉中心

主　任　李占国（2012.8—2016.2）

纪检监察宣教网络中心

主　任　常荣荣（女，2016.3—）

2. 区委办公室

常务副主任　赵　晖（女）
副主任　王飞月（女）
副主任　王　昱（2016.11—）
副主任　尹秀山（2012.7—2016.11）
副主任　文建业（2012.7—2016.2）
副主任　范　勇（2009.6—2016.11）
督查室主任　范　勇（2012.7—2016.11）
督查室副主任　张　娟（女）
机要保密局（国家密码管理局）局长
王飞月（女）
机要保密局（国家密码管理局）副局长
杨丽华（女）
机要保密局（国家密码管理局）副局长
马　茜（女）

关工委办

主　任　赵慧芬（女）

区委信息化中心

副主任　吴正纲（2012.8—2016.12）

3. 区委组织部

常务副部长
白进联（女，2012.7—2016.5）
副部长　李红如（女）
副部长　齐　洁
副部长　杨红梅（女）
考核办主任
何小军（女，2012.7—2016.2）
人才办副主任　孟玉英（女）
非公有制企业党工委书记　杨红梅（女）
党代会常任制试点工作办公室主任
李翠萍（女）
党代会常任制试点工作办公室副主任
徐　丽（女）
党代会常任制试点工作办公室副主任　彭熠玮

党员电化教育办公室

副主任　刘　凯
副主任　张世拥

4. 区委宣传部

常务副部长　徐文胜
副部长、精神文明办公室主任
张利宏（女）
副部长　高雨春
精神文明办公室副主任　张　丹（女）

新闻中心

主　任　郑海霞（女）
副主任　施　渊

5. 区委统战部

常务副部长
丁永爱（女，2012.7—2016.11）
副部长　陈　伟
台办副主任　王玉玲（女）

6. 区委政法委

副书记　郭宇飞
副书记　梁生未（2004.5—2016.2）
副书记　颉　斐
副书记　张　军（2016.2—）
副书记　于丽华（女，2012.7—2016.11）

综治办主任　郭宇飞
矛排办主任　张　军（2012.7—2016.2）
法学会秘书长　刘永明

7. 区机构编制委员会办公室

主　任　王　健
副主任　宋翠萍（女）
副主任　贾晋媛（女）

机构编制电子政务中心

主　任　李占国（2016.2—）

8. 区直机关工委

书　记　高　力（女，2016.11—）
书　记　张　彬（女，2007.1—2016.11）
副书记　李梅汝（女）
纪工委书记　李彩云（女）
工会主任　高　蓉（女）

9. 区委老干局

局　长　齐　洁
副局长　史颖瑞（女）
副局长　杨晓晖（女）

10. 区信访局

局　长　文建业
副局长　秦宇柱

信访服务中心

副主任　郭　锐
副主任　孟　鑫

11. 区委党校

常务副校长　王战平
副校长　秦立新（女）
副校长　初丛红（女）
校务委员　间迎英（女）
校务委员　张丽梅（女）
校务委员　张晓君

12. 区老龄委办公室

主　任　平庆如（女）
副主任　闫永军

三、区人大、区政协各部门

1. 区人大常委会机关

办公室主任　张文进（2011.8—2016.11）
办公室副主任　赵新萍（女）
办公室副主任　郭绍侃
法工委主任　高瑞萍（女，2016.03—）
法工委主任　陆明军（2007.4—2016.3）
法工委副主任　张彩虹（女）
财经工委主任　骆耀红（女，2016.11—）
财经工委主任
王素云（女，2012.8—2016.8）
财经工委副主任　王丽斓（女）
科教文卫工委主任　王艳丽（女）
城建城管工委主任　刘宏霞（女）
人事工委主任　李光胜（2009.6—2016.11）
人事工委副主任　王黎玲（女）

2. 政协迎泽区委员会机关

秘书长、办公室主任
刘　鸿（2007.3—2016.10）
办公室副主任　陈丽娟（女）
提案、社情民意委主任
柴小丽（女，2016.12—）
提案、社情民意委主任
王树红（女，2007.3—2016.12）
提案、社情民意委副主任　芦建珍（女）
经科委主任　王树红（女，2016.12—）
经科委主任　边艳玲（女，2002.9—2016.12）
教文卫体委主任　谢龙虎

街道镇与法制委主任　孟晋林
民族(文史)委主任　郑雪静（女）

四、人武部、群团机关

1. 区人民武装部
部　长　闫海军
政　委　尹亮君
副部长　侯虹江
2. 区总工会
常务副主席　杜海旺
副主席　雷晓英（女）
3. 共青团迎泽区委
书　记　张晋松
副书记　班永武
副书记　元艳芳（女）
4. 区妇女联合会
主　席　段瑜平（女）
副主席　郭晓军（女）
副主席　史方郁（女）
5. 区残疾人联合会
理事长　杜永生
副理事长　逯　慧（女）
残疾人劳动就业服务所所长　荆雅军（女）
6. 区文学艺术界联合会
主　席　祝亚琴（女）
副主席　赵欣玲（女）
副主席　邵　华（女）
7. 区科学技术协会
主　席　吉根秀（女）
副主席　侯利仙（女）
8. 区工商联合会
主　席　王天明
工商联党组书记、常务副主席　陈　伟
副主席　刘　娜（女）
9. 区归国华侨联合会
主　席　李　红（女）
10. 区法学会
秘书长　刘永明
11. 区红十字会
12. 区计划生育协会
秘书长　董　静（女）

五、政府各部门、直属事业单位

1. 区政府办公室
党组书记、主任　范　勇（2016.11—）
党组书记、主任
薛　凯（2011.6—2016.11）
副主任　郝跃进（2008.12—2016.2）
副主任　杜志强（2009.6—2016.12）
副主任　吴树公
副主任　王　昱（2009.6—2016.11）
政务服务中心
主　任　李　军
副主任　李彦春（女）
政务信息中心
副主任　彭利兵
副主任　罗汝玲（女）
机关后勤服务中心
主　任　杜志强（2009.6—2016.12）
副主任　赵　进
政府应急管理办公室
主　任　范　勇（2016.12—）
主　任　薛　凯（2016.2—2016.12）
主　任　薛　萍（女，2009.6—2016.2）

副主任　吴树公

专职副主任　李　军

法制办

主　任　薛　萍（女，2016.2—）

主　任　郝跃进（2009.6—2016.2）

副主任　刘晓明

副主任　马阳宁

史志办

主　任　王　昱（2012.8—2016.11）

便民服务中心

主　任　薛　萍（女）

副主任　武亚丽（女）

政府采购中心

2. 区发展和改革局（包括转型综改办）

党组书记、局长、转型综改办主任　张健康

副局长　张映平（女）

副局长　王会军

副局长、转型综改办副主任　石林全

副局长　曹建平

总经济师　邱　彦（女）

物价局

局　长　张映平（女，2012.8—2016.2）

副局长　冯晓霞（女，2010.4—2016.2）

副局长　张宇锋（2012.9—2016.2）

物价局价格监督检查分局

局　长　郝民才（2010.4—2016.2）

3. 区经济和信息化局（包括党委）

工委书记、局长　李达平（2016.11—）

党委副书记、局长

王立新（2010.4—2016.11）

副局长　呼建国

副局长　高旭方

副局长　王亚生

总经济师　宋　丽（女）

党委书记　李慧林（2010.3—2016.2）

党委副书记、工会主席

贾俊林（2010.4—2016.2）

纪检书记　牛　翔（女，2010.4—2016.9）

中小企业服务中心

主　任　张新光

副主任　王成斌

4. 区教育局（包括党委）

工委书记、局长　杨练兵（2016.11—）

党委副书记、局长

侯　森（2011.8—2016.11）

副局长　岳家靖

副局长　武　静（女）

副局长　郭　宏（女）

副局长　杨　辉（女）

党委书记　高　力（女，2008.12—2016.2）

副书记　郭美萍（女，2002.8—2016.2）

纪检书记　张桂梅（女，2012.8—2016.9）

教师进修学校

副校长　谢慧玲（女）

副校长　侯爱萍（女）

副校长　胡海燕（女）

招生考试中心

教育局教研室

5. 区科技局

党组书记、局长

于丽华（女，2016.11—）

局　长　贾永明（2011.8—2016.11）

副局长　秦建平

副局长　侯志萍（女）

6. 区监察局

局　长　李慧明（2008.12—2016.8）

副局长　张建生

副局长　雷晓珍（女）

7. 区民政局

党组书记、局长　刘　丰（2016.11—）

局　长　王文生（2011.8—2016.8）

副局长、双拥办主任

吴建平（2009.6—2016.2）

副局长　尹景明

副局长　王小玲（女）

双拥办副主任

王晓娟（女，2004.8—2016.2）

副局长　郑　刚（2016.12—）

慈善会秘书长　郑　刚（2012.9—2016.12）

城市居民最低生活保障中心

主　任　纪海燕（女）

8. 区司法局

党组书记、局长　王少骏

副局长　多胜利

副局长　马转花（女）

副局长　杨会明

法律援助中心

主　任　邢建英（女）

9. 区财政局

党组书记、局长　何吉铮

副局长　梁晓娟（女）

副局长　贾建珍（女）

副局长　李斌玲（女）

总会计师　周丽华（女）

财政投资评审中心

主　任　陈海渊

行政事业单位国库支付中心

主　任　王立新

副主任　马　琳（女）

副主任　柯　军

10. 区人力资源和社会保障局

党组书记、人力资源和社会保障局局长

李红如（女）

副局长　胡雅男（女）

副局长　陈　力（女）

副局长　侯志宏

副局长　张银花（女，2010.4—2016.2）

机关事业单位社会保险所

所　长　张晓军

劳动保障监察执法队

队　长　王　杨

劳动就业管理中心

主　任　赵迎茹（女）

副主任　王如海

副主任　郭彩萍（女）

失业保险中心

主　任　刘小玲（女）

医疗保险中心

主　任　刘建利（女）

社会保险中心

主　任　曹晋萍（女）

人才交流中心

主　任　曹正杨（女）

11. 区住房和城乡建设局（包括党委）

工委书记、局长　周靖华（2016.11—）

党委副书记、局长

李达平（2010.4—2016.11）

副局长　林云峰（2016.2—）

副局长　张守文（2012.8—2016.2）
副局长　王晋珉
副局长　郭小燕
总工程师　霍　鹏
党委书记　黄年悦（2012.7—2016.2）
党委副书记、工会主席
田建强（2010.4—2016.2）
纪检书记　姜　燕（女，2012.8—2016.9）

城镇建设综合服务所

所　长　陈勇超

房产管理中心

副主任　文巧珍（女）

人防办

主　任　林云峰（2014.2—2016.2）
副主任　张永宁（2012.9—2016.2）

12. 区城市管理局（包括党委）

工委书记、局长　刘俊刚（2016.11—）
党委副书记、局长
陈瑞宏（2010.4—2016.11）
副局长　董俊生
副局长　张红莲（女）
副局长　郭　厦
总工程师　阎学斌
党委书记　孙晨阳（2010.3—2016.2）
党委副书记、工会主席
刘跃芬（女，2012.9—2016.2）
纪检书记　孟秀丽（女，2012.8—2016.9）

城市管理应急大队

队长、党支部书记　卫建云
副队长　宋晋梅（女）
副队长　李耀琴（女）
副书记、工会主席　范玉珍（女）

执法局

局　长　闫俊力
政　委　杨学军
副局长　张永宁（2016.2—）

城市管理监督大队

队　长　牛　滔
副队长　石亚平
副队长　赵雪梅（女）
副书记　柴海梅（女）

13. 区交通运输局

党组书记、局长　叶　涛（2016.11—）
局　长　武　勇（2010.4—2016.11）
副局长　田　然
副局长　毕燕江
总工程师　王会生（2011.4—2016.2）

14. 区水务局

党组书记、局长　王晓莉（女）
副局长　刘永治
副局长　宋　云

人民政府防汛抗旱指挥部办公室

主　任　孟向东

水资源管理办公室

副主任　杨　洁（女）
副主任　邢建勋

15. 区农业委员会

党组书记、主任　陈勇兵
副主任　王　兵
副主任　邢志强

农工办

主　任　陈勇兵

农业行政综合执法队

队　长　安俊亮

16. 区商务粮食局（原区商务局）

党组书记、局长　胡红民

副局长　冯俊明

副局长　张世宏

副局长　郭向荣（女）

17. 区文化局（原区文体广电新闻出版局）

党组书记、局长

丁永爱（2016.11—）

局　长　畅耀宗（2012.8—2016.4）

副局长　庞文利（女）

副局长　田建强（2016.2—）

副局长　宋丽珍（女，2012.9—2016.2）

副局长　赵永凤（女，2016.12—）

文体市场行政综合执法队

队　长　徐俊炜

文物旅游服务中心

主　任　阎立宏

副主任　赵李华（女）

文化馆

馆　长　阎立宏

副馆长、党支部书记　杨　勇

副馆长　郭　玉（女）

18. 区卫生和计划生育局（包括党委）

工委书记、局长　黄铁明

党委委员、副局长

梁忻华（2015.10—2016.11）

副局长　白　珊（女）

副局长　蔚建威

副局长　王明锋

总工程师　蔺玉杰

卫生监督所

所　长　程海龙

党支部书记

董美建（女，2007.1—2016.11）

副所长　平剑英（女）

副所长　梁鹏程

疾控中心

主　任　韶惠丽（女）

党支部书记

柴小丽（女，2009.6—2016.11）

副主任　李　珏（女）

副主任　赵艳红（女）

计划生育协会

秘书长　董　静（女）

妇幼保健所

所　长　刘　晶（女，2007.2—2016.4）

副所长　刘晓虹（女，2012.9—2016.4）

副所长　张宏雁（女，2012.9—2016.4）

计划生育服务站

副站长　逯晓敏（女，2014.9—2016.4）

妇幼保健计划生育服务中心

主　任　刘　晶（女，2016.4—）

副主任　刘晓虹（女，2016.4—）

副主任　张宏雁（女，2016.4—）

副主任　逯晓敏（女，2016.4—）

19. 区审计局

党组书记、局长　王立新（2016.11—）

局　长　耿建成（2008.12—2016.11）

副局长　赵丽萍（女）

副局长　周丽颖（女）

副局长　解丽萍（女）

总审计师　文淑娟（女）

审计监督中心

主　任　赵永凤（女，2012.9—2016.12）

20. 食品和药品监督管理局

局　长　李　敏（女）

食品药品稽查队

21. 区统计局

党组书记、局长　宋衍立

副局长　岳丽英（女）

副局长　刘东伟

总统计师　张哲宾

社会经济调查队

队　长　岳丽英（女）

副队长　宋海萍（女）

22. 区安全生产监督管理局

党组书记（主持安监局工作）

贾立新（2016.12—）

局　长　杨练兵（2010.4—2016.11）

副局长　范聪连

副局长　任慧军

总工程师　赵志峰

安全监察大队

队　长　孟燕林

23. 区民族宗教事务局

党组书记、局长　尹秀山（2016.11—）

局　长　王惠东（2012.8—2016.11）

副局长　王晓娟（女，2016.2—）

副局长　张新明（2012.9—2016.2）

副局长　庞　洁（女）

24. 区林业局

党组书记、局长　郭连芝

副局长　韩勇斌（2009.6—2016.2）

副局长　王润莲（女）

25. 区园林绿化局

局　长　孙成龙

副局长　李跃红（女）

副局长　武玉奎

绿化队

队　长　赵兵兵

副队长　白芝茹

副队长　陈宝龙

副队长　张　璇（女）

26. 区防震减灾局

局　长　魏明霞（女）

副局长　冀雅萍（女）

27. 区档案局

局　长　梁忻华（2016.11—）

局　长　吴建华（2002.9—2016.11）

副局长　薛志茹（女）

副局长　温　洁（女）

28. 综合检验检测中心

29. 治超办

主　任　吴树公

副主任　冉建彬

副主任　边　强

30. 城中村改造工作领导组办公室

主　任　畅耀宗

城中村建设中心

主　任　祖志强

六、街道办事处

1. 迎泽街道办事处（包括党工委）

党工委书记　田　华（女）

党工委副书记、办事处主任　高宪强

党工委副书记、人大工委主任　徐丽珍（女）

党工委副书记、政协工作联络组组长

骆耀红（女，2012.8—2016.3）

党工委副书记　张晋松（2016.11—）
党工委副书记　康一春
党工委副书记、纪工委书记　刘　峥（女）
武装部长　赵　博
工会主席、组宣委员　赵　颖（女）
副主任　皇甫清
副主任　卫　东
副主任　韦　博
司法所所长　杨红娟（女）
计生办主任　张晋梅（女）
综治办主任　张　萍（女）
妇联主席　贠灵霞（女）
团委书记　李　斌

2. 桥东街道办事处（包括党工委）

党工委书记　樊世勋
党工委副书记、办事处主任
李光胜（2016.11—）
党工委副书记、办事处主任
刘俊刚（2011.8—2016.11）
人大工委主任　黄年悦（2016.03—）
党工委副书记、人大工委主任
张勇生（2012.7—2016.3）
党工委副书记、政协工作联络组组长
李会忠（2011.8—2016.3）
党工委副书记　赵喜梅（女）
党工委副书记、纪工委书记　王跃芹（女）
武装部长　李新怀
工会主席、组宣委员　王　彩（女）
副主任　赵宝全
副主任　吕开武（2012.8—2016.4）
副主任　畅秀峰
司法所所长　申宝香（女）
计生办主任　吴丽峰（女）
妇联主席　逯建红（女）
综治办主任　翟海明
团委书记　杨　勇

3. 文庙街道办事处（包括党工委）

党工委书记　孟晋忠
党工委副书记、办事处主任　周靖华
人大工委主任　何小军（女，2016.3—）
党工委副书记、人大工委主任
马东明（2009.6—2016.3）
党工委副书记、政协工作联络组组长
任文英（女，2004.8—2016.3）
党工委副书记　冯清莲（女）
党工委副书记、纪工委书记　王爱香（女）
武装部长　段青龙
工会主席、组宣委员　韩　江
副主任　刘尽斌
副主任　吴　鹏
副主任　闫俊力
司法所所长　范瑞华（女）
综治办主任　刘晓军
计生办主任　崔晓丽（女）
团委书记　曹奇星

4. 庙前街道办事处（包括党工委）

党工委书记　秦宇星
党工委副书记、办事处主任
张文进（2016.11—）
党工委副书记、办事处主任
白　冰（2014.2—2016.4）
人大工委主任　李慧林（2016.3—）
党工委副书记、人大工委主任
高瑞萍（女，2012.8—2016.3）

党工委副书记、政协工作联络组组长

马笑宣（女，2012.8—2016.3）

党工委副书记　史秀萍（女）

党工委副书记、纪工委书记　张海斌

武装部长　宋清山

工会主席、组宣委员　王新涛

副主任　唐海玲（女）

副主任　段宏涛

副主任　王　纬

司法所所长　杨海林（女）

妇联主席　阎智慧（女）

综治办主任　刘志萍（女）

计生办主任　郝豫红（女）

团委书记　王　玮

5. 柳巷街道办事处（包括党工委）

党工委书记　王孝兵（2016.12—）

党工委书记　刘锦春（女，2012.7—2016.5）

党工委副书记、办事处主任

杜志强（2016.11—）

党工委副书记、办事处主任

王孝兵（2011.8—2016.11）

人大工委主任　陆明军（2016.3—）

党工委副书记、人大工委主任

于以江（2002.9—2016.3）

政协工作联络组组长

梁晓燕（女，2012.8—2016.3）

党工委副书记　梁晓燕（女）

党工委副书记　高丽丽（女）

党工委副书记、纪工委书记　郑慧霞（女）

武装部长　李永平

工会主席、组宣委员　杜晓慧（女）

副主任　潘剑钢

副主任　赵志宏

副主任　施　泓

司法所所长　王建萍（女）

妇联主席　刘爱香（女）

综治办主任　李承义

计生办主任　岳建红（女）

团委书记　行　行

6. 老军营街道办事处（包括党工委）

党工委书记　张　彬（女，2016.11—）

党工委书记　闫晓琴（女，2011.8—2016.11）

党工委副书记（主持办事处工作）

王惠东（2016.11—）

党工委副书记、办事处主任

叶　涛（2010.3—2016.11）

党工委副书记、人大工委主任

梁丽鸿（2007.4—2016.3）

党工委副书记、政协工作联络组组长

李青枝（女，2007.3—2016.3）

党工委副书记　钱桂萍（女）

党工委副书记、纪工委书记　田　芬（女）

武装部长　贾振海

工会主席、组宣委员　李　娟（女）

副主任　林永平

副主任　郭艳红（女）

副主任　张　涛

司法所所长　王丽琴（女）

计生办主任　彭　凡（女）

妇联主席　王利花（女）

综治办主任　蒋微光

团委书记　张鹏鸣

7. 郝庄镇（包括党委）

党委书记　畅耀宗（2016.3—）

党委书记　尹晓平（2010.3—2016.4）
党委副书记、镇长　白　冰（2016.5—）
党委副书记、镇长
刘　丰（2012.8—2016.5）
党委委员、人大主席
陈祚斌（2016.5—）
人大主席　尹晓平（2011.4—2016.5）
党委副书记、政协工作联络组组长
陈祚斌（2012.7—2016.4）
党委副书记　董　澍（2016.4—）
党委委员、副镇长　张福红（2016.5—）
党委委员、副镇长　孙仁刚
党委委员、副镇长
董　澍（2005.3—2016.5）
党委委员、纪委书记　吕开武（2016.4—）
党委委员、纪委书记
耿旭红（2012.7—2016.4）
党委委员、人大专职副主席
尚凤山（2011.4—2016.5）
党委委员、副镇长　郭瑞蕊（女，2016.5—）
党委委员、副镇长　王爱萍（女，2016.5—）
党委委员、武装部长　张晓斌（2016.5—）
党委委员、武装部长
张福红（2012.8—2016.4）
党委组织委员　周　轶（2016.4—）
党委组宣委员
郭瑞蕊（女，2012.7—2016.4）
工会主席　董　澍（2016.12—）
工会主席　郭瑞蕊（女，2012.7—2016.12）
司法所所长　杜俊萍（女）
计生办主任　赵景婷（女）
团委书记　周　轶

七、区法检机构

1. 区人民法院

院　长　赵晋虎
副院长　白唯鸣
副院长　马勇志
副院长　席凤昌
副院长　赵宏旺
副院长　王玉文
纪检组长　潘晋宁
政治处主任　魏新艳（女）
执行局局长　王　钢
审委会专职委员　常银刚
审委会专职委员　刘媛媛（女）

2. 区人民检察院

检察长　陈加林
副检察长　杜文山
副检察长　杨建生
副检察长　谭　军
纪检组长　马晓青
反贪局局长　鲍宏伟
反渎职侵权局局长　高春光
政治处主任　杨琍敏（女）
检委会专职委员　李淑琳（女）

机关生活服务中心

主　任　郭　峰（女）
副主任　韩　克（女）

八、市管部门

1. 国税分局

局　长　王俊杰
副局长　白巧华

副局长　赵晓东
副局长　张国红
纪检组长　闫耀忠

2. 地税分局

局　长　温秋生
副局长　汪生光
副局长　梁德琪
纪检书记　张文光
副局长　袁宇峰（女）
副局长　王　敏
直属一分局局长　孟颖耀
直属二分局局长　贾富强

3. 工商分局

局　长　刘庆虎
副局长　尹建英
副局长　宋建章
副局长　周建勋
副局长　李晋峰（女）
主任科员　徐国珍
纪检组长　刘　忠
副主任科员　贾宏宇

4. 环保分局

局　长　牛爱民
副局长　王晓风（女）
副局长　王卿兮

5. 质量技术监督分局

局　长　焦存胜
副局长　魏克强
纪检组长　张燕峰（女）

6. 规划分局

局　长　李玺兵
副局长　赵满翼
副局长　何海明

7. 国土资源分局

局　长　李斌魁
副局长　张　彪
副局长　孙中建
纪检组长　尹林华（女）

8. 公安分局

党委书记、局长　魏　毅
党委副书记、政委　王　璠
党委委员、副调研员　王政明
党委委员、副局长　吴长胜
党委委员、副局长　岳富民
党委委员、副局长　宋文广
党委委员、副局长　闫玉斌
党委委员、副局长　王治国
党委委员、副局长　安建中
党委委员、纪委书记　杨志强
党委委员、政工室主任　郝锦原
党委委员　弓志清
党委委员　杨冲霄
党委委员、指挥室主任　刘书江

9. 消防大队

教导员　赵　新
大队长　杨　珑

中国共产党太原市迎泽区委员会

ZHONGGUOGONGCHANDANG TAIYUANSHI YINGZEQU WEIYUANHUI

综　述

【概况】　2016年是实施“十三五”规划的开局之年。中国共产党迎泽区委员会（以下简称区委）认真学习贯彻落实中共十八大，十八届三中、四中、五中、六中全会精神和省、市第十一次党代会精神，强化政治意识、大局意识、核心意识、看齐意识，加强对经济工作的领导，主动适应经济发展新常态，紧紧围绕区第五次党代会提出的建设省城首善之区的目标任务，攻坚克难，苦干实干，积极作为，全区经济、政治、文化、社会和生态建设不断取得新成效，党的建设全面加强，各项重点难点工作取得新突破。

【党的建设】　区委牢固树立抓好党建是最大政绩的理念，严字当头，真管真严，不断完善区委统一领导。部门齐抓共管，一级抓一级，层层抓落实的党建工作格局，为全区经济社会发展提供了坚强组织保障。理论武装有了新加强。加强理论阵地建设，创刊编辑出版《迎泽之窗》，为干部理论学习、工作指导、交流经验提供了载体平台。以开展“两学一做”学习教育为契机，坚持真学深学，将学系列讲话与贯彻党的十八届六中全会、省市第十一次党代会精神相结合，围绕“四讲四有”和“学习贯彻系列讲话，解决若干突出问题”开展深入的学习讨论，区委中心组集中专题学习12次，专题讨论4次，深入到基层为1710余名党员干部讲授专题党课38次，举办全区首期干部主体培训班，不断把学习贯彻习总书记系列重要讲话精神引向深入。落实“关键在做”要求，扎实开展“双学双促”专项行动、“党员先锋行”主题实践活动，党员公开承诺活动。区级领导以上率下，深入基层走访调研，帮助解决实际问题，对照“五个着力解决”的要求，列出问题清单，逐一进行整改，解决突出问题456项，切实做到用解决问题的成效检验和推动学习教育。

基层基础建设有了新提升。着力推动基础工作全面进步，明确农村党建问题、责任、任务三个清单，通过区级领导牵头包转化、社区定点帮扶，13个软弱涣散基层党组织全部实现转化升级。全力推进7项重点任务落实。全面清查党员党费缴纳，做到应缴尽缴。着力推动基层组织全面加强，充分发挥片区非公党组织、楼宇党组织、协会党组织孵化兜底作用，进一步提升党组织工作覆盖面。投资1800万元，建成迎泽区服务群众工作信息平台，进一步完善区、街道（镇）、社区（村）三级便民服务体系，有效解决服务群众“最后一公里”问题。加大基层党建经费保障力度，全面落实社区、无集体经济收入村和无办公场所村、非公联合党组织党建工作经费、现任和离任村“两委”主干报酬待遇和生活补贴。

干部队伍建设取得新成果。坚持把换届作为今年全区工作的重中之重，把党的领导贯穿换届全过程，科学谋划、精心组织、统筹推进，严格落实“九个严禁”纪律要求，对1122人次“两代表一委员”进行严格的考察、资格联审，严格履行程序，圆满完成区镇两级换届工作，选好配强领导班子。落实习近平总书记关于新时期“好干部”标准，树立“德才兼备、以德为先、以廉为基”的用人导向，消化调整超职数干部7批次、125人。稳步推进“三个一批”，对403名科级以上干部进行“五查”，实现区管科级干部填报个人重大事项报告“全覆盖”。

【党风廉政建设】　一是层层传导压力，营造廉洁从政氛围。区委主要领导全年批办党风廉政建设和反腐败工作13次，约谈全区各部门主要领导14人次，区委常委会40次专题研究全面从严治党工作，6次专题剖析典型案例。召开党（工）委书记履行基层党建工作责任专项述职评议考核和履行“两个责任”述责大会，通过现场述责、质询、点评、测评，进一步增强各党组织履行“两个责任”的意识。二是扎实开展了谈话函询。准确把握运用监督执纪“四种形态”，以实践第一种形态为基础，抓早抓小。扩大谈话函询范围，对2015年以来经初核查否的19名区管干部和9名农村两委主干进行了谈话函询，起到及时制止和纠正小错，防止酿成大错的作用，有效解决一批重信重访问题。三是严肃查处群众身边的腐败问题。组织开展了财经纪律执行情况专项检查，对发现的41条问题线索移交巡查联组进行核实。持之以恒纠正“四风”，高密度开展明察暗访，加大重要时间节点的监督检查，严肃查处了一批违规违纪问题，礼金红包专户收缴违纪金20.25万元。四是加强纪律审查力度。强化巡察工作，联组巡察56家单位，向下延伸基层单位46个，处置问题线索58件，立案32件，结案32件，处分43人，组织处理30人。一年来，全面落实从严治党要求，为全区创新发展营造了良好的政治生态环境。

【经济增长】　坚持以新理念引领发展新实践，着眼迎泽长远发展，积极探索中心城区创新驱动、转型升级发展新路径，进一步明晰发展思路，科学规划建成区、城乡结合部和东部山区“三个板块”的功能定位和产业布局，推进发展新理念在迎泽区落地生根。坚持大项目带动大发展，瞄准发展新兴产业，精准招商引资，主动融入“一带一路”建设和环渤海经济圈合作发展，积极承接产业和项目转移，引入中鲁胶带等一批重点企业，启动迎泽电子商务园区建设，签约了华润、红星美凯龙城市家居、万科华北广电、张家河古镇风景旅游等一批重大项目，积极培育经济新的增长点，进一步厚植发展优势。积极扶持民营经济和小微企业创业创新发展，开展干部入企服务，制定《迎泽区推动民营经济若干扶持意见》《小微企业新三板挂牌事后奖励资金管理办法》，支持山西唐是文化在新三板成功上市，做好红十字口腔医院上市前准备工作，为9个“双创”项目融资2500万元，解决一批小微企业融资难问题。深化商事制度改革，优化审批服务，全面推行“五证合一”，率先实行个体工商户营业执照“两证整合”，进一步营造亲、清的政务服务环境。2016年，全年地区生产总值预计完成572亿元，同比增长7%；服务业增加值预计完成492.5亿元，同比增长7.5%；社会消费品零售总额预计完成428.8亿元，同比增长8%；固定资产投资预计完成204.5亿元，同比增长7%；城镇常住居民可支配收入预计达到30195元，同比增长6.5%；农村常住居民可支配收入预计达到19192元，同比增长6.8%；规模以上工业增加值预计完成34.1亿元；公共财政预算收入预计完成13.9亿元。

【城中村改造】　坚持把城中村改造作为补短板、破解空间制约的重大发展战略工程和头号民生工程，下定决心，坚定信心，自加压力，迎难而上，由区级领导包点指挥，全区抽调精兵强将一线攻坚，对2015年启动的6个村开展“清零”行动，郝庄和双塔2个村全部收尾；对2016年确定的4个城中村，深入进行摸底调查，全面掌握实际情况，做好风险控制，坚持工作准备到位马上启动拆迁。2016年，马庄完成整村拆除，郝家沟、店坡、松庄拆迁工作有序推进。坚持把整村拆除与回迁安置建设统筹推进，采取城中村自主改造和与开发商合作改造的方式，加快推进安置项目建设，建成19万平方米，新开工建设25.08万平方米，为城中村拆迁改造的全面完成奠定坚实的基础。

【城市建设与管理】　配合全市重点工程，组织实施五一路、迎泽大街下穿火车站通道、轨道交通2号线建设及18条小街巷改造的房屋征收工作，为太原市加快城区路网建设提供保障。围绕“五城联创”，扎实开展9项专项整治。累计拆除违法建筑物17余万平方米。高标准对文源、桃园三巷2个片区和上马街、旧城街等19条背街小巷进行综合整治。持续开展露天烧烤、占道经营等环境顽疾治理，火车站站前广场、朝阳、柳巷商业街区市容环境面貌发生实质性改观。改善环卫基础设施，升级改造公厕83座，彻底改变公厕乱、脏、臭状况。提升环卫作业水平，在全区528条街道增加人工保洁次数，在

123 条主次街道全面推行机械化水冲洗作业，在主城区实现垃圾上门全收集。召开了小广告整治检查观摩现场经验交流会，在全市推广迎泽区每半月一次回头作业巩固模式，这项工作在全市一直得分最高，保持了第一。

【城乡生态环境】 加大改善环境质量工作力度，在建成区实现燃煤采暖锅炉全部清零；大力开展餐饮业油烟整治行动；继续推进既有居住建筑节能改造，施工面积达 96.68 万平米；加大城乡绿化力度，完成 5 个游园和 5 个绿地建设任务，新增绿地 16359 平方米；对 14 条街道进行绿化补植，完成 5 条道路林荫化提档升级；新增造林 3000 亩，高标准建成森防通道 9.76 公里，进一步提升东山生态景观效果。

【文化建设】 严格落实意识形态工作责任制，进一步加强对意识形态领域的分析研判。采取多种形式组织开展弘扬社会主义核心价值观的宣传教育。持续深入开展“我们的节日”“道德讲堂”“讲文明树新风”等群众性精神文明创建活动，激发了全区人民团结奋进的强大正能量。进一步挖掘区域内的厚重历史文化资源，整理完善了新沟刘家大院、三清观、益源庆醋坊等文物单位的有关资料，为保护开发奠定基础。加强文体设施建设，完成 26 个社区体育健身活动场所建设，实现全覆盖，广泛开展形式多样的广场文化及文化惠民基层行活动，让人民群众有更多的文化获得感。

【民生福祉】 坚持越是经济困难，越要自觉践行以人民为中心的发展思想，办了一批群众要求强烈、感受明显的民生实事和民生项目，人民群众的获得感、幸福感不断增强。认真落实就业创业优惠政策，积极开展就业服务活动，城镇新增就业任务提前完成。扎实推进社会保障“全覆盖”，认真开展新农合整体移交工作，基本医疗保险、失业保险等参保任务提前超额完成，初步构建了覆盖城镇职工、城镇居民、农村居民三类重点人群的社会保障体系。加强社会救助和社会福利精准化服务，提高低保标准，按时足额发放低保金、爱心粮、临时救助金、医疗救助金、高龄保健津贴、百岁老人津贴、孤儿养育金、残疾人生活补贴等各类款物。新开工建设保障性住房 6992 套，超额完成目标任务。

着力提升公共服务水平，实施 3 所中学校舍改造和 1 所幼儿园建设，建成 8 个教育信息化特色平台和 9 个“智慧教室”，中小学生均公用经费分别提高到 1200 元/人和 1000 元/人，成为全省唯一一家通过全国中小学校责任督学挂牌督导创新县区，在更高水平推进教育优质均衡发展。深化医药卫生服务，实施 4 个重点专科建设，开展 4 大类、13 个新技术项目工作，启动一批区级医疗机构和社区卫生服务中心改造、装修工程，初步完成区中心医院新建项目选址；提升家庭医生团队服务水平，拓宽护理上门服务项目，全方位、多层次开展计生特殊家庭的帮扶，基层卫生计生服务能力不断提高；大力推进医养结合，在4个基层医疗卫生机构设立了80个“医养结合”床位，初步完成1所公办养老机构选址，实施15个社区养老服务中心和17个社区（农村）老年人日间照料中心建设，13个投入运营。持续强化社区建设提档升级，社区活动场所全部达到200平方米以上标准。加大拥军优抚安置政策落实力度，深入开展“双拥”在基层活动，营造了爱国拥军、爱民奉献的良好社会氛围。按照精准扶贫要求，扎实开展对口帮扶娄烦县静游镇扶贫工作。

【社会和谐稳定局面】　坚持把维护社会安全稳定作为重大政治任务和政治责任，认真贯彻总体安全观，全面加强安全生产，不断强化“红线意识”，严格落实“党政同责、一岗双责、失职追责”，出台并严格执行《迎泽区安全生产党政同责一岗双责失职追责暂行办法》，建立安全生产例会制度，扎实开展“反三违”、安全稳定风险隐患大排查大整治、“除隐患、保平安”专项整治，全区90个社区和160家单位实现消防“微型站”全覆盖，消防网格化管理体系进一步完善。扎实做好信访稳定工作，认真推动书记大接访、领导接待日活动，开展大接访47次，接待来访群众209批次1490人。严格落实“五包一”责任，认真开展“信访积案大交办暨重复信访事项专项治理”，化解一批重大不稳定因素。积极推行网上信访，进一步畅通群众诉求表达渠道，圆满完成全国“两会”“十八届六中全会”等重大活动期间的信访维稳任务。大力推进“平安迎泽”建设，成立区反恐怖工作领导小组，扩大武警公安联勤武装巡逻范围，保持严打高压态势，开展“三大战役”“打击治理电信网络新型违法犯罪专项行动”，治安防控体系进一步强化，群众安全感进一步提升。

【民主政治建设】　区人大及其常委会围绕重点项目建设、民生社会保障、城中村改造、城市管理等重点工作开展一系列监督视察调研询问活动，严格程序任免一批国家机关工作人员，依法履职水平进一步提高。区政协坚持团结和民主两大主题，紧紧围绕服务业转型发展、城中村改造、民生实事情况开展调查研究，主动建言献策，发挥协商民主重要渠道作用。成立区委统一战线工作领导小组，开展领导干部联系民营企业工作，千方百计解决民营企业发展中的困难和问题，助推迎泽区民营经济发展。落实民族宗教“月巡”“约谈”制度，加强与宗教界人士的联系，扎实做好新形势下宗教工作。区总工会坚持“4+1”组建模式，积极开展“党工共建”，巩固和扩大工会的覆盖面。团区委实行1+100直接联系青年制度，积极探索区、街道、社区联动资源机制，迎泽街道区域化团建成为全国首批示范项目。区妇联推动解决一批妇女群众关心关注的问题，接待国家妇儿办调研、省街道（乡镇）妇联主席示范培训班观摩学习并受到好评。　（区委办）

区委办公室

【概述】　2016年是实施“十三五”规划

的开局之年。中共太原市迎泽区委办公室（简称区委办）强化政治意识、大局意识、核心意识、看齐意识，紧紧围绕区委的中心工作主动适应新常态，提升理念，强化服务，苦干实干，积极作为，较好地完成了一年工作。

2016 年，区委办共有编制 27 名：行政编制 20 名，其中公务员编制 13 名，实有 13 人；工勤编制 7 名，实有 3 人；参照公务员管理事业编制 2 名，实有 1 人；事业编制 5 名，实有 2 人。

【“两学一做”学习教育】 2016 年，把深入学习贯彻落实党的十八大，十八届三中、四中、五中、六中全会精神和省、市第十一次党代会精神作为首要的政治任务。坚持周二集中学习制度，通过学习原文、专题集中讨论、交流发言等形式，在把握讲话实质、理解精髓和入脑入心上下功夫，切实在思想上政治上行动上与党中央保持高度一致，真正将“坚持绝对忠诚的政治品格、坚持高度自觉的大局意识、坚持极端负责的工作作风、坚持无怨无悔的奉献精神、坚持廉洁自律的道德操守”的要求落实到工作实践中，提高“三服务”的能力水平。

区委办把学党章党规和习近平总书记系列重要讲话作为基础，明确党的重要制度和体制机制，使党章成为是区委办党员干部共同遵守的根本行为规范和总规矩。教育引导区委办全体党员干部读原著、学原文、悟原理，正本清源、固本培元，做到自觉尊崇党章、遵守党规，坚持不论在什么地方、在哪个岗位上，都恪守党的政治纪律和政治规矩，在“两学一做”中展示了党员干部的良好形象。坚持严字当头，加强和规范党内政治生活，严肃党的政治纪律和政治规矩。健全抓常抓细抓长的学习教育机制，学以致用，有针对性地解决问题，努力营造办公室人员和谐高效的工作氛围。

【党风廉政建设】 2016 年，区委办全面贯彻落实中央、省、市、区关于落实全面从严治党“两个责任”的安排部署，坚持把全面从严治党纳入区委办工作的总体布局，作为班子建设的重要工作来推进，与其他工作统一研究部署、统一组织实施，切实落实主体责任，以良好的党风政风推动区委办各项工作再上新台阶。

健全完善责任体系。通过健全责任体系、细化任务分工，确保党风廉政建设主体责任落到实处。结合区委办机构设置实际，完善《中共太原市迎泽区委办公室关于落实党风廉洁建设主体责任清单》，明确区委办公室领导班子对职责范围内的党风廉洁建设负全面领导责任，确定区委办领导班子主要负责人是党风廉洁建设的第一责任人并签字背书，区委办领导班子成员根据工作分工，履行“一岗双责”，对职责范围内的党风廉洁建设负主要领导责任，进一步强化领导班子的牵头抓总作用、班子成员的协同配合作用，明确责任内容。及时传达学习和贯彻落实中央、省、市、区委、纪委关于全面从严治党工作的新精神和新要求，2016 年专题研究党风廉洁建设与反腐败工作3次，分别2次向区纪委书面报告全面从严治党“两个责任”落实情况。

严守政治纪律和政治规矩。建立完善区委办职工干部廉洁档案，领导干部婚丧嫁娶、出入境严格按照审批成语进行，2016年，区委办领导干部未进行婚丧嫁娶、出入境等有关活动。区委办始终把纪律和规矩挺在前面，严格执行中央八项规定精神，紧盯“四风”隐形变异问题和重要时间节点，严格执行中央和省、市区关于换届工作的有关规定，特别是严格执行中央提出的“九个严禁”纪律要求，严格遵守换届纪律，并作出书面承诺。以深化廉洁谈话内涵为重点，不断提高廉洁谈话的针对性和有效性，强化廉洁谈话的警示和预防作用。由区委办领导班子主要负责人约谈班子成员、中层领导干部，围绕落实“两个责任”、履行“一岗双责”，谈认识、谈问题、谈举措，以谈话明责任、以谈话传压力、以谈话促落实。

牢固树立“作风建设永远在路上”的思想，坚持一以贯之抓作风，持之以恒反“四风”，坚决落实好“八项规定”，向全区印发《关于加强联动协作全面监督“四风”问题的实施方案》的通知，出台了《关于2016年中秋、国庆期间监督检查“四风”问题工作方案》，并结合工作方案，在重要时间节点，对本单位进行内部自查12次。制定出台《迎泽区委办公室关于预防和查处群众身边腐败问题的措施》，从源头上预防腐败问题的的发生。按照中央、省、市的要求，制订和完善权力清单，深化党务公开。严格按照权力清单行使职权，强化对领导班子及其成员的监督，落实好党政主要领导干部不直接分管人事、财务、工程建设项目、行政审批、物资采购工作的有关规定。

严格规范执行制度。严格执行制度规定，制定完善请（销）假、公务用车、办公用品购买领取、支部学习、印章管理、公务接待等一系列规章制度，提高制度执行力，领导带头执行，严格按制度办事，坚持做到了用制度管权、管事、管人。通过狠抓纪律作风，遏制“四风”，整肃纪律，净化思想，锤炼党性，区委办公室作风和形象有了明显提升。

【决策服务】 区委办把提供高水平的决策参谋服务作为衡量办公室工作水平的第一标尺，自觉站在迎泽创新发展、转型发展的大局中来研究思考，提高公文的思想性、针对性、实效性，完成区第五次党代会、全区干部大会等大量重要会议材料和主要领导讲话以及迎接省市检查的大量汇报材料，进一步提高了以文辅政的质量和水平。区委办及时、准确、全面地收集、选编综合信息和调研信息，为区委领导决策提供了有价值的参考；紧贴区委中心工作，社会的热点、难点和焦点问题，坚持实事求是和可靠有用的原则，及时、准确、全面地收集、选编各类信息。

【重点工作督查】 重点围绕区党代会的重要工作部署、惠民实事项目、安全生产、“两学一做”活动开展情况以及省市交办的重点民生问题进行督查，编发《督查工作》《督查专报》，提高了区委决策的执行力。

【统筹协调】 2016年，区委办规范有序地完成了区第五次党代会等全区大型会议和全区性各类会议以及区委常委会和党政联席会等大量会务活动的组织协调工作；严格办公室值班制度，做到电话及时接、事务及时办、通知及时下，保障了区委日常工作的顺利进行。

【机要保密】 认真开展保密宣传月活动，定期组织全区涉密单位和重点单位做好计算机自查自检工作，筹备完成了全区信息安全与网络安全教育培训，顺利完成保密杂志征订，在高考、中考、成考以及卫生系统公共招聘事业单位人员等各类考试中，认真履行保密部门相关职责，确保各类考试中的安全保密。进一步完善保密制度，完成了设备的定期检修，从严落实机房24小时值班工作，全年收发电报处理相关密件确保。

【“净网”专项行动】 区委办切实做好防范工作，把重要敏感节点和日常防控结合起来，坚持抓早打小，露头就打，绝不允许各种邪教做成势，协助公安等部门把对邪教组织体系和骨干人员的情报收集放在突出位置，努力获取一批内幕性、预警性情报信息，进行信息研判，确保精准打击，圆满完成攻坚对象下降50%的目标任务。

【关工委工作】 区委办认真开展青少年思想道德教育活动、“爱学习、爱劳动、爱祖国”主题教育活动，充分发挥基层关工委和“五老”优势，坚持不懈推进全区关心下一代工作，继续抓好社区网格关工小组建设，实现“五好”基层关工委建设的常态化、长效化。 （彭利兵　苏卫国）

纪检监察

【概述】 中共太原市迎泽区纪律检查委员会、太原市迎泽区监察局（简称区纪委监察局）位于太原市云路街15号迎泽区政府五楼，具体负责全区党风廉政建设和反腐败工作的开展。2016年，迎泽区纪委按照市纪委的安排部署，积极贯彻落实中央、省、市纪委全会精神和习近平总书记系列重要讲话精神，在迎泽区委区政府的坚强领导下，聚焦主责主业，强化监督执纪问责，积极推进各项工作。

区纪委监察局设行政编制28名，工勤编制3名，实有行政人员22名，工勤人员2人。内设办公室、党风政风监督室、信访室、案件监督管理室、纪检监察一至五室、案件审理室10个职能室。下属宣教网络中心为全额拨款事业单位，副科建制，事业编制14名，现实有工作人员3名。迎泽区纪委为副处级建制，领导职数一正三副。监察局为正科级建制，领导职数一正三副。

【“两个责任”落实】 区委带头落实主体责任。区委书记及其他常委班子成员牢固树立不管党治党就是失职的理念，积极担当作为。全年区委常委会专题研究全面从严治党工作34次，对违反中央八项规定精神和“四风”问题等典型案例进行了

6 次专题剖析。区委书记全年批办党风廉政建设和反腐败工作 13 次，多次就落实全面从严治党和严肃换届纪律等进行集体约谈。

区纪委认真履行监督责任。把问责作为全面从严治党的利器，以问责倒逼责任的落实。全年纪委常委会议专题研究党风廉政建设和反腐败工作 29 次，区纪委书记专题听取、研究案件 72 次，强化了对全区各部门领导干部的问责和通报力度。

强化监督考核。年初，区纪委召开 2015 年度履行“两个责任”述责大会，21 个单位、部门“一把手”向区纪委委员和部分“两代表一委员”现场述责，接受质询、点评、测评，增强了履行“两个责任”的使命担当；制定出台《迎泽区 2015 年度落实党风廉政建设“两个责任”评分表》，把履行主体责任和监督责任的要求细化成了 29 项考核内容，将所有责任进行量化。抽调党性强、作风正的机关干部组成 8 个考核组，对全区 70 个中层党政领导班子和 429 名领导干部履行党风廉政建设责任制的情况进行检查考核。通过述职述廉、民主测评、个别谈话、查阅资料和量化记分等方式，促进党风廉政建设责任制的落实。11 月中旬，区纪委对全区 68 个部门就 2016 年落实“两个责任”情况开展考核，针对全面从严治党新形势、新任务，区纪委在去年考核评分表的基础上，进一步把履行主体责任和监督责任的要求细化成 31 项考核内容，并要求各单位主体责任人和监督责任人提交履行“两个责任”述责报告，结果显示，被测评单位（得分）满意率在 90%以上的有 2 家单位，满意率在 80%以上的有 15 家单位。通过述责，起到红脸出汗、咬耳扯袖的效果，使各单位清醒地认识自己工作的不足，在 2017 年，更好地履行“两个责任”。

【信访线索处置】 2016 年被确定为重信重访化解年，区纪委召开专题会议进行研究部署，提出贯彻落实意见，制定《关于在全区纪检监察机关开展“重复信访举报化解”专项工作实施方案》，《关于开展全区治理重复举报“冬季攻坚”行动实施方案》，成立领导机构，召开信访工作专题会议 17 次，建立实行区纪委领导包村包案制度、信访工作周例会和动态管理制度、重复信访重点村区级领导约谈制度，努力推进化解工作开展，当年迎泽区重复信访举报化解工作已全部完成。

【纠正“四风”】 区纪委紧紧抓住重要时间节点，组织明察暗访组对全区各单位纠正“四风”和贯彻落实中央八项规定精神情况进行监督检查，检查内容主要针对收送节礼、公车使用、工作纪律等几方面内容。实行了纪检监察工作月通报制度，通报内容包括贯彻落实党风廉政建设“两个责任”情况、违反中央八项规定情况、在重要节点监督检查中发现问题情况等，在全区范围内进行通报。加大了实名通报的力度，要求被通报单位限期整改，全区各单位引以为戒。

【监督执纪“四种形态”】 1. 多种形式开展宣传警示教育活动。对正科级干部进行了任前集体谈话，要求新任职干部要站稳政治立场、遵守党的规矩，敢于担当、守住底线，做忠诚的表率、担当的表率、干净的表率；两次召开了领导干部警示教育大会，观看了预防渎职犯罪专题教育片，警示教育党员干部要守住纪律底线，紧绷拒腐防变之弦；组织全区党员干部进行党纪党规知识测试，引导广大党员干部尊崇党章、遵守党规党纪。各街道、社区结合自身实际，开展丰富多彩的廉政文化活动，通过开展一系列富有成效的活动，教育引导全区党员干部增强纪律意识，努力让党的纪律全方位立起来、严起来。

2. 加强对换届纪律的督查。2016 年适逢换届之年，为认真落实中央、省、市严肃换届纪律要求，区委把严明换届纪律作为重大政治任务来抓，多次安排部署；区纪委认真落实换届纪律要求，以“零容忍”态度正风肃纪，出台了《关于严肃换届纪律强化换届监督的通知》《关于换届期间重申严禁迎来送往的通知》，组织召开了严肃换届纪律座谈会、专题谈心谈话会，全区正科级以上干部和村（社区）两委主干 299 人签订了严守换届纪律书面承诺书。8 月，迎泽区分别召开了第五次党代会和第五届人大、政协一次会议，区纪委坚持挺纪在前，专门成立督查组进行全程驻会监督。会后，督查组将检查情况向人大、政协发函反馈，要求对检查出的问题在人大代表会议、政协会议范围内进行通报并做出整改。

3. 开展专项检查。区纪委在完成重要节点监督检查规定动作的基础上，开展财经纪律执行情况专项检查和扶贫涉农工作的监督检查，突出强调廉洁扶贫助推精准扶贫，确保各项涉农资金落到实处。

4. 运用谈话手段，用好监督执纪“第一种形态”。突出抓早抓小，让咬耳扯袖、红脸出汗成为常态。主动扩大谈话范围，对有群众反映，经纪检监察部门核实后查否的和在联组巡察中发现有苗头性、倾向性、轻微违纪问题的副科以上及其他重要岗位的党员领导干部由区级领导进行谈话。谈话直面被反映的问题，要求有则改之，无则加勉，敞开心扉，反思不足。并要求被谈话对象写出书面说明并签订保证书。通过谈话，达到了红脸出汗的效果，起到及时制止和纠正小错，防止酿成大错的作用。

5. 保持惩治腐败的高压态势。区纪委对无视纪律规矩、顶风违纪的行为绝不姑息，尤其是紧盯“三类人”，越往后执纪越严。2016 年，全区纪检监察机关共处置问题线索 171 件，立案 83 件，结案 83 件。给予党政纪处分 80 人，组织处理 92 人。挽回经济损失 180.61 万元。向区纪检监察机关主动交代违纪问题 8 人，上缴违纪资金 4.83 万元。

【中共太原市迎泽区纪委五届一次全会】 8 月 15 日，迎泽区召开第五次党代会，区委常委、纪委书记李锦代表区纪常委会向大会作了工作报告。会议总结过去五年全区党风廉政建设和反腐败工作，研究部署今后五年工作的总体思路。8 月 16 日，迎泽区纪委召开五届一次全会，李锦主持会议，选举产生书记、副书记和常务委员会委员。会议提出“十三五”时期，全区纪检监察工作的总体思路是：全面贯彻党的十八届五中全会精神、十八届中央纪委六次全会精神和习近平总书记系列重要讲话精神，在市纪委和区委的正确领导下，坚持全面从严治党、依规治党，忠诚履行党章赋予的职责，聚焦监督执纪问责，深化标本兼治，强化党内监督，把纪律挺在前面，持之以恒落实中央八项规定精神，着力解决群众身边的不正之风和腐败问题，坚决遏制腐败蔓延势头，为实现迎泽区“建设全省首善之区”的奋斗目标提供坚强纪律保证。

会议要求，全区党员干部要严明政治纪律，保证党的路线方针政策贯彻落实。全区各级纪检监察组织要按照党章赋予的职责定位，严肃查处搞团团伙伙、结党营私、政治利益和经济利益相互勾连的问题，坚决维护党的团结统一。深化“两个责任”，推动全面从严治党向基层延伸。各基层党（工）委要加强党风廉政建设，主要负责同志要切实履行党风廉政建设第一责任人责任，区纪委将保持惩治腐败高压态势，以监督执纪问责的常态化，推动“两个责任”的落实。落实巡察工作要求，实现全覆盖目标。坚持深化巡察监督，把巡察制度作为党委落实“两个责任”的重要抓手，区纪委和相关部门对移交的问题要依规依纪严肃处置。在坚持中深化、在深化中坚持，让中央八项规定精神落地生根。加强宣传教育，严格监督执纪，充分发挥群众的监督作用，共同打好纠正“四风”的攻坚战、持久战，以优良的党风政风带动社风民风持续向好。力度不减、节奏不变，持续保持遏制腐败的高压态势。当前党风廉政建设和反腐败斗争形势依然严峻复杂，“四风”问题反弹严重，各级纪检监察组织必须头脑清醒，保持高压态势不放松，以坚定的决心和有力的措施，坚决遏制腐败蔓延势头。会议还研究部署了2016年下半年的重点工作。

【巡察工作】 1. 区委巡察。按照区委统一部署，区委巡察一组、巡察二组从2016年7月7日至8月10日分别对桥东街道和区商务粮食局进行了为期35天的巡察。两个巡察组进驻后，分别于7月7日、7月8日组织召开巡察工作动员会，张贴巡察公告24份，设立举报箱4个，公布举报电话4个。巡察期间，共召开座谈会6次，发放民主测评表94份，与71人进行了个别谈话和约谈，听取被巡察单位的工作汇报3次，查阅相关资料100余册，实地走访调研下属单位、服务企业17家，受理各类信访举报6件次，接待来访群众25人次，对反映突出的重点问题进行深入了解，对于发现的问题线索全部移交，并按照有关要求处置。两家被巡察单位党组织高度重视，针对巡察组反馈意见制定详细整改措施，确定责任人，倒排时间表，已按期整改或完成整改。

2. 区纪委联组巡察。2016年，区纪委在总结2015年经验的基础上，继续开展联组巡察工作，将全区纪检干部分成5个联组，针对全区各单位在履行全面从严治党“两个责任”，落实中央八项规定精神，遵守政治纪律、政治规矩等方面的工作情况进行了全面巡察，共巡察部门56家，向下延伸基层单位46个。各联组采取多种形式查找问题线索，通过集中研判、合理运用处置方式，及时向区纪委常委会汇报，依纪依规作出处理，严肃问责的同时积极督促整改。

3. 特点成效。区委巡察、区纪委联组巡察突出政治巡察，和重要节点监督检查、财经纪律专项检查互相促进，有效衔接，形成了横向到边、纵向到底的监督局面。区纪委联组巡察对2015年未巡察到的包括常委部门的19个部门全部进行巡察，做到巡察全覆盖。通过巡察，全面强化全区各部门党组织负责人全面从严治党的主体责任意识，促进“两个责任”的落实。尤其是将巡察与信访化解、纪律审查相结合，对化解重复信访、解决群众具体问题起到了推动作用，对涉农领域、惠民项目的巡察，使人民群众的获得感进一步增强。

【自身建设】　1. 深入开展理论学习。以区纪委常委班子集中学习和机关党支部学习为基础，全面加强政治理论学习。采用“领学”模式，每月至少两次由室主任领学中央、省、市相关文件，习近平总书记系列重要讲话。一年来，区纪委结合“两学一做”学习教育活动，深入学习《中国共产党廉洁自律准则》《中国共产党纪律处分条例》《中国共产党问责条例》《关于新形势下党内政治生活的若干准则》《中国共产党党内监督条例》等党内重要法规，通过学习，奠定纪检干部扎实的理论基础；将中央、省、市以及区纪委相关领导重要文章、讲话以及纪检讲堂讲稿编印成册，印制了8期《迎泽区纪委机关内部学习资料汇编》，分发给机关干部和基层纪检书记，方便大家随时学习。

2. 完善硬件设施。按照上级要求，区纪委投资30余万元建立标准化谈话室，投资70余万元对保密专网进行升级改造，办案安全性得到进一步提高；投资3万余元建成标准化档案室，并对区纪委成立以来的所有档案进行规范整理；在区委区政府办公用房十分紧张的情况下，给区纪委和巡察办提供6间办公室，巡察车辆3辆，办公条件得到进一步改善。

3. 提升业务水平。一是积极参加上级培训。一年来，区纪委共有3人次参加中国纪检监察学院培训班，70人次参加省、市纪委组织开展的专题培训班。二是通过设纪检讲堂进行集中学习。邀请市纪委专家和安排区纪委业务骨干，共举办7期纪检讲堂，为全区纪检干部讲解了信访、审理、会计财务、法律法规等相关业务知识；三是以案代训。在联组巡察中，区纪委和各基层纪工委人员合力办案，共同发现问题线索，集中进行分析研判。　（白　江）

组织工作

【概述】　2016年，太原市迎泽区委组织部（简称区委组织部）在区委的正确领导和市委组织部的精心指导下，认真贯彻落实全国、全省组织部长会议和全市组织工作推进会以及区委五次党代会精神，紧紧围绕市委的重大决策和区委的安排部署，切实加强思想政治建设、干部队伍建设和基层组织建设，不断提高组织工作科学化水平，为“建设省城首善之区”提供了坚强组织保证。

2016年，区委组织部编制24名，其中行政编制15名，事业编制11名（区委党员电化教育办公室为参公单位，区干部人事档案管理中心为事业单位），工勤编制3名。实有18人，其中，公务员12人，事业人员4人，工勤人员2人。

迎泽区现有基层党组织1068个，其中，党委22个、党总支114个、党支部932个。（1）机关党组织101个（党委4个、党总支3个、支部94个），占9.46%。（2）事业单位党组织76个（党总支4个、党支部72个），占7.12%。（3）社区党组织216个（86个社区建有党总支86个、党支部130个），占20.22%。（4）农村党组织37个（党委2个、党总支1个、党支部34个），占3.46%。（5）区属企业党组织109个（党委7个、党总支4个、党支部98个），占10.21%。（6）非公有制经济组织党组织451个（党委8个、党总支14个、党支部429个），占42.23%。（7）社会组织党组织60个（党委1个、党总支2个、党支部57个），占5.62%。（8）其他类型党支部18个，占1.68%。

迎泽区现有党员12094名，其中，女党员6359名，占52.58%；少数民族党员147名，占1.22%；35岁及以下党员2988名，占24.71%；36～59岁党员5711名，占47.22%；60岁及以上党员3395名，占28.07%；大专及以上文化程度党员6538名，占54.06%；中专、高中、中技文化程度党员2416名，占19.98%；初中及以下文化程度党员3140名，占25.96%。在党员中，机关在职党员826名，占6.83%；事业单位在职党员2081名，占17.21%；区属企业在职党员879名，占7.27%；非公有制经济组织在职党员769名，占6.36%；离退休党员3222名，占26.64%；社区党员4553名（含部分离退休党员），占37.65%（其中，城市社区党员3887名，占32.14%；镇社区党员666名，占5.51%）；农村党员466名，占3.85%。

【党员发展】 2016年，区委组织部共发展党员145名，其中35岁以下的80名，占总数的55.17%；妇女党员101名，占总数的69.66%；高中以上文化的137名，占总数的94.48%；生产、工作一线的145名，占总数的100%；28岁以下党员32名，全部经过团组织推优。

【“两学一做”学习教育】 1. 坚持学习教育，注重强魂补钙。为广大党员干部配发《习近平总书记系列重要讲话读本》等学习资料4700余册，组织市管领导和全区党员干部9460余人参加知识测试，专题辅导培训基层党务骨干1480余名，签订“遵守党纪党规　做合格党员”承诺书11000余份，举办报告会180余场次，学习先烈英模人物先进事迹和宣誓活动12000余人次，开展“党员先锋行”主题实践活动，500余名党员志愿者走访慰问流动党员家庭200多户，4000余名党员志愿者参加防汛抢险工作。

2. 坚持问题导向，着力边查边改。以上率下，开展“四讲四有”专题讨论和“学习贯彻系列讲话，解决若干突出问题”学习交流，有针对性地解决党员在思想政治建设方面存在的问题。完善“三会一课”、谈心谈话、民主评议等教育管理制度，严格党内组织生活，列出问题清单，逐一整改销号，共解决突出问题456项。

3. 坚持统筹融合，助推重点工作。把学习教育融入全区重点工作，与“建设省城首善之区”、城中村改造、推进产业结构优化升级、着力改善城乡人居环境、文化强区建设等全区重点工作同谋划、同部署、同安排，有效防止“两张皮”，切实做到两不误、两促进，以工作实际成效促进和检验学习教育成果。2016年，共选派25名干部深入一线助推城改。

【换届工作】 配合省、市委做好区级领导班子的推荐、考察工作；依法依规、按法律程序严把代表（委员）政治关、素质关、结构关，完成729名“两代表一委员”考察、资格联审工作；在换届中，严格落实“九个严禁”“九个一律”换届纪律规定，通过学习“一片一书”、签订承诺书、谈心谈话、召开专题培训会等形式，以“零容忍”的态度正风肃纪，确保换届风清气正，圆满完成了区级领导班子的换届工作，成功选举出新一届区委、纪委、人大、政府、政协领导班子；并指导完成郝庄镇换届及换届后班子成员培训工作。

【干部培养选任机制健全】 坚持好干部标准，严格按照《党政领导干部选拔任用工作条例》规定的原则、条件、任职资格、程序和纪律选拔任用干部，完成换届后政府组成部门干部调整任命工作。加强干部日常管理，强化实践锻炼，改进任职考察方式，严防干部带病提拔。

【干部监督管理】 把从严管理监督领导干部作为全面从严治党的重点，对全区科级以上领导干部进行“五查”，并组织填报《领导干部个人有关事项报告表》，进一步核准干部信息。对拟提拔重用干部及时征求纪检监察、综治、计划生育等七个部门的意见建议，严把拟任人选资格审查关，全年对提拔重用的16名干部进行选拔任用全程记实。完善证件领用审批流程，改进领导干部因私出国（境）情况日常登记方法，加强因私出国（境）工作日常管理。

【干部教育培训】 选派18名干部参加县处班、中青班等专题培训；组织38名干部参加专题研修和专业知识网络培训；督促900名干部积极参加干部在线学习；组织近800名副科级以上党员领导干部和基层党组织书记参加党的十八届六中全会精神专题辅导培训；选调35名中层干部举办为期一个月的轮训班，分层次对920多名社区、村“两委”开展了“领头雁”培训。

【基层党组织建设】 1. 加大党建经费投

入。为每个社区、无集体经济收入村和无办公活动场所的村每年安排3万元党建工作经费，为每个非公联合党组织安排3200元党建工作经费，为机关事业单位的党员每人安排100元党建工作经费，解决基层党组织活动经费缺乏问题。严格执行非公党费返还制度，联合党支部工作经费拨付制度。

2. 提升党建工作水平。在25个政府工作部门、直属事业单位和群团部门设立党组，将5个党委改设为工委，切实加强党的领导核心作用。列出农村党建问题、责任、任务三个清单，抓好基层党建工作季报告制度。分级开展履行基层党建工作责任专项述职评议考核，进一步强化基层党组织书记“第一责任人”职责。强化整顿措施，13个软弱涣散党组织按期实现转化升级。完善农村基层党组织设置，在有100名以上党员的2个村建立党委。创新城市带动农村、先进带动后进的“1+N”党建模式，由社区帮扶村加强农村党建工作。加强督促指导，完成43个党支部换届工作。充分发挥非公片区党组织、楼宇党组织等孵化兜底作用，推动511个非公经济组织、社会组织全部实现党的组织和工作全覆盖，并集中开展“回头看”工作，确保各项工作任务圆满完成。

【人才强区】 2016年，区委组织部全面落实《迎泽区中长期人才发展规划纲要》，加强人才工作领导，及时调整全区人才工作领导组成员，明确成员单位工作职责任务。充实完善各类人才信息库，统筹抓好各类人才队伍建设，突出抓好教育、卫生专业技术人才的培养与管理。积极做好人才联系服务工作，组织开展人才培训、慰问等工作，进一步营造识才、爱才、敬才、用才的良好氛围。

【严格党员教育管理】 规范完善“55344”工作制度，培训入党积极分子166名，发展党员145名。通过摸底排查、部门协查、专项督查，排查失联党员160名，纳入组织管理126名，稳妥处置失联党员34名。开展党费摸底排查，4610名党员补交党费289万余元。加强现代远程教育网络建设改版升级，104个站点通过验收。

【综合考核】 细化分解指标，积极配合做好市对区年度综合考核工作，全区在2015年度综合考核中被评为“优秀单位”、领导班子被评为“好班子”。精心筹备，严格程序，完成对70个中层领导班子、425名中层领导干部2015年度综合考核评价工作。

【拓宽服务群众渠道】 按照市委组织部要求，精心打造服务群众工作信息平台，以“互联网+”打通服务群众工作“最后一公里”。5月16日，区委组织部、区政府办、区委办组织召开“太原市迎泽区服务群众工作信息系统建设动员大会”，区政府副区长、区政府办公室主任薛凯主持会议，太原市委组织部组织三处处长韩涛峰，太原市政务服务中心副主任郑润林，区委常委、组织部部长赵树文，区委组织部副部长、区非公有制企业党工委书记杨红梅参加会议并讲话。会议就深入开展群工系统建设工作做出具体部署和详细安排。坚持发挥好20个党代表工作室的阵地作用，建立党代表联系党员群众工作网络，336名党代表联系党员群众1008名。

【健全党内帮扶机制】 认真落实好老党员生活补贴发放工作。在春节、“七一”期间，共下拨慰问金25万余元，慰问生活困难党员、老党员1100余人。 （张慧林）

宣传工作

【概述】 2016年，在区委的正确领导下，在市委宣传部的具体指导下，在全区宣传思想战线全体同志的共同努力下，全面推进理论武装、舆论引导、文明创建，以改革创新的精神不断推动迎泽区宣传思想工作向前迈进。

【中心组学习】 围绕“两学一做”专题教育学习，严格执行中心组理论学习制度，全力做好中心组学习服务管理工作，进一步改进中心组理论学习学风，紧密结合全区中心工作安排学习内容，确保学习效果。区委中心组成员切实发挥示范带头作用，坚持先学一步、学深一些、多学一点，做到带头学理论、写体会、讲党课、谈心得，充分调动了全区广大党员干部学习的积极性。区委中心组成员共集中学习19次。

【编辑出版《迎泽之窗》】 作为全区党员干部理论学习、工作指导、经验交流的重要平台和窗口，保证区委的声音真正传达到每一个基层党支部、每一个党员。及时准确宣传报道全区各部门、各单位学习宣传贯彻全会精神和省党代会精神的做法、采取的措施、开展的活动以及干部群众的学习体会、心得感想，深入挖掘在学习宣传贯彻过程中涌现出来的先进典型，着力通过典型的示范带动作用，推动学习宣传贯彻不断引向深入，为建设省城首善之区提供了强有力的舆论支持。

【宣讲活动】 组织好市委党的十八届六中全会精神和省第十一次党代会精神宣讲团在迎泽区的宣讲活动。12月13日，市委宣讲团党的十八届六中全会精神迎泽区报告会在并州饭店举行，市委宣讲团成员太原旅游职业学院院长马兆兴作报告，全区市管领导干部、区直各部门（单位）、各街镇副科级以上领导干部400余人参加报告会。12月16日，市委宣讲团省第十一次党代会精神迎泽区报告会在太原工人文化宫召开，市委宣讲团成员、市审计局党组书记、局长连金会作报告。全区市管领导干部、区直各部门（单位）、各街镇副科级以上领导干部，以及部分基层党组织书记和政协委员630余人参加报告会。同时组建迎泽区党的十八届六中全会精神和省第十一次党代会精神宣讲团。宣讲团团长由区委副书记杨敦勤担任，副团长由区委常委、宣传部部长孙劲松担任，成员由区纪委、区委组织部、区委宣传部各抽调一名副职和区委党校专职教师以及各党（工）委书记组成，面向基层党员、干部、群众开展宣讲活动，迅速在全区掀起学习宣传贯彻会议精神的热潮。

【网络舆情信息搜集和报送】 做好涉晋涉并舆情和宣传信息的收集报送，及时做好本地区本部门宣传思想文化工作的情况反映，完成上级部门安排布置的课题和约稿。获得2015年度太原市委宣传部颁发的“先进单位”和“先进个人”称号。2016年年初至2016年11月30日，向省委宣传部和市委宣传部报送舆情信息902篇，其中：中宣部单采2篇，中宣部综采38篇，省委宣传部综采44篇，省委办公厅综采2篇，市委宣传部综采3篇，约稿12篇，交办任务1篇；关注本地区民众情绪表达，及时收集本地区舆情信息和热点事件舆情走向，编印《迎泽舆情信息专报》（区级领导批示2期），为区级领导决策提供依据。

【新闻宣传】　紧密围绕全区经济、政治、文化、社会、生态文明和党的建设等各项工作，主题宣传报道持续有力。对城中村改造的进展情况和各项举措进行有计划、多角度的宣传。对百姓道德讲堂、身边典型人物和家风家训等活动以文字、图片各种形式进行全方位报道，在《太原日报》上整版宣传《文明新风让城市与心灵一起变美》，形成较强的宣传声势，营造良好的道德风尚。对“两学一做”学习教育、贯彻落实省市党代会精神积极宣传，形成良好的舆论氛围。共在各级媒体上发稿4000余篇，其中中央级媒体上发稿90余篇，在党报党台上发稿520余篇。

【新媒体宣传】　持续推进街道、社区微信平台建设，各街道、社区微信平台自成品牌，各具特色，如：文庙上马街一社区“古韵文庙”今年推出《古迹·山西——旅游名胜诗歌连载》，用诗歌的形式宣传迎泽区碑林公园、永祚寺等十余处文化名胜；柴市巷社区的“韵味柳巷”设置《讲述你我身边事》专栏，讲述各种典型人物的模范事迹，弘扬诚实守信、爱岗敬业等中华民族优秀传统美德；老军营街道的“记忆·老军营”通过《周末读史》着力弘扬传统文化，以这种群众喜闻乐见的方式，真正讲好迎泽故事，使爱迎泽、建迎泽、兴迎泽成为广大居民的行为自觉。精心制作宣传片《首善之区　幸福迎泽》和廉政动漫片《别让“刹车”失灵》，通过宣传片，更生动直观地展示迎泽区“幸福迎泽、美丽迎泽”的形象，让群众对首善之区建设的宏伟目标充满信心。

【道德模范推荐评选表彰】　一是开展“我推荐、我评议身边好人”活动，做好学习宣传和投票工作，迎泽区有3名同志入选“太原好人榜”。二是积极参加各级道德模范推荐评选表彰学习宣传活动，推荐高思恩参加第六届山西省道德模范评选。三是大力宣传道德模范先进事迹，于4月6日组织全区“道德模范巡讲”活动。四是积极开展“善行义举榜”宣传活动，下发了《关于迎泽区2016年加强“善行义举榜”建设工作的通知》，建好这一学习宣传道德模范的新阵地，扩大身边好人评选规模，规范身边好人评选程序，夯实身边好人评选基础。

【公益广告宣传】　做好“图说我们的价值观”“讲文明、树新风”公益广告宣传，统一制作核心价值观台卡700余张，并为各社区统一制作并安装“图说我们的价值观”、“讲文明树新风”、居民公约、市民公约及创建标语口号等5种公益广告3500余块。

【“我们的节日”主题活动】 下发《关于2016年深入开展“我们的节日”主题活动的通知》，对全年“我们的节日”主题活动做了统一安排。一是在春节、元宵节、端午节、中秋节、重阳节等传统节日期间组织开展各种形式的学雷锋献爱心志愿服务活动；二是在各个传统节日期间，继续开展各种民俗文化活动、经典诵读活动及志愿服务活动等“我们的节日”主题文化活动。引导广大市民认知传统、尊重传统、继承传统、弘扬传统，增进热爱党、热爱祖国、热爱中华民族的情感。

【“道德讲堂”建设】 下发《关于进一步做好2016年迎泽区道德讲堂工作的通知》，继续将道德讲堂向百姓讲堂延伸。针对道德讲堂开展中出现的一些问题，从宣讲人、宣讲稿、宣讲主题、会场氛围等方面提出明确要求，并组织各文明单位、各街办、社区开展道德讲堂观摩学习活动，使道德讲堂建设进一步规范化。

【文明城市创建】 根据太原市创建全国文明城市的标准，在市文明办的具体指导下，于5月31日召开全区创建全国文明城市工作推进会，对迎泽区承担的各项工作任务作安排部署，重点开展12项专项整治活动。10月8日，再次召开创建全国文明城市工作联席会，对创城工作进行阶段性小结，并提出下一步工作安排。做好迎接全国文明城市检查测评各项准备工作，对各项任务工作进行任务分解，明确责任单位和工作任务，认真准备资料、图片等活动信息，对实地检查工作和问卷调查做出具体安排，迎接全国文明城市测评工作。

【文明礼仪教育实践】 制定专项整治实施方案，组建全区文明礼仪志愿者队伍，积极参加市文明办组织的培训活动。6月29日，在区文化馆举办迎泽区文明礼仪教育养成讲师培训班，来自各文明单位、各街镇、各社区的130余名志愿者参加培训。各文明单位、各街镇、社区结合自身实际，结合当前正在开展的“两学一做活动”，制订活动方案，成立志愿者队伍，在干部职工和居民群众中大力开展文明礼仪教育养成活动。全区共开展各级文明礼仪教育培训实践活动200余次，共收回培训课件140份，分别评出一、二、三等奖，区文明办对文明礼仪教育培训活动进行总结，并编写《文明礼仪教材》。

【净化社会文化环境】 下发《2016年迎泽区暑期净化社会文化环境工作方案》，在寒暑假期间，以互联网、手机、荧屏声频净化、网吧和校园周边环境整治为重点，组织协调有关部门和社会力量，通过健全工作制度、开展专项行动、加强社会监督等多种办法，为未成年人健康成长创造良好的社会文化环境。

（高雨春　赵　锐　赵艳竹）

统战工作

【概述】 2016年，区委统战部在中共迎泽区委的正确领导和上级部门的精心指导下，紧紧围绕区委区政府中心工作，按照区第五次党代会提出的建设省城首善之区的宏伟目标，认真学习党的十八大和十八届三中、四中、五中、六中全会精神和习近平总书记系列重要讲话精神等，全面贯彻落实各级统战工作会议精神，以凝聚共识、发挥作用为重点，在自身建设和服务发展上创新思路，按照年初工作计划，各项工作稳步推进，圆满完成了各项任务。

2016 年，区委统战部内设综合办公室、民族宗教科、经济海外科、民主党派、党外干部工作科，编制 8 名，其中行政编制 6 名，工勤 2 名。实有 4 人。

【统一战线思想建设】 2016 年，区委统战部认真学习、贯彻落实《中国共产党统一战线工作条例（试行）》、中共中央政治局委员兼中央统战部部长孙春兰在晋调研时提出的各项要求和省委、市委统战工作会议精神，在全区范围内着力营造统战氛围，大力宣传统一战线的法宝作用，不断统一思想，凝聚共识。邀请专家就统战政策理论、调研宣传、采编信息等对统战系统各部门、各街道党工委、郝庄镇党委、区直各党（工）委统战工作分管领导、统战干部、统战信息员进行分类指导。通过座谈会、研讨班、主题实践、专题培训等多种方式，对民主党派、工商联、无党派人士等统战对象开展爱国主义、社会主义教育，引导他们树立和践行社会主义核心价值观，增强统战对象对中国特色社会主义的认同，切实把思想和行动统一到党中央的决策部署上来，为经济社会发展献计出力。

【推进民主协商工作】 2016 年，区委统战部继续坚持和完善情况通报、谈心交友、对口联系等多党合作工作制度。围绕区委、区政府中心工作，广泛征求各民主党派、无党派人士意见，为他们参政议政、民主监督搭建平台。协助区委进一步做好政党协商的组织和落实，不断推进党员领导干部与党外人士谈心交友制度和联谊交友工作。给予驻区各民主党派支部一定经费支持，鼓励并引导其开展形式多样的活动，为迎泽经济和社会发展服务。

【党外代表人士队伍建设】 完成太原市第四批党外挂职干部在迎泽区的挂职锻炼及考核工作。11 月 30 日，召开第四批党外干部挂职交流座谈暨第五批挂职人员到岗赴任会议，派出单位、接收单位及第四、五批挂职人员代表分别进行交流发言。加强对党外干部的培养使用工作，区委组织部、统战部定期召开党外干部联席会议，研究解决相关问题；积极探索培养党外干部的方法和途径，并选派优秀党外干部到拆迁改造等重点工作中锻炼提高，储备力量。23 个政府组成部门中有 8 个部门配备党外副职干部，优秀党外代表人士中有 38 名当选为区人大代表，121 名经考察被推荐为区政协委员。

【维护民族宗教和谐稳定】 开展专题学习、集中培训、巡回宣讲、知识竞赛等活动，促进全区民族宗教干部的依法管理能力，提升基层工作水平；印制发放宣传资料、知识手册开展民族宗教法规与知识“六进”活动，确保法规宣传教育活动取得良好成效。加强街道（镇）少数民族服务体系建设，坚持“同城化待遇、属地化管理、居民化服务”，在22个少数民族聚集社区打造宣传栏、设置民族文化角，进行民族宗教政策法规、知识、宗教文化的宣传，开展民族文化宣传月活动，为全区创建民族团结进步工作注入文化内涵。开展和谐寺观教堂的创建、讲经交流、慈善周、法规宣传月等系列活动，进一步提高各宗教场所和教职人员自身建设。将清真食品监管纳入每年依法行政工作的重要内容，建立健全迎泽区清真食品监督员队伍与聘用管理办法，进一步规范清真饮食行业的从业行为，确保清真食品市场的健康运行。

【非公经济促进工作】　召开学习解读“十三五”规划暨工商联三届四次执委会，对全年工作做出安排部署。邀请山西财经大学MBA教育学院院长卫虎林教授结合当前经济形势以及“十三五”规划的有关内容，重点就非公经济发展的有关政策进行解读。积极为非公企业发展搭建平台，提供信息、融资、人才等各种服务。10月25日，区委常委、统战部部长王国栋、区政府副区长杨永生、岳旭强一行，带领区工商联10家会员企业赴娄烦县静游镇开展精准帮扶活动。结合实际，进行产业帮扶和项目帮扶，为更多有社会责任感和爱心的企业提供机会和舞台。9月23日，在东都服装批发市场11层会议室召开迎泽区非公经济人士理想信念教育暨“双学一跟”座谈会，引深四信教育实践活动。引导企业走创新发展之路，自觉履行社会责任。9月20日，迎泽区鼎元商会与桥东街道党工委共同举行“送温暖、献爱心”捐赠活动，现场募得现金2万元，受赠群体由桥东地区40余户残疾、贫困、孤寡、计划生育特殊家庭，义工两参人员，低保户等组成。积极筹备工商联换届工作，对会员企业进行摸底、走访、调研。启动非公经济代表人士综合评价工作。

【港澳台海外联谊工作】　在中秋、春节等传统节日对归侨侨眷、台胞台属进行慰问，组织开展“心系侨眷、情暖侨心、和谐迎泽书画展”“台属中秋座谈会”等活动。区侨联推荐区优秀中学教师参加“2016年6月中华文化大乐园——柬埔寨金边营”活动，到海外青少年中传播中华传统文化；选送一名优秀小学教师赴泰国支教，支持海外华文教育发展。与香港惩教社教育基金会建立联系，争取资金，签署协议，为迎泽区并东小学捐赠电脑35台，极大地缓解该校部分教学设备陈旧等困难。组织3家华侨企业参加“晋浙互联网+分享经济项目跨界合作对接峰会”，切实为华侨企业开拓市场，发展壮大提供帮助。11月6日，区侨联组织2家华侨企业参加2016年中国石家庄国际投资合作洽淡会，为侨企发展搭建商务信息平台。区台办积极服务台商、台企，协调解决区内台资企业在经营、生产、生活方面面临的问题，为台企发展创造良好环境。

【第三十次“统战宣传月”工作】　区委统

战部于9月在全区范围内开展“统战宣传月”活动。围绕“大团结大联合”主题，利用板报标语、报纸电台、微信、网站、大型户外电子屏等载体，采用情况交流、座谈研讨、文艺演出、政策讲解、专题调研、联系走访、民主协商、社区服务、建言献策等形式，宣传政策、展示形象。在城市繁华地段、人流量密集地区、太原地标性建筑上运用LED显示屏进行为期一个月的统战标语宣传；开展统战文艺演出、少数民族与青少年共度中秋自制团结大月饼活动；举办以“凝心共筑中国梦，画出最大同心圆”为主题的书画展；举行非公经济人士“送温暖、献爱心”捐赠活动；30年“统战宣传月”活动历史资料征集等。据统计，宣传月期间共收到论文194篇，有关统战内容版面165块、黑板报364个，统战标语784条，动员会71次、报告会32次、讲座142次，培训人数2490人，收集建言献策327条，走访统战人士366人次，组织民主党派人士、无党派人士考察调研54次、与各类统战对象座谈66次。

【统战调研宣传信息工作】 2016年，区委统战部在《中国统一战线》杂志上发表简讯1篇；在《山西统一战线》上发表简讯1篇，在山西统一战线网站上发表信息1条；在太原统一战线网上发表信息5条，在《太原统一战线》杂志上发表专题稿件3篇、发言稿1篇、简讯2条。按照市委统战部调研课题计划，以文件形式将任务分解下发至统战系统及基层单位，现已收回统战调研论文25篇。由统战部撰写的统战理论创新《经济发展新常态下开展非公有制经济人士思想政治工作的思考》一文在《山西工作》2016年7期刊登。由区委常委、统战部部长王国栋撰写的《坚持不懈 传承创新 迎泽区连续30年开展“统战宣传月”活动》一文分别在《山西工作》2016年第12期和《山西统一战线》2016年第5期刊登。（温　妤）

机构编制

【概述】 迎泽区机构编制委员会办公室（简称区编办）位于太原市云路街15号，在迎泽区政府七楼。成立于2002年，为迎泽区机构编制委员会的常设办事机构，它既是区委的工作机构，又是区政府的工作机构，具体负责全区行政管理体制和机构改革以及机构编制的日常管理监督工作。

区编办设行政编制3名，工勤人员1名，正科建制，领导职数一正两副。实有行政人员3名。内设两个职能科室：综合办公室（监督科）和机关、事业科。主任王健。下属事业单位：登记管理局为全额拨款事业单位，副科建制，事业编制3名，实有人员2名；机构编制电子政务中心为全额拨款事业单位，副科建制，事业编制5名，实有人员3名。

2016年，在区委、区政府和市编办的正确领导和具体指导下，认真贯彻落实党的十八大、十八届三中、四中、五中、六中全会精神，紧密围绕中心、服务大局，以深入推进行政审批制度改革、司法体制改革和后续政府机构改革、事业单位分类改革、机构编制管理工作等任务为重点，强化部门自身建设，积极适应改革新常态，开创机构编制工作新局面。

【党建工作】　深入开展“两学一做”学习教育，加强思想政治建设，真正使全面从严治党要求和“两学一做”学习教育活动，落实到每位党员。加强党员队伍建设，党支部严格贯彻落实“坚持标准、保证质量”的组织发展工作方针，把发展优秀党员作为党的建设的一项基础性、经常性的工作。认真落实党风廉政建设责任制，成立以支部书记为组长、支部副书记为副组长、其他班子领导为成员的党风廉政建设领导小组，明确责任分工，健全工作机制，开展党纪党风警示教育，严格执行各项规章制度。

【行政审批制度改革】　积极推进简政放权工作。按照省、市取消下放事项的有关要求，积极承接、认真梳理、上下沟通，整理出各项权限涉及的类别、法律法规和政策依据、申请对象、办事标准、要求和时限，确保下放的事项接住管牢、落到实处，确保取消的事项按要求取消。2016年，迎泽区取消涉及5个部门的7项审批事项，并积极配合市审计组圆满完成4个季度的行政审批审计任务。

稳步推进行政审批事中事后监管制度。根据市政府制定印发的《关于深化行政审批制度改革加强事中事后监管的实施意见》的要求和迎泽区深入推进简政放权、放管结合、优化服务、加快政府职能转变的目标任务。按照“谁审批、谁监管、谁负责”的原则，组织全区30个相关部门依据法律法规，科学制定出台各部门的行政审批事中事后监管制度，为推进政府部门工作重心从规范市场主体活动的资格向规范市场主体行为转变，从事前审批向事中事后监管转变，创造良好的发展环境。

积极完成权责清单编制工作。在上级部门的指导下，组织协调全区30个行政部门，经过“清权、确权、减权、制权、晒权”、制定责任清单和编制问责依据的环节，采取联合审查、征求意见和专家评审等形式，最终形成1964项行政权责清单，确定与行政职权事项相对应的责任事项14353个环节，1964个办事指南表、运行流程图、廉政风险防控图，查找廉政风险点27176个，提出防控措施27408条，于2016年4月底如期在区政务服务网上向社会公布。同时出台《太原市迎泽区权责清单动态管理办法》，并于年底进行第一批动态调整，共涉及5个单位、7项权力事项。其中，取消事项5项，变更要素事项2项。使社会各界在平台上能清晰解和监督政府部门职权运行动态，基本做到可看、可查、可监督。

积极开展“双随机一公开”重点事项清单工作。根据市政府办公厅和区政府办公室关于全面推行“双随机一公开”工作加强事中事后监管方案的要求，区编办及时制定并下发了报送随机抽查事项清单有关事项通知，并召开动员大会，及时安排部署。各相关单位按要求基本完成上报随机抽查事项清单。共涉及 27 个部门、392 项事项。

初步完成中介服务的摸底工作。通过摸底，迎泽区共有 5 个部门涉及中介服务 12 项；审批部门所属事业单位、主管的社会组织及其举办的企业无反规定继续开展与本部门行政审批相关的中介服务；政府机关工作人员没有在中介服务机构兼职的情况；没有依托行政权力指定中介服务机构提供服务等问题。

【机关事业单位改革】 在 2015 年机构改革实施意见的基础上，紧紧围绕转变政府职能为核心，进一步理顺职责关系，明确和强化责任，优化政府组织结构，规范机构设置，完善运行机制。通过加强与政府各部门的工作联系，就职能配置、机构设置、职数核定等内容进行反复沟通，不断巩固政府机构改革成果。同时推进第二批司法体制改革试点工作，按时圆满完成审核摸摸底任务和整合区城乡居民医疗保险职责及相关机构编制事项。

【机构编制实名制管理】 为继续加强和完善迎泽区机构编制实名制管理工作，坚持一人一编一岗原则、坚持人员变动，随时登记、适时更新，动态管理办法，坚持专人专机操作管理。逐步实现机构编制的规范化、科学化、精细化管理。

【事业单位控编减编】 根据省市编办文件精神和迎泽区控编减编工作实施方案，按照“坚持控制总量，积极盘活存量，坚持统筹管理，严控编制使用，坚持改革方向，实行分类控减”的原则，在 2015 年核减编制的基础上，2016 年采取消化 2013 年以来上级下划的全额事业编制和长期空编较多的事业单位进行相应核减的减编措施，核减 113 名事业编制名额，圆满完成 2016 年的控编减编任务。两年共核减 226 名事业编制名额。

【全区中文域名注册工作】 为顺利完成中央编办和省、市编办提出的党政群机关和所属事业单位中文域名注册全攻覆盖，根据太原市市长耿彦波对《关于将党政机关和事业单位中文域名注册费纳入财政预算的请示》批示精神，通过摸底梳理，积极协调沟通，精心组织实施，加大推进力度，明确了财政统一支付的方式，确定了机关 47 个、事业 162 个单位的域名地址，缴纳费用 46500 元。激活全区各单位所有域名，做到机关事业单位中文域名和网站贴标全覆盖，完成率分别为 105%和 100%。

【法人年检工作】 在上级部门的安排部署下，及时拟订下发年检工作通知，明确事业单位法人年检的范围、时间、内容、程序及工作要求，重申工作纪律。截至 2016 年 3 月 31 日，年检单位 122 个，合格 122 个，合格率 100%，新设立登记单位 6 家，发生资金、法人、住所变更的单位 50 家，顺利完成 2015 年度事业单位年检工作任务。 （马月红）

信 访

【概述】 2016 年，区信访局全面贯彻落实国家信访局《关于进一步规范信访事项受理办理程序引导来访人依法逐级走访的办法》，进一步强化属地责任、提高信访工作效能，引导来访人依法逐级走访，推动信访事项及时就地解决，全面推动涉法涉诉信访改革，建立依法处理涉法涉诉信访问题的新机制，实行诉访分离，化解一批信访案件，为迎泽区维稳工作做出贡献。

2016 年，迎泽区赴京非访 8 人次，赴省集体访 39 批、2542 人次、赴市集体访 53 批、1612 人次，赴区上访 380 批、5385 人次。赴省、市、区信访总量（含集体个体访）为 472 批次。城乡建设（房产证、未能按时交房、供暖问题）139 批次，占总量的 29.5%；拆迁安置补偿 98 批次，占总量的 20.8%；经济合同纠纷 92 批次，占总量的 19.5%；农民工工资 43 批次，占总量的 9.1%；社保问题 34 批次，占总量的 7.2%，其他 66 批次，占总量的 13.9%。

区信访局为正科级机构，内设接待科、督办科。2016 年，区信访局实有人数 3 人。

【领导接访联合接访】 2016 年，迎泽在“书记大接访”活动中，主要领导轮流接访，全年共接访 48 次，接待上访群众 209 批 1490 人次。在定期开展的联合接访中，由区级主要领导、六街一镇、区直机关相关部门、区纪委负责人参加，按照“统一领导、集中办公、分组接待、重点督办”的工作模式，接待上访群众、办理信访事项。

【矛盾纠纷排查】 2016 年，迎泽区共向太原市联席办报送矛盾排查隐患 16 件，成功化解 15 件，化解率 93.75%。

【重大不稳定因素化解和重点人员稳控】 2016 年，迎泽区认真贯彻落实太原市委书记“化解一批重大信访不稳定因素”的批示，严格落实“四包一”案件化解责任制（由一名区级领导、一名乡科级领导、一名社区干部、一名公安民警共同做好信访人的教育稳控工作），制订方案，积极化解信访积案，努力实现“三个不发生”（不发生大规模群体性事件、不发生个人极端恶性案件、不发生重大媒体炒作事件）。1—12 月，共交办案件数共计 53 件，化解 46 件，化解率 86.8%。

【突发事件解决】 2016 年，迎泽区各单位、部门建立矛盾纠纷排查化解应急预案，确保各类矛盾纠纷得到及时有效化解。在发生赴省、市集体访及突发事件时，由分管区级领导及责任单位按照规定时间到现场进行劝返、接返，对在上访过程中的违法行为由公安部门积极配合进行依法处置，及时化解矛盾。

【上级交办案件化解】 2016 年，认真贯彻省、市“信访积案大交办暨重复信访事项专项治理”活动精神，把化解积案作为今年信访工作的重点，主要领导亲自抓，分管领导直接抓，包案领导具体抓，以“事要解决”和息诉罢访为标准，逐案进行化解。共交办迎泽区信访案件 4 件，化解 4 件，化解率 100%。

【网上信访信息系统建设】 迎泽区安排专人负责网上信访信息系统，做到按时登陆、录入、办理网上交办案件、受理网上投诉

并答复。1—12月，共受理、登记信访事项554件，办结554件。（张晨芳）

区直机关党建

【概述】　中共迎泽区直属机关工作委员会（简称区机关工委）是区委综合管理机关工作的派出机构，行政编制4名，工勤人员1名，正科建制。基层党组织有党总支2个，党支部54个，其中离退休党支部5个，共有党员862名，其中2016年发展党员5名。

2016年，在区委的正确领导下，紧紧围绕全区工作大局，扎实开展“两学一做”学习教育工作，不断深化“争做最好的干部”活动，切实提高党员干部整体素质，增强基层党组织的凝聚力和战斗力，机关党建工作得到全面加强。

【党员教育】　年初，下发《2016年区直机关党员干部理论学习安排意见》，对全年的理论学习内容进行了安排部署。继续组织开展区直机关党员大讲堂活动，所属支部的支委委员集中学习十八届六中全会精神和省、市党代会精神。继续在机关党员中开展“五炼五比　争做最好的干部”活动。围绕如何“争做最好的干部”开展“四讲四有”专题讨论；同时在机关中继续开展闪光言行一日一记活动，每名党员按照做“四讲四有”合格党员的要求，每日记录身边党员的日常闪光言行，经评比，7人获得优秀，10人获得良好，在机关党员中形成相互激励、比学赶帮的工作局面。

【基层组织建设】　召开党建工作会议，安排布署了全年的党建工作；各支部对全体党员和组织关系转出后未收到介绍信回执的党员进行集中摸排，对转往市外未收到组织关系介绍信回执的14名党员通过联系，全部落实组织关系所在地；开展党费收缴工作专项检查活动，明确党员的党费收缴基数，机关793名党员共补交党费48.2万元；认真落实发展党员工作中的培训、公示、考察、审查等制度，新发展党员5名，预备党员转正7名。召开基层党组织书记抓基层党建工作述职评议考核工作会议，同时，对各支部书记履职情况进行测评。对8名新中国成立前老党员、36名患病困难的党员进行走访慰问，慰问金18000余元。

【支部换届】　严格按照组织程序，对57个基层党组织进行换届选举，通过民主选举产生了新的基层组织机构，共选举产生支部委员188名，支部书记、副书记65名，进一步夯实基层党组织战斗堡垒作用。

【党代表选举】　认真组织区党代会代表选举工作。成功召开区直机关党代表会议，选举出席迎泽区第五次党员代表大会代表80名。

【“两学一做”学习教育】　一是抓好“学”这个基础。为每名党员发放《习近平总书记系列重要讲话读本》《学党章党规、学系列讲话，做合格党员》学习用书。邀请市委党校副校长王晓东为机关120余名党员做了“两学一做”专题辅导。支部书记结合本单位工作实际，带头讲“两学一做”专题党课；组织443名在职党员采取闭卷形式进行“两学一做”学习教育知识测试，离退休党员由各支部集中组织考试。二是抓住“做”这个关键。机关500余名党员以书面形式签订“遵守党纪党规、做合格党员”承诺书，每名党员通过走访调研，广泛征求意见建议，分析自身优缺点，确定具体的承诺内容，自觉接受群众的监督。“七一”期间，工委举办了庆“七一”暨“两学一做”诗歌朗诵会，机关51个支部的150余名共产党员以合唱、演讲、宣誓、配乐诗朗诵等多种形式，将“两学一做”的内容融入其中，激励党员干部爱岗敬业、无私奉献，区委常委均以普通党员的身份参加了此次活动。“两学一做”学习教育开展以来，各支部紧紧围绕“学习贯彻系列讲话，解决若干突出问题”的要求，在学中做，做中学，坚持学用结合，为群众办实事，解难事44件。

【党风廉政建设】　一是支持纪工委履行“监督责任”。积极支持纪工委办案，保证纪工委书记集中精力抓好执纪监督问责。2016年，纪工委立案2件，处分1人，协助区纪委执纪7人次。二是深入开展党风廉政教育。认真组织党员学习十八届纪委六次全会、习近平在十八届中央纪委六次全会上的重要讲话精神、《中国共产党廉洁自律准则》和《中国共产党纪律处分条例》，促使广大党员干部严守党纪明底线。三是坚持约谈工作机制。坚持在重要节点对班子成员开展提醒谈话，全年共提醒谈话6次。

【精神文明创建】　各支部积极参加公益活动，不断强化党员志愿者作用的发挥，机关党员干部参加“博爱一日捐”“慈善一日捐”，共捐款8万余元；继续开展社会主义核心价值观的学习教育实践活动，融入机关日常工作中，切实改进机关工作作风。工委将创建文明单位的活动贯穿全年各项工作之中，提高整体文明程度，被评为市级精神文明单位。

【发挥群团组织作用】　机关工会突出维护职能，关心困难职工。对机关的困难职工重新审核，清理全国工会帮扶管理系统内的不符合要求档案，对符合条件的困难职工及时上报到帮扶管理系统，做到精准扶贫，帮助他们接受各级工会组织的救助；积极发动会员参加第十二期职工大病工程，共有860名会员缴纳互助金30960元，参与率达到97%；为患病住院的会员办理职工大病互助报销手续，共有11人次享受到这一工程的救助，报销款达1.4万元；积极维护女职工的合法权益和特殊利益，29个单位共计209人次参加了女职工特殊疾病保险；春节期间对困难的、患有大病的职工给予救济，救济款2700元及油米等慰问品；关心劳模，落实劳模待遇，积极为劳模体检、慰问；“八一”期间召开座谈会，对8名军属进行慰问等。

机关妇委会组织开展争做“平安家庭示范户”活动，以家庭文明，带动社会文明；对机关的1名贫困儿童进行救助。机关团工委积极培养团员青年，做

好推优工作，3名优秀团员青年光荣加入中国共产党。（李彩云）

老干部工作

【概述】 区委老干部局是区委主管离退休干部工作职能部门，为部门管理机构，由区委组织部管理。正科建制，内设办公室、组宣科、生活待遇科，公务员编制3名，工勤人员2名，实有正副局长3名，工勤人员2名。下属单位区老年大学，为参照公务员法管理事业单位，编制2名，实有工作人员1名。

2016年，区委老干部局紧紧围绕省、市老干部工作重点和区委中心工作，认真贯彻落实十八届五中全会精神，结合迎泽区离退休干部的特点，以为老干部服务转型跨越发展为主题，依托电子保姆服务平台，落实离退休干部扶贫帮困救助机制，利用社区资源，创新离退休干部服务管理模式，积极开展老干部活动中心选址工作，不务虚名、踏实工作、服从区委、服务老干部，各项工作取得阶段性成果。

【老干部思想政治教育】 2016年，区委老干部局在区委、区政府的支持下，继续认真做好老干部报刊杂志的订阅工作，做好老干部报纸杂志的订阅工作。全区离休干部和副县（处）级退休干部人手订阅一份《山西老年》《老友导报》，为各活动室订阅《人民日报》《山西日报》《参考消息》等报刊；向部分老同志集中居住的社区捐助相关学习资料；为21个离退休干部党支部、26个离退休干部党小组发放《学习参考》；贯彻省、市精神为19个离退休党支部落实5000元的活动经费。组织老干部学习十八届五中、六中全会和习近平总书记重要讲话精神，使离退休干部能了解党和国家的方针、政策、国内国际形势，自觉与党中央保持一致。

4月14日，召开全区老干部工作会议，邀请山西老年大学副校长杨文生进行业务知识辅导。围绕两个《宣传提纲》、中办发〔2016〕3号文件精神贯彻落实等热点、重点内容进行作专题辅导，通过以会代训的形式，对全区各单位的老干部工作人员传达学习。

【生活待遇落实】 2016年，区委老干部局健全离休干部“三个机制”制度，保证全区离休干部生活补贴、护理费、丧葬费、冬季取暖补贴费、抚恤金及无工作配偶生活困难等各种补助全部落实到位，尤其是对特殊情况特殊身份的离退休干部给予最大限度地关心和帮助，创新对离休干部的服务方式，除三大节日对离退休干部慰问外，开展个性化慰问，在生日当天为每个离休干部送生日蛋糕。

12月，组织安排离退休干部体检工作，为65个单位的2200余名老干部在和谐体检中心进行体检；继续交纳“电子保姆”呼叫器服务费，保障离休干部居家养老要求；全年共慰问看望离退休干部达7000余人次，看望住院老干部30人次，处理离休干部丧事11起。

【服务老干部工作】 一是迎泽区老年大学

文庙分校正式成立。有可用场所面积700平方米，内设多媒体教室、标准教室、图书室、舞蹈室、书画室等，可基本满足老年人的学习需要。开设葫芦丝、面塑、国画、舞蹈、声乐、书法等课程；二是举办“重温长征史，共筑中国梦”纪念红军长征胜利八十周年剪纸作品展。所有参展作品均出自迎泽区老干部之手，以讴歌长征胜利、弘扬长征精神、缅怀长征英烈为主旋律。

【“四就近”服务】 2016年，区委老干部局创新组织设置，就近参加学习。全区共组建网格党支部130余个，网格党小组610余个，有老干部党支部19个，定期开展学习培训；整合社会资源，就近提供服务，通过区级“我们为您解忧愁”服务热线、社区一站式服务大厅、15分钟便民服务圈等，解决老干部反映的问题；完善便民设施，解决家政困难。开设日间照料室、老年餐厅、发放便民服务卡、推广电子商务等，照顾老干部日常生活；整合医疗机构，提供医疗保健。签约驻地医疗单位、建立老干部健康档案，定期开展义诊等，为老干部提供健康保障；组织专业队伍、开展精神慰藉。开设“心灵驿站”、组织“唠嗑队”等，解决老干部心理问题；落实经费保障，开展特困帮扶。每年区财政列支15万元，对困难老干部进行帮扶。提供设备保障，开展应急服务。发放“电子保姆”“一键通”等，做到危有所救。

【特殊困难离退休干部帮扶机制】 从2009年起成立迎泽区帮困解难专项基金，出台《迎泽区帮困解难专项基金使用办法》，以文件的形式下发各涉老单位，该办法规定帮困主要救助对象、救助条件、救助标准、使用原则、办理程序、管理制度等相关事项，基金金额15万元，2016年先后救助、救济离退休干部及遗属近150余人。

（白鹏伟）

党校教育

【概述】 2016年，中共太原市迎泽区委党校（简称区委党校）认真贯彻落实党的十八大及十八届三中、四中、五中、六中全会精神，以认真开展“两学一做”学习教育为契机，以认真落实全市党校工作会议精神为要求，大力开展干部培训、理论研究工作、自身建设工作，努力推动全区党员干部教育事业的科学发展，充分发挥了党校教育的主阵地、主渠道作用。通过提高教师素质，改善办学条件，提高办学水平，在干部培训、教研工作、师资队伍建设等方面取得明显的成效。圆满地完成了全年各项工作及目标任务。2016年，获得太原市“文明单位”“区级文明单位标兵”等光荣称号。

【“两学一做”学习教育活动】 “两学一做”学习教育开展以来，党校班子按照省、市、区委的安排和部署，以认真的态度和高标准的要求，积极开展好此次教育学习。在抓好学习教育的基础上，对照党章、对照中央和省、市、区委的有关规定、对照先进典型，对照在教职工和学员中广泛征求到的意见建议，认真开展批评和自我批评，深入查摆突出问题，深刻剖析思想根源。对于查摆出的问题，分别制订目标明确、措施具体、责任明晰的整改任务表，并针对查摆出的问题抓好重点制度的建立健全工作，建立长效机制。

【廉政建设】 2016年，区委党校认真落实党风廉政建设主体责任，狠抓纪律作风，根据中央“八项规定”，先后出台关于严肃工作纪律、厉行节约，反对浪费、改进文风会风等规定，并定期进行检查，督促落实。班子成员始终按照反腐倡廉的有关规定严格要求自己，自觉履行党章赋予的各项职责，严格按照党章的原则和规矩办事，严格落实中央八项规定和省委的四个实施办法。同时，大力加强廉政建设，及时组织教职工认真学习中纪委、市纪委、区纪委下发的有关规定，全面落实党风廉政建设责任制。

【干部短期培训】 2016年，区委党校共举办以入党积极分子、副科以上领导干部、农村两委主要干部、离退休老干部、社区干部、各类基层党员干部为对象的培训班23期，培训2341人。特别是在农村两委干部培训工作上，党校结合迎泽区乡镇的特点和城镇化建设的具体要求，创造性开展工作。以授课、研讨和交流的形式，举办“迎泽区农村领头雁培训班”，使农村两委干部了解政策，开阔思路。在“两学一做”学习教育活动期间，积极发挥党校的重要阵地作用，面向基层办事处、社区开展宣讲及辅导。先后赴桥东、庙前、柳巷等街道办事处和部分区直机关以及非公企业进行专题讲座。在2015年年底全区开展的“两学两促”活动中，党校组织宣讲团赴“六街一镇”宣讲十八届六中全会、省市十一次党代会及区五次党代会精神，共有820名干部参加辅导。

【教学科研】 一是组织教师赴中央、省、市党校学习。5月，选派4名教师参加人民大学举办的全国党校系统“两学一做”骨干培训班；6月，选派一名教师参加省委党校师资培训。二是坚持定期的教师专业知识学习制度，在加强理论与业务学习的同时，以统一思想，振奋精神，鼓舞士气，保持旺盛的斗志和良好的精神状态，创先争优为突破口，积极开展内部练兵，扩大校内交流，举办教师的评课和赛讲活动，通过评课和赛讲活动大大的激发了教师的积极性和主动性。不断提高教师的教学能力和水平，全年撰写科研文章4篇。三是深入基层，开展调研，了解干部培训需求和工作中遇到的实际问题为了进一步提高干部教育培训工作的针对性和实效性。组织党校教师下办事处、进社区，带着课题搞研究，做到调研有目的，走访有成效，思想有提高。力求全面了解全区干部的培训需求和对党校培训工作的意见和建议，为下一步干部培训科学合理的设计培训课程，提供优质丰富的备选内容，最大限度地为满足干部教育培训需求作好准备。

【行政后勤工作】 2016年，区委党校行政后勤工作本着务实、节俭、高效的原则，强化面向教学科研一线的职能管理力度。要求行政管理人员要有吃苦在前享受在后、任劳任怨踏实肯干、不计名利勇于奉献的工作作风，不断提高业务知识水平和办事能力。严格实施行政人员岗位责任制，使行政后勤工作进一步规范化、制度化、科学化，保证了党校工作的正常进行。在综合治理上，加大工作力度和防范意识，坚持把平时的宣传教育、安全检查同日常工作、学习生活有机的结合起来，对重点环节坚持重点管理，定期防范，发现问题及时解决，切实营造了平安校园的和谐氛围，2016年度被庙前地区评为“综合治理先进单位”。在基础设施上，积极改善办公和办学条件，按照县区党校标准化建设的要求，规范人、财、物管理，积极建设节约型机关，把有限的物力和财力科学合理的投入到党校标准化建设当中。新增办公电脑、更换和维修音响设备等教学设施设备，对党校的楼道墙、门窗及地面进行彻底的清洗和粉刷，大大提高党校教学的硬件环境，促进党校教学工作的开展，为保证党校教学培训工作及教学科研任务的完成提供有力的保障。

【其他工作】　2016年，区委党校建立一支稳定的志愿者服务队伍，志愿者注册人数13人。积极开展帮、扶、助等一系列活动。除积极参与机关工委组织的各项党员自愿者帮扶活动以外，还根据自身实际开展对党校退休干部的帮扶慰问活动，组织党校有关负责同志对党校退休干部进行家访，了解他们的生活、思想和健康情况，帮助他们解决实际困难，为他们送去组织的温暖。并且，认真听取他们的意见和建议，从而更好的为老同志们服务。此外，组织党校全体党员干部积极参与博爱一日捐和慈善一日捐献爱心活动，两项活动共计捐款2635元。（李丽青）

太原市迎泽区人民代表大会常务委员会

TAIYUANSHI YINGZEQU RENMINDAIBIAODAHUI CHANGWUWEIYUANHUI

综　述

【概述】　2016年，区人大常委会在区委的正确领导下，紧紧围绕全区工作重点，不断改进工作作风，切实履行工作职责，较好地完成了各项工作任务。

【“两学一做”学习教育活动】　一是认真学习、精心组织，制定实施方案。区人大常委会机关采取个人自学、集体学习和专题研讨相结合的学习方式，主要领导参与讨论制订学习计划、讲党课，制订《区人大常委会机关关于在全体党员中开展“学党章党规、学系列讲话，做合格党员”学习教育工作方案》。二是强化措施，全力抓好贯彻落实。领导带头、贯彻落实，区人大常委会党组就学习贯彻“两学一做”提出明确要求，每位领导撰写学习体会，积极开展对照检查，写心得、查问题、抓整改，互相开展学习交流。区人大常委会班子和机关支部党员分别针对本职工作、廉洁等方面，进行深刻剖析，提出自身存在的问题和不足，提出今后的改进措施，班子和机关支部党员分别进行批评和自我批评。认真落实整改要求，把专题教育与解决问题结合起来，极大地推动党的思想政治建设。

【监督工作】　1. 国民经济和社会发展计划及财政预算执行监督。10月14日、19日，区人大常会组织代表视察了迎泽区2016年1—8月国民经济和社会发展计划及财政预算执行情况。代表们实地察看中铁三局集团科技研发中心项目和中国太原互联网+智慧产业园，并提出如下建议。

国民经济和社会发展方面：一是抓好经济运行监测。准确分析研判经济运行态势，有效解决经济运行中存在的困难和问题。二是完善基础设施建设，强化招商引资工作。三是积极营造有利于“双创”的发展环境，积极完善创业创新相关政策，激发各类创业创新主体活力。四是注重改善民生，在和谐发展中保稳定。

财政预算方面：一是把握财政经济走势，加大招商引资力度，涵养税源，积极拓宽财政增收渠道。二是强化预算执行管理，完善财政体制，提高项目资金审核速度。三是完善财税体制机制，全面落实营改增等相关税制改革政策，深化国库集中收付制度改革。四是加强绩效管理，对重点支出和重大投资项目要有明确的绩效管理制度，将绩效的评价结果与预算安排进行有机联系，提高财政资金的使用绩效。

2. 城市管理方面监督。10 月 14 日，区人大常会组织代表视察迎泽区城市管理工作，代表们实地察看起凤街垃圾中转站标准化建设和运行、桥头街不锈钢公厕 U 型管改造及管理等情况，并提出建议：一要进一步完善和创新城市管理体制。二要结合智慧城市建设，整合区域管理资源，发挥数字城管优势，拓宽数字城管监控网格和覆盖区域。三要切实加快城市基础设施建设。四要着力解决城市管理中的薄弱环节。五要努力营造全民参与城市管理的社会氛围。

3. 贯彻实施《公共文化体育设施条例》方面监督。从 10 月到 12 月，区人大常会组织代表对区政府贯彻实施《公共文化体育设施条例》情况进行执法检查。常委会组成人员提出了如下意见和建议：一要进一步深入开展对《条例》的学习宣传，加强公共文化体育设施建设。二要进一步加强全区现有公共文化体育设执法检查，建议政府要切实加强对《条例》的宣传，提高居民的知晓率和设施使用率。三要切实抓好公共文化体育设施的建设和资金落实。四要进一步强化对公共文化体育设施的管理和保护。五要坚持文化体育资源共享原则，统筹利用社会资源。

4. 司法工作监督。10 月 13 日，区人大常会组织代表对区人民检察院侦查监督工作情况进行视察。观摩远程庭审，实地查看检务中心、案件管理中心工作流程和道德大讲堂，并提出如下建议：一要进一步加强队伍建设，规范执法行为，提高侦查监督工作水平和能力。二要进一步加大侦查监督力度，切实强化监督职能，全力维护社会公平正义。三要进一步健全和完善监督机制，畅通信息共享渠道，提高侦查监督实效。四要进一步适应形势，把握犯罪特点，着力找准侦查监督工作的切入点。

11 月 25 日，区人大常会组织代表对区法院刑事审判工作情况进行视察。视察中，实地查看庙前人民法庭、交通巡回法庭等并提出如下建议：一要加强队伍建设，着力提高刑事审判的质量和效率。二要推进基础性建设，着力改善基层法庭的工作条件。三要加大普法宣传力度，着力增强刑事审判的社会效果。

【重大事项决定】 决定重大事项，是宪法和法律赋予人大常委会的一项重要职权。常委会依法作出《关于批准 2015 年财政决算的决议》和《关于批准 2016 年预算调整方案的决议》。

【干部任免】 人事任免是常委会工作的一项重要内容。常委会坚持对拟任命人员任前调查、任前法律知识集中培训、考试、表态发言、表决、颁发任命书、向宪法宣誓等程序，提高被任命人员的法律意识和公仆意识，保证任免工作的顺利进行。2016年，常委会依法任命国家机关工作人员32人、免职26人，补选市代表1人。

（郭绍侃）

【代表活动】 代表履职能力提升。常委会先后对新一届人大代表、常委会组成人员进行履职培训；组织常委会机关工作人员与区财政局、税务局有关负责人及业务骨干就财政预算和税务征收管理等专业知识进行面对面交流学习；依托各工作委员会组织新一届委员进行相关业务培训；组织部分市人大代表参加封闭式学习。坚持为代表订送《人民代表报》，加强常委会组成人员与代表的联系，坚持邀请代表列席常委会会议，参加常委会组织的调研、视察、执法检查等活动。 （郭绍侃）

【代表视察】 常委会组织代表围绕全区的重点项目、重点工作，以及有关法律法规的执行情况，进行视察调研和执法检查。2016年10月，组织人大代表对迎泽区人民政府贯彻实施《公共文化体育设施条例》的情况进行执法检查；组织人大代表视察迎泽区人民检察院关于侦查监督的工作情况、迎泽区人民政府关于城市管理的工作情况。11月，组织人大代表视察迎泽区人民法院关于刑事审判工作方式改革的工作情况。12月，组织人大代表视察迎泽区人民政府关于城市道路及棚户区拆迁改造与安置的工作情况。对区政府惠民实事的落实情况进行集中视察，督促和支持政府把实事办好；有序推进省人大基层立法联系点各项工作；坚持以国家宪法日活动为契机，深入选区开展法治宣传教育，弘扬宪法精神；组织代表参加人民代表大会制度及相关法律知识竞赛、中华慈善日送温暖献爱心捐助、扶贫慰问等活动；坚持开展代表向选民述职、代表进选区等活动；加强对镇、街道人大工作的指导与联系，依托代表小组开展丰富多彩的活动。组织代表先后围绕环境保护、回迁安置房建设、迎泽公园改造等工作，广泛收集民情民意，为地区和谐发展建言献策。

（郭绍侃　王黎玲）

【议案建议督办】 区五届人大一次会议期间共收到代表建议、批评和意见148件，内容涉及城建、教育、卫生、经济、民政等方面的工作。其中，属市权限范围办理的25件，属我区职权范围的123件。所有建议均在法定期限内办理完毕，全部向代表做出书面答复，代表满意率达97%。常委会会议专门听取区政府关于办理情况的报告，并进行了满意度测评，进一步丰富了监督手段。

【自身建设】 抓学习，提高能力。常委会把加强自身建设作为依法履职的重要基础，努力建设学习型常委会，坚持会前学法、实地调研，不断提高调查研究、组织协调能力，为服务发展、依法监督奠定了坚实基础。深入开展“两学一做”学习教育，组织机关干部认真学习贯彻习近平总书记系列重要讲话精神，切实增强“四个意识”，尤其是核心意识和看齐意识。常委会自觉在思想上、行动上同区委保持高度一致，围绕工作大局，始终做到与党委同心、与政府同力、与大局同步、与法律同向、与人民同声。

立制度，增强活力。常委会坚决维护党领导的核心地位，坚持重要工作和重大事项向区委请示报告制度。不断完善常委会议事规则、常委会机关管理等多项制度，严格依法办事，重大事项集体讨论决定。优化工作程序，促进人大工作制度化、规范化。

转作风，提升效能。常委会注重加强作风建设，把调查研究、倾听群众意见贯穿于整体工作之中。通过深入基层调查研究，接地气、摸实情、连民心，推动解决群众最关心、最直接、最现实的问题。严格按照中央八项规定要求，整肃机关作风，把党风廉政建设与人大依法履职相结合，促进机关工作人员清正廉洁、奉公守法。

（郭绍侃）

全体代表会议

【区五届人大一次会议】　区五届人大一次会议于8月24日至8月26日在湖滨国际大酒店召开。会议听取和审议区人大常委会、区人民政府、区人民法院和区人民检察院工作报告和迎泽区十三五规划纲要，审议国民经济社会发展计划和财政预算报告，审查、批准2016年计划和预算，并作出相关决议，选举产生了区第五届人大常委会、区政府领导班子和区人民法院院长、检察院检察长。（郭绍侃）

常务委员会议

【区第四届人大常委会第三十四次会议】2016年2月3日，在区人大七楼会议室召开。主持人阴国平。议题为补选迎泽区出席太原市第十三届人大代表陈耳东。

【区第四届人大常委会第三十五次会议】2016年3月9日，在区人大七楼会议室召开。主持人阴国平。议题为人事任免。同意接受：雒继、王素钧辞去迎泽区第四届人大常委会副主任职务，报区人民代表大会备案。任命：高瑞萍为区人大常委会法制工委主任，黄年悦为区人大常委会桥东街道工委主任，何小军为区人大常委会文庙街道工委主任，李慧林为区人大常委会庙前街道工委主任，陆明军为区人大常委会柳巷街道工委主任，吴建平为区人大常委会老军营街道工委主任。免去：陆明军区人大常委会法制工委主任职务，张勇生区人大常委会桥东街道工委主任职务，马东明区人大常委会文庙街道工委主任职务，高瑞萍区人大常委会庙前街道工委主任职务，于以江区人大常委会柳巷街道工委主任职务，梁丽鸿区人大常委会老军营街道工委主任职务。免去：侯秀娥迎泽区人民法院审判员职务，张擎宇区人民检察院检察员职务。

【区第四届人大常委会第三十六次会议】2016年4月12日，在区人大七楼会议室召开。主持人阴国平。议题为：

1. 审议通过迎泽区区、镇两级人民代

表大会换届选举工作方案。

2. 人事任免。任命李社庆为迎泽区第五届人民代表大会常务委员会代表资格审查委员会主任委员。决定免去畅耀宗迎泽区文体广电新闻出版局局长职务；免去马锦萍迎泽区人民法院审判员职务，庞亚林、白丽萍、周志刚迎泽区人民检察院检察员职务。

【区第四届人大常委会第三十七次会议】2016 年 6 月 17 日，在区人大七楼会议室召开。主持人李社庆。议题为审议通过关于万柏林区人民检察院对迎泽区第四届人大代表宋国庆采取强制措施的决定。

【区第四届人大常委会第三十八次会议】2016 年 8 月 5 日，在区人大七楼会议室召开。主持人李社庆。议题为：

1. 审议通过关于召开迎泽区第五届人民代表大会第一次会议的决定。

2. 人事任免。决定任命李慧为迎泽区人民政府副区长，决定代理区长。决定免去高伟迎泽区人民政府副区长职务、王文生迎泽区民政局局长职务。同意接受阴国平辞去迎泽区第四届人大常委会主任职务、冯原平辞去迎泽区人民政府区长职务、侯富田辞去迎泽区人民政府副区长职务、白进联辞去迎泽区人大常委会委员职务，报区人民代表大会备案。

【区第四届人大常委会第三十九次会议】2016 年 8 月 19 日，在区人大七楼会议室召开。主持人李社庆。议题为：

审议通过迎泽区人大常委会代表资格审查委员会关于代表资格的审查报告；

听取和审议关于迎泽区第五届人民代表大会第一次会议提前召开的报告；

1. 审议通过迎泽区第五届人民代表大会第一次会议的有关事宜；

2. 讨论迎泽区人大常委会工作报告（征求意见稿）；

3. 审议迎泽区 2015 年预算执行情况及 2016 年预算（草案）主要内容的报告、关于迎泽区 2015 年预算执行情况和 2016 年预算（草案）审查结果的报告。

【区第五届人大常委会第一次会议】 2016 年 11 月 10 日，在山西饭店晋贤楼一层会议室召开。主持人侯富田。议题为：

1. 对迎泽区第五届人大常委会组成人员进行履职培训；

2. 听取和审议迎泽区 2016 年 1—8 月国民经济和社会发展计划执行情况的报告；

3.听取和审议迎泽区 2016 年 1—8 月财政预算执行情况的报告；

4. 听取和审议区人民政府关于城市管理工作情况的报告；

5. 听取和审议区人民检察院关于侦查监督工作情况的报告；

6. 审议通过迎泽区人大常委会 2016 年重点监督工作；

7. 审议通过迎泽区第五届人民代表大会常务委员会代表资格审查委员会组成人员建议名单。

8. 人事任免。任命杜瑞峰、贺林海、任雅丽为迎泽区人民法院审判员。免去张晓泰迎泽区人民法院审判委员会委员、民事审判第一庭庭长、审判员职务。

【区第五届人大常委会第二次会议】 2016

年11月29日，在山西饭店晋贤楼一层会议室召开。主持人韩石俊。议题为：

任命骆耀红为迎泽区人民代表大会常务委员会财经工委主任。

免去张文进区人大常委会办公室主任职务，王素云区人大常委会财经工委主任职务，李光胜区人大常委会人事代表工委主任职务。

决定任命范勇为迎泽区人民政府办公室主任，张健康为迎泽区发展和改革局局长，李达平为迎泽区经济和信息化局局长，杨练兵为迎泽区教育局局长，于丽华为迎泽区科学技术局局长，刘丰为迎泽区民政局局长，王少骏为迎泽区司法局局长，何吉铮为迎泽区财政局局长，李红如为迎泽区人力资源和社会保障局局长，周靖华为迎泽区住房和城乡建设局局长，刘俊刚为迎泽区城市管理局局长，叶涛为迎泽区交通运输局局长，王晓莉为迎泽区水务局局长，陈勇兵为迎泽区农业委员会主任，胡红民为迎泽区商务粮食局局长，丁永爱为迎泽区文化局局长，黄铁明为迎泽区卫生和计划生育局局长，王立新为迎泽区审计局局长，李敏为迎泽区食品药品监督管理局局长，宋衍立为迎泽区统计局局长，尹秀山为迎泽区民族宗教事务局局长，郭连芝为迎泽区林业局局长。（赵新萍）

主任会议

【区四届人大常委会第58次主任会议】 2016年2月3日，在区人大六楼618会议室召开。主持人阴国平。议题为研究关于补选迎泽区出席太原市第十三届人大代表陈耳东事宜。

【区四届人大常委会第59次主任会议】 2016年3月3日，在区人大六楼主任会议室召开。主持人阴国平。议题为：

1. 听取区第四届人大常委会第三十二次会议关于区市场监管工作审议意见建议落实情况的报告；

2. 听取区第四届人大常委会第三十二次会议关于区食品安全工作审议意见建议落实情况的报告；

3. 听取区第四届人大常委会第三十二次会议关于区人民检察院公诉工作审议意见建议落实情况的报告；

4. 人事任免。提名任命高瑞萍为区人大常委会法制工委主任，黄年悦、何小军、李慧林、陆明军、吴建平分别为区人大常委会桥东、文庙、庙前、柳巷、老军营街道人大工委主任。

【区四届人大常委会第60次主任会议】 2016年4月11日，在区人大六楼主任会议室召开。主持人阴国平。议题为：

1. 听取区、镇两级换届选举工作方案。

2. 人事任免。研究区第五届人民代表大会常务委员会代表资格审查委员会主任委员人选，提议由李社庆担任。提名免去畅耀宗迎泽区文体广电新闻出版局局长职务。提名免去马锦萍迎泽区人民法院审判员职务，庞亚林、白丽萍、周志刚迎泽区人民检察院检察员职务。

【区四届人大常委会第 61 次主任会议（党组）】 2016 年 4 月 15 日，在区人大六楼主任会议室召开。主持人阴国平。议题为：研究关于区第五届人大代表连任的有关事宜。

【区四届人大常委会第 62 次主任会议（党组）】 2016 年 5 月 9 日，在区人大六楼主任会议室召开。主持人侯富田。议题为：新一届区人大常委会班子成员见面会。明确了各位班子成员的工作分工。

【区四届人大常委会第 63 次主任会议（党组）】 2016 年 5 月 18 日，在区人大六楼主任会议室召开。主持人侯富田。议题为：

1. 听取迎泽区财政局关于迎泽区 2015 年预算执行情况及 2016 年预算草案主要内容的报告。

2. 人事任免。提名免去阴国平迎泽区第四届人大常委会主任职务、高伟迎泽区人民政府副区长职务、王文生迎泽区民政局局长职务。

3.听取区人大常委会代表资格审查委员会关于个别代表资格的审查报告。

4. 研究关于召开迎泽区第五届人民代表大会第一次会议的有关事宜。

5. 讨论常委会工作报告稿。

【区四届人大常委会第 64 次主任会议（党组）】 2016 年 6 月 17 日，在区人大六楼 618 会议室召开。主持人侯富田。议题为：研究万柏林区人民检察院拟对迎泽区第四届人大代表宋国庆采取强制措施的事宜。

【区四届人大常委会第 65 次主任会议（党组）】 2016 年 8 月 5 日，在区人大六楼主任会议室召开。主持人侯富田。议题为：

1. 确定五届一次人代会召开时间。

2. 人事任免：

(1) 提名任命李慧为副区长、代区长；

(2) 研究吉金龙等 9 名新产生的人大代表资格审查事宜；

(3) 研究关于补选 2 名迎泽区第五届人大代表事宜（区委副书记杨敦勤、区公安分局局长魏毅）；

(4) 研究阴国平辞去迎泽区人大常委会主任职务、冯原平辞去迎泽区人民政府区长职务、侯富田辞去迎泽区人民政府副区长职务、白进联辞去迎泽区人大常委会委员职务有关事宜。

【区四届人大常委会第 66 次主任会议（党组）】 2016 年 8 月 11 日，在区人大六楼主任会议室召开。主持人侯富田。议题为：

1. 听取迎泽区财政局关于迎泽区 2015 年预算执行情况和 2016 年预算草案初步方案的报告。

2. 听取关于召开迎泽区第五届人民代表大会第一次会议的有关事宜。

3. 讨论常委会工作报告稿。

【区四届人大常委会第 67 次主任会议（党组）】 2016 年 8 月 19 日，在区人大六楼主任会议室召开。主持人侯富田。议题为：研究全福英等 8 名同志代表资格有关事宜。

【区五届人大常委会第 1 次主任会议】 2016 年 8 月 31 日，在区人大六楼主任会议室召开。主持人侯富田。议题为：

1. 研究 2016 年后几个月监督工作计划。

2. 调整、完善、充实各工委的组成人员。

3. 安排“两学一做”学习教育专题研讨。

【区五届人大常委会第 2 次主任会议】 2016 年 9 月 20 日，在区人大六楼主任会议室召开。主持人侯富田。议题为：

1. 研究今年后几个月工作计划。

2. 研究各工作委员会组成人员名单。

3. 讨论财务制度、公文制发制度等。

4. 研究党风廉政工作。

【区五届人大常委会第 3 次主任会议】 2016 年 11 月 1 日，在区人大六楼主任会议室召开。主持人侯富田。议题为：

1. 听取区发改局关于 2016 年 1—8 月国民经济和社会发展计划执行情况的报告。

2. 听取区财政局关于 2015 年财政决算（草案）及 2016 年 1—8 月财政预算执行情况的报告。

3. 听取区人大常委会财经工委关于迎泽区 2016 年 1—8 月国民经济和社会发展计划及财政预算执行情况的视察报告。

4. 听取区城管局关于迎泽区城市管理工作情况的报告。

5. 听取区人大常委会城建城管工委关于迎泽区城市管理工作情况的视察报告。

6. 听取区人民检察院关于侦查监督工作情况的报告。

7. 听取区人大常委会法制工委关于迎泽区检察院侦查监督工作情况的视察报告。

8. 研究区人大常委会 2016 年后几个月重点工作。

9. 人事任免。提名任命杜瑞峰、贺林海、任雅丽为迎泽区人民法院审判员；提名免去张晓泰迎泽区人民法院审判委员会委员、民事审判第一庭庭长、审判员职务。

10. 研究迎泽区第五届人民代表大会常务委员会代表资格审查委员会建议名单。

【区五届人大常委会第 4 次主任会议】 2016 年 11 月 23 日在区人大六楼主任会议室召开。主持人侯富田。议题为：人事任免。提名任命骆耀红为迎泽区人民代表大会常务委员会财经工委主任；提名免去张文进区人大常委会办公室主任职务，王素云区人大常委会财经工委主任职务，李光胜区人大常委会人事代表工委主任职务；提名任命范勇为迎泽区人民政府办公室主任，张健康为迎泽区发展和改革局局长，李达平为迎泽区经济和信息化局局长，杨练兵为迎泽区教育局局长，于丽华为迎泽区科学技术局局长，刘丰为迎泽区民政局局长，王少骏为迎泽区司法局局长，何吉铮为迎泽区财政局局长，李红如为迎泽区人力资源和社会保障局局长，周靖华为迎泽区住房和城乡建设局局长，刘俊刚为迎泽区城市管理局局长，叶涛为迎泽区交通运输局局长，王晓莉为迎泽区水务局局长，陈勇兵为迎泽区农业委员会主任，胡红民为迎泽区商务粮食局局长，丁永爱为迎泽区文化局局长，黄铁明为迎泽区卫生和计划生育局局长，王立新为迎泽区审计局局长，李敏为迎泽区食品药品监督管理局局长，宋衍立为迎泽区统计局局长，尹秀山为迎泽区民族宗教事务局局长，郭连芝为迎泽区林业局局长。

（区人大）

【区五届人大常委会第 5 次主任会议】 2016 年 12 月 5 日，在区人大六楼主任会议室召开。主持人侯富田。议题为：研究机关支部和老干支部换届事宜

【区五届人大常委会第 6 次主任会议】 2016 年 12 月 29 日，在区人大六楼主任会议室召开。主持人侯富田。议题为：

1. 听取区审计局关于 2015 年度本级预算执行和其他财政收支情况的审计工作报告。

2. 听取区财政局关于 2015 年财政决算（草案）的报告和关于调整 2016 年财政预算的方案（草案）。

3. 听取区人大财经工委关于 2015 年财政决算（草案）审查结果的报告及关于批准迎泽区人民政府 2015 年财政预算调整方案的决议（草案）。

4. 听取区人民法院关于刑事审判方式改革情况的报告。

5. 听取区人大法制工委关于刑事审判方式改革情况的视察报告。

6. 听取区住建局关于城市道路及棚户区拆迁改造与安置情况的报告。

7. 听取区人大城建城管工委关于城市道路及棚户区拆迁改造与安置情况的视察报告。

8. 听取区文化局关于贯彻实施《公共文化体育设施条例》情况的报告。

9. 听取区人大教科文卫工委关于检查区政府贯彻实施国务院《公共文化体育设施条例》情况的报告。

10. 听取区人民政府关于迎泽区第五届人民代表大会第一次会议代表建议、批评和意见办理情况的报告。

11. 人事任免。提名任命陈晓华为副区长、贾立新为区安监局局长，提名免去何陈棋副区长职务。（赵新萍）

太原市迎泽区人民政府

TAIYUANSHI YINGZEQU RENMIN ZHENGFU

综　述

【概述】　2016年是“十三五”规划的开局之年，也是迎泽区建设省城首善之区的起步之年。一年来，面对复杂的宏观经济形势，在市委、市政府和区委的坚强领导下，在区人大、区政协的监督支持下，迎泽区政府坚持稳中求进的工作总基调，自觉践行新发展理念，主动适应经济发展新常态，统筹做好改革、发展和稳定各项工作，较好地完成区五届人大一次会议确定的目标任务，在扎实推进省城首善之区建设进程中迈出了坚实步伐。

【主要经济指标】　2016年，迎泽区地区生产总值、服务业增加值突破600亿元和500亿元大关，分别达到602亿元和521亿元，同比增长6.6%和6.4%，总量继续领先全省各县区；规模以上工业增加值完成38.4亿元，同比增长2.3%；固定资产投资完成218亿元，同比增长14.3%；社会消费品零售总额完成440亿元，同比增长10.8%；一般公共预算收入完成13.9亿元，同比下降13.7%。

【产业转型升级】　坚定不移提质增效，产业转型升级取得新进展。推进传统服务业提质转型，完成开化寺街、海子边街改造，柳巷商圈基础设施进一步完善；实施朝阳商圈综合整治和业态提升，太原小商品市场建成投运，促进核心商圈多元业态集成发展；首家敞开式休闲购物广场中正天街建成开业，丰富传统服务业经营模式。大力发展新兴产业，扶持“双创”项目9个，互联网+智慧产业园一期建成投运，引进明鼎医药等一批高新科技企业；加快楼宇（总部）经济发展，引进企业区域总部35家。加大招商引资力度，引进资金255.7亿元，华润综合体、万科紫院等项目成功签约。实施省、市重点项目104个，完成投资186.6亿元。深化商事制度改革，全面推行企业“五证合一”，率先实行个体工商户“两证整合”，企业和个体工商户同比增长48%和19%。

【城乡建设】　协调推进建设管理，城乡环

境面貌有了新改善。建成区基础设施建设步伐加快，实施18条小街巷改造和五一路、南沙河快速路东延、迎泽大街下穿火车站通道、轨道交通二号线等重点工程房屋征收；启动五一路周边、东五龙口铁路宿舍38号院等5个棚户区改造，征收房屋1667户、10.5万平方米。举全区之力推进城中村改造，完成郝庄、双塔、赵北峰3个村的拆迁收尾和马庄、店坡、郝家沟3个村的整村拆除。加快东山地区发展，编制了郝庄镇总体规划，完成2条森防通道和小山岩凿井、小山沟水井配套工程建设。精益求精抓城市管理，高标准整治2个老旧片区和19条背街小巷，新建公厕5座，改造旱厕12座；持续扩大环卫机械化作业覆盖面，车行道和便道机械化作业率和里程数全市第一；积极推广垃圾分类试点，主城区实现生活垃圾上门全收集。严厉打击违法建设，拆除各类违建17万余平方米。综合整治大气环境，淘汰老旧车和黄标车2198辆，拆除燃煤锅炉109台，在全市率先实现分散燃煤采暖锅炉清零。完成提档造林3000亩，新建小游园、小绿地10处，城乡生态环境明显改善。

【社会民生事业】 倾心尽力改善民生，人民群众获得感得到新提升。坚持建机制、补短板、兜底线，以十大惠民实事为载体，民生保障水平进一步提高。城镇新增就业1.8万余人。城乡低保，新农合门诊统筹补偿比例，一、二级残疾人护理补贴和生活补贴全面提标，各项参保任务超额完成，新农合参合率达99.96%，创历史新高。在4个基层医疗卫生机构设立了80个“医养结合”床位，新建15个社区养老服务中心和17个社区（农村）老年人日间照料中心。以更高水平推进教育优质均衡发展，启动3所中学改扩建和1所幼儿园新建项目，小学生、中学生、特教生生均公用经费分别提高到1000元、1200元和7000元，确保教育经费的“三个增长”；创新教育督导工作，成为全省唯一一家国家级中小学校责任督学挂牌督导创新县区。深化医药卫生体制改革，加强重点特色专科建设，创新开展居家护理服务。新建成26个社区体育健身场地，社区全民健身活动场所实现全覆盖。新开工建设保障性住房6992套，完成既有居住建筑节能改造105万平方米。按照精准扶贫要求对口帮扶娄烦县静游镇，4087人实现脱贫。

【安全保障】 践行总体国家安全观，和谐稳定局面得到新巩固。大力推进“平安迎泽”建设，深入开展“全警追逃”、打击“盗抢骗”等专项行动，社会面发案率持续降低。扎实做好信访稳定工作，全年开展大接访47次，接待来访群众270批5600余人次，化解重大不稳定案件45件，调处各类矛盾纠纷2658起，依法处置涉嫌非法集资案件41起。夯实安全生产“两个主体责任”，落实“党政同责、一岗双责”，创新实施消防“微型站”建设全覆盖，全区90个社区（城中村）和160家消防重点单位全部建成“微型消防站”，受到公安部好评；深入开展重点行业、重点领域安全生产隐患排查整治，全年未发生重特大安全事故，各项指标控制在市控指标之内。

【自身建设】 全面加强自身建设，政府服务实现新改进。深入贯彻党的十八届六中全会精神，切实增强“四个意识”，严守政治纪律和政治规矩。认真开展“两学一做”学习教育。自觉接受人大工作监督、法律监督和政协民主监督，认真听取各民主党派、无党派人士和人民团体意见，办理人大代表建议126件、政协提案133件。区级行政权责清单制度全面建立，梳理行政职权事项1968项、责任事项14353项。优化审批流程，创新服务方式，办结各类行政许可和服务事项181690件，群众满意率100%。在全市首家试点开展服务群众工作系统建设，进一步解决了服务群众“最后一公里”问题。落实全面从严治党要求，严格执行中央八项规定，认真履行“一岗双责”，深入推进政府系统党风廉政建设和反腐败工作，严肃查处一批违纪违法案件。国防动员、双拥共建和优抚安置工作进一步加强，统计、民族宗教、外事侨务、史志档案、防震减灾、妇女儿童、老龄、应急等事业都有了新的发展和进步。

重要会议

·区政府党组（扩大）会议·

【第1次党组（扩大）会议】

时间：2016年5月5日

地点：区政府常务会议室

主持：冯原平

出席：侯森、薛凯、闫晓琴、岳旭强

研究区政府领导分工事宜，区政府领导实行“ABC角工作制”。

【第2次党组（扩大）会议】

时间：2016年6月2日

地点：区政府常务会议室

主持：冯原平

出席：侯森、薛凯、闫晓琴、岳旭强

一、研究人事任免有关事宜。同意免去高伟区政府副区长职务、王文生区民政局局长职务。按法定程序提请区人大常委会任免。

二、研究“两学一做”学习教育有关事宜。原则同意《区政府党组及党组成员“两学一做”学习教育工作安排》。

三、研究招录行政执法协管员有关事宜。1. 为解决城市管理力量不足的问题，原则同意区行政执法局招录210名执法协管员，所需费用由区财政局依规审核、据实安排。2. 区行政执法局要进一步加强队伍建设，强化日常管理，建立执法人员奖优罚劣、能进能出的制度；要积极研究和探索“大城管”模式，强化部门协作，健全和加强公安、消防、工商、食药监、行政执法等多部门协同机制，推动城市管理工作提质提效。3. 公安分局按计划要求，抓紧落实100名辅警协助城管执法工作，确保人员队伍尽快到位，逾期未落实，区财政局停止拨付相关经费。

四、“两学一做”集中学习。与会人员集中学习了《中国共产党章程》。

【第 3 次党组（扩大）会议】

时间：2016 年 6 月 20 日

地点：区政府常务会议室

主持：冯原平

出席：侯森、薛凯、闫晓琴、岳旭强

一、研究太原迎泽国投公司建立监事会有关事宜。会议议定：为进一步完善法人治理结构，促进经营管理规范化，原则同意太原迎泽国投公司提出的章程修改意见，由单一监事修改为监事会，共由 3 人组成，其中，公司原监事何吉铮不变，增加兰卫军为公司监事，选举职工监事 1 名，同时提名兰卫军为公司监事会主席候选人。以上事宜按法定程序实施。

二、研究在林业大厦建立双创平台有关事宜。原则同意由区资产经营公司出资 1500 万元，与太原市海信资产管理有限公司、省林业大厦共同在林业大厦建立双创平台，相关部门协调该项目的税收登记留在迎泽区。双创平台建立后，在一楼建立国税征收大厅、不动产登记及工商注册等服务双创平台的机构，完善双创平台功能。

【第 4 次党组（扩大）会议】

时间：2016 年 7 月 1 日

地点：区政府常务会议室

主持：冯原平

出席：侯森、薛凯、闫晓琴、岳旭强

一、研究小街巷道路及周边棚户区改造工程，轨道交通二号线及周边棚户区改造工程，上官巷、文庙巷老旧房及棚户区改造工程，原华北广播电影电视学院旧校区改造工程 4 个项目规划范围内国有土地上房屋征收公告、决定、补偿方案。1.原则同意区住建局、文庙街办起草的小街巷（18 条）道路及周边棚户区改造工程，轨道交通二号线及周边棚户区改造工程，上官巷、文庙巷老旧房及棚户区改造工程，原华北广播电影电视学院旧校区改造工程 4 个项目规划范围内国有土地上房屋征收公告、决定、补偿方案，由区住建局、文庙街办根据会议所提意见修改完善后实施。2.上述 4 项工程中，除桥东地区涉及棚户区改造回迁安置房完善配套工程的小街巷，可以道路改造名义立即启动外，其余各项目要先期请示市政府，确定安置方式，申请征收费用，明确安置地点；上官巷、文庙巷老旧房及棚户区改造工程和上马街改造工程请示市政府同意在民政园安置，并纳入五一路及周边棚户区改造规划范围；轨道交通二号线及周边棚户区改造工程与南沙河快速化改造项目回迁安置地保持一致，就近回迁或货币安置；原华北广播电影电视学院旧校区改造工程，由文庙街办回函市国土局，由市国土局请示市政府同意在民政园安置，并协调开发企业拨付相关费用。3.由区住建局、各相关街办负责依法开展项目前期摸底、风险评估等工作，同时与市相关部门对接，加快申请房屋征收资金、落实回迁安置地点、明确安置方式，确保项目依法、依规、快速推进。

二、研究城中村改造有关事宜。1. 同意由迎泽国投公司负责东太堡城中村改造融资工作，根据东太堡拆迁资金需求由区国投将资金打入城改办账户，区城改办将收到的全部资金拨入东太堡社区居委会账户，用于整村拆迁费用的支出。2. 同意东太堡社区居委会退回区城改办的 5 亿元，其中 1.5 亿元退回迎泽国投公司账户，3.5 亿元拨给晋泽置业公司账户，用于双塔社区居委会整村拆迁费用的支出。3. 同意区资产经营公司退出双塔社区居委会整村拆迁，由晋泽置业公司负责双塔社区居委会整村拆迁，将前期区资产经营公司垫资的 336254661.13 元资金拨入区城改办账户，由区城改办将 336254661.13 元返还区资产经营公司。4. 为降低成本，同意将迎泽国投公司新融资的利息稍低的 2.5 亿元资金，拨入区城改办账户，替换迎泽国投之前为东太堡拆迁融资中的利息较本次融资高的资金。5.同意区资产经营公司借给区城改办 9000 万元，用于东峰路拆迁费用的支出，由区财政及时返还。

三、听取近期安全生产工作汇报。会议指出：近期，迎泽区建筑施工工地、道路交通、消防等领域发生多起安全事故，形势十分严峻，各部门、各单位要进一步认清形势，牢固树立安全发展理念，始终把安全生产放在首要位置，切实增强政治意识、忧患意识、责任意识，敬畏生命、敬畏责任、敬畏制度，主动适应经济发展新常态，振奋精神、攻坚克难，扎实做好安全生产各项工作。

会议议定：1. 各副区长要按照“一岗双责”要求，进一步强化对分管部门安全生产工作的要求，科学划分监管责任，确保各领域、各行业安全监管无盲点、全覆盖。2. 各部门、各单位要进一步强化应急演练，从实战需要出发，突出实战特色，体现实战要求，不摆样子、不走形式，有针对性地开展实战演练，全面锻炼提高快速反应能力和现场处置能力，确保紧急情况下能够拉得出、打得赢。3. 要加大问责力度，突出抓好企业安全生产主体责任，严格落实政府属地监管责任，切实履行“管行业必须管安全”的责任，凡是因为工作不主动、责任不到位而导致出现较大安全生产问题的，从严从重追究相关责任人的责任。4. 各部门、各单位要认真贯彻落实市安全工作会议的精神和要求，突出道路交通、建筑施工、燃气、消防、防汛等重点领域，加大宣传和管理力度，靠辛苦工作、机制健全、责任到位，进一步排除安全隐患，减少事故发生，确保安全形势稳定。5. 区文化局负责辖区旅游景区安全生产监管。

【第 5 次党组（扩大）会议】

时间：2016 年 7 月 22 日

地点：区政府常务会议室

主持：冯原平

出席：侯森、薛凯、闫晓琴、岳旭强

一、研究东岗棚户区改造项目有关事宜。会议议定：为保证东岗棚户区 2200 余户居民和并东小学的回迁安置，维护社会稳定，原则同意东岗棚户区改造项目推进组提出的关于解决项目存在问题的 6 条建议：1. 针对东岗棚户区改造商业开发算不过账的问题，报市争取将东岗棚户区改造项目二期工程交由龙投公司开发建设，除居民回迁安置外剩余的面积用于解决新生里、东岗巷或南沙河、解放南路等拆迁户的回迁安置。2. 为确保东岗棚户区改造项目的顺利推进，由迎泽开发公司依规与丽景伊泰注册成立新的公司，共同完成东岗棚户区改造项目一期工程。3. 为解决东岗棚户区改造项目一期工程亏损问题，同意新成立的公司向市政府申请，争取在全市范围内以基准地价摘牌相应土地，通过开发建设弥补一期亏空；向市政府申请，经审核后，由市政府安置东岗路道路拓宽改造工程拆除的435户居民。4. 根据省政府《关于政府购买棚户区改造服务指导意见的通知》精神，同意向省、市申请将东岗棚户区改造一期工程列入2016年全省棚改项目，以购买服务的方式向国开行申请贷款，解决回迁楼建设资金不足及拆迁户居民过渡费问题。5. 同意区国有资产经营公司依规有偿借款1亿元给新成立的公司，用于年底分配的1、2号回迁楼和2017年年底分配的5、6、8、9、10号回迁楼建设，以及支付拆迁户过渡费。6. 同意同步启动东岗棚户区改造一期项目中规划回迁的并东小学建设。以上为“三重一大”事宜，需提请区委常委会研究同意后实施。相关负责同志及部门和单位要认真做好项目涉及的稳定、资金等风险把控工作。

二、研究“7·18”强降雨善后工作有关事宜。1. 原则同意区财政为区水务局、园林局、国土分局、六街一镇各拨付20万元防汛应急资金，用于处置汛期各类突发应急事件，各部门要严格履行集体研究支出程序。2. 各部门、各单位要认真总结应对本次强降雨中暴露出的装备不足、措施不力等问题，进一步细化应急预案，完善装备配置，督促驻地单位按照市有关要求，落实安全防范及应急处置主体责任，确保安全平稳度汛。

三、研究将马庄等4个2016年城改重点村列入棚户区改造范围有关事宜。1. 原则同意区城改办提出的将马庄、店坡、郝家沟、松庄4个2016年城改重点村和新沟村列入省棚改项目，加快推进融资和整村拆除等工作进度。2. 郝庄镇要尽快完成城改重点村工地围挡，营造浓厚的宣传氛围。3. 马庄的整村拆除，由晋泽公司向农发行融资8.8亿元，松庄的整村拆除工作由区开发公司注册新的开发公司，由区资产经营公司担保融资10亿元。副区长侯森及城改办要做好招商、整村拆除和风险防控工作，郝庄镇要配合推进组加快拆除及项目规划建设工作。

四、研究迎泽区“新三板”上市企业扶持办法。1. 原则同意区商务局起草的《迎泽区小微企业“新三板”挂牌事后奖励实施办法》和《迎泽区小微企业“新三板”挂牌事后奖励资金管理办法》，由区商务局根据会议所提意见修改完善后实施。2. 区商务局、财政局要严格资金审核、拨付程序，保证财政奖励资金合法、安全、有效使用。

五、研究新建区中心医院有关事宜。原则同意区卫计局提出的新建区中心医院事宜，拟选址位于东中环冰峰仓库以西、狄村133用地以东、南十方街以南、消防八中队以北地块。区卫计局要加快推进项目建设，尽快列出项目前期所需费用清单，区财政局依规审核支付。

六、研究提高基层计生工作人员工资待遇有关事宜。原则同意将区聘计生协管员工资由1380元提高到1620元，并办理大病和工伤两项保险，闫晓琴牵头对社工及其他社区工作人员的影响进行评估后，由区卫计局、财政局依规落实。

七、研究2015年秋季应征入伍士兵优待抚恤金发放有关事宜。根据省政府有关政策文件精神，原则同意按照2014年太原市城镇非私营单位在岗职工年平均工资56885元的标准，为迎泽区2015年秋季应征入伍士兵发放优待抚恤金。

八、研究皇庙片区棚户区改造项目借支征求补偿款有关事宜。原则同意区财政暂借500万元给文庙街办，用于支付皇庙片区棚户区改造等项目征收补偿款，市政府补偿资金到位后及时归还。

【第6次党组（扩大）会议】

时间：2016年8月4日

地点：区政府316会议室

主持：李慧

出席：侯森、薛凯、魏毅、闫晓琴、岳旭强

一、传达8月4日区委常委会议精神。区政府党组书记李慧传达区委常委会议关于区委委员、区委候补委员推荐工作有关精神。会议要求：各位党组成员要进一步强化政治意识、大局意识、纪律意识和规矩意识，切实把思想和行动统一到区委精神上来，按照区委决策部署和要求，认真做好区委委员、候补委员的推荐选举工作，确保区第五次党代会顺利召开。

二、研究区政府领导分工事宜。

三、听取区政府班子成员分管工作汇报。

·区政府全体会议·

【第1次全体会议】

时间：2016年3月28日

地点：区政府三楼西会议室

主持：冯原平

出席：侯富田、贾津生、高伟、王国栋、侯森、薛凯

列席：文建业、张健康、贾永明、李慧明、王文生、王少骏、何吉铮、李红如、李达平、陈瑞宏、武勇、王晓莉、陈勇兵、胡红民、耿建成、宋衍立、郭连芝、黄铁明、李敏、孙成龙、吴建华、杜永生、张映平、闫俊力、张震、牛爱民、高宪强、刘俊刚、周靖华、白冰、王孝兵、叶涛、刘丰、呼建国、冀雅萍、温秋生、刘庆虎、焦存胜、范聪连

一、区政府系统各部门、各单位集中收听收看了国务院第四次廉政工作电视电话会议。

二、国务院会议结束后，区委副书记、区长冯原平对区政府系统党风廉政建设工作提出要求：1. 要及时传达落实好会议精神。2. 要严格落实好党风廉政各项任务。3. 要坚持简政放权。

三、会议对近期工作进行了安排部署。会议议定：1. 各部门、各单位要尽快组织开展财务自查、自纠工作。2. 要继续加大棚户区和城中村改造力度。3. 由侯森副区长牵头，薛凯、何吉铮配合，进一步强化政府采购及项目招投标工作，确保政府采购和招投标工作在公开、公平、公正和充分竞争的基础上提高效率。4. 要做好“营改增”准备工作。5. 由副区长王国栋牵头，将各街（镇）劳服公司相关资产及出租房、市场等，尽快纳入区民政局社区服务中心统一管理，避免形成小金库。

【第 2 次全体会议】

时间：2016 年 8 月 12 日

地点：区人大七楼会议室

主持：李慧

出席：侯森、杨永生、薛凯、魏毅、闫晓琴、岳旭强

列席：秦宇星、闫海军、王昱、张健康、贾永明、王少骏、何吉铮、李红如、李达平、陈瑞宏、武勇、王晓莉、陈勇兵、胡红民、黄铁明、耿建成、宋衍立、杨练兵、王惠东、郭连芝、李敏、孙成龙、吴建华、魏明霞、平庆如、高宪强、刘俊刚、周靖华、王孝兵、叶涛、白冰、王俊杰、王敏、刘庆虎、牛爱民、焦存胜、李玺兵、张建生、尹景明、岳家靖、庞文利、杨志春

一、研究《政府工作报告（征求意见稿）》《太原市迎泽区国民经济和社会发展第十三个五年规划纲要（草案）(征求意见稿)》（以下简称《纲要》）、《太原市迎泽区 2015 年国民经济和社会发展计划执行情况与 2016 年国民经济和社会发展计划（草案）的报告》《太原市迎泽区 2015 年财政预算执行情况和 2016 年财政预算（草案）的报告》。会议议定：原则同意以上报告，由区政府办、发改局、财政局做好《纲要（草案)》和三个报告的衔接工作，并根据会议所提意见进一步修改完善后，提请区委常委会审议。

会议对近期工作进行安排部署，并提出四点要求：一是全力以赴抓好经济工作，确保各项目标任务按时序进度推进；二是突出抓好“五个一批”重点项目，确保对群众的承诺落到实处；三是高度重视安全稳定工作，切实维护社会和谐大局；四是严格把握工作要求，确保换届工作平稳有序推进。

二、听取 1—7 月主要经济指标完成情况汇报。

三、研究东五龙口铁路宿舍 38 号院、和平市场片区棚户区改造项目房屋征收决定、公告、补偿方案。1. 原则同意东五龙口铁路宿舍 38 号院、和平市场片区等 2 个棚户区改造项目房屋征收决定、公告、补偿方案，文庙街办根据会议意见进一步修改完善后，按程序审批发布实施。2. 文庙街办要严格按照国务院、省、市国有土地上房屋征收有关规定，依法依规做好摸底、风险评估、公告公示等前期工作，确保征收工作合法、有序、平稳推进。3. 由副区长侯森牵头，与市规划、龙投公司做好对接，加快申请房屋征收资金，尽快确定回迁安置地点。

·区政府常务会议·

【第1次常务会议】

时间：2016年1月16日

地点：区人大七楼会议室

主持：冯原平

出席：侯富田、贾津生、高伟、王国栋、薛凯

一、研究五一路拓宽改造及周边棚户区改造工程迎泽区段房屋征收决定、公告、补偿方案。原则同意五一路拓宽改造及周边棚户区改造工程迎泽区段房屋征收决定、公告、补偿方案，由文庙、柳巷街办根据会议所提意见作进一步修改完善后公布实施。

二、研究城中村改造等有关事宜。1. 区城改办要加快推进松庄、马庄、店坡等村的集体经济改制、133用地划定等前期工作和双塔、东太堡等村土地、规划等手续办理。2. 副区长高伟牵头，与省建总公司确定融资模式，启动太原晋泽置业有限公司融资平台，尽快与农发行对接，保障2016年城中村改造整村拆除资金及时到位。3. 区发改局要进一步简化重点项目立项审批程序，明确审批时限，提高审批速度，坚决杜绝中梗阻问题；副区长高伟、相关街镇要积极协调城中村、棚户区、市政道路改造等项目实施单位，确保项目固投及时入库。

三、学习习近平总书记在中央政治局专题民主生活会上的重要讲话、习近平总书记在十八届中央纪委六次全会上的重要讲话。

【第2次常务会议】

时间：2016年2月16日

地点：区政府常务会议室

主持：冯原平

出席：侯富田、贾津生、高伟、王国栋、侯森

一、研究专武干部发放岗位津贴事宜。原则同意区人武部提出的为专职人民武装干部发放特殊岗位津贴补助的试行意见。特殊岗位津贴补助发放从2015年1月开始，标准为街（镇）武装部教导员、第一部长、专武部长每人每月300元，干事每人每月240元；院校专武部长每人每月300元，干事240元。岗位津贴根据每年征兵任务完成情况确定下一年度是否继续发放。

二、研究南沙河河道截污工程遗留问题。针对南沙河河道截污工程遗留的工程款问题，考虑因其他市政工程施工导致截污工程已无法实地查验等实际情况，由区水务局负责与施工企业协商或通过法律诉讼途径解决。

三、研究聘用临时人员待遇有关事宜。由区财政局召集相关单位对全区所有临聘人员进行分类梳理，进一步细化方案后再研究。

四、研究人事任免有关事宜。

五、研究五个一批重点工作。

六、研究迎泽大街下穿火车站工程房屋征收决定、公告和补偿方案。

【第3次常务会议】

时间：2016年3月17日

地点：区政府常务会议室

主持：冯原平

出席：侯富田、高伟、王国栋、侯森、薛凯

一、研究棚户区改造和城中村改造有关事宜。1. 按照市政府办公会议纪要（〔2015〕第 35 期）“原则同意东峰路涉拆建筑按 2013 年道路建设拆迁补偿标准予以补偿”的精神，同意区财政将用于东峰路拆迁的 9000 万元借款转为支出。2. 同意区财政借款 120 万元给文庙街办，用于支付天塔小区 1 号楼 48 户居民 2015 年 8 月至 2016 年 8 月的过渡费用。侯富田与市对接落实此笔借款的还款渠道。3. 王国栋牵头，区民政、文体、工商、资产经营公司共同研究，拟成立两家投资公司。一家为民生类投资公司，一家为文体类投资公司。区财政为以上两家公司各提供 100 万元注册资金。4. 为加快推进 2013 年以来棚户区和南沙河道路改造回迁安置工作，成立迎泽区棚户区拆迁安置指挥部，由张志勤、曹炬、王国栋具体负责，下设回迁安置办公室，全面做好棚户区和南沙河道路改造征收拆迁扫尾、回迁安置方案制订落实及档案归结等工作。区财政拨付 100 万元工作经费。5. 成立迎泽区城中村改造保障指挥部，侯富田任总指挥，侯森、秦书伟及法检两院分管领导任副总指挥。区财政拨付 100 万元工作经费。6. 成立松庄、郝家沟、店坡、马庄 4 个城中村改造指挥部。松庄城中村改造指挥部由侯富田、尹晓平、周靖华负责，郝家沟城中村改造指挥部由裴耀军、侯森负责，店坡城中村改造指挥部由曹炬、李社庆负责，马庄城中村改造指挥部由王国栋负责。区财政为 4 个城中村改造指挥部各拨付 100 万元工作经费。7. 各指挥部工作经费要按照财务相关规定，依法依规使用。8. 按照东峰路拆迁时，副市长张齐山对迎泽区《关于王家峰村在大窑脑续建村民公墓的请示》做出的“可先迁移，东峰路热力管线建设和道路建设时间紧迫，不能影响工程建设”的批复，同意将王家峰村现有坟墓及绿地项目涉及枣园村的坟墓迁移到前期王家峰村在大窑脑村已建成的墓区。9. 原则同意国土迎泽分局提出的《关于收回城中村居民宅基地使用权的意见》，由国土、城改办等部门依规做好相关工作。10. 按照张齐山在迎泽区调研城中村改造时的指示精神，同意郝家沟、松庄两村先以村两委班子成员为股东成立村集体经济组织，然后依法依规进行折股量化，尽快对接启动城中村改造各项工作。11. 同意由区行政执法分局为马庄村民回迁安置楼（加泰利亚）出具恢复供水供电有关函件，加快村民安置楼建设，对违法售楼行为要依法打击。12. 由侯富田常务副区长负责，与绿地集团对接枣园、松庄城中改造事宜，同步研究协调解决绿地二期有关道路建设及迁坟问题。13. 由高伟、何吉铮、畅耀宗负责，协调相关金融机构和投资公司，加快推进城中村改造融资工作。14. 由高伟、尹晓平牵头，加快推进水峪、港道等村采煤沉陷区治理相关拆迁、用地和回迁安置房建设等工作。

二、研究2016年第一季度经济工作。

三、听取“双创”工作汇报。

【第5次常务会议】

时间：2016年4月25日

地点：区政府常务会议室

主持：冯原平

出席：侯富田、贾津生、高伟、王国栋、侯森、薛凯

会议内容及议定事项

一、研究东岗棚户区改造项目有关事宜。东岗棚户区改造项目关系到2200余户居民和并东小学的回迁安置，涉及面广，影响面大，是当前迎泽区存在的最大不稳定因素。区人民法院、人民检察院、公安分局、工商分局、信访局、住建局、教育局、桥东街办、棚改办等单位要围绕解决存在问题、消除不稳定因素，全力配合，主动作为，推动项目手续办理和施工进度，确保广大拆迁居民早日回迁。1. 原则同意区棚改办针对东岗棚户区改造项目存在手续不全、项目亏损、融资困难、信访稳控、超期过渡费发放等问题提出的9条建议，具体如下：（1）关于项目亏损问题，建议上报市按相关规定调整规划；（2）关于土地手续办理问题，建议东岗棚户区改造监督协调工作组督促丽景伊泰公司筹措土地出让金，加快手续办理；（3）关于世景公司融资抵押房问题，建议由政府司法部门依法处置；（4）关于区环卫局宿舍40户居民阻扰5、6、9号回迁楼施工问题，由于客观上对环卫局宿舍有一定影响，建议启动环卫局宿舍40户居民的房屋征收；（5）关于项目东侧三巷市建一公司宿舍还未拆迁完毕，场地未清理问题，建议加紧征收；（6）关于超期过渡费调整问题，建议东岗棚户区改造监督协调工作组督促丽景伊泰公司筹措解决；（7）关于拆迁户回迁问题，建议区棚改办立即着手对已封顶正在开展二次结构的两幢楼进行预分房，在条件成熟时对开工在建的五幢楼进行预分房；（8）关于诉讼代理费问题，建议由区政府法制办提出解决意见；（9）关于加强领导，强化项目监管方面，建议调整充实东岗棚户区改造监督协调领导组，由常务副区长侯富田担任东岗棚户区改造监督协调领导组组长，领导组下设项目监管组、信访接待组、法律咨询组、防范和处置非法集资工作组，统筹协调各相关部门落实好上述建议，此领导组不因换届领导职务调整而变动（调出本区的干部除外），保持该信访问题处理的连续性。2. 原则同意区棚改办起草的《太原市迎泽区人民政府关于对东岗棚户区改造项目监管情况的报告》，由区政府办文字把关、法制办政策法律把关后，报市监察局。

二、研究城中村及农村集体土地上非法占地专项整治有关事宜。1. 原则同意《迎泽区城中村及农村集体土地非法占地专项整治行动实施方案》。2. 由常务副区长侯富田组织相关部门进行专题研究，进一步梳理相关法律依据、优化工作流程、完善部门协作机制，创造性解决相关问题。3. 由侯富田牵头，组织住建、公安、郝庄镇等部门按此方案尽快完成企业创新园园

区路的拆迁工作。

三、研究城中村国有土地上收回宅基地手续有关事宜。为确保城中村改造工作顺利推进，原则同意郝庄镇提出的依法收回郝庄社区“133 城改用地范围内”全体居民宅基地使用权的申请，由郝庄镇、国土分局等部门依法依规办理收回手续。

四、研究在林业大厦建立双创平台等有关事宜。1. 原则同意由区财政出资 1500 万元，与市财政局、林业大厦共同在林业大厦建立双创平台，区财政局协调该项目的税收登记需留在迎泽区，税务部门配合。2. 经区经信局委托相关机构对区属国有企业的优质资产进行评估，总资产为 5.5 亿元，同意将该资产作为迎泽国投公司注册资本金。

五、研究设立食品药品安全协管员有关事宜。1. 原则同意区食药监局提出的《关于设立迎泽区食品药品安全协管员的实施意见》，由区食药监局根据会议所提意见进一步修改完善后组织实施。2. 建立食品药品安全协管员考核机制，区财政按照每人每月 300 元的标准预留考核经费；由区食药监局制定详细的绩效考核办法，每月根据各协管员考核结果确定是否发放补贴。

【第 7 次常务会议】

时间：2016 年 10 月 21 日

地点：区政府常务会议室

主持：李慧

出席：侯森、杨永生、薛凯、魏毅、闫晓琴、岳旭强

一、听取关于 2016 年 1—8 月国民经济和社会发展计划执行情况的报告。

二、听取关于 2016 年 1—8 月财政预算执行情况的报告。

三、听取关于城市管理工作情况的报告。

四、听取 1—9 月全区安全生产形势和重点工作情况汇报，研究部署下一阶段全区安全生产工作。

五、研究《迎泽区遏制重特大事故工作方案》和《迎泽区安全生产党政同责一岗双责失职追责暂行办法》。

【第 8 次常务会议】

时间：2016 年 10 月 31 日

地点：区政府常务会议室

主持：李慧

出席：侯森、杨永生、薛凯、魏毅、闫晓琴、岳旭强

一、研究区域供热锅炉“清零行动”有关事宜。会议指出：燃煤锅炉“清零行动”是改善省城空气环境质量的重要举措，省、市高度重视。2016 年以来，迎泽区在全市各县区中燃煤锅炉“清零行动”的工作量和工作难度较大，任务非常艰巨。全区各部门、各单位、各街镇，主动担负起中心城区的责任担当，积极作为，自我加压，在确保完成市下达目标任务的同时，全力推进区域所有燃煤锅炉拆除替代改造，各项工作进展顺利，取得了较好成效。会议要求：全区上下要集中精力，抓好收尾工作，在保质保量按时完成市下达燃煤锅炉拆除任务的同时，加快完成剩余燃煤锅炉拆除替代改造，争取在全市县区中首家

全面实现燃煤锅炉“清零”。

二、研究冬季大气污染防治工作有关事宜。

三、听取2016年前三季度全区经济工作运行情况汇报。

【第9次常务会议】

时间：2016年11月19日

地点：区政府常务会议室

主持：李慧

出席：侯森、杨永生、魏毅、闫晓琴、岳旭强

一、研究新沟、水峪采煤沉陷区治理有关事宜。1. 针对新沟村和水峪村既属于采煤沉陷区治理范围又属于城中村的实际情况，根据市政府办公厅2016年第46期会议纪要精神，经区发改局、城改办初步测算，为更好保障村民利益和区域经济长远发展，推动采煤沉陷区治理任务按期完成，原则同意在充分征求村两委及广大群众意见的基础上，将新沟村和水峪村纳入城中村改造范围，执行城中村改造政策进行搬迁安置。2. 新沟村、水峪村两委干部要充分发挥主动作用，做好深入细致的政策宣传，进一步统一村民思想，明确改造方式。3. 要牢牢守住安全底线，把保障人民群众生命财产安全作为确定改造方式的先决条件，由区发改局会同规划分局、国土分局对新沟、水峪两个村再次进行实地勘探，如实地勘探结果满足城中村改造规划要求，由区发改局向市相关部门提交项目调整计划报告，侯森牵头，区发改局、城改办、郝庄镇等部门做好上述两村纳入城中村改造后的综合算账；如上述两村范围内以采煤沉陷区为主，则必须严格按照采煤沉陷区治理要求进行搬迁安置，确保广大群众生命财产安全不受损害。

二、听取区属中小学、幼儿园2015年度考核结果的通报。

三、听取关于调整2016年财政预算的报告。

四、研究动用预备费有关事宜。原则同意区财政局动用2016年预备费3000万元，用于解决人员增资及补充社保经费、突发事件处理等支出，其中，在职及离退休职工增资2000万元，补充机关事业单位养老保险资金600万元，汛期应急抢险及处理信访维稳等突发事件支出400万元。

五、研究人事任免有关事宜。

六、研究区长分工事宜。

【第10次常务会议】

时间：2016年11月24日

地点：区政府常务会议室

主持：李慧

出席：侯森、杨永生、薛凯、魏毅、闫晓琴、岳旭强、范勇

研究东岗棚户区项目维稳借款事宜。原则同意区信访联席会意见，区财政借款1300万元信访稳定应急专项经费给东岗棚户区改造项目房屋征收指挥部，用于垫付东岗棚户区改造项目拆迁户2016年11月至2017年2月的过渡费及应付农民工工资。此次借款计入东岗棚户区改造

项目开发成本，由区住建局、信访局落实还款渠道，同时做好借款的监管，确保专款专用。

【第 11 次常务会议】

时间：2016 年 12 月 2 日

地点：区政府常务会议室

主持：李慧

出席：侯森、杨永生、薛凯、魏毅、闫晓琴、岳旭强、范勇

一、研究东岗棚户区改造项目有关事宜。会议指出：东岗棚户区涉及近 2000 户居民的回迁安置问题，2011 年 9 月启动房屋征收以来，超出回迁安置期 2 年多，涉及人数多，拖延时间长，拆迁户的不稳定情绪日益加剧，群访事件不断，已经成为当前迎泽区重大不稳定因素之一。1. 根据区委东岗棚户区专题会议精神，原则同意东岗棚户区监管协调工作领导小组提出的关于解决东岗棚户区居民回迁安置的有关建议：由山西建设发展有限公司全面接管东岗棚户区改造一期项目；以山西建设发展有限公司为借款主体，向市政府借支 4 亿元过渡期工程款；侯森牵头，协调国土分局、规划分局等相关部门协助山西建设发展有限公司办理项目土地、规划等前期手续。2. 由东岗棚户区监管协调工作领导小组、区棚改办与山西建设发展有限公司尽快对接接管项目的有关事宜，进一步明确借款形式、借款内容、借款用途、还款条件、项目完成时限等，接管过程中，要充分考虑项目推进过程中可能出现的问题，避免新的矛盾出现，区棚改办同步向市政府提出申请，由市政府回购项目剩余住宅及商业用房用于安置新生里等棚户区改造拆迁户及并州路改造拆迁商户，以此作为还款保障，既解决东岗棚改项目问题，又解决新生里等项目回迁安置面积不足的问题，实现双赢。3. 由东岗棚户区监管协调工作领导小组起草借款报告，区棚改办把关后，以区政府文件向市政府申请借款，借款到账后，区住建局和东岗棚户区监管协调工作领导小组要严格监管，确保专款专用和资金安全，山西建设发展有限公司在借款到账后要尽快将区财政为该项目借支的 3070 万元信访应急资金予以归还。4.以上议定事项，按照“三重一大”事项有关程序，提请区委常委会议审议通过后实施。

二、研究城中村改造有关事宜。

三、研究采煤沉陷区治理有关事宜。

四、研究人事任免有关事宜。

【第 12 次常务会议】

时间：2016 年 12 月 23 日

地点：区政府常务会议室

主持：李慧

出席：侯森、杨永生、薛凯、魏毅、岳旭强、陈晓华、范勇

一、听取《2015 年度本级预算执行和其他财政收支的审计工作报告》。

二、研究《太原市迎泽区行政机关行政应诉实施细则》。

三、集中学习《关于新形势下党内政治生活的若干准则》和《中国共产党党内监督条例（试行）》。（区政府办）

区政府办公室

【概述】　2016 年，迎泽区政府办公室（简称区政府办）认真贯彻党的十八大和十八届三中、四中、五中、六中全会精神，深入开展“两学一做”专题教育，围绕区委、区政府中心工作，坚持业务工作与全面从严治党建设两手抓、同推进，圆满完成了各项工作任务。

【参谋辅政】　1. 精心办文办会。规范以文辅政，严格执行机关公文处理条例，严把政策关、法律关、内容关、文字关，全年制发、归档各类文件 426 件，高质量完成了政府工作报告、经济工作会议、政府全体会等重要会议文字材料起草工作。强化以会辅政，按照精简、高效、节约的要求，严格会务活动审批，认真做好区政府常务会、区长办公会、政府全体会、各类电视电话会议等各类重要会议服务工作，会前充分准备领导讲话、发言材料，会后及时起草、下发各类会议纪要，并加强会后督促落实，发挥会议实效。

2. 抓好综合协调。充分发挥办公室承上启下、协调内外的桥梁纽带作用，积极帮助各部门解决工作中出现的问题，处理各类会议、活动、接待 700 余次，受到了各部门的好评。利用市政府 OA 办公系统，全年收发各类公文 1500 余件，做到文件处理不积压、不丢失、不泄密、高效快捷；积极配合区人大、区政协做好政府工作的视察检查，全力支持人大代表、政协委员履行职责，全年办理省、市、区人大代表建议 126 件，政协提案 133 件。

【政务督查】　紧紧围绕区委、区政府中心工作、重点工作，创新举措，提高督查服务质量，与区监察局联合对全区 42 个部门、六街一镇及其延伸机构、部分社区、学校的工作人员在职在岗情况进行了全面检查；围绕《政府工作报告》、常务会议和有关会议决定、决议的贯彻落实，人大代表建议和政协提案的办理，市领导交办事项的推进随时跟进、随时检查，确保了省市领导交办事项和全区各项工作目标任务的落实和完成。

【政务公开】　印发《迎泽区 2016 年政务公开工作要点》，明确各部门的职责及工作要求，全年公开各类政务信息 1593 条，并向市政务信息处报送信息 200 余条；加强信息安全管理，配合区保密局对全区计算机网络进行保密检查设定，开展大数据建设、关键信息基础设施摸底调研；强化政府信息公开平台建设，完善“迎泽之窗”门户网站功能模块，加挂“我为政府网站找错”链接功能和国务院客户端，开通中央政府网信息板块，转载国务院实时信息，进一步促进了各项工作的公开透明、规范有序。

【依法行政】　坚持依法行政，完成政府权责清单公布，制定实施了区级行政权力清单动态管理试行办法、重大行政决策合法性审查规定等制度，权力运行监督制约机制进一步完善；建立健全政府法律顾问制度，与 2 家律师事务所签订了法律服务协议，为区政府重点决策、行政行为提供常年法律服务。加强规范性文件制定、备案管理，审核制发规范性文件6件；深入开展行政复议，全年依法审理行政复议案件5件，办结4件；主动适应行政应诉异地管辖新模式，涉及我区的36起因拆迁、房屋租赁等产生的诉讼纠纷，均委托法律顾问积极准备答辩，搜集证据，相关领导均能出庭应诉。落实行政执法人员资格管理制度，认真开展行政执法人员资格认证，对新增及证件到期的254名行政执法人员进行行政执法资格认证考试，全区503名行政执法人员全部做到了持证上岗、亮证执法。

【政务服务】 深化行政审批改革，持续推进“简政放权、放管结合、优化服务”工作，依托市级信息平台开发建设了区级政务服务中心门户网站，取消行政审批事项13项，持续落实“五证合一”的同时，加快推进“两证整合”办理，在全省首家实行个体工商户营业执照和税务登记证“两证整合”登记制度，进一步提高办事效率；健全完善动态监督体系，依托“太原市行政审批管理信息系统”平台辅设行政监察审批模块，实现审批权力行使透明化；按照“集中统一、应进必进”的原则，将车辆购置税征缴业务纳入政务服务中心，全区32个审批部门、10个便民部门共313项行政审批服务事项进驻大厅集中办理，截至11月底，累计受理并办结事项141245件，群众满意度评价100%。

【便民服务】 畅通各类社情民意热线，建立短信通报制度，全年办理各类来电5996件，受理量及群众满意率位居全市各县区前列。强化数字城管指挥中心职能，制定了《迎泽区城乡管理平台工作例会制度》，加强各级平台工作人员之间的沟通和交流，全年办理案卷69136件，按期结案率、一次完成率、结案率分别达99.12%、97.79%、96.79%；进一步完善督查巡办工作，将其正式纳入中心呼叫平台系统，共发现、上报各类问题17058件，现场核查、督办问题85件，有效提高中心派单准确率。

【应急管理】 完成应急预案编修，制订迎泽区应急预案目录，增设了专项及部门预案20余项；加强应急值守和信息报送，强化24小时政务值守制度及领导带班制度，建立突发事件信息报告网络，保证应急事件处置及时；加强应急物资储备管理，完善应急避难场所建设，组织开展一系列应急演练和应急培训，全区应急保障能力进一步加强。全年总值班室受理下级上报、上级通知的紧急突发、信访事件614件，全部妥善安排处置，无一迟报、漏报、瞒报。

【后勤保障】 顺利完成新老物业交替过渡，全面加强机关楼院的治安保卫、消防安全及公共设施设备的日常维护等工作，圆满完成公共机构能源消耗统计工作，保障了机关工作的正常运转；继续推进公务用车制度改革，制定公务用车管理等相关制度，启动了应急抢险、机要通讯、公务外出、调研接待等保障车辆，进一步规范了车辆管理；认真做好区政府办公室招待所后续工作，确保了职工思想情绪的稳定。

【政府采购】 规范政府采购，严格采购程序，政府投资项目和政府采购工作全部做到依法依规公开招标、公开采购，全年完成采购368批次，采购金额达13780万元，较采购预算15094万元，节约资金1314万元，节约率达8.7%。

【编史修志】 组织史志编修，完成了《太原市迎泽区年鉴（2015）》编纂发行、2016年度的资料收集、协助地名普查等任务；认真做好财务工作，严把预算、报销审批关，按时完成人员工资晋升、医疗保险缴纳等相关工作。

【全面从严治党建设】 1. 加强学习，深化教育，全面提升服务能力和水平。严格落实班子集体学习和各支部理论学习制度，班子成员自觉参加集中学习，主动参加各支部学习活动，带头领学领读、研讨交流，促动全员学习。一方面将思想建设作为第一要务常抓不懈，以“两学一做”专题教育为契机，将学习党章、党纪、党规、习近平总书记系列重要讲话精神与贯彻十八届六中全会，省、市、区党代会精神相结合，开展“四讲四有”专题讨论和“学习贯彻系列讲话，解决若干突出问题”的学习交流，持续提升班子成员的党性意识、规矩意识和廉政责任意识，进一步增强政治意识、大局意识、核心意识、看齐意识。在强化思想建设的同时，结合工作实际，以支部和科室为基础，加强法律、业务及其他知识的学习，不断提高全员适应工作发展和岗位职责需要，确保高标准、高水平、高质量做好“六服务”工作。

2. 加强管理，改进作风，突出抓好重点领域建设。注重班子团结，始终坚持民主集中制原则，重大事项、重要部署均要通过主任办公会议、总支会议、全体会议等进行集体研究；加强制度建设，严格执行党员组织生活制度，建立完善“三会一课”、党员监督教育和政务服务、便民服务、后勤管理、依法行政等制度体系建设，促进学习工作进一步规范化、标准化；严格纪律管理，班子成员带头遵守党的政治纪律、政治规矩和组织、工作、财经和生活纪律，严格落实廉政准则、纪律处分条例、问责条例，并认真做好分管科室及人员的教育和管理工作。突出抓好纪律作风整顿，以政务服务中心、便民服务中心为重点，深入开展窗口单位服务规范专项整治，加快服务群众工作信息系统建设，进一步提高群众满意度。

3. 细化任务、落实责任，全面强化从严治党建设。把加强全面从严治党建设和反腐败工作作为重大的政治责任和基础性的工作，摆上重要议事日程，细化分解任务，强化督导推进，做到全面从严治党建设与各项工作同研究、同部署、同检查、同落实。严格落实全面从严治党“两个责任”，制定《区政府办公室全面从严治党“两个责任”问题清单和整改清单》，对照查摆的问题清单，落实了具体整改措施，形成责任明晰、压力传导的落实体系；严格执行谈话谈心、提醒诫勉等制度，对党员干部中存在苗头性问题及早提醒、及时督促改进；坚持把纪律挺在前面，全力支持纪检监察机关严格执纪，配合纪检监察机关开展全面巡察、查纠“四风”等活动，未发现政府办工作人员有违法违纪问题。（区政府办）

政府法治

【概述】　迎泽区政府法制办设在区政府办，正科级建制，为区政府二级部门，编制5人，领导职数3人。2016年，实际从事法制工作的4人，3人为法律专业毕业。

主要职责是：一是负责拟订全区依法行政规划及实施计划，并组织实施。二是负责为区政府重大行政决策提供法律依据和意见。三是负责区政府规范性文件的合法性审查和报备；负责组织指导全区规范性文件清理工作。四是承办上级有关法规、规章草案的征求意见工作。五是负责组织行政执法人员的培训、资格认定及年度审核工作。六是承办区政府行政复议、行政赔偿案件；组织承办区政府行政诉讼的应诉代理工作；负责本区行政处罚、行政复议、行政诉讼统计工作。（王婷婷）

【履行职责】　把依法履职作为衡量依法行政水平的重要标准。加快推进政府职能转变，进一步完善自身及工作部门的组织和行政程序，各部门、各单位没有法外设定权力的情况。全面推行“两个清单”制度，坚决消除权力设租寻租空间，2016年4月底，区政府“两个清单”公开对外发布，涉及行政职权事项1968项，与此相对应的责任事项14353项，同时完善《迎泽区区级行政权力清单动态管理试行办法》等配套制度。加快行政审批制度改革，按照“集中统一、应进必进”原则，全区32个涉及行政审批的部门、10个涉及便民服务的部门共313项事项全部进驻大厅集中办理，截至11月底，累计受理、办结事项141245件，群众满意度评价100%；省下达涉及迎泽区的3项拟取消行政职权，已全部取消。深化商事制度改革，继续做好“三证合一”“一照一码”登记制度的贯彻实施，截至目前，共办理“三证合一”注册及变更事项10810件，在全省首家实行个体工商户营业执照和税务登记证“两证整合”登记制度，登记审批时限进一步缩短，实效进一步提高，新注册企业同比增长46%。

【规范性文件监督管理】　把强化规范性文件管理作为推进依法行政的重要手段。严格制作关，坚持合法性与可行性并重原则，严格履行规范性文件备案登记、备案审查、情况统计、情况通报和备案责任追究等制度，确保按照法定权限和程序制作规范性文件。严把审查关，要求各部门严格按照规定采取书面形式征求上级主管部门、相关单位的意见，切实履行合法性审查和集体讨论等程序，经审查，没有发现有违反制定机关职权、相关法律、法规、规章和上级规范性文件的规定等情形，没有创设行政许可、行政处罚、行政强制、行政收费等事项，切实保障公民、法人和其他组织的权益。严格责任追究，起草规范性文件备案监督检查制度和责任追究制度，完善规范性文件的动态管理办法。全年审核制发规范性文件6件，均履行报备和公开发布程序，做到统一登记、统一编号、统一发布；开展规范性文件清理工作，需保留的5件。

【健全重大行政决策机制】　严格落实《迎泽区关于健全重大行政决策机制的意见》，严格履行重大行政决策征求意见、专家论证、社会风险评估、合法性审查、决策后评估和实施情况跟踪反馈、责任追究等制度，区国民经济和社会发展“十三五”规划、年度财政预算以及其他重大财政资金的使用、人事任免、重大事项等全部纳入区政府常务会议或区长办公会议研究范畴，全年召开政府常务会议17次，政府全体会议3次，区长办公会议24次，研究“三重一大”事项近百项。在城中村、棚户区改造过程中，全面推进前期摸底、制定方案、广泛征求意见、客观评估风险、组织评估论证、加强风险管控等工作，从源头上预防和减少了社会矛盾。出台《迎泽区重大行政决策合法性审查规定》，区法制办审查房屋征收公告、决定、方案13份，房屋征收补偿决定37份，房屋强制执行申请书13份，各类以政府为主体的合同20余份，保障了行政行为的依法依规。

【行政执法】　把规范行政执法行为作为依法行政的重要举措。深化行政执法体系改革，积极探索大城管综合执法体系，新招聘各类协管员200余名，充实食药、质监、卫计、城管等执法队伍，强化部门协作，健全和加强城管、质监、食药监、行政执法等多部门协同机制，推动城市管理工作提质提效。严格行政执法人员资格管理，组织254名行政执法人员进行行政执法资格认证考试，对全区503名执法人员证件进行了年检，确保证件有效、持证上岗。严查行政执法委托事项，对全区14家受委托主体的人数、法定权限、范围、条件、方式和履行职能等情况进行清理公示。扎实推进行政执法全过程记录制度，印发《关于建立行政执法全过程记录制度的通知》，全区19个主要执法单位全部建立了行政执法全过程记录制度，配备执法设施设备，进一步提升执法质量。创新行政执法方式，推行柔性执法，将教育与处罚相结合，疏导与整治相结合，细化量化行政裁量标准，全年未发生因行政执法行为不当引起的行政复议或诉讼案件。深入开展行政许可案卷评查，2015年各行政执法单位共受理各类行政许可申请11123件，全部在规定时间内办理完毕，绝大部分行政许可文书要件、要素齐全、表达规范。加强行政执法程序建设，严格规范做出各类行政行为的主体、权限、方式、步骤和时限，做到程序正当、定性准确、裁量适当，确保了全区依法行政工作在规范化、经常化、科学化的轨道上进行。

【依法维权】　把维护广大人民群众合法权益作为推进依法行政的根本目的。围绕健全社会矛盾纠纷调解机制，完善“大调解”工作体系，人民调解、行政调解、司法调解、社会调解共同协作，扎实做好各类矛盾纠纷的排查调处，截至目前，共受理各类矛盾纠纷 2658 起，成功调处 2631 起，调处成功率达 99%，有力地维护了社会的和谐稳定，其中，“道路交通调解委员会”受理调解案件 305 件，并与驻地法庭建立司法确认制度无缝衔接机制。充分发挥行政复议解决争议的积极作用，继续推进行政复议委员会试点工作，全面提升行政复议工作水平，全年审理复议案件 5 件，驳回申请 2 件，撤销 1 件，维持 2 件，基本做到定纷止争、案结事了。规范信访事项受理程序，建立并落实《信访信息报送及反馈处理工作制度》《领导干部信访接待日工作制度》《领导干部包案处理信访事项工作制度》《依法处置赴省进京非正常上访的劝返接回工作制度》《矛盾纠纷排查化解工作办法》等制度，推动了各类矛盾纠纷的化解。

【行政权力制约和监督】 自觉接受区人大法律监督和区政协民主监督，广泛听取各民主党派和人民团体、无党派人士的意见，全年办理人大代表建议、政协委员提案共 280 件，办复率达 100%。自觉接受司法、监察等部门的专项监督，建立健全行政机关负责人出庭应诉制度，制定《迎泽区行政机关负责人出庭应诉工作暂行规定》，各部门认真应诉，尊重并执行法院生效裁判，判决裁定依法执行率达到 100%。不断健全内部层级监督机制，出台《迎泽区人民政府内部层级监督制度》，监督主体、内容、方式及程序进一步规范。加大行政执法行为监督力度，有效规范了行政执法行为。2016 年，重点对全区食品药品安全领域的行政执法行为开展专项监督检查，对检查中发现的问题，有针对性地提出整改意见和建议。完善审计制度，建立《迎泽区经济责任审计工作联席会议议事规则》《迎泽区经济责任审计工作领导组工作制度》，推行审计全覆盖。区政府设立公开举报电话，积极做好各类投诉、举报的办理，主动接受新闻舆论和群众的监督，对新闻媒体报道和各方面反映的重大问题，区委、区政府主要领导亲自批示，有关部门积极主动地查处和整改，取得较好效果。

【政务公开】 进一步加强对政府信息公开工作的领导和制度建设，成立迎泽区信息安全工作领导组，印发《2016 年政务公开工作要点》《信息公开审查与保密制度》《信息公开责任追究制度》等配套制度，进一步完善政府信息主动公开、保密审查、责任追究等机制，截至目前，公开各类信息 1571 条。依托《太原市行政审批管理信息系统》平台，根据“一事项一流程”的原则辅设了行政监察审批模块，对各行政审批事项的受理、承办、审核、批准、办结等环节进行实时监控，提高办事效率，方便办事群众。

【依法行政】 把提高广大干部法治意识作为依法行政的基本途径。注重各级领导干部法治培训，完善集体学法、法制讲座、法律培训制度，结合实际，制订领导干部年度学法计划，促进领导干部学法的经常化，全年区委中心组和区委常委会、区政府常务会议分别安排集中学习（研究）宪法制度、依法行政相关知识和有关工作各1次。注重法制干部和行政执法人员素质提升，组织法制办工作人员参加省、市法制办在省委党校和华东政法大学举办专题培训，充实依法行政理论知识，举办全区行政执法规范化培训，邀请法务专业人员围绕规范行政执法行为进行讲解，规范各单位行政执法行为，促进规范执法、文明执法、和谐执法。

【法治队伍建设】 把法治工作队伍建设作为依法行政的重要保障。区领导高度重视法治工作，在人员、经费等保障方面，均给予高度关注。2016年，法治工作经费预算较上年度提高3倍，同时优化工作人员配置，在公务员招考中新录用1名法律专业人员，充实法制办力量。为提升政府决策规范化水平，迎泽区与两家律师事务所签订法律服务协议，为区政府重点决策、行政行为提供常年法律服务，并根据各副区长的工作性质，由两家事务所分别指派律师提供服务，实现了专职律师与各副区长“一对一、24小时”服务模式。

【依法行政保障】 区政府领导十分重视依法行政工作，将依法行政工作摆上议事日程，根据人员变动，及时调整全面推进依法行政工作领导组，明确由分管副区长任组长，各相关单位负责人为成员，做到人员变动，组织不乱，工作不断。建立了常务会议定期研究法治工作等制度，每半年听取一次依法行政工作情况汇报，及时研究解决在法治政府建设中存在的困难和问题，做到主要领导亲自抓，分管领导具体抓，确保各项任务落到实处。

年初，在充分调研、科学论证、广泛听取意见的基础上，制定出台《迎泽区2016年依法行政工作计划》和《2016年政府法制办工作要点》，对依法行政工作任务进行分解，具体实施步骤，明确保障措施，为全面推进依法行政工作奠定了基础。

强化依法行政考核评价和督促检查。把依法行政考核纳入各部门年度考核体系，制定《迎泽区依法行政工作考核办法》，区财政列支专项费用作为考核经费，2015年度对34家单位兑现考核奖励45万元，激励各部门抓依法行政的工作积极性。制定《迎泽区法治政府建设指标体系（试行）》，进一步细化量化了法治政府建设各项工作任务。

深入开展依法行政宣传月活动，并以此为契机，充分发挥报刊、广播、电视、电子屏等大众传媒的作用，播放依法行政宣传标语和相关知识，使宣传工作达到一定的深度和广度，并设立投诉电话和信箱，倾听群众意见和建议，取得了良好的宣传教育、沟通和互动效果。以执法人员为重点，组织全区29个单位、574人参加了《法治政府建设实施纲要》知识问答竞赛活动，进一步提高行政执法人员学法用法的积极性及自觉运用法律实施行政执法的技能，增强行政执法人员的依法行政意识，为依法行政、规范执法和文明执法奠定基础。

（区法制办）

应急管理

【概述】　2016年，迎泽区应急管理工作在区委、区政府的正确领导下，认真贯彻落实上级有关加强应急管理工作的指示精神，切实加强组织领导，统筹规划，全面履行职能，努力提高保障公共安全和处置突发事件的能力，预防和减少自然灾害、事故灾害、公共安全和社会安全事件及其造成的损失，对做好新形势下应急管理工作进行有益的尝试和探索，圆满地完成各项工作任务。

【应急预案编修】　在2015年修订完成的应急预案基础上，根据市政府应急预案目录及各单位征求意见回复，制定印发《太原市迎泽区应急预案目录》，增设专项及部门预案共计20余项。2016年，区应急办主要督促各单位针对2015年修订完成的应急预案，编写完成配套的应急预案操作手册，针对预案目录中新增应急预案严格按照《太原市迎泽区突发事件应急预案管理暂行办法》等有关要求，编写完成相应应急预案并及时备案。区应急办指定专人负责预案修订的审核和督促工作，并邀请专家对各单位专项应急预案编修工作进行指导，全力推进应急预案修订工作。

【应急队伍】　一是区卫计局于2016年6月成立区级卫生应急队伍共计37人，根据自然灾害、事故灾难、公共卫生事件和社会安全事件处置救援特点和需求，区级卫生应急队伍分为医疗救治应急队、疾病预防控制应急队、卫生监督应急队三个队伍。二是建成区民兵应急分队、行政执法局应急抢险人员、消防管理中心消防救援人员、街镇及社区人员组成的三级防汛应急抢险队伍体系，总人数达1000余人，保障了汛期救援工作的顺利开展。

【监测预警】　一是灾害监测预警水平不断提高。区水务局及时掌握雨情、水情、工情，全年总计发布预警信息5000多条次。二是卫生监测进一步拓展。迎泽区建立疫情风险评估和疫情预测工作制度，实行法定管理传染病疫情周分析、月分析制度，积极开展传染病疫情、中毒事件等风险排查。区卫计局全年完成382例食源性疾病病例信息审核、对114例特定病原体食源性疾病监测病例进行样本采集和数据审核。调查处理各类传染病：肝炎53例，狂犬病9例，伤寒2例，HIV（+）随访535人次，访视率100%。区农委全年抽样送检兽药样品6个，合格率达到90%以上，抽样送检畜产品样品66个，合格率达到100%，抽样送检各类农产品样品50余个，样品合格率达100%。三是安全隐患排查治理深入推进。对危险化学品、非煤矿山进行专项整治，机械、轻工行业企业开展专家会诊活动，检查直接监管非煤矿山企业1家、危化品经营企业67家，工贸行业机械、轻工业4家，覆盖率100%；对加气站和液化气销售等重点单位进行排查，对发现的充装人员无证和气瓶超期未检等34个问题下达了相关文书，责令整改，对符合立案条件的6个案件进行立案查处。四是涉稳风险预警和化解处置不断深入。公安分局加强情报信息研判和矛盾纠纷排查，化解不稳定因素，提出研判预警信息，有效维护了社会安全稳定。

【值守应急】 健全完善值守应急各项制度。修改完善迎泽区突发事件信息处置程序及方法，加强节假日及重大节日，特别是敏感时期值班值守工作。2016年，区总值班室（区应急办）累计接收突发事件信息218件，信访事件184件，会议通知及传真事项292件，全年各类信息均按有关规定及时、准确上报，未发生迟报、漏报、瞒报、误报等。

【应急保障能力】 一是迎泽区将原郝庄矿管大队旧址改扩建为森防基地，该项目投资160万，已完成主体建设。改扩建后的森防基地，全面提高迎泽区森林防火综合防控能，推进了现代化森火管理进程。二是在“7·19”大暴雨后，根据应急工作需要，区政府拨付200余万元防汛应急资金，用于汛期应急突发事件的处置。三是区交通局投入50余万元，对迎泽区126公里的管养农村公路道路进行修补，处理滑坡、塌方等，确保县乡公路的安全及畅通。四是全区对防汛、森防、应急药品、防护用品、救援等物资、装备进行补充完善，由各单位专人专库专管，为应急救援工作提供了保障。

【应急处置及救援】 2016年，有效应对处置了汛期“7·19”暴雨袭击。一是应急响应迅速，应急处置及时高效。7月19日上午，区防汛指挥部根据降雨情况及最新气象情况和预报，立即于12时33分启动区防汛Ⅲ级（响应），在区防汛指挥部的统一指挥、调度下，防指各成员单位及相关部门团结一致、众志成城，积极应对、灵活处置发现的各种险情和隐患，未造成人员伤亡情况。二是多部门协调配合，应对工作有力有序。灾情发生后，区委书记、区长等区政府相关领导，多部门负责人第一时间赶赴现场，深入一线解救受困群众，排查各类隐患，排除险情。同时区民政局第一时间组织人员迅速投入防汛救灾工作中，对受灾人员进行紧急转移安置，并在受灾严重的文庙街办幸福社区设置救灾物资发放点，接受市民政局救灾物资500套被褥，积极通过“国家自然灾害报送系统”上报收到自然灾害救助金，对遭受严重暴雨洪涝灾害的群众吃、穿、住等困难给予补助。各单位相互配合，各司其职，保证了人民群众的生命安全。

【应急避难场所建设】 应急避难场所对于突发事件发生后人员的快速有序疏散安置、社会的安全稳定发挥着重要的作用。迎泽区应急避难场所建设处于不断完善的过程，针对迎泽区设置的74处应急避险场所的配套设施跟不上、标识不规范、管理不到位等问题，进行全面走访调查，对于应急避险场所指示牌损坏或设置不合理，指示标示存在损坏或破损等问题，工作人员分批更换、安装指示标志，截至目前，安装和补换基本完成。

【培训宣教】 一是应急培训力度不断加大。加强机关工作人员应急知识的培训工作。通过文件、会议、专题学习等形式，提高处理突发事件的能力，不断增强广大干部职工的应急意识；二是科普宣传不断强化。各街办（镇）、各部门围绕“防灾减灾日”“消防宣传日”“安全生产月”、等专题活动，精心组织开展内容丰富、形式多样的宣传宣教活动。据统计，全年全区累计开展各类应急科普宣教讲座80余场次，发放各类应急宣传资料5万余份。

（周晋红）

政务服务

【概述】　2016年迎泽区政务服务中心以“建设一流服务中心、打造一流服务窗口”为目标，进一步创新服务方式，拓宽服务领域，改进工作作风，提高审批效能。从扩大规模、完善设施、科学管理、提升服务、满足需求入手，使中心服务企业、服务群众的作用更加明显，优化发展环境的作用进一步增强。截至10月底，办结各类行政许可和服务事项181682件，满意度达到100%。

【行政审批改革】　深化行政审批制度改革工作，加大创新机制，再造流程，以“一站式服务，一次性告知，一次性办结”为基体，按照“一口进出，限时办结”的原则，实事求是，坚决杜绝形式主义，钱权交易泛滥。切实有效解决好联系服务群众和市场主体的“最后一公里”问题。

【简政放权】　政务服务中心持续推进“简政放权、放管结合、优化服务”工作，进一步优化审批服务流程，落实简政放权工作。对下放事项进行清理、调整、对接，严格遵守该取消的一律取消、该下放的绝不滞留，2016年，中心取消行政审批事项13项，共受理行政审批及服务类事项313项，有效促进行政审批提质增效，相关单位积极配合中心开展事项承接工作，确保上级下放行政审批事项有效承接。通过不断规范审批程序、减少前置条件、简化审批手续，将原则上本级能简化程序的及时简化、能转变为即办件的当场办结，化繁为简，有效助力政府职能向创造良好发展环境、提升优质公共服务发展。

【延伸办理事项】　8月8号，车辆购置税征缴业务进驻政务服务中心。入驻以来，累计办结事项2497件，在增加中心服务项目，完善中心服务功能的同时，极大地方便了办事群众，也受到办事群众的广泛好评。

【落实“三证合一”】　为落实国务院部署，加快转变政府职能，彻底简化注册程序。政务服务中心自2015年实施“三证合一”改革后，始终按照“一照一码”登记模式。2016年，中心共办理“三证合一”设立及变更事项10810件，为企业缩短登记审批时限。

【“两证整合”】　为进一步优化办事流程，加快推进“三证合一”登记制度改革向个体工商户延伸，提高个体工商户创业经营的便利化程度，9月30日上午，省工商局在迎泽区政务服务中心颁发了山西省首张“两证整合”个体工商户营业执照，并在区政务服务中心举办山西省实施个体工商户营业执照和税务登记证“两证整合”新闻发布会暨首发仪式，这标志着山西省已成为首批实施个体工商户营业执照和税务登记证“两证整合”登记制度改革的省份之一。

【党风廉政建设】　一是严格落实党风廉政建设责任制。严格执行党的政治纪律、组织纪律和工作生活等各项纪律。政务服务中心始终坚持把严明政治纪律放在首位，决不允许有令不行、有禁不止，阳奉阴违，自觉在思想上政治上行动上与党中央保持高度一致，保证上级关于减政放权各项重大决策部署的贯彻落实。此外，严格落实党风廉政建设责任制，强力推进廉洁从政各项规章制度的落实。严格执行民主集中制，完善议事规则和决策程序。坚持党要管党、从严治党方针，强化对领导干部日常监督和管理，细化责任落实，确保党风廉政建设各项任务落到实处。

二是强化廉洁从政教育，加强廉政文化建设。政务服务中心始终把加强党员干部思想教育，作为党风廉政建设的首要环节，积极倡导自主学习、终身学习，突出抓好集中培训、专题教育，激发党风廉政建设的内生动力。一方面召开党风廉政建设工作会议，传达学习上级党风廉政建设工作会议精神和相关要求，并结合自身实际提出贯彻落实意见，促使广大干部职工廉洁从政。

【政务公开】　政务服务中心依托“太原市行政审批管理信息系统”平台建设，根据“一事项一流程”的原则辅设行政监察审批模块，对各行政审批事项的受理、承办、审核、批准、办结等环节进行实时监控，实时掌控承诺件的办理进度，透明审批权力行使，提高办事效率，方便企业和群众，实现服务型政府阳光、高效的理念要求。

为深入推进政务公开、办事公开，依托市级信息平台，开发建设集中心介绍、服务指南、表格下载、查询平台、互动平台及规章制度于一体的现代化门户网站——区级政务服务中心门户网站，为办事群众提供电子查询区、触摸屏查询机、电子填单台等智能化设备，让群众多种选择地查询办理事项所需资料及相关信息，同步查询审批事项办理状态，及时公开相关政策、法规等。并随时进行 Flash 新闻实时更新，主动接受各方面监督，投用一年多年以来，已公布政策法规 165 条，发布工作动态 96 条，刊发简报 82 期。

【完善监督制度】　政务服务中心为完善动态监督体系，中心督查科实行小时轮班巡查与不定时巡查相结合，随时接受办事群众对服务质量的评价监督，同时在引导台设立意见箱和投诉记录本，公布监督电话，方便收集群众意见和投诉等问题，形成高效的投诉处理制度，并对窗口工作人员进行严格管理，确保其认真履职。此外，在中心显著位置展示行业规范，健全投诉处理机制，自觉接受各级领导和人民群众的全面监督，全面树立窗口文明新形象，切实优化窗口服务质量。

【服务群众工作信息系统建设】 迎泽区作为太原市十大重点工程之一的群工系统项目建设的示范先行区，为加强基层服务型党组织建设，切实化解基层社会矛盾、缩短政府与群众距离。服务群众工作信息系统是加强基层服务型党组织建设的重要抓手，是推进基层和谐社会、文明社区建设的崭新渠道，“迎泽区服务群众工作信息系统”，通过借助“互联网+政务”模式，力求实现政务服务体系和群工系统的有效整合对接，构建一个“谋民实，切民意”现代化基层治理平台。

自项目开展以来，政务服务中心配合完成了对群工项目的立项、招标及验收工作，并在群工制度建设方面做了大量工作，将每周一下午作为群工系统周例会，并安排工作人员对每周例会及“群工系统”工作日志进行及时梳理、记录、汇编，形成书面文件资料，以备项目建设后期对比和查验。

【创建全国文明城市】 政务服务中心根据市委、市政府“五城联创”的指示精神，按照市、区下发的创建全国文明城市专项整治方案要求，结合政务服务中心实际，深入开展各项窗口专项整治活动，并取得一定的成果，进一步推动了创建全国文明城市的步伐。一是加大宣传力度，营造浓厚创建氛围。中心采用LED显示屏、查询机等现代化智能系统，通过后台操作，滚动播放文明规范、行业规范，在醒目位置张贴悬挂、刊登刊播宣传展示社会主义核心价值观。二是开展“文明示范岗”创建活动。中心本阶段通过开展“文明示范岗”创建活动，制定创建“文明示范岗”的标准、步骤以及目标，评选出公安出入境和卫计两个最佳“文明示范岗”窗口，在中心内形成比学习、比素质、比服务、比守纪的良好氛围。三是完善公共安全设备。中心内各处醒目设有禁烟标识，做到了群众、工作人员无吸烟现象，中心加强了对每楼层消防器材的定期检查，政务服务中心特制订《迎泽区政务服务中心火灾应急方案》，同时对中心全体员工进行消防安全知识培训，为应急处理突发火灾提供有力保障。 （区政务服务中心）

政务信息

【概述】 2016年，政务信息中心配合市政府开展对迎泽区进行大数据建设情况的摸底调研工作；配合区保密局对全区各单位进行计算机网络进行保密检查设定；根据区宣传部的工作安排，对迎泽区关键信息基础设施进行摸底和上报；制定并发布迎泽区2016年政务公开工作要点；总结编写迎泽区2015年政府信息公开年报；完成网络故障处理231起。

【“迎泽之窗”网站】 “迎泽之窗”网站功能模块通过了党政机关标识证书公示平台的认证；根据国务院第二次网站普查要求，加挂“我为政府网站找错”的链接功能；在网站首页面加挂国务院客户端；开通中央政府网信息板块，转载国务院实时信息。 （区政务信息中心）

便民服务

【概述】 太原市迎泽区便民服务中心（简称区便民服务中心）成立于2003年。2016年，主要承担工作为：迎泽区“我们为您解忧愁”服务热线、区委社情民意通道、区总值班室、区社会服务管理、市政府“12345”便民服务热线区二级平台、区城乡管理等工作。其中，迎泽区“4044009”“我们为您解忧愁”服务热线，是全省第一条由地方党委、政府开办的，全天候、全方位为辖区群众服务的便民利民热线。2016年，区便民服务中心为全额拨款事业单位，隶属区政府办公室管理，规格正科级，一正两副，编制16名，已用编制10名。2016年，迎泽区便民服务中心被太原市数字化城乡管理指挥中心授予“优秀单位”称号。（武亚丽）

【短信通报制度】 一是对于中心通过各类渠道受理的路面、墙体裂缝，地下室积水浸泡楼体等有安全隐患问题，在及时派单后，将问题发短信至各处置单位党政、分管领导，使安全隐患在第一时间得到有效处置。如在7月19日暴雨的应急事件处置中，中心共接到各渠道上报的因降雨造成的路面塌陷、楼体倾斜等问题80多件，累计发送信息800余条，为领导指挥决策，提供及时、准确的参考资料。二是对于相关单位推诿扯皮或处理难度较大，经过多次协调仍无进展的问题，由区便民服务中心以短信形式上报分管副区长及相关单位主要领导，避免以前文字上报领导周期长的问题，保证各类问题得以有效、及时处置。三是对各职能部门处理问题中出现的超期、返工、未办结问题，上报区分管副区长、纪检委书记、监察局局长，并通报存在问题的职能部门党政、分管领导，同时下发《督办单》，要求将出现问题的原因及相关责任人报区便民服务中心。

【工作例会制度】 制定并严格执行《迎泽区城乡管理平台工作例会制度》。为加强街办（镇）平台工作人员管理，建立区城乡管理指挥中心与街办（镇）平台良好的沟通、协作关系。年初，制定《迎泽区城乡管理平台工作例会制度》，确定每月第三周召开三级平台例会，要求各三级平台负责人、聘用的4名大学生必须参加。会上，主要学习传达市、区有关城乡管理，社情民意，便民服务等各项工作的文件、要求；通报各街办（镇）等处置单位上月工作考核排名、督查督办、媒体曝光情况；分类分析各平台工作中存在的共性及个性问题；加强各级平台工作人员之间的沟通和交流，提高案卷派遣的准确率和案卷提交的及时率。

【巡查督办】 2016年4月，便民服务中心以“主动出击、彻查问题”为原则，完善巡查督办组工作，将其正式纳入中心呼叫平台系统。通过此系统实现对巡查人员的监管、考核；对领导批示、媒体曝光、群众反映强烈以及权属不清、推诿扯皮、久拖未决的城管问题跟踪督办；对群众反映情况不清，或部门回复有出入的问题，核实情况，拍照取证；对上报存在安全隐患的问题，现场拍照，以便甄别事态程度。

【工作方式转变】 一是由中心工作人员带队，走出办公室，分组与巡查工作人员走上街头，对贷款追债类高空广告类等各类问题摸底调查，并按照区域划分将问题派遣至各街办、管委会，至10月1日，累计发现、派遣、处置高空广告70余件。二是根据工作需要，走进基层，探讨影响工作绩效的因素，改进工作方法，提高工作效率。9月10日，在对庙前街办城管案卷综合分析后，中心副主任及平台工作人员走进庙前街办与街办分管副主任及平台工作人员座谈，针对存在的问题深入探讨，研究解决办法，收效显著。

【案卷受理】 2016年1—11月，“我们为您解忧愁”服务热线共受理各类群众投诉、建议类问题813件，办结率100%；总值班室受理下级上报、上级通知的紧急突发、信访事件614件，全部妥善安排处置，无一迟报、漏报、瞒报；数字化城乡管理信息系统共受理案卷69136件，按期结案率99.12%、一次完成率97.79%、结案率96.79%；“12345”市政府便民服务热线接听、办理各类来电4781件；巡查督办工作组共发现、上报各类问题17058件，现场核查、督办问题85件，有效提高中心派单准确率。受理省、市委社情民意转办件，及省、市政府网名留言302件，办结率100%。2016年1—11月，数字城管考核月排名，“12345”市政府便民服务热线交办单市民满意度始终排在全市前列。

【信息工作】 疑难问题上报及时、日常工作分析全面。全年，共编写《月报》6期，将各类渠道受理的疑难问题形成《情况说明》10期，总值班室上报市委市政府值班室《值班信息》3期，编写《城管工作一周考核排名》33期、《城管工作月分析》2期。

【档案建设】 各类文件分类存放，安排专人定期整理。由中心专人负责所有文件的存放、整理、查阅，将文件按发送单位、主要内容分为“解忧愁”服务热线、城乡管理、值守应急、巡查上报、社情民意等类别，分类存放各类文件、档案。需要借阅文件时，须经管理人员准许、登记后方可查阅。

【文化建设】 新建中心图书室。通过专家举荐、大家推荐、参考权威必读书目，先后为中心图书室选配图书600多册，内容涉及历史文化、古典名著、名人传记、励志典籍、文化生活、中外小说等方面，制定《中心读书管理及借阅制度》，安排专人负责图书的摆放、整理、借阅登记等工作。同时根据工作需要和社会发展，每月补充部分书籍，不断充实图书室。

开展各类读书活动。一是召开“我要推荐一本惊为天人的书”主题读书会，会上，大家对自己最喜欢的书进行细致深入的剖析，用唯美的语言、精彩的讲解，向大家呈现奇妙的知识之旅。最终选出《背包十年》《你的形象价值百万》等8本书作为推荐书目，请中心工作人员精读。二是倡导大家放下手机、拿起书本，每天午休期间放下手机，进入图书室读书。三是开展“睡前读书一小时”活动，请大家在每日睡觉前精读图书20页，日积月累，不断提升自身素质。

创建文体活动角。按照太原市精神文明单位创建要求，中心购入排球、跳绳、毽子、哑铃、飞镖、象棋等文体用品，供大家强健体魄，团队协作。

坚持原有学习制度不放松。一是坚持业务培训不放松。每周召开工作例会，总结一周工作情况及遇到的热点、难点问题，并进行分析，对工作中存在的不足进行改进。二是坚持日常考核不放松。根据工作内容的增加与调整，中心不断完善各项规章制度。重新修订了工作职责、管理制度以及工作人员考核办法，对积极完成中心各项工作任务且考核排名前三的工作人员，予以奖励；对工作业务不精且排名靠后的工作人员通报批评，对不能有效提高工作能力且连续三次排名末位或全年累计六次排名末位的工作人员予以辞退，形成良性竞争。三是坚持轮讲活动不放松，在中心例会上，全体工作人员选取和日常工作联系密切且个人擅长的内容，轮流讲授，内容涉及法律知识、公文写作、工作礼仪、职场健康等，提升工作人员整体素质的同时，为大家提供一个展现自己的平台。

“请进来、走出去”，全面提升工作人员整体形象。中心始终坚持外树形象、内强素质。一是“请进来”，聘请佳丽宝kate彩妆形象设计师来中心为大家讲授、示范职业穿着与妆容；聘请发型设计师为每一位员工量身打造职业发型。二是“走出去”，安排中心工作人员轮流参加市数字城管指挥中心等单位组织的礼仪培训，并在培训后，将所学知识在中心例会中向全体人员传授。

【便民服务】　一是利用周末、节假日，邀请周边社区居民，小朋友走进中心图书室，查阅图书，参与各类文体活动。自图书室、文体角建成至今，已累计接待群众106人次，使居民群众与中心工作人员之间形成和谐的互动模式，树立政府工作人员恪尽职守、热情耐心的良好形象。二是查看“我们为您解忧愁”热线电话开通至今的通话记录，从中选择关心迎泽区便民为民及城管事业、愿为迎泽区建设出谋划策的来电者，作为中心服务志愿者，发现身边的各类问题如求助、建议、举报等，及时反馈中心，将立即安排处置。

【党建工作】　一是加强纪律建设，通过开展持续性的考勤、工作纪律等方面的抽查，杜绝迟到、早退、脱岗，工作期间看手机、浏览与工作无关的网页、吃零食等现象。二是按照区委、区政府的安排，继续开展“贴近群众、服务群众”作风建设专项活动、为人民群众“办实事、解难事”和“向人民汇报、请人民评议活动”，切实解决了一大批群众反映强烈的难事、愁事，树立政府工作人员在人民群众中的良好形象。三是将党员学习扩大到所有中心工作人员中，通过集中学习、召开主题会议、讨论等形式，认真落实“两学一做”、中央八项规定精神以及深化整治“四风”等方

面的情况。同时开展批评与自我批评，发现问题，及时改正。（区便民服务中心）

政府采购中心

【概述】 太原市迎泽区采购中心（简称区采购中心）成立于2004年，隶属于区财政局管理，为全额拨款事业单位（参公）。2010年，隶属关系变更为区政府办管理，规格为副科级，编制5名，已用编制3名。2016年，主要承担的工作包括：全区行政事业单位的办公设施、用品、公用设施、公共服务，通过招投标方式集中购置；日常办公用品的购置，通过协议采购方式完成。

【政府采购信息发布】 2016年，迎泽区政府采购中心严格按照省、市要求，在指定网站及时向社会公布招标公告、评标结果，同时，充分利用区政府门户网站，发布与政府采购有关国家、省、市文件和各项规章制度。加大对协议供货商的管理，督促其定期在网上更新价格、参数和型号，确保招投标、协议供货等采购信息的真实、准确、可靠。

【政府采购批次及效益】 2016年，区采购中心紧紧围绕“依法采购、优质服务、规范操作、廉洁高效”的服务宗旨和“重规范、重服务、重效率”的工作思路，按照“规范采购行为，提高政府财政资金效益，促进廉政建设”的目标要求，通过公开招标、竞争性谈判、询价等方式，完成招标项目采购116批次，涉及货物、工程、服务三大类采购项目，中标金额13433万元，较采购预算14734万元，节约资金1301万元，节约率8.83%。其中：完成公开招标61批次，其中有4批次为招入围单位，中标金额11898万元，较采购预算12954万元，节约资金1056万元，节约率8.16%；完成竞争性谈判招标51批次，中标金额1486万元，较采购预算1721万元，节约资金235万元，节约率13.65%；完成询价招标4批次，中标金额49万元，较采购预算59万元，节约资金10万元，节约率16.95%。

【政府采购协议供货任务】 2016年度，区政府采购中心共完成货物类协议采购258批次，采购金额895万元，较采购预算976万元，节约资金81万元，节约率8.3%。（刘晓明）

政协太原市迎泽区委员会

ZHENGXIE TAIYUANSHI YINGZEQU WEIYUANHUI

迎泽区政协

【概述】 2016 年是迎泽区全面实施“十三五”规划的开局之年，是新一届政协的起步之年。一年来，在中共迎泽区委的坚强领导下，区政协及其常委会全面贯彻落实中共十八大和十八届三中、四中、五中、六中全会精神，深入贯彻习近平总书记系列重要讲话精神和治国理政新理念新思想新战略，全面落实区委各项决策部署，坚持团结和民主两大主题，围绕中心，服务大局，团结社会各界力量，认真履行职能，推进工作创新，加强自身建设，为建设省城首善之区做出积极贡献。

【换届选举】 2016 年 8 月 25 日，区政协五届一次全会圆满选举产生新一届政协领导班子，为迎泽区政协事业发展奠定坚实的组织基础。五届政协设置界别 23 个，新增新社会阶层和民主党派 2 个界别，共有政协委员 199 名。

【政治协商】 政协常委会充分发挥人民政协作为协商民主重要渠道和专门协商机构的作用，精心组织协商活动，使协商选题与区委、区政府的总体部署相连接，与人民群众的重大关切相结合。五届一次全会期间，与会人员列席区五届人大一次会议，听取并讨论《政府工作报告》及其他有关报告。委员们通过小组讨论、撰写提案、反映社情民意等多种形式，紧紧围绕建设省城首善之区的发展目标深入协商讨论。区委、政府领导认真参加政协分组讨论、听取委员们所作的《被误读的山西煤炭何去何从》《关注民生完善养老服务体系》《浅谈对“营改增”的认识》《围绕我市重大基础设施项目不断改善我区城乡人居环境》等大会发言。五届一次会议以来，共召开常委会议 4 次、主席会议 9 次，委员们通过深入进行专题协商、对口协商、提案办理协商，就创新服务非公经济、城乡一体化发展等事关迎泽创新发展的重大问题，提出许多中肯的意见和建议。委员的合理建议得到区委、政府的积极回应和采纳，体现出协商民主的生机活力，凝聚了推进迎泽发展的强大合力。

【民主监督】　区政协认真学习贯彻落实中共山西省委《关于加强人民政协民主监督的意见》，坚持民主监督与政治协商、参政议政相统筹，调研、视察、会议、提案相结合，紧紧围绕中央、省市大政方针和区委重大决策部署实施民主监督。组织部分政协委员深入食品药品监督管理局，对全区食药监管情况进行实地监督，对于校园周边流动商贩、餐厨垃圾的治理、网上外卖食品监管等问题，委员们提出实行食品溯源和准入制度等建议。区政协班子成员和部分政协委员参加主题为“加强侦查监督、维护司法公正”的“检察开放日”活动，委员现场对检察院要进一步加强侦查监督工作提出意见建议。五届三次常委会议，听取区政府2016年度提案工作办理情况、公安迎泽分局全年工作开展情况和迎泽区法院如何破解执行难的专题汇报。

【参政议政】　牢牢把握全区经济社会发展的总体部署，把工作着力点放在服务迎泽区创新发展的中心任务上，积极主动地开展多层次的参政议政。

抓好提案办理。认真落实省、市政协办理提案的规定，以提高提案质量、办理质量和服务质量为抓手，积极稳妥推进提案工作。五届一次会议以来，共收到提案183件，其中联名提案20件，立案办理138件，转意见处理45件。所立提案在规定时间内全部办复完毕，办结率100%。

及时反映民意。按照“抓质量、出精品、上水平”的总体要求，组织开展社情民意信息工作的编撰、上报工作。目前，共编报社情民意信息83篇，其中《关于加快我省西气东输临汾管线改造工程的建议》《关于保障疫苗安全的建议》和《对政府采购法与招投标法部分内容修改的建议》分别被省市政协采纳或转办。

加强视察调研。区政协就民营经济发展、劳动就业、产业转型等方面开展视察调研。按照省、市政协的安排，对迎泽区民营经济发展中存在的困难和问题进行调研，提出加强对民营企业的扶持力度、提高民营企业抗风险能力、采取措施解决民营企业融资难等建议。组织政协委员视察迎泽区智慧创客空间园区、山西青年网和中鲁物流等民营企业并进行座谈交流，就如何深化行政审批制度改革、优化发展环境，协同推进简政发权、放管结合、优化服务、便利企业进行深入讨论。

组织开展“我为首善之区献良策”征文活动。为认真贯彻区五次党代会提出的迎泽区未来发展的“担当新使命，争当排头兵，建设省城首善之区”的新定位，充分发挥政协独特优势，鼓励委员深入思考迎泽发展，在建设省城首善之区实践中展现委员风采，形成凝心聚力、共谋奋进的浓厚氛围，区政协在全体委员中开展“我为首善之区献良策”活动。活动的主题是“倾心倾力建言献策，共建省城首善之区”，活动中，共收到178名委员撰写的征文198篇，束海刚、王宏伟、陈刚等16名委员撰写2篇以上征文，其中，蔡杰委员撰写了6篇征文。政协委员围绕如何建设首善之区，实现“六个跨越提升”，全面完成迎泽区“十三五”规划建言献策，形成了《加快推进迎泽会展业健康发展，不断塑造省城首善之区美好形象》《实践特色活动，创新宣传形式，推动省城“首善之区”建设》《迎泽区发展文化产业的长远思考》等一批有价值的良策。

【统一战线】 区政协积极发挥人民政协团结各界、联系群众的独特优势，全力协助区委、区政府做好解民困、化民忧、惠民生的工作。

加强团结联谊工作。充分发挥政协联系广泛、人才荟萃的优势，积极组织委员开展各种活动。在教师节期间，组织开展教师节慰问活动，为政协委员中的教师送去节日的问候。联系文化界委员会同区委宣传部、区文联共同举办了“首善之区·文化引领”书画摄影展，激发起全区人民热爱迎泽、建设迎泽的热情。

围绕改善民生倾情出力。注重民生，围绕群众关心关切的问题开展民生工作。积极组织医卫界委员送医下乡，在郝庄镇开展义诊活动，免费为村民测量血压、血糖，免费咨询诊疗、发放健康知识资料。按照区委要求，组织开展慰问困难党员、困难群众活动，为因病致贫群众解决实际问题。

做好民族宗教工作。以促进民族和谐、宗教和睦为目标，加强与民族宗教人士的交流和沟通。在伊斯兰教圣纪节前，走访太原清真古寺和回族政协委员，并听取穆斯林群众意见和清真古寺的有关情况。在基督教平安夜前，走访太原市基督教协会，通过走访，加深了委员之间的了解与沟通，增进了友谊，巩固了民族团结，激发了民族宗教界委员的爱国爱教热情。

【学习活动】 新一届区政协把学习作为提升思想认识和工作水平的重要方法和途径。区政协组织广大委员认真学习贯彻中央、省市有关会议精神，审议通过《迎泽区政协关于学习贯彻中共十八届六中全会精神和省、市第十一次党代会精神的决议》。创办“双塔学堂”，开班仪式上，贾媛、陈刚和罗小飞委员先后作表态发言，邀请太原市政协原副主席、文化专家王继祖就迎泽文化作开班讲座。“双塔学堂”成立后，通过邀请专家学者、政协委员授课及互联网+自主学习等多种形式，围绕政治理论、大政方针和政协业务等专题，开展多角度、多渠道、多层次的交流学习，编印2期《双塔学堂》学习资料。全体政协委员努力在融会贯通、学以致用上下功夫，不断增强同以习近平为核心的中共中央保持高度一致的思想自觉、政治自觉、行动自觉，更加坚定了坚持和发展中国特色社会主义的政治信念。

【自身建设】 按照习近平总书记对人民政协提出的“懂政协、会协商、善议政”的新要求，进一步加强自身建设，不断提升参政议政的科学化水平。政协党组充分发挥领导核心作用，把党风廉政建设主体责任落到实处，内聚人心，外树形象，积极营造干事创业大环境。常委会组成人员以身作则，带头讲政治、讲规矩、讲道德、讲奉献，充分发挥示范带头作用。通过深入开展“两学一做”学习教育和“双学一跟”活动，广大委员进一步提高政治把握能力、调查研究能力、联系群众能力和合作共事能力。采纳李学宽委员建议，创新开展新老委员“结对子”活动。将新老委员划分为41个“结对子”小组，由各专委会通过组织召开座谈会、走访委员、联谊活动等多种形式进行“结对子”。通过“结对子”活动，老委员为新委员传授履职经验，新委员虚心向老委员学习，新老委员相互促进、共同提高，进一步增进了解，熟悉工作，提高履职水平。依照政协章程，严格委员考核，2015年，一名委员因工作原因调往外地，无法履行委员职责，建议其辞去委员职务。政协机关坚持把纪律和规矩挺在前面，以严格精神和实的举措深入推进机关思想、组织、作风、反腐倡廉和制度建设，切实提高机关精细化管理水平和服务保障能力。

全体委员会议

中国人民政治协商会议第五届太原市迎泽区委员会第一次会议，于2016年8月23—25日在湖滨国际大酒店举行。大会选举产生政协迎泽区第五届委员会领导班子，张志勤当选为主席，赵利军、王晓燕、裴存锁、王素云当选为副主席。同时选出政协迎泽区第五届委员会常务委员35名。中共迎泽区委书记冯原平、区委副书记、代区长李慧等四大班子领导应邀出席开幕式。开幕式上，区委书记冯原平作重要讲话。大会执行主席张志勤、赵利军、王晓燕、裴存锁、王素云。

会议期间，委员们以高度的政治责任感和使命感，紧紧围绕建设省城首善之区的目标，就全区经济社会发展的重大问题、关系群众切身利益的实际问题和人民政协事业发展中的重要问题深入协商讨论，积极建言献策。参加政协迎泽区第五届委员会第一次会议的全体委员列席迎泽区五届一次人民代表大会，赞同代区长李慧所作的政府工作报告，赞同迎泽区国民经济和社会发展第十三个五年规划纲要，赞同区人民法院工作报告、区人民检察院工作报告以及其他报告。会议批准张志勤代表政协第四届迎泽区委员会常务委员会所作的工作报告，批准王晓燕代表政协第四届迎泽区委员会常务委员会所作的提案工作报告。

会议高度评价过去五年迎泽区经济社会发展取得的成绩。委员们认为，过去五年来，中共迎泽区委团结带领全区广大人民群众，认真落实省委和市委的总体部署，勇于担当，积极作为，统筹推进各项工作，全区经济、政治、文化、社会和生态文明建设取得了新的成就。会议认为，过去的五年，区政协在中共迎泽区委正确领导下，认真履行政治协商、民主监督、参政议政职能，充分发挥协调关系、汇聚力量、建言献策、服务大局作用，为迎泽区圆满完成“十二五”规划，开创迎泽创新发展新局面做出了积极贡献。

会议强调，中国共产党太原市迎泽区第五次代表大会，描绘了努力把迎泽建设成为更具实力、更富活力、更有魅力、更加幸福的省城首善之区的宏伟蓝图，为全区全面完成“十三五”规划，实现“六个跨越提升”指明了方向。区政协坚持团结和民主两大主题，围绕中心，服务大局，以创新、协调、绿色、开放、共享的发展理念，着力在政治协商、民主监督、参政议政方面出实招，求实效，为我区构建良好政治生态、推动经济稳步向好发展献计出力。在分组讨论基础上有 4 名委员代表本界别、本委组在大会上发了言。

闭幕式上，听取政协迎泽区五届一次会议提案审查委员会关于提案审查结果的报告；审议通过了政协第四届太原市迎泽区委员会常务委员会工作报告的决议、政协第四届迎泽区常务委员会关于政协四届委员会以来提案工作报告的决议和政协第五届迎泽区委员会第一次会议政治决议。

常委会议

【四届十九次常委会议】　中国人民政治协商会议太原市迎泽区第四届委员会第十九次常委会议于 2015 年 12 月 10 日下午在迎泽区人大会议室召开。会议应到常委 48 人，实到 32 人。会议由区政协副主席韩石俊主持。会议有两项议程。第一项议程：通报政协三个课题式调研进展情况，区发改局局长张健康汇报迎泽区“十三五”规划的编制专题调研。区卫计局局长黄铁明对区政府 2015 年 20 件惠民实事之一“对区级医院住院治疗高血压、糖尿病的参合农民，实行 300 元起付钱外自费部分金额补贴”情况进行汇报；区“城中村”改造领导组办公室副主任畅耀宗汇报“城中村”改造工作情况；相关调研专委会主任介绍调研课题情况。第二项议程：《迎泽政协》一书发行仪式。

【四届二十次常委会议】　中国人民政治协商会议太原市迎泽区第四届委员会第二十次常委会议于 2016 年 3 月 3 日上午在迎泽区人大会议室召开。会议应到常委 48 人，实到 34 人。会议由区政协副主席韩石俊主持。会议有两项议程：第一项议程：表决通过免去宋国庆区政协主席职务；第二项议程：表决通过免去骆耀红等街道、镇政协工作联络组组长职务。

【四届二十一次常委会议】　中国人民政治协商会议太原市迎泽区第四届委员会第二十一次常委会议于 2016 年 8 月 12 日上午在迎泽区人大会议室召开。会议应到常委 47 人，实到 33 人。会议邀请张志勤、赵利军、王晓燕、裴存锁、王素云参会。会议由区政协副主席王晋主持。会议主要有两项议程。第一项议程：协商讨论通过五届一次会议有关事宜；第二项议程：协商讨论通过了区政协常委会工作报告（草案）和提案工作报告（草案）。

【五届一次常委会议】　中国人民政治协商会议太原市迎泽区第五届委员会第一次常委会议于 2016 年 9 月 22 日上午在迎泽区人大会议室召开。会议应到常委 40 人，实到36人。20位委员应邀列席会议。会议由区政协主席张志勤主持。会议有六项议程。第一项议程：宣布政协主席、副主席分工。第二项议程：五个专委会主任汇报各委2016年工作计划。第三项议程：协商讨论政协常委会2016年工作要点。第四项议程：协商讨论政协各专门委员会组成、专委会联系界别有关情况说明。第五项议程：协商讨论区政协五届二次常委会会议议题。第六项议程：通报市区督导组关于五届一次全会委员讨论出勤情况。

【五届二次常委会议】　中国人民政治协商会议太原市迎泽区第五届委员会第二次常委会议于2016年10月26日上午在山西饭店晋贤楼二楼会议室召开。会议应到常委40人，实到26人。会议由区政协主席张志勤主持。会议主要有两项议程。第一项议程：审议通过免去刘鸿办公室主任职务的决定。第二项议程：讨论“我为首善之区献良策”活动实施方案。

【五届三次常委会议】　中国人民政治协商会议太原市迎泽区第五届委员会第三次常委会议于2016年12月22日上午在迎泽区人大会议室召开。会议应到常委40人，实到35人。20位委员应邀列席了会议。会议由区政协主席张志勤主持。会议主要有七项议程。第一项议程：听取区政府办2016年提案办理情况的通报。第二项议程：听取公安迎泽分局2016年工作情况汇报。第三项议程：听取区法院2016年“执行难”情况汇报。第四项议程：通报“我为首善之区献良策”征文活动情况。第五项议程：审议开展新老委员结对子活动安排。第六项议程：审议通过区政协关于学习贯彻十八届六中全会的决议。第七项议程：表决通过王树红任经科委主任、柴小丽任提案委主任职务，免去王树红提案委主任、边艳玲经科委主任职务。　（区政协）

社会团体

SHEHUI TUANTI

迎泽区总工会

【概述】 2016年，太原市迎泽区总工会（简称区总工会）切实履行工会组织的各项职能。扎实开展送温暖工程。元旦春节期间，对2家特困企业、833名困难职工、2名困难劳模采取多种形式进行了慰问，帮扶资金达541800元；新组建基层工会组织23个，吸收工会会员2506名；开展了优秀职代会提案评选活动，3个提案荣获“太原市优秀职代会提案”；新建2个爱心驿站；开展女职工特病保险工作，1420人参保，投保金额42200元；实施太原市第十二期“职工大病医疗互助工程”，8699名职工参加，收缴互助金313164元。救助143名符合条件的职工，领取互助金289021元。开展金秋助学活动，6名困难职工子女领取救助金24000元。

2016年年底，区总工会行政编制4人，实际在职4人；工勤编制1人，实际在职1人。离退休人员8人。内设科室：办公室、困难职工帮扶中心。区总工会主席：尹晓平（区人大常委会副主任兼）。

【帮扶活动】 为实施精准帮扶，开展了全区困难职工档案清理审核工作，对在档困难职工档案进行了清理审核和帮扶信息录入，澄清迎泽区困难职工底数。在此基础上，元旦春节期间，区总工会对2家特困企业、833名困难职工、2名困难劳模进行慰问，送去慰问金541800元。在“金秋助学”活动中，资助6名困难职工子女，助学金额24000元。实施太原市第十二期“职工大病医疗互助工程”，8699名职工参加，收缴互助金313164元。救助143名符合条件的职工，领取互助金289021元。开展冬季送温暖活动，向拆迁一线职工及环卫职工送去价值560000元的手套。在迎泽大街、双塔西街新建2个爱心驿站，在酷暑严寒为环卫工等户外劳动者提供休息、饮水的场所。

【“五一”表彰活动】 选树先进典型，太原迎泽国有投资有限公司荣获山西省五一劳动奖状。在全市城中村开发改造劳动竞赛中，郝庄镇郝庄社区党总支荣记集体一等功，尹晓平等4人荣记个人一等功，畅耀宗等3人获太原市五一劳动奖章。

【工会组建工作】 以第七个“工会组建月”活动为抓手，以第二次“农民工入会”集中行动为重点，以“六有”工会为标准，以“职工之家”建设为载体，开展工会组建工作，新建工会组织23个，吸收工会会员2506名，市总工会对迎泽区给予通报表扬。

【民主管理工作】 一是开展创建厂务公开民主管理示范单位活动，在桥东街道总工会召开了迎泽区厂务公开民主管理互观互鉴现场会，机关、事业、企业单位代表结合各自实际做了经验交流，活动的开展推进迎泽区厂务公开民主管理工作规范化、制度化建设。二是为进一步深化“公开解难题、民主促发展”主题活动，切实发挥职代会制度在推进改革发展稳定中的独特作用，在全区各企事业单位广泛开展优秀职代会提案评选活动，迎泽区推荐的狄村小学武月平“关于用‘小足球’带动‘大文化’”等4个提案被命名为“太原市优秀职代会提案”。

【女职工工作】 在全区女职工中积极开展了女职工特病保险工作，共有1447人参保，投保金额达41700元。

【经济技术活动】 为增强全区广大职工的创新能力，激发全区广大职工劳动热情和创造活力，开展“五小”岗位创新竞赛活动。

【“工资集体协商月”活动】 继续组织开展“工资集体协商月”活动，落实中国工会十六大关于“继续普遍开展工资集体协商，扩大覆盖面，提高协商质量”的工作部署，充分发挥集体协商制度对调整劳动关系的基础性作用。

【工会统计年报工作】 扎实开展2016年度全区工会统计年报调查工作，对全区所有的工会基层组织的工会组织建设、工会保障、经济技术工作等全方位进行调查，为工会各项工作提供准确的统计数据资料。

【职工素质建设工程】 一是丰富职工精神文化生活，组织“关爱农民工百日送文化”活动和“心系重点工程、情暖一线职工”慰问演出等系列文艺活动。二是进一步加强全区职工业余文体活动义务辅导站工作，坚持把“建站、提质、创品牌”作为职工业余文体活动义务辅导站的工作重点，在全市职工业余文体活动义务辅导站展演中，桃南二社区凤舞舞蹈队和心声歌友团2个辅导站被市总工会新命名为全市“2016年度模范职工业余文体活动义务辅导站”。

（高　鸿）

共青团迎泽区委员会

【概述】 中国共产主义青年团太原市迎泽区委员会（简称团区委）。2016年，有行政编制4名，工勤编制1名。实有5名。下辖区少先队工作委员会。

2016年，共青团迎泽区委紧紧依靠团市委和迎泽区委的正确领导，深入学习习近平总书记系列重要讲话精神和中央及省市区群团工作会议精神，紧紧围绕强“三性”和去“四化”的总要求，牢记职责使命，聚焦中心任务，致力改革创新，狠抓工作落实，不断强化共青团组织青年、引导青年、服务青年和维护青少年合法权益各项职责要求，始终把为党育人作为根本职责，坚持不懈抓思想引领，始终以重点项目为龙头，牵头抓总带好整体发展，始终把热点难点作为工作的关注点，以有为提升影响力，始终以深化改革为抓手，强化团组织建设，为建设省城首善之区不断凝聚青年力量。

【团员青年思想道德教育】　强化学校阵地建设，加强辅导员培训，通过竞演、队课评比等进一步增强学校阵地教育的实效与活力。延伸校外阵地建设，七彩小屋、红领巾之家、青少年综合服务平台等形成各有侧重的校外新阵地。坚持小型化、频次化、主体化，引领校外阵地活起来。杨贵山、抗美援朝老战士刘兴华等先进典型被评为迎泽区校外辅导员，活跃到阵地活动中来，受到了家长的好评；以常态化道德教育为牵动，围绕社会主义核心价值观，纪念长征胜利80周年等重大节点，抓好主题鲜明的特色活动。继续深化“奋斗的青春最美丽”主题活动，首次以访谈式节目“我的青春讲给你听”在区文化馆举行，访谈以冯磊等迎泽区选树的先进青年典型事迹为内容，突出教育性、导向性、分享性，受到青年的普遍欢迎，迎泽区委常委、宣传部部长孙劲松，团市委副书记章晓煜应邀出席活动，并给予高度评价。

【互联网+共青团建设】　创新工作思路，开展互联网+共青团建设，用好用活微信、微博两个平台，努力在内容质量上有新提高，在宣传引领上有新影响。按照团市委要求试点开展青年之声建设，加强微邦等平台的推广力度，迎泽区微博、微信的转发评论量在全市处于领先地位。

【“红领巾相约中国梦　争做五城联创小先锋”全市庆祝六一国际儿童节活动】　“红领巾相约中国梦　争做五城联创小先锋”全市庆祝六一国际儿童节活动在迎泽区大南关小学举行，省委常委、市委书记吴政隆出席活动，并对迎泽区少先队德育工作特别是五城联创文明引领教育提出表扬。

【创新创业】　营造青年双创良好氛围，坚持把服务和凝聚青年助力经济社会发展作为着力点，在迎泽区互联网+智慧产业园成立直属团组织，加强与创业青年交流联系，打造青年双创示范基地，搭建人才集聚及资源共享平台，迈克斯众创空间“青春家园”阵地成为全市首家由共青团牵头成立的创业创新服务平台，并被团省委命名为首批省级青年“众创空间”。联合经信、人社、科技等部门成功举办首届迎泽区智慧产业园区杯青年创新创业大赛，活动共申报各类项目40余个，6月24日经初审、预赛，入围最终决赛的10个项目进行了集中路演，时任区委副书记李慧到会指导，代表迎泽区参赛的市赛项目，获得2个银奖，1个铜奖，为各县区之首。通过激发青年创新创业热情，为迎泽区创新驱动、产业升级营造了良好的氛围。坚持创业与就业相结合，开展创业技能培训，邀请市

YBC 创业导师为迎泽区青年举办专题辅导 2 场，迎泽区海外海餐饮集团被评为省级青年就业见习基地。

【团组织建设】 2016 年，围绕去四化强三性，迎泽共青团扎实破解新情况新问题。一是努力破除机关化、行政化，贴近青年，延伸手臂。团区委班子和街镇团干部实行 1+100 直接联系青年制度，即团干部固定联系 100 个青年，通过组织活动，在线交流，座谈走访等主动走进青年，倾听青年。二是不断深化街道区域化团建工作。在去年全方位实施区域化团建工作的基础上，探索建立区、街道、社区联动的资源机制。开展驻地单位团组织到社区报到工作。迎泽区迎泽街道区域化团建成为全国首批示范项目。三是强化团的覆盖面建设。全年新建非公团组织 20 个，完成青年上岗见习 120 人，举办青年创业就业培训 5 场累计覆盖 200 人次，在企业设立企业共青团技术创新小组 10 个。新设立青年农民创业示范基地一个，并申请市级补助资金 1 万元。四是加强学校共青团工作。按照规范发展团员的要求，从 2016 年起对迎泽区直属中学发展团员工作进行了明确细化，按照初中年级入团率不超过 30%的要求对入团指标进行了分解，坚决从源头上把好发展团员入口关。 （张晋松）

迎泽区妇女联合会

【概述】 2016 年，在区委和市妇联的正确领导、区政府大力支持下，区妇联全面学习贯彻落实党的十八届五中、六中全会和省市区党代会精神，深入开展“两学一做”学习教育，加强妇联班子党风廉政建设，紧紧围绕建设省城首善之区的目标，以“妇女、儿童之家”和家庭为主阵地，以推动解决妇女群众最关心、最直接、最现实的利益问题为重点，努力实施“五大行动”（巾帼成才强素质、巾帼创业促发展、巾帼文明促和谐、巾帼维权促稳定、强基固本增活力）。区妇联被评为山西省、太原市两级平安家庭创建先进集体；山西省妇女报刊及新媒体宣传推广工作先进单位；太原市“寻找最美家庭”活动优秀组织奖；12 月初，在迎泽街道办事处接待省妇联街道（乡镇）妇联主席示范培训班观摩学习并受到好评。

2016 年，区妇联下设办公室和维权科，编制 7 人，实有 5 人。

【“两学一做”学习教育和“双学双促”专项行动】 区妇联坚持把学习党章党规，党的十八大、十八届三中、四中、五中、六中全会精神、省市区党代会精神和习近平总书记系列重要讲话精神作为重大政治任务，通过专题学习、交流发言、座谈讨论等形式，组织支部全体党员学习 30 余次；开展参观彭真纪念馆等活动，缅怀先烈，不忘初心，继续前进；12 月初，召开的专题民主生活会上，开展严肃的批评与自我批评。

【党风廉政建设】 认真落实“两个责任”，加强班子的党风廉政建设，加强领导班子成员之间相互监督，推行副职领导主管财务、采购，正职领导进行监管的双向监督制度。加强对干部日常管理监督，认真贯彻党要管党、从严治党要求，履行主体责任工作，较好地完成党风廉政建设各项任务。

【强基固本增活力】 1. 于2016年8月20日前完成迎泽区街镇、社区妇联扩大基层妇联组织成员及村妇代会改建妇联工作。街镇妇联的兼职副主席由原来的11人增加为30人，常委由20人增至50人，执委由53人增至98人；社区妇联兼职副主席由86人增至243人，执委由307人增至1166人，其中有82个社区由书记或主任担任妇联主席；28个村妇代会全部改建成妇联，村妇联主席均为村两委成员，原村妇代会的干部共有80人，现村妇联兼职副主席112人，执委356人。

2. 加大街镇妇联“妇女之家”的建设与管理力度，区妇联为街镇妇联购置配发书籍、宣传用品，价值近30000元；省市妇联为各街镇配发音响、电脑各一台，硬件设施的加强，使基层妇联工作奠定了坚实的物质基础。

【巾帼成才强素质】 1. 在“三八”期间，区妇联邀请3位巾帼法律志愿者深入六街一镇开展“以案说法，依法维权”的法律知识讲座，受益妇女达500余人，基层妇联干部的维权能力进一步提高。

2. 充分发挥和挖掘社区街镇妇联干部的资源和潜能，创新培训形式，2016年共举办23场女性文化学堂及巾帼创业就业培训，涉及厨艺、多肉植物种植、好妈妈课堂、摄影等多方面，采取室内、户外、实操相结合的方式，培训人数达1000余人。

3. 区妇联注重班子成员综合素质的提升，妇联班子成员2016年参加全国、省市区组织的维权知识、宣传工作、妇联业务、党校主体班等各类培训9期，参训时间累计达两个月。

【巾帼维权促稳定】 1. 2016年，出台了《迎泽区妇联特困妇女救助办法（试行）》，进一步规范救助程序、条件，使救助贫困工作有章可循。区妇联累计慰问人员178人，慰问价值60000余元。“三八”节期间，慰问基层贫困妇联干部、巾帼基地特困女职工和基层优秀妇联干部共97名；“六一”节期间，区妇联慰问贫困学童共55人；8月，在开展“飞翔助学”计划活动中，共资助了4名应届贫困大学生；11月，对22名两癌妇女进行了救助。

2. 区妇联积极争取上级部门的支持及救助。“六一”节接待太原市四大班子对桃园小学的慰问；组织40名贫困单亲母亲和28名困境儿童参加市妇联妇儿办组织的公益体检；为2名应届贫困大学生争取到省妇基会每年5000元的助学款，为1名应届贫困大学生争取到市妇联一次性助学款1000元；为迎泽区39名乳癌患者免费发放义乳文胸；老军营新南一社区和文庙双二社区分别接受市妇联价值1万元的图书及体育用品；2017年年初，迎泽区贫困单亲母亲、高龄老年妇女等六类人员56人得到市妇联的慰问。

【巾帼文明促和谐】 1. 年初，与各街镇妇联签订《2016年参与社会治安综合治理工作目标责任书》，明确综治工作任务与要求；从4月起，开展家庭风险隐患大排查大整治工作，共排查出存在家庭矛盾和邻里纠纷的户数为134户；积极开展平安家庭创建活动，评选出186户迎泽区平安家庭示范户，15户市级平安家庭示范户，1户省级平安家庭示范户。

2. 依托社区（村）妇女维权站，2016年，妇联系统共接待来信、来电、来访236人次，办结率99%。

3. 《中华人民共和国反家庭暴力法》出台后，三八节期间在柳巷街道举办了省、市、区、街道四级妇联联手开展的“建设法治山西　巾帼在行动”主题宣传和问卷答题活动；区妇联出资购买了《中华人民共和国反家庭暴力法》《反家暴法解读》2000余本，并印制以反家暴、禁毒为主题的宣传袋5000个。

4. 区妇联与区直机关工委联合开展“树清廉家风·创最美家庭”为主题的活动，将清廉从政与廉洁齐家有机结合起来，使家庭成为反腐倡廉的重要防线；同时积极组织最美家庭宣讲活动，宣传最美家庭的“美”家风、“美”行为、“美”事迹；评选出市级最美家庭7户。

5. 八一建军节，区妇联命名一批“好军嫂”“优秀兵妈妈”“最美军人家庭”。

【巾帼创业促发展】 1. 每季度组织100余名有创业就业意向的妇女同志参加省市妇联“春风行动”女性专场招聘会，实现妇女自主创业和就近就地灵活就业，促进妇女增收致富。

2. 在开展手工业制品人员的调查摸底工作基础上，组织各街道（镇）妇联开展妇女创业就业技能培训，推荐女性手工艺人，开展丝带绣、剪纸、手工皂等手工艺课程。

3. 积极推荐山西红马甲家政有限公司参加省第二届“晋嫂”家政服务技能大赛，喜获佳绩。　（段瑜平　史方郁　王于飞）

迎泽区残疾人联合会

【概述】 2016年年底，太原市迎泽区残疾人联合会（简称区残联）参照公务员编制5人，实际在职5人；下设事业编制单位区残疾人就业服务所，人员2人，实际在职2人。残联离退休人员1人。残联的办公科室有：办公室、康复办公室。

【“两学一做”活动】 根据区委的总体部署，区残联召开“两学一做”动员会，并以为残疾人服务为主题，结合自身实际制订《残联关于在全体党员中开展“学党章党规、学系列讲话，做合格党员”学习教育工作方案》。残联以本次活动为契机，切实提升为残疾人服务水平、加快推进民生幸福，着力抓好与残疾人生活联系密切的民生问题。

【重度残疾人补贴】 继续做好对重度残疾人“两项补贴”的提标工作。认真落实省政府对一级、二级重度残疾人发放护理补贴（或生活补贴）的政策。2016年，迎泽区“两项补贴”的发放标准在2015年每人每年600元的基础上提高到720元。

区残联于2016年4月下发《关于对迎泽区重度残疾人护理补贴和贫困残疾人生活补贴摸底的通知》即迎残联〔2016〕4号文件，按照文件的要求，组织郝庄镇及各街办残联开展摸底工作，为规范残疾人的资料管理，残联组织工作人员对摸底回来的这些残疾人的资料进行整理核实，并根据省、市残联要求及资金到位情况为符合条件的2979名残疾人发放了每人720元的“护理补贴”，总计2144880元。

【助学活动】 2016年的助学分为两部分：一是对2016年考入高中、大专及本科院校的残疾人子女和残疾学生进行一次性救助，救助金额：高中1000元、大专3500元、本科4500元；二是针对双残家庭中正在上大专及本科院校的残疾人子女和残疾学生进行持续救助，救助金额同上。

2016年4月残联发放文件《关于对今年参加中高考残疾学生和残疾人子女进行摸底的通知》即迎残联〔2016〕5号文件，按照文件的要求开展摸底工作。2016年共为57名学生发放助学金186000元（其中：高中生15名救助金额总计15000元、大专生18名救助总计金额63000元、本科生24名救助金额总计108000元）。助学金的发放保证了残疾学生和残疾人子女不因家庭经济原因失学，提高残疾人适应社会的能力。

【残疾人服务体系建设】 一是继续完善残疾人综合服务中心功能。残疾人综合服务中心投入使用后，为残疾人提供了职业技能培训、文化娱乐、康复训练等多项服务。

二是大力推进残疾人康复工作，实现残疾人“人人享有康复服务”。首先对去年为残疾人发放的辅具进行回访。其次区残联经过对辖区内的贫困精神病残疾人进行摸底，筛查出有120余名精神病残疾人需救助，区残联免费为他们提供了药物救助；为180余名贫困残疾人集中发放上级残联下拨的血压计、坐厕椅、助行器、血糖仪、体温计、防褥疮垫等一批辅助器具。

三是继续做好第二代残疾人证的发放工作，做好在互联网第二代残疾人证管理系统中录入残疾人基本信息。

四是落实市政府关于为残疾人办理助残乘车卡活动，使所有残疾人获得实惠。截至2016年年底，区残联共为2510名残疾人办理助残乘车卡。

五是落实市残联的残疾人机动轮椅车的燃油补贴，对194名残疾人机动轮椅车进行核查，并给每人发放补贴260元；为46名残疾人每人发放2000元的驾驶技术培训补贴。

六是对全区7000余名残疾人的评残资料进行详细整理归档，便于残疾人资料的管理，及时掌握残疾人信息。

七是协调有关部门对18名社区残疾人协管员进行养老保险金的补交办理。

八是根据全市残联工作的布置，区残联经过3个多月的时间完成了对全区7319名残疾人的基本服务状况和需求信息数据动态更新工作。

【残疾人宣传文体事业】 利用残疾人节日广泛开展宣传扶残助残活动。年初，对全区的唇腭裂儿童进行摸底。3 月 3 日为第 17 次全国“爱耳日”，即第 4 次“国际爱耳日”，宣传教育活动主题为“关注儿童听力健康”。迎泽区在 2 月 25 日到 3 月 3 日期间开展“爱耳日”宣传活动，促进迎泽区听力残疾的康复工作。2016 年 5 月 15 日，全国第 26 次助残日的主题是“关爱孤残儿童，让爱洒满人间”。5 月 13 日，区残联联合迎泽区肢残人协会共同举办“常回家看看——改梅助困室是我家”主题活动，并邀请到太原市残联领导莅临参加，与 40 余名残疾人朋友一同体验太原站无障碍设施，欢度节日；助残日期间残联对全区 47 名孤残儿童及贫困残疾人进行慰问，每人 500 元。（逯　慧　强玉梅）

迎泽区工商联合会

【概述】　2016 年，迎泽区工商联合会（简称区工商联）紧紧围绕区委、区政府的中心任务，充分发挥职能作用，切实加强自身建设，推动各项工作再上新台阶。

2016 年，区工商联内设办公室。编制 3 个，实有人数 2 人。

区工商联职责为：促进非公有制经济健康发展，帮助非公有制经济人士健康成长，是工商联的基本任务；为非公有制经济健康发展和非公有制经济人士健康成长服务，是工商联的立会之本。为认真履行中国工商业联合会章程，充分体现工商联是党和政府联系非公有制经济人士的桥梁和纽带，政府管理非公有制经济的助手作用，推进区工商联的各项工作顺利实施，开拓创新和卓有成效地作好基层工商联工作，服务好迎泽区各行各业的非公有制经济领域。

【理想信念教育和“双学一跟”活动】　9月 23 日，区工商联在东都服装批发市场 11 层会议室召开迎泽区非公经济人士理想信念教育暨“双学一跟”座谈会。工商联会员代表 40 余人参加。省、市政协委员，迎泽区人大常委、山西财经大学 MBA 教育学院院长、工商管理学院院长卫虎林教授围绕当前经济形势，解读民企发展的有关经济政策，并对当前经济形势走向和新形势下企业管理未来发展趋势进行分析研判，引导企业走创新发展之路，自觉履行社会责任。并就如何弘扬企业家精神，全面推进“双学一跟”活动，为大家做专题报告。

3 月 31 日，区工商联会员企业太原服装城集团组织所属企业：太原市东都服装有限公司、太原市西城服装有限公司、太原市新东城服装有限公司 180 余入党积极分子、经营工作者代表、员工代表来到太原市双塔革命烈士陵园举行祭扫活动，祭奠革命烈士，重温入党誓词，进行革命传统和爱国主义教育。

在迎泽区第 30 个统战宣传月活动期间，区工商联会员企业山西领先大屏文化传媒集团有限公司利用自身优势，在五一广场、大南门、滨河东路南内环桥、开化寺、省政府五个地点，运用领先传媒集团全彩 LED 显示屏宣传统战，全天每屏滚动播放统战标语 100 次，每次 15 秒，连续播放1个月。统战标语涵盖统战政策理论、民族宗教、非公经济人士“四信”教育、贯彻侨法、同心共筑中国梦等内容。

【三届四次执委会】 2016年1月15日，区工商联在太原市东都服装市场召开学习解读十三五规划暨三届四次执委会，区联主席王天明做执委会工作报告，通报区工商联2015年度工作开展情况和2016年工作打算。最后，山西财经大学MBA教育学院院长卫虎林教授结合当前经济形势以及十三五规划的有关内容，重点就非公经济发展的有关政策进行解读，给企业家们分析讲解，指点方向，明确目标，促进会员们对国家政策的理解和领会。

【考察调研】 3月26日，在阳曲县新阳广场，区联组织部分会员参加阳曲县农业项目招商推介会。推介会有农业项目200多个。会员们认真进行考察和交流。部分会员还就一些项目达成合作的意向。

4月13日，组织部分会员参加“新常态下中国经济的供给侧深化改革”为主题的三晋高管论坛。

6月21日，组织旺达汽配等12家企业40余名企业家和财务人员参加了以“营改增”为内容的“企业的机遇与挑战”为主题的三晋高管论坛。培训由著名财税筹划实战派专家，国内著名财税培训师叶建平教授对“营改增”这一财税体制的重大变革做全面的分析讲解，讲解“营改增”的必要性。此次培训提高民营企业对“营改增”的认识，提升企业财务人员对“营改增”的深度了解，对企业财务的账务处理提供了有效的帮助。

9月29日，组织会员参加由杭州市东方电子商务园、山西省山东商会、太原市企业联合会共同举办的“践行十三五 适应新常态”暨“晋浙互联网+分享经济项目跨界合作对接会”。会员企业22人参加。活动对接了山西省商务厅“互联网+”发展政策，打造山西特色馆和线上商城，招募山西地区农特产、食品、快消品行业合伙人和电商业务合伙人。针对农特产、食品、快消品行业企业在产品营销、业务合作、分享消费方面展开交流合作。

【法治教育】 6月29日，组织部分会员参加全市非公有制经济人士“双学一跟”活动法治教育讲座。市经侦支队支队长李明亮以“强化法治意识，预防企业刑事犯罪风险，确保企业安全健康发展”为主题，从认清非公有制企业犯罪严峻形势、把握非公有制企业犯罪特点、提升守法经营能力等方面做了认真讲解和剖析，以案释法、以法论事，为非公有制企业家上了一堂生动的警示教育课。通过学习，在座的非公有制经济人士提高依法经营、依法治企、依法维权的意识，认识到构建“亲”“清”政商关系的重要意义，增强遵纪守法办企业、光明正大搞经营的信心。

9月1日，区工商联组织20余名会员参观调研中国太原互联网+智慧产业园，听取和实地考察园区基础设施建设情况，深入了解项目进展和企业经营状况。

11月16日，为使会员企业管理者运用法商管理智慧，学会用法律思维进行决策，有效地防范企业法律风险，进行自我保护。组织23名会员参加题为“法商管理智慧——股权投资的法律风险防范”的专题培训。

【助困扶贫】 9月20日，迎泽区鼎元商会与桥东街道党工委共同举行“送温暖、献爱心”捐赠活动。此次捐赠活动是鼎元商会组织10余位会员共发起的，现场募得现金2万元，受赠群体由桥东地区40余户残疾、贫困、孤寡、计划生育特殊家庭、义工两参人员、低保户等组成。受赠范围广，覆盖面积大，是一场既宣扬爱国统一战线精神，促进非公有制经济人士勇担社会责任，又扶危济困的暖心会。

10月25日，区委常委、统战部部长王国栋、区政府副区长岳旭强、杨永生一行，带领山西鼎隆智装科技股份有限公司、顶好集团、旺达汽配、红马甲集团股份有限公司、太原丽景假日商务会议有限公司、山西杪春企业管理有限公司、太原市东方健动物药品有限公司、太原市迎泽区乐龙火龙果专业合作社、山西万木景园林绿化工程有限公司、山西绿色山区农副产品销售有限公司等区工商联10家会员企业负责人，赴娄烦县静游镇开展精准帮扶活动。

（安俊亮）

迎泽区文学艺术界联合会

【概述】 太原市迎泽区文学艺术界联合会（简称区文联），位于云路街15号迎泽区办公大楼五层，为正科级建制，参照公务员法管理单位。机关编制8名，实有7名。其中：主席1名、副主席2名。

2016年，迎泽区文联在区委、区政府的坚强领导、区委宣传部的有力指导和太原市文联的关心爱护下，带领各协会团体会员和广大文艺工作者牢牢把握“高举旗帜、围绕大局、服务人民、改革创新”的总要求，按照“把握方向，加强联谊；走出去，请进来；打造精品，繁荣文艺”的工作思路，坚持党的文艺方针，把握先进文化的前进方向，一手搭平台，一手抓创作，认真履行“联络、协调、指导、服务”职能，充分发挥组织引导服务重要作用，振奋精神，锐意进取，各方面的工作都取得了新进展、新成效，圆满完成了上级交付的各项任务。

【迎泽区文联迎新春国画展】 2016年2月21日，迎泽区文联在晋商博物馆举办迎新春国画精品展，展出了50多位来自知名画家的66幅作品。参展作品立意深远，形式多样，为新春节日增添了浓浓年味。

【迎泽区悦馨书画艺术交流展】 2016年3月1日，迎泽区文联在和平北路华旺时尚生活广场举办了书画艺术交流笔会展览。书画笔会现场，来自迎泽区的书画大家和书画爱好者们齐聚一堂，执丹青妙笔，挥毫泼墨。此次书画家们共绘制书写各类书画60多幅，现场展出了多幅气势恢弘、格调高雅的书画作品以及篆刻作品，为群众呈上了一场独具特色的书画盛宴。

【大美迎泽中国画精品展】 2016年4月29日，由迎泽区文联举办的《大美迎泽中国画精品展》在迎泽公园的晋商博物馆展出。展出国画精品50余幅，皆为各个知名画家近一两年倾意之作。其水墨酣畅淋漓，意雅韵清。部分作品工写兼备，笔老意新，小品彩墨更是色墨交融，神清气爽。国画有山水、花鸟、人物、写意、工笔，书法有篆、隶、楷、行、草。

【迎泽区牡丹节名家书画展】 2016年4月30日至5月8日，由迎泽区文联举办的牡丹节名家书画作品展在永祚寺禅堂隆重展出，共展出风格迥异的作品八十余幅。

【迎泽区文联纪念毛泽东延安文艺座谈会讲话发表74周年书画展】 由迎泽区文联主办，迎泽区美协、迎泽区美术馆协办的《迎泽区文联纪念毛泽东〈在延安文艺座谈会上的讲话〉发表74周年书画精品展》于2016年5月12日在迎泽区美术馆开幕。画展以“5·23”文艺座谈讲话为主题，展出省、市、区近百位知名画家及书画爱好者近200余幅绘画及书法作品。画家们以其高超的艺术造诣，从不同视角展现对“讲话”深刻的认识和理解。区委宣传部部长孙劲松在欣赏完展览作品后评价：“书画家们的绘画作品雄健洒脱，朴茂清新、内涵深刻，极具个人风格。”

【中国梦　迎泽情，庆祝建党九十五周年书画展】 由迎泽区文联、区文化局、区文化馆共同主办的《中国梦　迎泽情，纪念建党95周年书画展》于2016年6月28日，在迎泽区美术馆隆重举行。此次书画作品展是迎泽区文联庆祝建党95周年系列活动之一。

【迎泽区美协赴青龙镇基层文化交流】 迎泽区美术家协会于2016年7月11日组织书画家8人，深入阳曲县青龙镇侯村农家小院进行文化交流、送书画到基层活动。总共书写书法作品二十多条、绘画作品十多幅。

【迎泽区美协写生走进太行】 2016年9月20日至9月27日，由迎泽区美协带领二十多名书画家走进太行山进行写生创作。太行山典型的山水视角和大峡谷内奇特的断层景观吸引越来越多的艺术家在此进行美术、绘画、建筑等创作。其中断崖高起，群峰峥嵘，阳刚劲露，台壁交错，苍溪水湍，是“北雄风光”的典型代表，号称“百里画廊”。书画家们兴致勃勃，搜集大量的创作素材，大部分画家结合写生的印象在当地进行创作。此行共创作30件写生画作。

【迎泽区“首善之区·文化引领”书法绘画摄影作品展】 2016年12月9日，由市迎泽区政协、迎泽区委宣传部、迎泽区文联共同主办的迎泽区“首善之区·文化引领”——书法绘画摄影作品展在太原市工人文化宫开展。 （赵欣铃）

迎泽区科学技术协会

【概述】 2016年，太原市迎泽区科学技术协会（简称区科协）在省、市科协的具体指导下，在区委、区政府的正确领导下，团结带领基层科协组织和广大科普工作者，坚持科学发展观为指导，以“两学一做”

专题教育为契机，认真贯彻落实党的十八大、十八届四中、五中、六中全会精神，及习近平总书记系列重要讲话精神，紧紧围绕区委、区政府的中心工作，以提高全民科学素质为重点，全面贯彻《全民科学素质纲要》，落实省市全民科学素质工作精神，按照“政府推动、全民参与、提升素质、促进和谐”的指导方针，扎实有效地开展各项科普活动，

【自身建设】 开展学习型机关和学习型支部建设、“两学一做“专题教育活动，加强廉政建设和推进部门依法治理，狠抓干部组织、工作纪律，推进机关工作制度化、规范化建设。加强支部建设，组织落实博爱一日捐、慈善救助、工会等活动，通过努力支部的组织、思想、作风建设都得到进一步的发展。

【科普示范社区创建】 根据省级科普示范社区的标准，在全区六街一镇广泛开展创建活动，根据年初计划新创建省级示范社区4个（老军营街办老军营小区第一社区、迎泽街办南内环二社区、解一社区、柳巷街办校尉营社区）、正在创建的市级7个（文庙街办五龙口社区、文庙街办双塔寺二社区、庙前街办新建路一社区、柳巷街办校尉营社区、郝庄镇朝阳一社区、老军营街办老军营小区第一社区、迎泽街办南内环二社区）待审批、已创建区级示范社区9个。

【科普益民计划】 继续加强科普阵地建设，对全区现有86个社区内的科普活动室、科普图书室、科普学校、科普画廊、科普宣传栏等科普阵地进行了改造、维护、加强、扩建，截至2016年年底建有160余处科普宣传栏、宣传画廊，将科普宣传由街巷逐步向居民楼院、楼道延伸，除偏远的街村基本做到各社区的全覆盖，让群众足不出户就受到教育。在宣传内容上，结合区中心工作力求更加贴近百姓生活的各类科普知识，图文并茂，生动活泼，定期更换，深受群众欢迎。

【科普创新】 开展丰富多彩的形式多样的科普宣传活动：如在人流量大的商业区开展大型集中宣传和以社区为单位的小型宣传点相结合，宣传版面展示和编印科普宣传资料下发给居民群众相结合，集中健身讲座和组织具体服务活动相结合等等，开展科普进社区与市民教育相结合，以社区科普学校为基地，利用爱国主义教育基地、文化活动中心、科普阅览室、科普橱窗，社区网站经常开展形式多样的学习、讲座、展示交流等活动，不断为社区居民灌输科普知识。迎泽区科普益民工作获太原市科协科普益民先进单位。

【科技周活动】 5月14—21日，在全区范围内组织开展以“创新引领　共享发展”为主题的科技周，大力宣传《科学技术普及法》《中华人民共和国科学技术进步法》《促进科技成果转化法》；在科普示范社区开展丰富多彩、形式多样的群众性系列科技活动：组织干部群众观看由科协和科技局，电视台录制的太原创新发展纪实《人才的力量》上中下等充分展示和宣传太原市科技发展取得的成就和前景；科技下乡

科技咨询，聘请农大教授深入郝庄镇乡、村的田间地头为农民现场讲述如何科学养殖提高产量，防病虫害知识，深受群众欢迎；开展“尚德守法　共治共享食品安全”的食品安全进社区，进校园宣传活动，为学校捐赠《食品安全365》图书3000多册；核科普进社区，在庙前南海二社区组织居民与清华学子及科研技术人员面对面交流释疑解惑，播放核科普动漫、核科普知识视频、发放核科普宣传册和书籍，旨在让更多的群众解核感受核魅力；编印《互联网+时代的智慧生活》的科普读本免费发放居民群众。通过各项活动营造浓厚的科普氛围，从而在全区掀起科学技术普及的新高潮，进一步发挥科普工作的引领和示范作用。

【科普日（周）宣传教育活动】　9月中旬，按照省市科协的安排，围绕中科协制定的“创新放飞梦想　科技引领未来”为主题，举办“全国科普日（周）”暨第十三届“科普三晋”系列活动，采取知识竞赛、科普大篷车巡展、展板展览、有奖答题、科普讲座、咨询服务、赠送资料等多种形式，面对面广泛宣传。同时，关注社会和广大市民关心的热点疑点，选择赠送科普画报、邀请市民实地参观、组织科技专家现场咨询、编印专门读本等更直接、更有效的方式，及时开展宣传。内容丰富、形式多样的科普活动满足了社会需要，参与公众累计超过30万人次。在全国科普日期间，按照省、市科协的统一部署，区科协积极开展以“保护生态环境，建设美丽迎泽”等为主题的各项科普系列活动。组织干部群众进一步认真学习《全民科学素质行动计划纲要》和《中华人民共和国科学技术普及法》，提高认识，树立科学思想，了解必要的科学技术知识，进一步增强公民的科学素质。组织发动各街道、镇及相关部门结合实际，因地制宜在社区内设小型宣传活动点，开展宣传活动。发放科普宣传资料，充分利用辖区内的墙报、宣传栏，通过张贴标语口号、挂图等不同形式进行宣传。让更多的居民了解全国科普日活动，提高市民参与活动的积极性和主动性，扩大活动的受益面，提高活动的影响力。区科协聘请有关专家，举办科普知识讲座，组织部分机关干部、街道、社区居民群众近千人开展了科普知识有奖答题活动，通过答题使其了解和掌握一定的科学知识。组织动员科普示范社区，带头开展贴近居民实际的保护生态环境、垃圾分类等环保方面的科普知识宣传，开展社区科普益民行动。组织机关干部、社区居民观看《科普每一天》《人才的力量》电教片。印制《提高全民科学素质读本》《崇尚科学反对迷信》《青少年科普读本》《互联网+时代的智慧生活》等3万余册，免费发放到机关、街道、社区干部群众手中，取得较好的宣传效果。

【防范邪教宣传月活动】　根据山西省反邪教协会的有关文件要求，在9月开展“崇尚科学　防范邪教”宣传月活动，要求此项活动进社区、进校园、进农村，于9月19日在迎泽区第三实验小学举办启动仪式，组织学校师生参观反邪教展板，发放反邪教宣传资料，捐赠《米涂遇邪知返记》动画光碟及图书，并进行现场讲座，得到学校师生欢迎。在庙前南海二社区、迎泽解一社区开展相关的参观展板、讲座等活动。

【第 32 届青少年科技创新大赛】　组织参加山西省市第 32 届青少年科技创新大赛。提高青少年的科学素质，一直是科协的一项重要工作，区科协主动与区教育局沟通，取得他们的支持和配合，由科协搭建平台，学校和学生积极参与，以科技创新大赛为契机，通过孩子的动手动脑，以提高孩子们从小爱科学、学科学、用科学的兴趣。在组织的 32 届青少年科技创新大赛活动中，迎泽区各学校领导高度重视、科技辅导教师精心指导、广大学生积极参与，报送了科技幻想绘画、科技实践活动论文和科技项目小发明等一大批作品，共收集作品 628 件，其中少儿绘画作品 479 件、手工制作 79 件、教师作品 70 件，远超 2015 年。经过认真筛选，聘请专家初评，向省市选送 215 件优秀作品。区科协对这次活动组织突出的学校和老师以及优秀作品进行表彰。在 31 届大赛中迎泽区选送的 140 件作品中获市级小发明一等奖 5 名，二等奖 7 名，三等奖 3 名。绘画一等奖 16 名，二等奖 36 名，三等奖 56 名。省级学生绘画一等奖 3 名，二等奖 9 名，三等奖 4 名。宋庆龄少儿发明家一等奖 7 名，二等奖 3 名，三等奖 3 名，国家级绘画三等奖 3 名。获市优秀组织奖。

【校园护眼科普服务】　2016 年，区科协发挥共建优势，整合社会资源，与驻区中医医院配合，在 2015 年开展试点的基础上，继续普及开展校园护眼科普服务活动。

（李　熠）

迎泽区归国华侨联合会

【概述】　2016 年，太原市迎泽区归国华侨联合会（简称区侨联）在区委、区政府的领导下、在市侨联的指导下，围绕中心工作，积极开展各项惠侨活动，圆满完成各项工作任务。

区侨联成立于 2011 年 2 月，是由归侨、侨眷组成的人民团体，为正科级全额拨款事业单位，隶属太原市迎泽区委、区政府管理。区侨联核定事业编制为 3 名，领导职数：主席 1 名（正科级），实有在编人员 2 人，无内设机构。侨联主席李红。

【学习活动】　严格学习制度，深入开展“两学一做”“双学一跟”活动。根据区委和统战部安排部署，区侨联始终以党的十八大、十八届五中、六中全会和习近平总书记系列重要讲话精神为指导，围绕为民务实清廉的主题和做“四讲四有”合格党员的总要求，紧密联系工作实际，精心组织、周密部署，召开侨联班子成员座谈会和民主生活会，开展集中学习和讨论，牢记党的宗旨，牢记党的优良传统和作风，做到学用结合，知行合一。

【联谊共建活动】　1. 积极配合市侨联开展各项活动。组织侨胞侨眷聆听市侨联举办的书法、摄影等讲座，参加诗歌朗诵、民歌专场、琵琶演奏会，积极组织归侨侨眷参加世界华侨华人摄影展、书画展和世界华人华侨中小学生作文大赛，并取得骄人成绩。组织归侨子女参加市侨联和市外侨办共同组织的“感受温暖　热爱家乡”为主题的夏令营活动。

2. 举办“粽叶飘香，情暖侨心”包粽子活动。6月6日，区侨联在迎泽街道青二社区侨之家举办“粽叶飘香，情暖侨心”为主题的包粽子活动，活动结束后，由区侨联与社区负责人一同将热气腾腾的粽子送到困难归侨张润生、黄俊安等老归侨家中，使他们倍受感动，切身感受到党和政府对他们的关爱之情。

3. 举办书画展。9月29日，迎泽区侨联、迎泽街办、青二社区侨之家在景峰国际举办“心系侨眷、情暖侨心、和谐迎泽”书画展，区委常委、统战部部长王国栋、区侨联及街办负责人出席活动。活动以“凝心共筑中国梦、画出最大同心圆”为主题，围绕迎泽区第三十次统战宣传月活动内容，共展出书画作品50余幅，并特邀省城书画名家现场作画写字，从不同角度抒发侨界群众对党和祖国的热爱之情。

【拓宽对外交流渠道】　1. 选派英语教师参加对外英语交流活动。为促进迎泽区教育事业发展，8月，经区侨联组织推荐、市侨联、市侨办共同协商，迎泽区派出两名优秀英语教师赴长沙参加由香港惩教社教育基金会主办的暑期英语学习交流活动。

2. 走出国门，积极传播中华文化。推荐并选送迎泽区优秀中学历史教师1名，参加“2016年6月中华文化大乐园——柬埔寨金边夏令营”活动，到海外青少年中传播中华传统文化；选送一名优秀小学教师赴泰国支教，支持海外华文教育发展。

3. 组织侨企赴石家庄参加国际投资合作洽谈会。11月6—8日，迎泽区两家侨企杭州雅妍健康实业有限公司太原分公司和升东晟路桥有限公司参加2016年中国石家庄国际投资合作洽谈会，聆听石家庄旅游项目及旅游产品介绍，参观石家庄首届工业品博览会，考察石家庄信息产业基地和君乐宝乳业公司，其间，还与保加利亚客商进行了互动交流。

【香港惩教社教育基金会来迎泽区捐资助学】　吸引港资，促进迎泽区教育事业发展。8月，与香港惩教社教育基金会建立联系，争取资金，签署协议，为迎泽区并东小学捐赠电脑35台，极大缓解该校部分教学设备陈旧等困难。

【惠侨工作】　1. 走基层访侨户，维护社会安定团结。在中秋、国庆、重阳和春节等一些传统节日，通过电话问候、短信祝福和上门走访等形式陆续向辖区内广大侨胞侨眷致以节日慰问。

2. 关爱老侨孤侨，深化社区服务内容。把“空巢”、独居或生活不能自理的困难归侨侨眷老人，作为重点帮扶对象，利用社区优势，做好知侨、亲侨、护侨工作。春节前，为部分孤老及困难归侨、侨眷安排清洁公司上门服务，帮助他们擦洗玻璃、清理卫生。为65岁以上的老归侨进行免费体检，在节假日和平时重点对在侨界有影响力的老侨及身患残疾和得大病的老侨侨眷多次登门看望，给他们送去慰问金和慰问品。为驻地符合条件的 33 名归侨办理归侨证，为 21 名 60 岁以上的老归侨争取到每月 200 元的生活补助，为 4 名“三侨生”争取到助学金共计 8400 元。

【基层调查研究】　为实现迎泽区侨务工作全覆盖，区侨联多次深入侨胞侨眷较为集中的庙前街道桃园路二社区、迎泽街道解南二社区、老军营街道劲松社区进行集中调研摸底，对社区的软硬件进行考察，了解辖区内困难侨胞侨眷、老归侨的情况，为下一步创建全国侨务示范社区打好基础。

【接受省人大视察】　7 月 21 日，省人大常委会民宗侨外工委主任李东福和市人大常委会主任弓跃带领执法调研组一行，就迎泽区贯彻实施《中华人民共和国归侨侨眷权益保护法》《中华人民共和国归侨侨眷权益保护法实施办法》和《山西省实施〈中华人民共和国归侨侨眷权益保护法〉办法》开展调研。省市外侨办相关领导及迎泽区人大、统战部和侨联领导陪同调研。调研期间，调研组一行实地察看迎泽区侨企禧巍阁国际母婴护理中心，太原禧巍阁家政服务有限公司董事长毛书红详细介绍护理中心情况及运营模式等，得到调研组的充分肯定和赞许。　（王飞飞）

迎泽区人民武装部

【概述】　2016年，迎泽区人民武装部（简称区人武部）在警备区党委和区委、区政府的正确领导下，坚持以习近平主席系列重要讲话精神为指导，以警备区“全省当窗口、全国走前列”奋斗目标为牵引，紧紧围绕“两学一做”学习教育和“改革强军”主题教育主线，着眼“创建省会中心城区一流人武部”的奋斗目标，突出首位固根本、问题导向补短板、持续整改转作风、群策群力创一流，确保举旗铸魂信念坚定，确保任务完成安全稳定。

【思想政治建设】　区人武部始终把人员的思想稳定作为关乎全局稳定的首要工作和保底工程来抓。紧紧扭住警备区“三严三稳”指示精神，突出正面教育，突出问题导向，突出领导干部这个重点，扎实开展“两学一做”学习教育和“改革强军”主题教育，教育引导党员严格党性锻炼，自觉按照党员标准规范言行。为全体同志购买《习近平总书记系列重要讲话读本》，细化“信仰、担当、真理、人格、思想、文化、故事”七个方面，采取领导带头学、紧贴使命学、坚定信仰学、领悟要义学的方式方法，跟进学习领悟习主席新理念新思想。开展手抄党章一百天活动，把学党章党规与学系列讲话结合起来，烧旺党内生活大熔炉，立起合格党员新标尺，引导党员干部回归本真。通过开展“感恩、知足、知止”的日常教育结合经常性开展的大谈心活动，矫正价值追求。

（吴晓波　赵迪敏）

【征兵任务】　2016年，区人武部创新征兵宣传工作，从区人武部入伍的现役大学生士兵曹中文全程参加警备区组织的大学生士兵宣讲活动，为大学生应征群体起到了较好的示范引领作用。6月，区人武部主动作为，以卫星上天的方式，与山西省电视台拍摄制作宣传片，每天在7个省级频道滚动播出48次，极大地拓展覆盖面、深化影响力、扩大宣传效果。

发挥党管武装作用破解征兵难题。协

调区政府，将区属企业招工50%的指标用于退伍兵。对2015年已改造和正在改造的2名城中村入伍义务兵，按城市标准发放优待金。持续落实好退伍兵免费培训3个月的规定。协调2015年双拥先进单位每年结对帮扶困难现役军人家庭。加大对义务兵家属的慰问力度，2016年完成慰问工作全覆盖。（吴晓波　赵迪敏）

【战备训练】　通过扎实训练提高所属人员素质。区人武部文庙街办专武干部孙炜在省军区组织的专武干部集训中获得个人综合成绩第4名；在警备区专武干部集训中，区人武部获得单位综合成绩第一、个人综合成绩第六第七和识图用图单项第一、理论考核单项第二的较好成绩；8月，区人武部专武干部刘立军参加省军区“八一”演练轻武器射击第一名；10月，区人武部民兵应急队员冯小君参加全省群众性岗位大练兵获得民兵应急队员组个人综合成绩第4名。（刘海涛　任　伟）

【国防教育】　投入专项资金，依托台骀山城郊森林公园建设规模更大、宣传形式更丰满多样的国防教育主题公园。区人武部在该公园核心景区设置八块太原战役橱窗，在公园主干道设置以国防教育为内容的100块道旗和70个草坪牌。在迎泽区政府旁的核心地段炒米巷设置14块国防教育道旗，有力有效的增强辖区国防教育氛围。9月19日，省军区所有常委、省国教办成员单位领导、市政府任副市长、市委宣传部部长，太原警备区所有常委，区主要领导参加区人武部在五一广场组织的以“传承红色基因、赓续红色血脉”为主题的庆祝中国共产党成立95周年、纪念红军长征胜利80周年国防教育图片展，弘扬了长征精神，进一步浓厚辖区国防教育氛围。（吴晓波　赵迪敏）

【基层建设】　4月，经区政府和警备区审批，区人武部按照有关规定，以2015年各基层单位征兵任务完成情况为事实依据，兑现发放专武部长每月每人300元、专武干事每月每人240元的的特殊岗位津贴，累计124000元；整组期间，组织全体专武干部到万柏林区小井峪乡武装部参观学习，进一步规范民兵组织整顿的程序内容和方法步骤，为基层专武干部如何搞好民兵组织整顿，提供了直观的参考和借鉴；依托市联通移动高科技企业、市120急救中心、市疾控中心优势行业等，组建网络攻防、作战防疫等新型作战力量，编实建强38人的民兵网络攻防分队、60人的医疗防疫分队。结合春季检修，组织供热、供电两支应急抢修分队进行了训练演练；对9个基层武装部，20个民兵营（连、队）部进行了规范统一，按照新样式制作了35块版面，更换了59块门牌，为17个社区应急班组配备了应急器材和服装。为医疗防疫分队和电力抢修分队统一配备了服装；在年初为六街一镇基层武装部各下拨2万元专项武装经费的基础上，为进一步配齐装备器材，又各追加1万元，确保武装经费充足。（刘海涛　任　伟）

【社会服务】　7月20日连续降雨，辖区幸福社区十余栋楼水淹至一楼，接到民兵情报信息员报告后，区人武部迅速启动抗洪救灾应急预案，96名民兵应急队员携冲锋舟迅速赶赴现场，干部带头和应急队员们跳入齐肩深的水中，人背船送抢救出人员287人，财产若干，保卫人民生命财产安全。社区民兵应急班组有针对性开展训练，提升巡逻执勤能力；根据民兵情报信息员的报告，成功跟踪处置“泛亚”人员集会、吕梁老兵省委上访等群体事件，确保了辖区民社情稳定；11月，受区委请求，经报警备区批准，区人武部派出50名民兵应急队员持续一个月，24小时参与“凤凰山庄”上访人员维稳执勤。

（刘海涛　任　伟）

【扶贫工作】　划拨5万元对口支持娄烦县康家沟村脱贫工作；投入经费12872.5元为张家河卫生所配套完善医疗器具和药品，建设标准化农村示范卫生所，定期组织山大一院民兵医疗队进行巡诊，使村民小病不出村；投入经费10420元为港道村小学创建文体特色小学购置羽毛球、乒乓球、篮球等急需的文体器材；按照扶贫计划，结合娄烦县贫困军属段补儿家庭实际，为其购置磨面机、扒谷机、钢磨等农机农具，扶持其建立家庭加工厂。

（吴晓波　赵迪敏）

国防动员

【概述】　2016年以来，迎泽区国防动员委员会（简称区国动委）在省、市和上级军事机关的坚强领导下，紧紧围绕区委、区政府和区人武部党委的中心工作，深入学习党的十八大精神，扎实开展“两学一做”学习教育活动，以统筹经济建设和国防建设协调发展为方向，积极探索加强国防后备力量建设的新方法和新途径，全区武装工作迈上新台阶，双拥工作和国防建设得到各级领导的肯定。

2016年9月，中共太原市迎泽区委、迎泽区人民政府、迎泽区人民武装部下发《关于调整迎泽区国防动员委员会成员的通知》，区委书记冯原平任第一主任，区委副书记、区长李慧任主任，区委常委、区人民武装部政治委员尹亮君任常务副主任，副区长闫晓琴、区人民武装部部长闫海军任副主任。区国防动员委员会下设9个专业办公室，分别列入区委、区政府、区人民武装部有关部门序列，即：综合办公室（设在区人民武装部军事科）、政治动员办公室（设在区委宣传部）、人民武装动员办公室（设在区人民武装部军事科）、经济动员办公室（设在区发展和改革局）、人民防空办公室（设在区人民防空办公室）、交通战备办公室（设在区交通局）、信息动员办公室（设在区经济和信息化局）、科技动员办公室（设在区科技局）、装备动员办公室（设在区发展和改革局）。

【政治动员】　9月19日，省军区所有常委、省国教办成员单位领导、市委宣传部长、市政府副市长、太原警备区所有常委、区主要领导参加在五一广场组织的以“传承红色基因、赓续红色血脉”为主题的庆祝中国共产党成立95周年、纪念红军长征胜利80周年国防教育图片展，弘扬了长征精神，进一步浓厚了迎泽区国防教育氛围。

【人民武装动员】 3月29日，组织全体专武干部、民兵骨干到万柏林区小井峪乡武装部参观学习，进一步规范民兵组织整顿的程序内容和方法步骤，为基层专武干部如何搞好民兵组织整顿，提供直观的参考和借鉴；依托市联通移动高科技企业、市120急救中心、市疾控中心优势行业等，组建网络攻防、作战防疫等新型作战力量，编实建强38人的民兵网络攻防分队、60人的医疗防疫分队。结合春季检修，组织供热、供电两支应急抢修分队进行了训练演练；对9个基层武装部，20个民兵营（连、队）部进行了规范统一，按照新样式制作了35块版面，更换59块门牌，为17个社区应急班组配备应急器材和服装。

【经济动员】 3月，按照“战时应战、急时应急、平时服务”的要求，遵循“平战结合、军民兼容、快速转换、持续高效”的原则和“军队提需求、国动搞协调、政府抓落实”的工作机制，区国动委经济动员办公室安排专人负责国民经济动员潜力调查工作，深入各企事业单位实地开展工作，按要求认真做好调查表的填报，做到信息准确、详细。同时，还完善战略物资动员预案和应急计划，较好的完成国民经济动员的各项工作。

【交通战备】 2016年来，区国动委认真贯彻《国防交通条例》和《民用运力国防动员条例》，加强组织领导，重点抓好国防交通基础设施建设、交通运输动员、专业保障队伍建设、正规化建设和国防安全教育工作，认真落实上级的各项工作任务，积极开展交通战备工作。

【信息动员】 3月，区国动委信息办认真开展国防动员潜力调查，主要对通信行业的长途干线、程控交换机容量、机动通信、移动电话、联网计算机等有关数据和本地信息化建设中通信设施和公共信息化建设的基本情况进行综合调查。4月，区国动委信息动员办公室组织有关单位进行了学习培训，提高国防动员意识。

【科技动员】 2016年来，区国动委科技动员办按照各级指示要求，积极组织协调科研机构、有关单位完成科技动员建设任务，配齐配强人员，指定专人负责，加强国防潜力调查，修订完善科技动员预案和应急计划，做好科技力量储备、编组动员、科技支前等准备工作。 （刘海涛 刘清树）

人民防空

【概述】 2016年，迎泽区人民防空办公室（以下简称区人防办）围绕实现省会城市中心区人民防空工作“平时作用大，战时能力强”的建设目标，以人防工程维护管理为重点，努力打造人防疏散地域建设和宣传教育“五进”工作两大亮点，坚持人防法治建设这根主线，不断深化人防融合发展，圆满完成各项工作任务。

2016年，区人防办内设综合科、工程

管理科、通信指挥科3个科室。编制9人，实有6人。下辖迎泽区人民防空监察站，编制3人，实有2人。

【指挥通信建设】 指挥通信建设情况。根据防空防灾需要，城区共配置电声防空警报器××部，实现了警报音响全覆盖。3月9日，完成省人防应急通信保障任务。5—7月，对辖区警报器维管工作进行全面检查，确保“9·18”警报试鸣圆满成功。

【工程维护管理】 2016年，按时签订人防工程安全管理责任书，开展早期人防工程春季普查、汛期排查、定期巡查，累计500余人次。维修东山器材库、双西人防宿舍等公共人防工程，做到隐患排查到位、整改通知到位、隐患治理到位，避免了人防事故的发生。

【平战结合工作】 平战结合建设情况。2016年，区人防办加大投入，改造和修缮了临街防空地下室、地面伪装房、战备器材库，充分发挥以洞养洞的政策优势，不断加大融合发展力度，多渠道多形式实现人防资产保值增值，平战收入逐年提高。

【宣传教育】 宣传教育工作。利用小山沟疏散基地开展应急培训。5月26—27日、6月25日，对山西越野e族志愿者进行了军事训练和应急知识培训。在7月19—20日的城市内涝灾害中，该志愿者队伍对遇险车辆和被困群众实施安全救援，赢得了社会的好评。3月28日，太原三十六中“蓝色之夏”志愿者社团，在安全教育宣传日主题活动中开展了疏散演练。6月，在省图进行志愿服务，充当义务讲解员。11月13日，该社团到祁县智力残疾孤儿院开展“关爱残疾儿童，献出一份爱心”活动，捐款捐物，实地慰问。

【依法行政】 一是行政审批工作按照《关于迎泽区区级行政审批服务事项集中进驻区政务服务中心工作方案》要求，细化内部办理流程，制订事项流程图，确保每个环节责任到人、限时办结。二是行政执法工作完成与市执法局的对接，严格按法定程序公开、公正执法。

【队伍建设】 人防办机关队伍建设。一是着力构建学习型机关。在学习重点上，更加突出科学发展为重点；在学习制度上更加突出长效性，建立集中学习与自学相结合的学习制度，提高机关人员的理论水平和业务素质。二是着力构建创新型机关。始终把创新作为迎泽区人防办实现工作新突破、新跨越的最有效途径，大力推进思想观念、工作方式等方面的创新，营造良好的创新氛围。三是着力构建服务型机关。以开展“加强执行力建设提高行政效能活动”和在党员队伍中开展以“为民、务实、清廉”为主题，以反对“四风”、服务基层为重点，紧紧围绕保持党的先进性和纯洁性，严格查摆问题，狠抓整改落实，切实转变服务态度，全面提升服务水平。四是始终把培养全办干部队伍的团队精神、团结协作精神作为人防干部队伍建设的关键来抓。通过开展“准军事化”教育和培训，打造了一支雷厉风行、令行禁止，既能吃苦耐劳、又敢打硬拼的人防队伍。

（林云峰）

消 防

【概述】 2016年，迎泽区公安消防大队有现役干部16人（教导员张震、大队长阎红涛），合同制文员5人，监督检查车辆4台。所辖庙前中队，配备干部4人、战士13人、合同制消防员7人；配属执勤车辆4台，其中A类泡沫车1台、抢险救援车1台、水罐车2台。所辖广场中队，配备干部4人、战士27人、合同制消防员7人；配属执勤车辆4台，其中A类泡沫车1台、抢险救援车1台、水罐车2台。

2016年1月1日至12月31日，区公安消防大队日常监督检查单位共4483家，发现火灾隐患5677处，督促整改火灾隐患5648处，下发责令改正通知书4164份，下发行政处罚决定书181份，下发临时查封决定书37份，责令“三停”单位36家，罚款167.5万元，联合派出所拘留131人。全年，迎泽区共发生火灾256起，死亡2人，造成直接财产损失106.9万余元。共接警出动525次，出动车辆1113辆次，出动警力5885人次，抢救被困人员48人，疏散被困人员218人，抢救财产价值40.2万余元。

【消防管理中心】 多年来，迎泽区区委、区政府高度关注消防安全工作，不断探索消防安全工作新模式，整合相关部门分散力量，投入1300万余元，成立全省首家消防管理中心，至2016年年底，共录用工作人员66名，购置消防车、指挥车19辆及随车器材装备100余件套。消防管理中心由区消防安全委员会直属管理，由迎泽区常务副区长全面负责，公安迎泽分局分管副局长兼任中心主任，区城管局局长、消防大队军政主官兼任副主任，公安抽调两名骨干带队担负起了“消防检查、隐患督办、消防宣传、灭火救援”等职责。

消防管理中心成立以来，全区消防工作凝聚力全面提升，消防安全委员会有了工作抓手，通过“四员一体”机制，按照“制定检查计划—通知相关街（镇）、派出所—分组联合检查—下发督办通知—管理中心复查—疑难问题综合治理—监察部门追责”的工作流程，使全区消防安全工作得到全覆盖，有效解决部门推诿扯皮现象，也将原来消防工作中的“查查就走”改为“告知整改”，将“查后放任”改为“真查实改”。按照工作流程和《消防检查工作手册》，消防管理中心先后对柳巷、迎泽大街两侧及桥东地区、并州东街两侧及桥东地区朝阳街、庙前、迎泽地区进行全面排查，共检查各类小场所6928家，发现火灾隐患14015处，现场督促整改4307处，对6767处隐患下发火灾隐患整改告知书369份，确保迎泽区火灾形势持续稳定好转。消防管理中心将消防安全宣传作为常态工作，对辖区各类小场所、社会单位、居民楼院进行多种形式的消防安全宣传，共开展宣传20次，发放资料1000余份，培训居民7000余人次。针对居民区火情特点区政府制订《关于开展燃气设施使用安全专项宣传的通知》，向驻地单位发出《关于加强单位安全使用燃气的函》，向小餐饮场所发出燃气安全《告知书》，向居民群众发出1封《安全信》，燃气宣传达到全覆盖。

【重点区域消防管理】 2016，全区采取社会单位自查、部门和行业系统联动、消防部门依法监督、消防管理中心补充相结合的方法，集中开展以石油化工危险化学品等易燃易爆企业和人员密集场所、文物古建筑、医院、养老院、学校、幼儿园、彩钢板建筑、老城区为重点的消防安全专项治理行动。夏季消防检查专项行动期间，区消防大队联合区安监、质监局对15家易燃易爆危险化学品场所，联合区商务、工商局对18家人员密集场所，联合区文广局对全区7家影剧院、联合区文物、宗教局对全区8处文物保护单位，联合区民政局对5家养老院，联合卫生局对9家医院，联合区教育局对5所中小学校进行了检查，积极组织安监、文物、旅游、商务、宗教等十部门和公安派出所参加公安部为期两天的夏季消防检查视频培训会，推动落实行业部门消防安全监管责任。

【建立区域联防组织】 2016年11月，按照公安部《今冬明春火灾防控工作要求》，组织全区160家设有消防安全控制室的消防安全重点单位建成微型消防站，建成率达100%，全区240家重点单位按照“行业相近、位置相邻”的原则建成39个消防安全区域联防组织。柳巷铜锣湾宝地物业、郝庄朝阳街服装城集团作为试点单位，其消防安全区域联防工作经验，在全市予以推广。

【专项整治】 迎泽区区委、区政府高度重视消防工作，分别以区政府办名义印发《全区夏季消防检查方案》和《冬春火灾防控工作方案》，并多次召开专题会议进行安排部署，广泛发动各级政府、各行业、各单位全力开展消防检查和重大节日消防安全保卫。天津特别重大火灾爆炸事故发生后，区安委办率先印发《关于立即开展危险化学品生产经营企业安全生产大检查的紧急通知》，在消防安全委员会的协调下，公安、城管、执法、卫生、消防、质检等六部门配合，消管中心为主力军，检查餐饮856家，捣毁非法液化气经营店1个，没收过期报废液化气钢瓶536个，拘留违法嫌疑人6人，中央电视台以及省市十余家媒体对迎泽区铁腕整治液化气钢瓶的事件进行专题报道，取得良好的社会效果。此外，为深刻吸取全国连续发生居民住宅小区重大火灾事故教训，区政府先后印发《关于加强全区居民住宅小区消防安全工作的通知》《关于认真做好消防安全重点人口管理的通知》，明确各街镇、公安、消防、交警、派出所、住建、规划、执法、工商等单位以及物业企业、业主委员会对居民住宅小区的监管责任，发动社区、派出所全面排查全区居民住宅小区消防安全现状，联合区住建局联合消防大队对全区物业服务企业负责人进行消防安全培训。各街镇、各行业部门、各派出所分别根据上述方案、通知要求，召开动员部署会，按照各自职责开展地毯式、全覆盖消防检查。专项行动期间，共联合公安派出所检查“九小场所”7421家，消防管理中心检查单位

6928 家，发现火灾隐患 14015 处，现场整改隐患 4307 处，对 6767 处隐患下发《整改告知书》369 份。此外，区政府对山西融邦商贸有限公司、太原市松广物业管理有限公司等 2 家重大火灾隐患单位进行了挂牌督办，目前已全部整改销案。

【创新消防宣传】 2016 年，全区共开展大型消防宣传活动 5 次，发放各类消防资料 3 万份，对外开放消防站 60 余次，接待群众 4 万余人，积极督导学校将消防安全教育纳入教学计划，2016 年，辖区太原师范学院附属一小学、双西小学被评为国家级“消防安全示范学校”。同时，迎泽区充分发挥电视、媒体作用，定期播报消防要闻和及时曝光火灾隐患。利用户外大型 LED 屏、楼宇电视等媒介高频次播出消防安全提示标语和消防公益广告；发动辖区 7 家电影院播放消防公益广告宣传片；累计组织全区社会单位 44423 名员工在市政府网站“太原市行业消防知识在线学习平台”进行在线学习考试；通过移动互联网消防信息服务平台“手机短信发送平台”向消防安全重点单位责任人、管理人等目标人群发送业务工作及提示短息万余条；通过官方微信，每日向 4595 个关注消防微信的人群发布一次消防安全常识，全民消防安全常识显著提升。

此外，为了加强对全区师生的消防安全教育，切实提高广大师生的消防安全意识和自防自救能力，2016 年 8 月，区教育局、区消防大队联合下发《关于认真开展暑期消防安全宣传教育活动的通知》，在全区 100 余所中小学、幼儿园开展“消防安全示范课”征集活动、校园夏季消防安全检查、“六个一”消防宣传教育活动以及暑期消防安全实践活动，5 万余名学生、幼儿及其覆盖的学生家长接受消防再教育，取得“教育一个孩子、带动一个家庭、覆盖整个社会”的良好效果。

（迎泽消防大队）

法治

FAZHI

政法综治

【概述】 2016年，中共太原市迎泽区委政法委员会（简称区政法委）深入学习贯彻落实党的十八大和十八届三中、四中、五中、六中全会和习近平总书记系列重要讲话精神，切实增强“四个意识”，将维护社会稳定纳入党建目标责任，深入推进平安迎泽、法治迎泽和过硬队伍建设，为建设省城首善之区创造安全稳定的社会环境、公平正义的法治环境和优质高效的服务环境。

继续深入推进平安迎泽建设，维护国家安全和社会稳定。进一步加强国家安全教育，加强国家安全人民防线建设，推进国安办实效化建设，切实维护国家安全。坚持打防管控并举，完善立体化治安防控体系。强化对热点问题难点地区治安的治理解决。坚持重要敏感时期超常规整治、常态条件下滚动排查整治的工作机制，不断完善对“黄赌毒”等突出治安问题和火车站等治安复杂场所治理解决，严防反弹回潮，最大限度地从源头上预防和减少重大突发事件和公共安全事故的发生。广泛深入开展多种形式平安创建活动，深入推进社会服务管理体系建设，确保高效运行。

深入推进法治迎泽建设，不断提升执法司法公信力。广泛深入地在全区开展普法依法治理示范单位创建活动，继续扩大“法律大讲堂”工作面，继续推进法治文化大院建设，打造具有区域特色的法治文化品牌，营造深厚的法治氛围。推进司法公开，强化监督问责。实行办案质量终身负责制和错案责任倒查问责制。健全完善阳光司法执法机制，推进审判公开、检务公开、警务公开，自觉主动接受监督。充分发挥党委政法委职能作用。加强对政法队伍建设的统筹规划、组织协调、监督检查，确保党中央关于队伍建设的重大决策部署有效贯彻落实。积极稳妥推进涉法涉诉信访工作，引导当事人理性维权，在法治轨道内解决诉求。落实司法体制改革配套政策，继续推进司法体制改革。优化政法机关内部机构设置，完善编制动态调整机制，加大政法经费投入力度，促进人财物配置与形势任务相协调。

全力加强政法队伍建设，不断提升整体素质。牢固树立“四个意识”，坚定自觉地在思想上行动上同以习近平为核心的党中央保持高度一致。培育和践行政法职业精神，增强思想政治工作的时代性、感召力。强化能力和业务导向，提高执法司法专业能力，提高群众工作能力，提高科技应用能力和社会沟通能力，不断加强政法专门人才队伍建设。坚持把纪律挺在前面，完善各项规章制度，做到纪律严明、令行禁止。持续整改作风突出问题，坚决贯彻落实中央八项规定，形成长效机制。完善权力监督机制，坚决惩治执法司法腐败，营造全面从严治警的浓厚氛围。加强政法窗口单位作风和效能建设，不断提升人民群众满意度。积极开展政法宣传和舆论引导工作，自觉接受媒体监督，弘扬正气，凝聚正能量，树立政法队伍新形象，努力推进政法各项工作再上新台阶，为建设省城首善之区创造安全稳定的社会环境、公平正义的法治环境和优质高效的服务环境。

【社会矛盾化解】 充分发挥人民调解职能作用，建立健全矛盾纠纷联调体系，积极开展社会治安风险隐患大排查大整治等专项行动，区联调中心、街办（镇）联调中心以及社区（村）调解室有序运行，稳妥处置群体性事件，有效化解各类不稳定因素，截至2016年10月底，全区共排查各类矛盾纠纷2671起，调处2637起，调处率98.7%，其中重大矛盾纠纷13起，调处6起，7起正在调处中（属于配合市及其他县区有关责任单位的5起）。区法院积极探索创新，不断完善多元化诉调对接机制，全方位多角度差异化解决社会矛盾纠纷，形成诉前调解+司法确认+庭前调解+执行前调解的民商事纠纷“一站式”解决模式。建立特邀调解员名册，邀请退休法官、律师、人民陪审员、人民调解员等66人作为特邀调解员，发挥社会力量的优势，先行引导当事人选择诉前解决纠纷，无需预交诉讼费即可进入诉前调解程序，极大地节省了当事人的时间和诉讼成本；首在老军营街办等三个辖区试点设立法官工作室，为群众提供法律咨询，及时引导维权途径，就地调解纠纷，有效化解和预防社会矛盾；做强道路交通调解委员会等专业性、行业性调委会的组织建设，完善“大调解”工作体系。2016年，道路交通调解委员会受理调解案件305件，并与驻地法庭建立司法确认制度无缝衔接机制，实现不出交警队大门即可解决交通事故纠纷，促进社会和谐稳定。

【反恐应急能力提升】 组织开展“三大战役”“冬季行动”“打击治理电信网络新型违法法犯罪专项行动”等活动，不断提升群众安全感和满意度。全年共破获刑事案件1244起，破获恶势力团伙2个，命案发生2起全部破案。区人民检察院受理提请逮捕的各类刑事案件611件、788人，其中批准逮捕案件477件、601人，不批准逮捕案件120件、167人。受理移送审查起诉案件786件、984人，起诉742件、943人，不起诉19件、30人，法院作出判决并生效案件571件、650人。立查职务犯罪案25件、29人，其中贪污、贿赂等犯罪案件20件、22人，大案比例占到100%；渎职侵权犯罪案件7件、7人，大案比例占到100%，已移送起诉25件、29人。区法院受理刑事案件930件，审结640件，结案率68.8%。坚持打防并举，标本兼治的原则，加强反恐怖工作，成立迎泽区反恐怖工作领导小组，积极开展工作。采取“请进来”的方式，邀请反恐专家进行反恐专题讲座和培训，拓展全警反恐工作思路。加强武警公安联勤武装巡逻力度。将巡逻范围从火车站地区扩大至柳巷、桥东、郝庄等长途汽车站、繁华商贸区、重点部位、党政机关，加强公交站点安全协管，破获案件108起，提升反恐应急水平。

【国家安全人民防线建设】 2016年是国安办从实体化建设到实效化转变的关键年，在省市国安部门的指导下、在区委、区政府的坚强支持下，进一步夯实人民防线网络建设，发挥国安信息员作用，实施信息奖惩办法，提升其工作积极性。积极开展国家安全业务基础调研，撰写调研报告3份。积极开展国家安全培训宣传教育。在“4·15”和“11·1”等宣传日就国家安全、暴恐威胁等内容进行广泛宣传，于11月23日对全区各部门党政领导及200余名信息员进行业务培训，进一步提升各级党政领导干部和信息员的国家安全意识和工作水平。加强情报信息收集工作，重视情报信息的质量和数量，报送信息20条。

【“天网”工程】 区政府投资建设二类天网共安装摄像机1538个、摄像机图像回传939路，三类点位视频监控摄像机建设新增12451个。直接破案刑事案件121起，协助破案152起，案件调用1759次，抓获犯罪嫌疑人125起，预防犯罪1388起，直接查处治安案件50起，协助查处210起，处罚违法105人，预防犯罪3796起，预防处置群体性事件263起，服务救助群众2845人，为相关部门提供服务241次。加强公安监管，确保全区生产、生活秩序安全。共查处各类治安案件22279起，收缴各类涉危涉爆物品1730件；破获食药刑事犯罪案件8起，筑牢食品药品环境安全防线。与相关公司研发“智能远程火警预警系统”，积极建立“互联网+消防”管理新模式。发现火灾隐患4470处，督促整改火灾隐患4445处，下发责令改正通知书3391份，处罚决定书62份，下发临时查封决定书27份，责令三停27家。1—10月，全区总警情与2015年同期相比下降5.27%，刑事类警情与2015年同期相比下降10.3%，治安类警情与2015年同期相比下降10.7%。

【平安创建活动】 全力确保内部单位安全，各驻地单位均建立由单位主要负责人组成的内部治安综合治理领导组，层层签订“治安责任书”，做到责任明确；排查内部单位420余次，发现治安隐患21处，已全部整改。辖区2家单位被评为省级平安单位；8 家单位被评为省城平安标兵单位，22 家单位被评为省城平安单位；深化群防群治建设，将相邻小区进行联防管理，以警情为导向，对小区附近街面开展治安巡查、联户联防、调解纠纷、惩治查处，并协助社区民警做好社区警务工作。结合互联网+和微信警务服务模式，建立联防小区微信工作群，进行时时动态指导沟通，努力实现治安联防常态化。组建 13 支平安志愿者服务队达 5439 人，制作宣传册 12500 余册，发放传单 13000 余份，为维护社会稳定发挥积极作用。

【治安隐患大排查大整治】 一是加强治安乱点治理整顿，全力服务保障重点项目工程建设。围绕路桥改造、棚户区、城中村、公园改建、地铁 2 号线等重点项目，进一步加强隐患火险排查整改力度。组织开展“社会治安风险隐患大排查大整治”，对辖区“城中村”及治安乱点进行全面排查整治，共摸排流动人口 39652 人，出租房屋 18897 间，“九小场所”1742 家次，社会治安乱点 48 个，其他场所 2145 个；破获刑事案件 51 起，刑事拘留 22 人；查处治安案件 185 起，行政拘留 235 人。其中，“城中村”摸排流动人口 1217 人，登记出租房屋 648 间；破获刑事案件 9 起，刑事拘留 6 人；查处治安案件 68 起，涉赌案件 16 起，行政拘留 88 人。2016 年，全区未因“城中村”拆迁改造引发影响严重的案事件。二是针对柳巷地区、服装城等商贸区扒窃案件突出的顽疾，公安迎泽分局启动“一所两队”工作模式。对反扒便衣队进行了重组，与柳巷派出所、柳巷责任区刑警队联合组成“一所两队”的联动机制，进一步提升专业打击能力，有效遏制重大节日期间警情高发势头，使全区扒窃类警情较 2015 年同期下降 37.8%，此项工作得到市委常委、政法委书记汪凡专题调研指导并给予充分肯定。三是深入开展金融安全领域隐患排查整治。紧紧围绕辖区内重点行业、人员、迹象和区域，调动多警种力量，走访发动群众，广泛发现和掌控线索，努力做好泛亚、“e 租宝”、山西豪景老年公寓、“光彩慈行”等受害群众的维稳工作。四是深入开展网络安全领域隐患排查整治。采取系统搜索与人工搜索相结合方式，24 小时对互联网网络谣言、敌对势力渗透、网络犯罪等方面进行巡查，并对发现的违法犯罪行为进行严厉惩治。五是深入开展寄递物流安全领域隐患排查整治。对寄递业、快递等重点单位进行“地毯式”摸排，对摸排中发现的安全隐患，督促整改，依法处罚，严格落实寄递物流企业“三个 100%”。目前，全区 126 家寄递企业已登记备案；寄递企业基本情况、营业执照原件及复印件、法定代表人或负责人身份证明、从业人员已建立台账；所有物流寄递业已下载 APP 进行信息上传。六是深入开展重点人口管理领域隐患排查整治。2016 年，已录入公安部精神病人信息管理系统 481 名，重点人口 1396 人，监管对象 302 人，全部落实管控措施；居住在辖区的 18 名“特殊人群”全部做到底数清、情况明，管控有力。

【基层社会服务管理体系建设】 高度重视社会服务管理体系建设，加大经费投入，将各级社会服务管理体系运行工作经费列入财政预算，将网格长补助列入财政预算予以保障。1—11月，共受理各类事件40381件，有效处置上报事件34023件，有效受理上报事件处置率为83.33%，平安建设类受理数为2711件，社情民意类受理数为 180件，公共服务类受理数为6992件。

【社区矫正和安置帮教】 开展社区矫正“公正执法作表率”专项活动、“两类特殊人群”风险隐患大排查大整治活动、集中清理判处实刑罪犯未执行刑罚专项活动以及社区矫正安全隐患排查整治活动。为一批社区服刑人员配备智能管理手机。截至2016年年底，新接收社区服刑人员127名，解除矫正133名，在册管理社区服刑人员188人。加强刑满释放人员信息管理系统，确保刑满释放人员信息核实率达到100%。注重预释放人员的衔接工作，确保一般对象接送率达到80%以上，重点对象接送率达到100%，对预释放人员发送回执率达到100%，对刑满释放人员实现无缝衔接，对重点帮教对象实现必接必控。2016年，在册管理的刑释解矫人员840人，其中刑满释放人员460人，在册管理的解除矫正人员380人。

【阳光司法工程】 进一步健全执法司法管理制度，规范工作流程，推进审判公开、检务公开、警务公开、行政司法公开，自觉接受监督。区人民法院加大审判流程、裁判文书上网、执行信息公开三大平台建设力度。公开各类审判、执行工作信息111篇，裁判文书上网2049篇，发放各类法治宣传资料近千份。主动回应社会关切，2016年在官方网站、微博、微信、手机APP发布各类信息千余条，微博粉丝数量达到32万。区人民检察院深入推进阳光检察工程，充分发挥案件管理中心的职能作用，以统一业务应用系统上线运行为契机，细化办案流程，明确执法办案标准，严格监督管理，实现对执法办案全过程的集约化、动态化管理。运用已建成的网上办案、司法文书公开、重要案件信息公开等6个信息公开平台，公开法律文书533份，重要案件信息发布73件。公安迎泽分局建立“警媒合作”公安便民服务平台等阳光警务机制，在全省首先研发执法音视频数据管理系统，实现执法音视频数据管理的智能化。在此基础上，适应网络时代便民服务新要求，树立“互联网+”工作思路打造服务联动群众新模式，建立开通分局及8个派出所的微信公众服务平台，开展“一对多”防范宣传，增强与群众互动，分局平安迎泽新浪微博发布警务动态、安全防范、便民服务信息352条、分局便民服务平台回复群众各类咨询608条，发布警方信息876条，全局微信关注数达10余万人次，受到网友的肯定和好评。区司法局积极推行法律援助信息服务。

【推进轻刑快审工作】 落实专人办理、集中办理，加强各部门协同配合，通过信息共享平台和文书交换平台，定期召开联席会，确保轻刑快审工作的顺利进行。2016年受理轻刑案件36案，审结16案，依法终止20件，节约办案成本，提升效率。

【案件评查及司法救助】 对2016年全年10件信访案件进行评查，评查报告上报市委政法委。截至11月，以解决涉法涉诉，维护社会稳定为切入点，对符合国家司法救助的特定当事人，坚持公正救助，实现应救必救，共救助16案，850026.93元。

【推进司法体制改革】 认真学习贯彻省、市会议精神，积极筹备，全面推进司改工作。一是加强领导，工作到位。法、检两院及时成立司改工作领导小组、遴选工作组、评分组、资格审核组等相关机构，积极研究相关措施，严格按照省、市两级院制订司法体制改革试点方案，制订相关方案，确保司法改革工作有序推进。二是严格程序，公开透明。坚持考核为主、考试为辅，突出办案业绩、司法能力，把好推荐关、业绩考核关、决策关，稳步推进司改工作。各项结果及时公示，每个流程均主动征求纪检组的意见，并专门设立举报电话和举报箱，做到公开透明，公平规范。三是稳步推进，确保实效。区人民检察院经省人民检察院确定员额数为38人，符合条件报名人员37人，通过笔试、业绩考核、会议和个别谈话四个环节，共产生拟入额检察官37名。其中男22人，女15人；35周岁以下年轻干警6人，占到人额总数的16%；50岁以上10人，占到人额总数的27%；35至50岁的21人，占到近57%。11月19日上午，区人民法院52名拟入额的法官参加省高级人民法院统一组织的笔试考试。

【法治宣传教育】 全面深化“法治迎泽”建设，进一步加强柳巷、迎泽、桥东等地的法治文化阵地建设，继续打造柳巷海西社区等“法治文化大院”，为全区60个社区配备“社区法律图书角”，充实更新购买配备了与群众生活相关的实用普法图书。突出抓好青少年的法治宣传教育。大力开展“送法进校园”活动，为全区中小学生举办法律大讲堂37场。大力开展“送法进社区”活动，举办法治讲座30余场，举办各类法律大讲堂86场。对全区207块法治宣传版面3次进行内容更新。积极筹划部署为启动“七五”普法规划做好基础工作，起草完成迎泽区“七五”普法规划草案。

【法律服务和法律援助】 深化“一社区（村）一法律顾问”工作，进一步健全管理制度，完善专项经费的使用标准与办法。优化了社区（村）法律顾问的配置。为区信访局推荐两名律师担任法律顾问，进一步引导信访群众依法表达自己的诉求。2016年，共办理法律援助案件241件，其中民事援助案件117件、行政援助案件5件、刑事援助案件93件、参与讯（询）问未成年人26次。

【法治建设】 根据市委、市政府的安排部署，迎泽区“六权治本”工作有序推进。“两单一表两图”编制工作基本完成，并于4月底如期向社会公布，制定印发《太原市迎泽区权责清单动态管理办法》。接放管和机构改革工作：完成行政权力事项接放管工作。完成食药监体制改革，组建区食药监局，设立街镇食药监管理站，建立完善区食品药品稽查队；完成了区卫生、计生合并改革工作；政府职能转变和机构改革涉及工作部门的“三定方案”已全部修订完成。制度限制权力方面：严格落实省里“七步法”要求，确保权力在阳光下运行。制定印发《关于健全重大行政决策机制的意见》，进一步规范依法决策，推行依法行政，加快法治政府建设。完善“三重一大”事项制度规程、领导干部分工负责制、岗位责任制、重点工作业务流程及廉政、纪律、作风等各项制度规定，出台《“三重一大”集体讨论制度》，建立“六权治本”制度限制权力制度建设会商制度，强化权力运行的监督制约。政务服务平台建设工作：持续抓好政务公开，继续深化落实“两集中、两到位”的行政审批制度改革工作。全区32个审批部门、10个便民部门，集中办理313项行政审批和公共服务事项。通过加强技能培训、完善考核监督等相关机制，以期最大限度的落实简政放权，优化审批环境；基本完成街镇、社区（村）便民服务平台建设和将政府采购中心纳入区政务服务中心工作，重大项目、政府采购工作全部按要求公开招标、公开采购。进一步完善政府信息公开，完善政府网站部门公开栏目及功能。合力监督权力工作：建立健全合力监督机制。加强多层面监督检查，在加大纪检监察机关日常监督检查力度的同时，强化审计、财政监督，加快审计监督全覆盖，对全区财政预算单位财务收支情况进行全面审计，对违规及不规范行为及时依法依规处置纠正，实现监督“全覆盖”。

（曹运锁　王太忠　张丽琴）

公　安

【概述】　2016年以来，迎泽区公安局在区委、区政府和市局党委的坚强领导下，以“两学一做”为抓手、以深化公安改革和推动“四项建设”为契机，以警务实战化为突破口，牢牢把握“防控风险、服务发展，破解难题、补齐短板”根本要求，围绕中心，服务大局，努力发挥主城区公安机关引领示范作用，为全区打造省城首善之区创造稳定的政治环境和治安秩序。

在维护稳定方面，全年上报国保信息1805条，市局采用521条，较2015年同期上升51.9%，上报反恐情报专刊322期；破获邪教类案件5起，逮捕1人，行政拘留5人，收缴反宣品364份；全局滚动摸排关注人员70人次，录入警综平台120人次，反恐演练18次，核查反恐线索2条，录入公安部精神病人信息管理系统481名，重点人口1396人，监管对象302人，全部落实管控措施；居住在辖区的18名“特殊人群”全部做到底数清、情况明，管控有力。

在全年安保工作中，全局共出动警力9600余人次，警车1950余台次，圆满完成全国、省、市“两会”，崇善寺、“1615团”、中高考、G20峰会、2016太原论坛、马拉松、市第十一次党代会、国庆升旗仪式等各项保卫任务65项、430余次。2016年，全局共投入巡逻力量24660余人次，出动巡逻警车8220余台，巡逻盘查人员36001余人；盘查车辆7718余台；救助群众6686余人，同时将武警公安联勤武装巡逻范围从火车站地区扩大至柳巷、桥东、郝庄等长途汽车站、繁华商贸区、重点部位、党政机关，武警出动警力11028人次，警车2895辆次，全局共抓获现行违法犯罪嫌疑人95人，破获案件108起。为全面实现对社会治安动态控制，按照上级党委政府部署，先后组织开展“冬季行动”、惩治“盗抢骗”行动、惩治治理电信网络新型违法犯罪专项行动、“控警情、压发案”行动、“三大战役”、“全警追逃行动”、“社会治安风险隐患大排查大整治”等一系列专项行动，全力维护治安安定。

在治安管理方面，全局共查处各类治安案件22279起，行政拘留1537人，其中涉黄案件55起，涉赌案件57起，涉毒案件614起；收缴各类涉危涉爆物品1730件；查处违反危险物品管理案件10起；搜捕流浪犬24只，办理犬证124个。尤其是5月以来，依托全省开始的“社会治安风险隐患大排查大整治”行动，对辖区“城中村”及治安乱点进行全面排查整治，全局共摸排流动人口39652人，出租房屋18897间，“九小场所”1742家次，社会治安乱点48个，其他场所2145个；破获刑事案件51起，刑事拘留22人；查处治安案件185起，行政拘留235人。服务群众方面，树立“互联网+”工作思路打造服务联动群众新模式。

区公安局公安业务窗口在全区政务服务中心开展的服务规范文明示范岗位创建活动中，被授予“文明示范岗位”荣誉称号，并予以表彰。在此基础上，适应网络时代便民服务新要求，建立开通分局及8个派出所的微信公众服务平台，开展“一对多”防范宣传，增强与群众互动，分局平安迎泽新浪微博发布警务动态、安全防范、便民服务信息352条、分局便民服务平台回复群众各类咨询608条，发布警方信息876条，全局微信关注数达10余万人次，受到了网友的肯定和好评。

【反恐应急】 分局于2015年8月底在全市率先成立迎泽公交安全协管大队，招录210名公交协管队员，坚守在全区101个公交站台，在站点开展日常危爆物品检查和可疑人员盘查等治安防控工作。2016年，全局共投入巡逻力量24660余人次，出动巡逻警车8220余台，巡逻盘查人员36001余人；盘查车辆7718余台；救助群众6686余人，同时将武警公安联勤武装巡逻范围从火车站地区扩大至柳巷、桥东、郝庄等长途汽车站、繁华商贸区、重点部位、党政机关，武警出动警力11028人次，警车2895辆次，全局共抓获现行违法犯罪嫌疑人95人，破获案件108起。

【打击刑事犯罪】 2016年，全局共破刑事案件1244起，起诉686人，追逃179人，强社戒234人，破获侵财系列、团伙案6个，命案发2破2，破获恶势力团伙2

个，破案14起，抓获12人；破获经济案件197起；侦破一大批影响人民群众生命财产安全的大案要案、侵财系列案、团伙案，提高群众安全感、满意度。包括10小时破获金虎便利店抢劫案；破获2个利用伪基站发送大量诈骗及垃圾短信的犯罪团伙；破获一个利用假苹果手机实施诈骗犯罪团伙；破获发生在青年路海洋大厦等校外培训机构附近系列疯狂盗销自行车案；快速妥善处置一起持刀人员闹市疯狂追砍路人突发警情、省水利厅幼儿园幼儿家长赵绍帆持刀劫持女教师事件、侦破山西赢庄担保有限公司非法吸收公众存款案，影响全国的吉云超非法经营疫苗案；侦破特大贩卖毒品案件，彻底斩断一条由阳曲县向迎泽、杏花岭等城区贩卖毒品的通道；破获一个长期盘踞太原市抢劫、盗窃电动车、吸贩毒犯罪团伙；攻克刘增鹏杀人碎尸案，带破一起性虐、抢劫、非法拘禁案；快速破获“8·25”伤害致死人命案；破获通过网络结伙方式作案的“7·25”恶性持刀入室抢劫案；惩治一个2015年以来利用精神类迷幻药物实施强奸的4人恶性犯罪团伙；抓获3名现行盗窃摩托车、电动车犯罪嫌疑人，惩治一个未成年人盗窃团伙，一举破获刑事案件21起；破获针对在校大学生实施的系列诈骗案，抓获2名犯罪嫌疑人；惩治一个岚县籍技术开锁盗窃高档车内财物犯罪团伙，抓获团伙成员4人；破获涉案近15亿元、受害人达万余人的“光彩慈行”非法吸收公众存款案；快速处置“10·19”恶性街头持刀伤人警情；及时处置“10·28”纵火、自残、自杀警情；捣毁一特大制假窝点破获案件300余起缴获伪造证件、印章及制假半成品2800余件。

【启动“一所两队”工作模式】 针对柳巷地区扒窃案件突出的顽疾问题，启动柳巷所、柳巷责任区刑警队、便衣反扒大队“一所两队”模式，有效遏制带有迎泽区域特点的、影响群众安全感的盗窃电动自行车案件、扒窃案件等民生小案。全年，总警情同比下降6.4%，刑事类警情同比下降13.6%，治安类警情同比下降11.3%。特别是8月以来，全区警情整体大幅下降。8—11月，全区总警情同比下降12.5%，刑事类警情同比下降32.8%，治安类警情同比下降16.5%。尤其是入室盗窃类警情同比下降42.9%，扒窃类警情同比下降27.6%，盗窃电动车警情同比下降27.1%。在8月全区刑事警情同比2015年下降23.98%、9月全区刑事警情同比2015年下降25%的基础上，10月、11月刑事类警情同比下降达到40%以上。据分局指挥中心统计，10月，全局共接处刑事警515起，与2015年同期的909起相比下降43.34%；11月，全局共接处刑事警470起，与2015年同期的791起相比下降40.58%。全区扒窃警情实现5日零发案、柳巷地区有5天实现零警情。特别是国庆节期间，便衣反扒大队惩治盗窃、扒窃团伙2个，抓获盗窃、扒窃犯罪嫌疑人13名。全区扒窃类警情同比下降37.8%、为全区刑事警情同比下降52.8%做出突出贡献，受到市委常委、市政法委书记、市公安局局长汪凡批示肯定。

【建立联动机制惩治扒窃案件】 针对新疆籍“两怀妇女”扒窃嫌疑人和吞食异物、有自残倾向的人员，加强协作，建立全方位配合联动机制。针对此类扒窃嫌疑人逃避打击的做法，分局便衣反扒大队协调民政、医疗等部门，成立惩治处理协调机构。分局各一线作战单位及时互通信息，共享资源，形成全方位配合联动机制。同时，协调新疆自治区公安机关，对抓获的新疆籍少数民族哺乳、怀孕妇女进行遣送，并由当地公安机关指定管辖便于诉讼；邀请少数民族语言专家和哑语老师，配合开展侦查、审讯工作。11 月 16 日，区公安局在济南市公安局的配合下，利用 DNA 和指纹比对技术，精准锁定多次在朝阳街商贸区进行扒窃犯罪、并利用语言问题使用假名字逃避惩治的一名新疆籍“两怀”妇女，依法对其刑事拘留。

【成立全市首家合成作战中心】 为使传统警务模式向信息化、现代化警务模式转变，分局党委决定整合优化警务资源、警务要素配置，启动分局合成作战平台，以重大案件攻坚、系列案件支撑、集群战役组织等工作为目标和任务，进一步建设合成化作战机制，提升全局集约化惩治、立体化防控效能，更快地破大案、更多地破小案、更准地办好案、更好地控发案，实现对刑事犯罪的高效惩治，全面提高全局驾驭社会治安局势的能力水平。全警追逃比武第二次集中行动中，共抓获 89 名在网逃犯，其中公共逃犯 1 人，目标逃犯 10 人，外省逃犯 8 名，抓获漂白身份潜逃长达 12 年之久的杀人案在逃犯曹连尉，上报市局战果共计 178 分，位列全市第一。

【创新“传统+现代”群防群治工作模式】 成立“创新群防群治工作模式”领导小组，积极探索新形势下“传统+现代”群防群治工作模式。以探索城市、农村派出所符合安防实际的警务实战化和“传统+现代”群防群治工作模式为重点，确定警情走势，划定巡防重点，改变警力投向，把有限的警力部署到案件高发、防范薄弱的时段和部位，近距离防控违法犯罪。同时以深化走访、采集信息、掌握民意、强化服务为依托，把无限的民力发动起来，切实增强实效性，确保实现群防力量、联动巡防、技防物防三个全覆盖的工作目标。

【成立综合治理警务工作站】 针对郝庄地处繁华商业区，街面治安状况复杂的实际，郝庄派出所成立了由派出所主要负责，城管、工商、社区（村）共同参与的综合治理工作站，充分发挥综治前移、部门联动、实时服务、应急处置的凸显作用，最大限度的提高管事率、见警率，形成与社区警务、市容管理、综合治理互为补充、多轨运行的工作新格局，进一步提升“城中村”综合治理能力，提升人民群众的安全感。

【人口管理信息采集工作】 “人口管理实战应用系统”确定的全市 11 个试点派出所中，区公安局迎泽、桥东、文庙、柳巷 4 个派出所位列其中。2016 年，系统共录入数据总量信息1230888条，其中：标注建筑物总数9713栋，房屋总量436695户；登记录入实有房屋226948户；居住人登记录入530628人；单位行业场所录入3204家，从业人员23636人。全局录入数据量已突破120万，占全市数据总量的23%，占六城区数据总量的32%；居住人口录入数突破50万，占全市人口录入数的25%，占六城区人口录入数的27%；迎泽分局在数据总量、居住人口（常住人口、寄住人口、暂住人口）数、单位行业场所和从业人口录入数多项数据指标均在全市排名第一，8个派出所位列全市派出所排名前二十位。

【联动区职能部门开展联合执法】 配合区有关职能部门开展露天烧烤集中整治专项行动。2016年，共配合执法140次，出动警力2137人次，警车235台次，取缔整治非法经营摊点741家，查处治安案件3起，行政拘留3人，警告1人。按照区政府治超办《关于严厉打击非法超限超载车辆的通知》的安排部署，出动警力50余人次，配合区治超办在长风东高速路口及马庄等重点地段的夜间巡查3次，检查货运车辆300余辆。

【“天网”视频监控建设】 全年建设二类天网安装摄像机1538个、摄像机图像回传939路，三类点位视频监控摄像机建设新增12451个。直接破案刑事案件121起，协助破案152起，案件调用1759次，抓获犯罪嫌疑人125起，预防犯罪1388起，直接查处治安案件50起，协助查处210起，处罚违法105人，预防犯罪3796起，预防处置群体性事件263起，服务救助群众2845人，为相关部门提供服务241次。

【迎泽派出所“联防试点小区”推动群防群治】 迎泽派出所将青年路二社区的湖滨丽景小区、丽华海景小区、龙湖丽景小区、湖滨晋庭小区四个相邻小区确定为试点小区进行联防管理，以警情为导向，对小区附近街面开展治安巡查、联户联防、调解纠纷、惩治查处，并协助社区民警做好社区警务工作。结合互联网+和微信警务服务模式，建立联防小区微信工作群，进行时时动态指导沟通，努力实现治安联防常态化。

【新建业务技术用房落成启用】 为深入推进“四项建设”，全面满足公安工作需求，区公安局于2010年11月启动立项新建业务技术用房，2012年8月投入建设。在各级党委政府的大力支持下，经过两届党委不懈努力，历时五年半施工建设，于2016年6月6日正式落成启用，由原址太原市青年东街9号迁入东中环与南十方街交叉口东侧新址分局新址占地30亩、建筑面积15000平方米，拥有9层办公区和6层生活区两个楼体。体现了科技含量高、信息化水平强、服务功能全等特点，使全局公安工作实现质的飞跃。

【法制部门与办案单位融合对接机制】 针对局机关办公地点搬迁、办案单位分散、办事效率受到影响的客观实际，分局创造性地推出法制部门与办案单位融合对接机制，通过全流程服务指导、全方位监督审核、全时空跟踪研判，有效提升执法规范化建设水平。具体做法是：将分局各责任区刑警队、经侦大队、便衣反扒队等主要办案单位合署办公，联合成立办案中心；法制部门直接进驻办案中心，通过考试优选法制民警，并从受立案开始，全程监督检查指导各单位执法办案工作；法制大队每名民警包联2—3个办案单位，对办案单位所有案件一包到底，并对案件质量终身负责。

【执法音视频数据管理系统自动上传】 分局投入300余万元，完成对全局所有办案场所视频监督系统的高清改造并组网运行，建成执法音视频管理系统，实现执法音视频数据管理的智能化、便捷化、规范化。自2015年12月21日至今，所有案件视频全部上传至执法音视频管理平台，包括案件视频2960起，执法记录仪视频49988段。系统自动截取视频较人工截录平均节省操作时间80%以上，在减轻民警工作量的同时，执法视频录像更加完整。

【信访工作】 全局共接待群众458人次，接收来访来信53件，公安部、省厅、市局来信来访21件；上级交办区公安局4起，全部办结。特别是全国“两会”“G20”峰会期间，区公安局在党委、政府统一领导下，通过完善信访工作机制，实现会议期间赴京、赴杭“零非访”目标。在党委政府统一领导下，建立健全矛盾纠纷排查调处和应急处置机制，由于预警及时、措施得当，依法妥善处置267起群体性事件，未造成重大后果。

【刑事技术室被评为“全国示范刑事科学技术室”】 2016年年中，公安部刑侦局通报全国刑事科学技术室等级评定结果。区公安局刑事科学技术室被评定为“全国示范刑事科学技术室”。成为全省仅有两个、全市唯一获此殊荣的单位。这是公安部第七次开展全国公安刑事科学技术室等级评定工作，而区公安局刑事技术室是继2003年之后，第二次再获殊荣。

【举办“两学一做”学习教育专题辅导讲座】 为纪念建党95周年，6月21日上午，分局邀请山西大学师范学院教授王先峰为区公安局民警作题为“永恒的敬仰”专题辅导讲座。分局党委成员、各单位一把手及民警、辅警代表280余人集中收听收看了报告会。通过此次讲座，分局全体民警重温党的历史，颂扬党的功绩，扎实推动区公安局“两学一做”学习教育工作的同时，教育引导了党员民警永葆忠诚本色。

【大案要案简介】 “光彩慈行”非法吸收公众存款案。2008年以来，山西光彩慈行老年产业（集团）有限公司集团未经有关监管部门批准，以床位租赁、委托管理、定期返本付高息的形式，先后与12000余名集资群众签订《床位租赁合同》17000余份，非法吸收公众存款14.68亿元。针对此案，分局成立“11·7”案件专案组，由魏毅亲自挂帅，联合经侦、刑侦、法制等部门及郝庄派出所、郝庄责任区刑警队等相关所队，设立案件协调组、材料收集审核组、案件审查组、涉案资产管理流向审查组、报案人接待维稳组、追逃组6个工作组合成作战，全面展开侦破工作。2016年11月以来，专案组分别在海南三亚和太原抓获“光彩慈行”非法吸收公众存款案17名主要犯罪嫌疑人，共查封轿车15辆，游艇15艘，土地2块，各类房产9栋，冻结银行账户2610余万元，扣押现金5万元。

刘某鹏杀人碎尸案。2016年7月25日，刑侦大队利用视频追踪、轨迹研判等技术手段，在太原市杏花岭区马道坡街抓获杀人碎尸案犯罪嫌疑人刘某鹏。经查，2015年11月20日晚，刘某鹏事先准备好拉杆箱和尼龙绳绳子企图将被害人祝某绑架至其暂住地内进行性虐待，在祝某住所，刘某鹏趁祝某不备将其控制，用胶带纸堵嘴和绳子捆绑，将被害人祝某塞进事先准备好的一个拉杆行李箱内带走，至府东街时发现祝某死亡。为掩盖犯罪事实，犯罪嫌疑人刘某鹏将祝某尸体运往其暂住地进行分尸。2016年3月28日晚，刘某鹏又以嫖娼为由将失足妇女董某骗至其住所，对其进行性虐、抢劫、非法拘禁，董某于3月29日下午逃跑后报警。刘某鹏遂开始四处躲藏，于7月25日被迎泽分局民警抓获。

“7·25”恶性持刀入室抢劫案。2016年7月26日凌晨2时许，长风东街某小区发生一起持刀入室抢劫案，3名男子抢走18万元现金及手表、金银首饰总计30万元财物。受害的张某夫妇二人被刀划伤。案件发生后，市、区两级公安机关领导高度重视，多次询问案件进展，指导案件侦破。迎泽警方连夜成立由刑侦大队、郝庄责任区刑警队民警组成的专案组展开侦查破案工作。市公安局向邻近省市公安机关发出跨区域协查，以期快速发现嫌疑人行踪。次日上午10时许，内蒙古鄂尔多斯警方在设卡盘查中，发现一男子携带大量现金和金银首饰，无法说明来源，与太原警方发出协查通缉的男子极为相似，经突审：嫌疑人都某军供认其接受他人委托，在太原伙同他人抢劫作案事实，迎泽警方后顺钱追踪，于7月28日和8月4日，分别在湖北省襄阳市和福建南安市抓获该团伙主犯段某庆、黄某水，并起获赃款5万元及卡地亚等首饰。8月12日，委托三人进行抢劫的嫌疑人张某在太原市落网。经查，嫌疑人张某与受害人妻子是多年前的朋友，因一次聚会，二人产生矛盾，张某遂产生纠集人对受害人实施抢劫的想法。于是，张某利用QQ提供受害人的各种信息，吸引段某庆、黄某水和都某军于7月25日作案，作案后，3人逃至榆次，将钱款及首饰平均分赃后，连夜分头逃离。

破获系列团伙迷奸案。2016年7月2日下午3时许，区公安局桥东责任区刑警队接受害人李某报警称：2016年7月1日晚上9时许，其与微信上认识的网友张某及其两个朋友在亲贤街一饭店吃饭后失去意识。直到7月2日下午2时许，在位于建设南路的星程酒店被酒店服务员叫醒后，发现自己被强奸。桥东责任区刑警队接警后，立即与刑侦大队技术中队赶赴现场，在固定痕迹生物证据的同时，通过询问受害人和调取酒店视频监控，迅速展开侦查工作。7月13日，两个抓捕小组同时出击，分别在太原市和平南路将犯罪嫌疑人岳某鹏、在寿阳县将犯罪嫌疑人张某抓捕归案。二人在强大的证据面前最终交待了事发当晚将受害人以吃饭为由约至饭店，趁受害人上厕所之机，在其饮料里放入一种叫“迷幻水”的精神迷幻类药物，受害人昏迷后将其带至建设南路星程酒店内将其轮奸的犯罪事实。同时交待，自2015年以来，该二人伙同另两名犯罪嫌疑人王某和刘某波，由岳某鹏通过微信网购致幻药物——“迷幻水”，后通过微信、陌陌或在酒吧结识年青女子，在吃饭喝酒时趁其不备在饮料或酒水中下药，在受害人意识不清时将其轮奸或强奸，并对部分受害人拍摄视频资料。民警分别于2016年8月5日和8月14日将王某、刘某波抓获。至此，该团伙4名犯罪成员全部抓获归案，并经核查比对一举破获强奸案9起。

“8·25”伤害致死人命案。2016年8月25日凌晨1时许，桥东责任区刑警队接报警称：迎泽区东岗巷千百度足疗店门口，有3人被一男子用刀捅伤，其中一名女受害者伤情严重。值班民警立即赶往现场进行处置，并上报分局。经现场初步了解，犯罪嫌疑人李某元与千百度足疗店一名女服务员李某娟系夫妻关系，因感情问题发生争执，该用随身携带的水果刀先后将其妻子李某娟、店老板刘某春及女员工李某捅伤后逃离现场。3名伤者被送至医院进行抢救，后伤者李某于8月27日凌晨2时许经抢救无效死亡。鉴于案情重大，分局党委责成桥东责任区刑警队、刑侦大队、桥东派出所立即成立专案组限期侦破。通过工作，专案组在市局技侦、网安部门大力配合下，很快发现嫌疑人李某元已逃回老家灵丘，遂立即驾车前往灵丘对嫌疑人展开抓捕。8月27日下午5时许，专案组在灵丘县落水河乡三山村白塔处的一乡间小路上发现已经自杀身亡的犯罪嫌疑人李某元，该起故意伤害致死案在案发两天后成功告破。

“9·26”拐骗儿童案。2016年9月26日下午6时30分许，郝庄派出所接刘某某报警求助称，其3岁的女儿于一小时前从朝阳街东中环口西南角省煤炭设计院附近一手机店走失。派出所根据现场监控录像显示初查，被害人于下午5时56分许在手机店门口被一名约40岁的陌生女子抱走。鉴于案情重大，派出所立即进行案情上报，市局党委高度重视，汪凡第一时间作出指示，要求区公安局快速破案，并密切关注舆情动态。分局迅速组织刑侦大队、合成作战中心与郝庄派出所、郝庄责任区刑警队成立专案组，开展侦破工作。经过调集近100余名警力，历时10余小时的监控追踪和全力搜寻。27日凌晨5时许，专案组获取一条重要线索，在火车站附近发现一抱小孩的可疑人员与视频截图高度吻合。专案组立即根据线索进行视频追踪，迅速在火车站附近一家小旅馆内将犯罪嫌疑人王某香抓获，并及时解救被拐骗儿童。嫌疑人到案后，市局副局长雷毓智亲临分局指导案件审查工作，市局通过“平安迎泽”官方微博、“平安太原”头条号第一时间公布案件侦破情况，得到省、市媒体及广大市民的广泛关注和大量转发，及时消除社会影响。案件告破当天，新华社晋舆特刊也对该案进行及时报道，9月30日，市委书记吴政隆看到特刊报道后作出批示：破案、公布快速同步，效果很好，望继续坚持发扬，形成长效机制。副省长、省公安厅厅长刘杰看到市局报送的《太原公安信息快报》后批示：“此案侦破及时，干得漂亮。请太原市局及时回应社会关切。”

“10·3”入室抢劫案。10月3日9时许，受害人贾某在双塔西街一小区的家中被一名男子持枪入室抢劫，抢走现金、手机、手表、银行卡、身份证、购物卡等共计价值35.6万元的财物。接报案后，分局党委高度重视，迅速成立由刑侦大队、合成作战中心、迎泽责任区刑警队、老军营派出所等精干警力组成的专案组，专案组在现场勘查、调查走访、视频追踪的基础上，经综合分析，怀疑该案系熟人所为，围绕其曾收到过的敲诈信息和恐吓电话展开调查，并在省厅刑侦总队、市局技侦支队支持下，迅速锁定犯罪嫌疑人武某原、郝某。专案组于10月4日上午9时30分，在太原武宿机场将两名犯罪嫌疑人武某原、郝某抓获，当场缴获被抢银行卡、部分现金及受害人身份证、受害人被威逼所写50万元借条，查扣作案用仿真手枪一把，仅用30小时即告破“10·3”持枪入室抢劫案，快速侦破一起发生在国庆期间的重大案件，消除了不良社会影响，受到了市局主要领导的高度肯定。

抓获公安部B级逃犯李远生。10月26日，区公安局在黑土巷伞儿树村一举抓获潜逃8年之久贩卖毒品达3.5吨的公安部B级逃犯李某生。经查，2008年6月，犯罪嫌疑人李某生因涉嫌贩运毒品咖啡因202公斤被山西朔州警方在网上通缉。2010年，运城警方侦办另一起毒品案件中发现该贩运毒品咖啡因达3.3吨。同年11月，李某某被公安部列为B级通缉逃犯。2016年，省厅开展“三大战役”全警追逃行动以来，省、市、区三级公安机关合力深挖细查、密切联动，加大缉捕力度，最终发现其于2016年9月从运城至太原的活动踪迹。分局获取这一重要线索后，分局党委高度重视，立即组织刑侦大队、合成作战中心精干警力组成攻坚力量，抢抓战机，加大研判布控，最终将其成功抓获。

特大制做假证案。12月21日，区公安局长风东派出所通过对街头散发小广告人员及时查处，深挖追踪，成功捣毁一个伪造证件、私刻假章的制假窝点，一举破获案件300余起，缴获假印章800余枚、假证半成品2000余件。12月18日，长风东派出所巡逻民警在东太堡车管所附近巡逻时，抓获涉嫌购买伪造户籍证明的嫌疑人武某兆。并根据犯罪嫌疑人武某兆手机线索顺线追踪，于12月19日，在万柏林区八方商贸门口抓获犯罪嫌疑女子李某平，一举捣毁一个伪造证件、印章的制假窝点，现场缴获私刻假印章800余枚、假印章、假证半成品2000余件及成套制假设备。为进一步扩大战果，长风东派出所联合郝庄责任区刑警队对作案同伙展开联合彻查，于12月21日，成功抓获另一同案犯，犯罪嫌疑人李某平的丈夫李某东。经查明，2016年6月，犯罪嫌疑人李某平和其丈夫李某东从一名湖南籍男子处购置假印章及假证件半成品，添置各类打印机、复印机设备，并租住万柏林区千峰南路一楼房，学习伪造、私刻印章，假证件技术，并用其制作的假印章制作假证件，以每枚假印章50—100元，每份假证100—200元不等的价格，不断出售伪造的各大院校、银行、公、检、法、司、土地、房地、建设部门等假印章，以及户口、身份证、学历证、学位证、房产、土地、各类执业资格证等假证件。为拓展业务，该印发大量制假证的小广告名片四处散发，招揽生意，经查实2016年6月至今共作案300余起。3名犯罪嫌疑人因涉嫌伪造、买卖国家机关公文、证件、印章罪，伪造公司、企业、事业单位、人民团体印章罪，伪造居民身份证罪，均被刑事拘留。

摧毁特大流动赌博团伙。6月20日，分局接群众举报：西里街一无名棋牌馆附近连日车辆停放增多，且进出人员复杂频繁，并常有两三名陌生男子在门口附近徘徊，形迹十分可疑。接警后，分局高度重视，迅速行动，责成分局“黄赌毒”专项行动办公室开展前期侦查工作。经过连续四日架网布控，获取证据线索，初步确定该棋牌馆极有可能是一个有大量违法人员聚集的赌博窝点。6月24日，分局领导周密部署、坐镇指挥，调集治安管理大队、巡警大队、迎泽责任区刑警队、迎泽派出所、老军营派出所、庙前派出所、消防大队庙前中队共100余名优势警力，协同作战，收网惩治，一举捣毁在迎泽区西里街租用一无名棋牌馆做掩护的57人特大赌博团伙，并现场抓获伦某铜、刘某民、李某文等57名涉赌人员，缴获赌资50余万元。

（毛丽平　李凌霄）

检　察

【概述】　2016年，迎泽区人民检察院（简称区检察院）全面贯彻党的十八大和十八届三中、四中、五中、六中全会精神和习近平总书记系列重要讲话精神，紧紧围绕迎泽区经济社会发展大局，在区委和上级检察机关的正确领导下，忠实履行宪法和法律赋予的职责，强化法律监督，规范司法行为，加强队伍建设，扎实推进司法改革，各项检察工作取得了新进展，光荣跻身全国先进基层检察院行列。省内首创的律师接待“一站式”服务机制和远程公诉庭审模式等先进经验已在全省检察系统推广并运用，形成“迎泽经验”。区检察院所办理刑事案件占到全市检察机关办案总量的四分之一。

2016年，区检察院一级内设机构（室、处、科、局）共12个，包括：行政部门4个（政治处、办公室、技术科、法警队）、业务部门8个（侦查监督科、公诉科、反贪污贿赂局、反渎职侵权局、监所检察科、控告申诉检察科、民事行政检察科、案件管理中心）。其中5个一级内设科室下设11个二级内设机构，分别是政治处下设的干部科、宣教科，办公室下设的研究室，反贪局下设侦查一科、侦查二科、综合科、职务犯罪预防科，反渎局下设侦查一科、侦查二科、综合科，监所科下设驻所检察室。另配置有党总支1个、监察室1个、老干部管理科1个。区检察院共有下属事业单位2个，分别是机关生活服务中心和信息中心。

2016年，区检察院有中央政法专项编制84名，实有在职干警73人（包括检察官59人、法警6人、书记员8人）；在职工勤人员4人。有院级领导职数11名，实配领导：检察长1正3副，纪检组组长1名，政治部主任1名，检察委员会专职委员1名。

【服务经济社会发展】 2016年，区检察院充分发挥打击、预防、监督、保护等检察职能，共批准逮捕破坏企业生产经营、制售假冒、伪劣产品等破坏社会主义市场经济犯罪案件91件98人，提起公诉168件、211人，为优化迎泽区经济社会发展环境做出努力。尤其是在全市城中村改造推进过程中，积极作为，勇于担当，成立专门工作小组，制定党组成员包村联系、检察约谈等制度，抽调控申、民行等职能部门定期深入城中村，为群众提供便捷的法律服务。立案调查双塔社区原书记杨某、主任魏某贪污等一批群众反映强烈的涉农案件，为城中村改造提供有力司法保障。

【惩治刑事犯罪】 严厉惩治各类刑事犯罪活动。突出惩治黑恶势力犯罪、严重暴力犯罪、“两抢一盗”等严重影响人民群众安全感的犯罪，维护迎泽区社会稳定。共受理提请逮捕刑事案件672件、869人，批准逮捕528件、669人；受理审查起诉案件884件、1117人，提起公诉836件、1061人。其中，加大惩处涉众型经济犯罪及损害群众切身利益犯罪的力度。批准逮捕非法吸收公众存款犯罪案件12件、14人，提起公诉22件、54人。正确贯彻宽严相济的刑事政策，把化解矛盾贯穿于执法办案的始终，办结捕前、诉前刑事和解25件。扎实做好涉法涉诉信访工作，推动社会矛盾源头治理。在全区的街道、乡镇设立7个检察官信箱，即时掌握社情民意。共受理各类控告申诉案件29件，接待来访群众115人次。积极参与社会防控体系建设。针对迎泽区侵犯财产、侵犯人身权利“两类”案件发案率高的特点，选派干警深入到社区、学校，开展“打击和预防多发性犯罪集中宣传”活动，提高人民群众安全防范意识，受到社会各界好评。

【惩防职务犯罪】 始终坚持有腐必反，有贪必肃，充分发挥检察机关在反腐倡廉建设中的职能作用。共查办各类职务犯罪案件25件、129人，其中贪污贿赂案件20件、22人，渎职侵权案件5件、7人，大要案比例占到100%。立案查处某高校原院长徐某受贿、某县公安局交警大队原副大队长王某受贿、滥用职权等一批社会影响恶劣、群众反映强烈的案件。坚持标本兼治，惩防并举。积极参与构建区委统一领导、有关部门和单位参加、检察机关发挥职能作用的社会化大预防格局。与相关单位召开联席会议5次，向有关单位发出预防建议6件。检察长带头到省电力勘察设计院、市国有资产运营公司等单位开展宣传教育17次，直接受教育人数达数千人。建立行贿档案查询便捷服务制度。1月以来，已提供行贿犯罪档案查询12703条，为社会诚信体系建设做出贡献。

【诉讼监督】 坚持惩治犯罪与保障人权并重、实体公正与程序公正并重，强化对诉讼活动的法律监督。刑事侦查监督方面。监督立案25件、25人，监督撤案9件，纠正漏罪18件、漏犯31人。刑事审判监督方面。提起抗诉13件，抗诉成功10件，成功率达到77%；提出量刑建议634人，被采纳599人。民事审判和行政诉讼监督方面。综合运用检察建议、纠正违法等方式，支持起诉19件，被采纳10件。刑罚执行和监管活动监督方面。针对刑罚和监管活动的执行情况，提出纠正违法意见154件次，已纠正154件次。

【司法行为规范】 坚持以规范化标准化建设为主线，不断深化执法规范和标准体系建设。以检察机关统一业务应用系统上线运行为契机，明确执法办案标准，细化办案流程，强化内部监督，实现对执法办案全过程信息化、动态化、集中化管理。深入推进阳光检察工程，以公开促规范。建成了电话、短信告知、司法文书、重要案件信息等多个信息公开平台，公开法律文书578份，案件程序信息1325条、重要案件信息73条，保障人民群众的知情权、监督权和参与权。开展“检察开放日”活动，邀请社会各届人士走进检察机关，参观座谈，了解检察工作，提高检察工作透明度。

【队伍建设】 坚持以“五个过硬”为标准，从严治检，全力打造一流检察队伍。坚持领导班子“五个带头”，率先垂范，充分发挥民主集中制，规范决策程序，形成强有力的战斗集体，连续多年被区委评为“优秀领导班子”。强化思想政治建设。扎实开展“两学一做”专题教育，通过学习党章、党规和系列讲话，教育引导党员干警进一步坚定理想信念，提高党性觉悟，争做合格党员。强化党风廉政建设。健全问责制度体系，领导班子和纪检部门分别列出“主体责任清单”和“监督责任清单”，层层签订责任状，传导压力和责任。深入推进“把纪律挺在前面”专项活动，纪检监察部门加大内部督察力度，坚持抓早抓小，开展“一周一巡查”活动。与每位干警家庭签订“廉洁家庭承诺书”，筑牢家庭反腐防线。

【工作机制创新】 创新是检察事业发展的不竭动力。近年来，区检察院立足检察职能，根据实际工作需要，创新出几个叫得响、过得硬的“亮点“工作，在全省检察机关推广并运用。律师接待“一站式”服务机制今年以来已接待律师317人次，短信告知439条，满意率达100%；通过远程公诉庭审模式已开庭44件、52人，提高办案效率，节约司法成本，保证办案安全。

建成网上网下“一体化”检务中心。除设立综合接待大厅、检察长接待室、听证室等“七室一厅”外，还建成了面向社会的远程视频接访室，通过网络技术，信访人经预约、审查后，在任何地方都可以与承办人或部门进行在线对话交流。检务中心1—11月，已接待来访群众1500余人次。

【员额检察官遴选】　全市司法体制改革动员会后，院党组统一思想，加强领导，程序规范，公正透明，保证员额检察官遴选工作的顺利进行。在遴选过程中，坚持以考核为主、考试为辅，既突出办案业绩、司法能力，又兼顾经验丰富的老同志和业务骨干等工作原则，真正把业务能力强、有办案经验的检察人员遴选进员额。通过笔试、业绩考核、会议和个别谈话四个环节，共产生拟入额检察官37名。其中男22人，女15人；35周岁以下年轻干警6人，占到入额总数的16%；50岁以上10人，占到入额总数的27%；35—50岁的21人，占到近57%，人员结构科学合理，增强改革积极性和长远性，为下一步司法改革打下良好基础。

【获得荣誉】　区检察院是一个具有光荣历史和传统的检察院，曾受到过最高检通令嘉奖，荣获过全国文明接待室、全国青年文明号、省级模范单位等多项荣誉。自2009年，院领导班子连续6年被区委评为“优秀领导班子”，连续6年被太原市人民检察院评为先进基层检察院，连续3年综合考核位居太原市十县区检察院之首，连续7年蝉联太原市检察机关“基层建设先进单位”。2016年，被省政法委评为山西省“严格执法公正司法先进集体”、被省人民检察院党组评为山西省“先进基层检察院”、被最高检评为全国“先进基层检察院”。连续4年被最高检评为“检察宣传先进单位”。涌现出“山西省十大杰出检察官”侯强，无偿捐献造血干细胞被群众誉为“当代最美检察官”的冯磊等一批先进典型。

（潘高峰）

法　院

【概述】　2016年，迎泽区人民法院（简称区法院）在区委的坚强领导下，在区人大及其常委会的有力监督下，全面贯彻落实党的十八大和十八届三中、四中、五中、六中全会精神，深入学习贯彻习近平总书记系列重要讲话精神，紧紧围绕“努力让人民群众在每一个司法案件中都感受到公平正义”的目标，坚持司法为民公正司法，狠抓执法办案，推进司法改革，深化司法公开，加强队伍建设，不断提升司法公信力，为迎泽区转型升级、社会稳定和法治建设提供了强有力的司法保障。

在经济下行压力不断加大，各类矛盾纠纷不断增多的形势下，审判执行工作以维护社会稳定、保障经济发展为落脚点，创新方法，主动作为，全力服务发展大局。全年共受理各类案件10435件，审执结8132件，与2015年同期相比各增长18.6%和14.5%，审执结标的额15.96亿元，结案率77.9%。

【刑事审判】 受理刑事案件1104件，审结929件，结案率84.1%。对837人做出生效判决，其中判处十年以上有期徒刑17人，三到十年有期徒刑120人，三年以下有期徒刑360人，判处拘役、管制、缓刑、免予刑事处罚等其它刑罚340人。刑事审判工作突出严打黑恶势力犯罪，严惩职务犯罪，专项打击当前经济下行期出现的集资诈骗、非法吸收公众存款等涉众型经济犯罪；坚持“宽严相济”的刑事政策，对影响人民群众日常安全的抢劫、抢夺、盗窃等多发性侵财犯罪，依法从快处理，全力维护社会稳定；开展以审判为中心的诉讼制度改革，推进庭审实质化，实现“难案精审、简案快审”，提高审判质量和效率，防止冤假错案，确保审判过程公开透明。完善轻微刑事案件快速审理机制，与远程审判模式相结合，提高审判效率，节约司法资源。

【民商事调解审判】 受理民商事案件6600件，结案4955件，结案率75.1%，调撤率38.8%，结案标的额14.2亿元。发挥民商事审判调解、疏导、规范经济活动功能，平等保护各类市场主体和公平竞争。一是妥善处理婚姻、继承等家事纠纷，《反家庭暴力法》实施后，发出全省首份人身保护令；积极调处民间借贷、劳动争议、医患纠纷以及票据、股权等新型案件，倡导诚实信用，维护市场秩序。二是将审判资源和社会力量有机结合，选任特邀调解员113人，全方位、多角度、差异化解决矛盾纠纷，形成了一套诉前调解+司法确认+庭前调解+执行前调解的多元纠纷“一站式”解决模式，取得了良好的社会效果。三是延伸司法服务触角，在老军营和柳巷街办辖区设立法官工作室。扎根群众身边，及时引导维权途径；与人民调解组织联动，就地调解纠纷，更好地预防和化解矛盾。四是发挥派出法庭的便民作用。交通巡回法庭在司法确认人民调解协议的基础上，对调解不成的交通事故案件就地开庭，就地审判，不出交警队大门即可解决纠纷。桥东法庭与省医调委继续完善诉调对接及司法确认工作机制，妥善解决医患纠纷。全年司法确认案件482件，极大地减轻了当事人诉累，提升了群众满意度。

【行政审判】 受理行政案件81件，结案74件，结案率91.4%。面对城市建设快速推进的现状，高效服务城市发展，对市政重点工程、城中村改造等涉及行政拆迁案件及时依法裁定。建立了24小时随叫随到的“城中村”改造保障机制，坚持合法性审查原则，以协调解决行政争议为重点，妥善处理群体性行政案件；推进行政机关负责人出庭应诉制度，增进人民群众和政府之间的相互信任，减少社会不安定因素。

【执行工作】 受理执行案件2630件，执结2159件，执结率82.1%，执行标的额1.75亿元。建立执行查控平台，实现“互联网+执行”工作新模式，实现网上查封、冻结被执行人存款、车辆等财产。积极与公安、银行、工商、国土、房管等部门建立信息沟通和协作机制，使法院的“独奏”变成党委领导下的“合奏”，营造良好的执行环境。对“老赖”采取多种形式的失信惩戒，在市区繁华地段大屏不间断曝光，使一批“难案”、“骨头案”顺利执结，推动了诚信社会建设。

【立案信访工作】 提档升级诉讼服务，2015年7月新的审判大楼启用，诉讼服务中心设置8个窗口，集导诉、立案、诉前调解、信访接待、交费和执行接待于一体，在大厅设立自助立案区，实现全方位、零距离、流水化的诉讼服务体系，案件流转更加顺畅，极大地方便了群众诉讼。

信访工作始终把解决实际问题、化解矛盾放在首位。坚持院领导值周制度和院长“逢五”、执行局长“逢六”接待制度，推行法官带案下访和巡回接访制度，2016年，共接访95次、125人，司法救助12案、12人，救助金额44.5万元。开展涉法涉诉信访积案攻坚大会战活动，建立信访听证机制，破解涉诉信访案件导入难、纠错难、终结难，实现信访工作法治化管理，社会化监督。

【审判监督】 主动接受人大及其常委会的法律监督、政协的民主监督和社会各界的广泛监督。向区人大常委会专项报告刑事审判方式改革情况，认真听取审议意见，积极整改；落实人大督办事项院长领办制度和人大代表联络制度，定期邀请人大代表、政协委员旁听案件，落实提案、意见建议、监督事项，并将办理情况及时报告；开通举报网站、院长信箱和举报电话，全方位接受社会监督，促进司法活动更加规范、公正。

【队伍建设】 狠抓思想政治建设，筑牢廉洁司法根基。扎实开展“两学一做”和“纪律挺在前面”专项活动，坚持纪律教育先行，广大干警的政治意识、大局意识、核心意识、看齐意识进一步强化。全面落实从严治党和廉政建设主体责任、监督责任，坚持经常性检查与重点督查相结合，开展“三个一批”“一倒查六整治”和纪律作风专题教育活动，加强出勤管理、用车管理、财务管理，严格遵守八项规定，防止“四风”反弹，推进司法规范化建设。

加快司法改革步伐，落实司法责任制。落实中央、省、市司法体制改革部署，成立司法改革领导组，于10月25日召开员额法官遴选动员大会，遴选工作程序公开、透明。经过资格审查、绩效考核、民主测评、全省统考等程序，将一批能办案、会办案、办好案的优秀人才吸引到办案一线，确定了员额法官46名，进一步充实办案力量，为实现“审理者裁判，裁判者负责”的司法责任制打下良好的基础。

推进法院文化建设，提升干警向心力。以凝聚政法干警核心价值观、树立法治信仰、推动法院发展为目标，深化法院文化建设。坚持把从优待警工作制度化，落实困难送帮助、生病送慰问、生日送祝福“三送”措施。同时，组织开展丰富多彩的法院文化活动，帮助干警放松减压、陶冶情操、强健身体，提升队伍士气和凝聚力，保障审判工作的顺利开展。

【基础建设】 以“大数据、大格局、大服务”理念为指导，以创新为驱动力，向精细化管理要效率，向高科技要生产力，推进信息化技术在审判工作中的运用，提高审判质量和效率，努力建设“智慧法院”。一是搭建信息化平台，实现科学管理。通过数字法院办案系统对各类案件进行管理，立案、排期、开庭、判决、执行、移送上诉等环节均通过网络进行。对案件流转节点全程跟踪监督，同步分析审判运行态势，科学合理地安排案件流程。将审判辅助事务剥离出来，成立综合保障中心，实现集约化管理，缩短办案周期，提高司法效率。二是利用信息技术，助推审判执行。针对案件数量持续增长的现状，新审判大楼重点规划设计诉讼服务中心、数字化法庭、视频会议中心、监控中心、档案室，实现审判区与办公区分离。各法庭安装警报装置，设置不同级别的警戒层级，体现现代化、智能化和节能型布局，实现信息化建设和审判工作的深度融合。继续发挥远程审判节约司法资源、提升审判效率的优势；拓展远程技术在民事案件中的应用，在省医调委建设远程司法确认系统，医疗纠纷当事人无需到法院即可完成司法确认；在法官工作室设立远程调解终端，法官与当事人“隔空对话”；各部门均安装了OA办公系统和内网QQ，既方便了工作，又提高效率。三是打造“四微平台”，助力阳光司法。完善司法公开四大平台的同时，抓好自媒体的发展。做到每季度一期杂志，每年一期年鉴；建设新媒体“四微平台”——微博、微信、网站、手机APP，开通网络庭审直播，运用图文、音频、视频等方式及时公开审判信息，选取有法治教育意义的案件现场直播庭审，公众轻点手机即可获取诉讼服务，观看庭审现场，实现“掌上法院”。四是加大司法宣传力度，开展送法进校园、进社区、进企业、进乡村等活动。结合“3·15”消费者权益保护日、“6·26”世界禁毒日、六一儿童节等不同节日，通过有针对性的专题法治宣传、巡回开庭、法治讲座、新闻发布会等群众喜闻乐见的形式以案说法、以案普法，提升群众的法制观念和法律意识。全年编发信息、简报175篇，裁判文书上网3108篇，发放各类法治宣传资料近千份。

【获得荣誉】 2016年，区法院荣获“全国模范法院”“全国法院系统司法宣传先进集体”“双拥模范单位”等荣誉称号，入选全国百家网站“政法英模榜”，各项工作迈入全国法院系统先进行列。（周玉旺）

司法行政

【概述】 2016年，是实施“十三五”规划和“七五”普法规划的开局之年。区司法局紧紧围绕全区发展稳定大局，全力化解社会矛盾纠纷，提升特殊人群管理水平，提高法律服务和保障能力，推进“法治迎泽”和“平安迎泽”建设，使迎泽区的司法行政工作有了一个新的局面。突出抓好了青少年的法治宣传教育，为全区中小学生举办法律大讲堂37场。大力开展“送法进社区”活动，举办《中华人民共和国道路交通法》《中华人民共和国反家庭暴力法》

《中华人民共和国继承法》《中华人民共和国物权法》等与群众生活密切相关的法治讲座60余场。全年共举办各类法律大讲堂100场。做强“道路交通人民调解委员会”等专业性、行业性调委会的组织建设。全区各级调委会全年共受理各类矛盾纠纷2658起，成功调处2631起，调处成功率达99%，有力地维护社会的和谐稳定。开展社区矫正“公正执法作表率”专项活动、“两类特殊人群”风险隐患大排查大整治活动、判处实刑罪犯未执行刑罚专项清理活动等。2016年，全区新接收社区服刑人员127名，解除矫正133名；年底时，在册管理社区服刑人员188人。在册管理刑释解矫人员840人，其中刑满释放人员460人，解除矫正人员380人。深化“一社区（村）一法律顾问”工作，进一步健全管理制度，完善专项经费的使用标准与办法。全区新增律所6家，新增执业律师57人。深入社区、乡村、企业、学校等，通过现场咨询、讲座、培训、发放宣传资料等多种途径和方式，加强法律援助宣传工作。全区全年共办理法律援助案件241件，其中民事援助案件117件、行政援助案件5件、刑事援助案件93件、参与讯（询）问未成年人26次。2016年，迎泽区被中宣部、司法部命名表彰为“2011—2015年全国法治宣传教育先进县（市、区）”，区司法局被省委宣传部、省司法厅、省普法依法治理办公室命名表彰为“2011—2015年先进普法依法治理办公室”，继续被市委、市政府评定为“文明单位”，继续被市委、市政府、市警备区评定为“双拥模范单位”，再次被市司法局评为“太原市司法行政系统‘创先争优’活动先进单位”，被区委、区政府评定为“年度考核优秀单位”。区郝庄镇法律服务所主任韩有生被司法部评为“第五届全国法律援助工作先进个人”。

迎泽区司法局作为迎泽区政府的组成部门，统筹全区司法行政工作。内设办公室、法制宣传科、基层社会科和法律服务科，下辖迎泽区法律援助中心。业务管辖柳巷、庙前、文庙、迎泽、桥东、老军营、郝庄等7个司法所。司法局机关政法专项编制为33名（除郝庄镇司法所为3名外，其他司法所均为2名，共计15名；局机关18名，其中局长1名，副局长3名），工勤人员1名，实有公务员23人（其中公开招考4人），缺编10人。区法援中心事业编制4人，实有人数4人。

【一社区（村）一法律顾问工作】 3月8日至3月15日，区司法局以街道、镇为单位，组织社区（村）代表和法律顾问，分别举行“一社区（村）一法律顾问”签约仪式。

【迎泽区司法行政工作会议】 3月16日，区司法局召开2016年司法行政工作会议。各司法所全体工作人员，各律师事务所、法律服务所主任，局机关和法律援助中心全体人员参加会议。会上，局长王少骏代表区司法局领导班子做了工作报告，回顾总结2015年的工作情况，对2016年的司法行政工作进行安排部署。

【社区矫正人员入矫宣告】 3月29日，桥东司法所对社区矫正对象郭某举行入矫宣告仪式。宣告仪式上，司法所所长宣读《刑事判决书》《社区矫正人矫宣告书》《社区矫正责任书》和《执行通知书》，要求被宣告人在宣告书上签字。

【律师事务所调研验收】 4月11—21日，区司法局副局长杨会明、律师管理科科长安晓红，对2015年住所地有变更的5家律师事务所（山西世纬律师事务所、山西祥昊律师事务所、山西因文律师事务所、山西赛诺律师事务所、山西得天利律师事务所、北京市晨野（太原）律师事务所）以及新近设立的3家律师事务所（山西贝尔律师事务所、山西科略律师事务所、山西周斌律师事务所）进行调研验收。

【司法所工作人员人脸识别仪操作培训】 4月20日，区司法局邀请专业技术人员对全体司法所工作人员进行关于人脸识别仪相关操作进行培训，技术人员详细讲解人脸识别仪的用户管理导出的步骤及信息保存、保密等内容，并解答司法所工作人员在工作中遇到的人脸识别仪相关问题。

【七五普法】 11月30日，区司法局起草印发《关于在全区开展法治宣传教育的第七个五年规划（2016—2020年）的通知》，标志着迎泽区“七五”普法全面启动。

【“国家宪法日”主题宣传系列活动】 12月2日，以“弘扬宪法精神，实现振兴崛起”为主题，区司法局在文庙街道办事处五龙口三社区举办集中法制宣传系列活动，现场发放2000余册《中华人民共和国宪法》《宪法宣传“百问百答”》等书籍及宣传资料，社区法律顾问团现场为居民解答日常生活中的遇到的各种法律问题。

【警示教育】 5月27日，区司法局组织全体干部职工，观看警示教育片《镜鉴》。王少骏局长强调一要加强学习，认真学习新《中国共产党章程》《中国共产党纪律处分条例》等内容；二要严格要求自己，做到廉洁自律；三要加强工作交流。

（陈学敏）

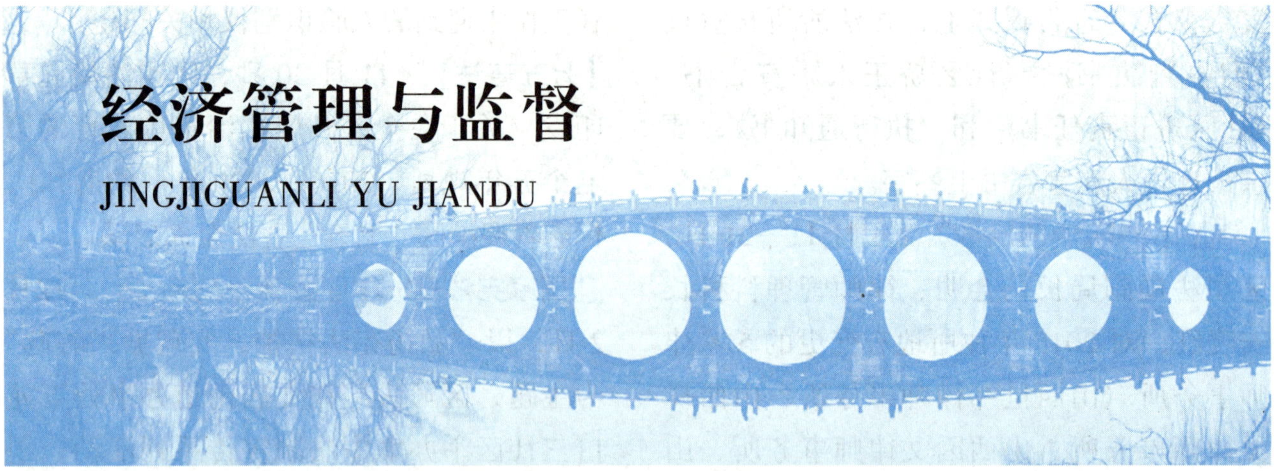

经济管理与监督

JINGJIGUANLI YU JIANDU

发展和改革

【概述】 2016年，区发展和改革局以开展“两学一做”和“双学双促”专题教育活动为契机，认真履行工作职能，充分发挥统筹规划、参谋指导、协调服务职能，求真务实，开拓创新，扎实推进各项工作开展，圆满完成全年各项工作任务。2016年，全区地区生产总值实现602.22亿元，增长6.6%，服务业增加值实现521.28亿元，增长6.31%；社会消费品零售总额完成440.17亿元，同比增长10.8%，规模以上工业增加值完成384.91亿元，同比增长2.3%，固定资产投资218.25亿元，增长14.3%，一般公共预算收入完成139.22亿元。

区发展和改革局负责抓好宏观调控，监测全区宏观经济和社会发展态势，推进和综合协调全区经济体制改革，承担规划全区重大建设项目和生产力布局的责任，推进全区经济结构、产业结构、产品结构的调整，负责全区社会发展与国民经济发展的政策衔接，推进可持续发展战略、循环经济和全区节能减排综合办调工作，负责全区统筹、谋划、推进、协调国家资源型经济转型综合配套改革试验区建设等工作。内设：办公室、社会事业与改革科（行政审批科）、经济科（国民经济动员办公室）、服务业发展科、物价管理科和区转型综改办。核定行政编制16名，实有12人；核定事业编制1人，实有工勤人员1人。局长张健康，下属单位有区物资站、区腐殖酸办公室。

【全面开展社公信用体系建设】 推进商事制度改革，是全面深化改革的重大任务，2016年，区发展和改革局按照省、市社会信用体系建设工作会议精神，结合全区工作实际，深入开展全区社会信用体系建设工作。首先健全机构，明确提出各部门各单位的时间表、路线图，加快推进全区社会信用体系建设工作。其次，召开全区业务培训会，全面部署全区社公信用体系建设工作。第三，扎实工作，配合区编办落实全面党政机关各单位的统一代码编报工作、区工商局落实企业的统一代码工作，积极向社会公布。统计行政审批事项，落实事中事后监督管理制度，积极推行“双随机、一公开”工作，同时督促各单位抓紧建立切实管用的红黑名单制度。第四，协调互通，促进开展失信联合惩戒工作。

【深化全区转型综改工作】 紧扣转型发展主题，以“五个一批”为载体和抓好，促进全区五大发展。围绕产业转型、生态修复、城乡统筹和民生改善，谋划组织实施重大改革、重大事项、重大项目、重大课题。推动全区资源型经济转型取得更大进展。全区“营改增”税制、价格机制和义务教育均衡发展机制等重大改革有序推进。行政审批制度、“互联网+”+行动、改善省城空气质量等重大事项全面展开。城中村改造、棚户区改造等重大项目已全面开工建设，其他项目正在积极推进中。重大课题“采煤沉陷区综合治理”“十三五”规划和新农村建设规划均已落实。

【省市重点工程建设】 区发展和改革局大力推行“六位一体”工作新机制，充分发挥领导联系项目制度，有力地促进了省、市重点工程项目的顺利进行。坚持重点工程部门负责制，全面推进重点工程项目建设任务。全区项目储备完成2376亿元，为年度计划的103.89%；项目签约55.7亿元，为年度计划的106.54%；项目落地完成150.94亿元，为年度计划的101.3%；面目开工完成179亿元，为年度计划的100%；项目建设省、市重点合计完成186.6亿元，为年度计划的101.97%，项目投产178.38亿元，为年度计划的106.18%，完成率均已超过100%。

【采煤沉陷区治理】 按照“三个同步”“四个结合”“五个统筹”的原则，紧紧围绕群众搬得出、稳得住、能致富的治理目标，组织专家深入郝庄镇进行采煤沉陷区的实地勘察。郝庄镇区域形成采煤沉陷区范围为19.2平方公里，确定水峪、新沟、港道、观家峪、张家河、大窑堖和小山岩等7个村庄为治理搬迁村庄，涉及2012户、4887人。

新沟采煤沉陷搬迁安置小区已完成选址工作，土地征收补偿款已拨付，土地征收手续、规划许可证已办理完毕。总体设计方案已上报市规划局审批。

水峪村、港道村采煤沉陷搬迁安置小区已确定选址，规划选址报告已编制完成，已上报市规划局审批。

观家峪、小山沟、大窑堖采煤沉陷搬迁安置小区选址工作已确定选址。规划选址报告已编制完成，已经进入专家评审环节。因为政策调整，迎泽区2016的治理任务新沟、水峪的治理安置工作与城中村改造一并进行推进，不作考核，省、市视作任务完成。

张家河采煤沉陷搬迁安置小区正在积极协调进行异地选址和探索货币安置方式。

【城边村气化工程和东山油气管道安全保护】 根据市委、政府关于印发《太原市2016年全面改善环境质量实施意见》的通知精神，迎泽区2016年城边村气化改造与太原天然气有限公司对接，完成了孟家井村民住宅楼58户的气化任务，待松小线市政路开工建设铺设主管网时即供气。

明确责任，确保油气管道在迎泽区东山地区安全运营。石家庄——太原成品油管线途经迎泽区约4公里，大盂——平遥天然气管线途经迎泽区约3.4公里。在“安全生产月”活动中，区发展和改革局结合工作实际，广泛开展“反三违”活动，先后深入枣园、马庄和港道，加大对油气管道安全隐患的检查力度，签订安全生产责任书，增强企业和村干部的工作责任感，强化人民群众保护油气管道的自觉性。

6月在港道村委会隆重举行“安全生产法律”知识宣传活动，现场解答村民咨询的有关生活和生产中遇到的油气管道安全问题，强化村民安全生产和生活的意识，提高积极防范各种安全隐患的自觉性。使广大村民受到一次安全教育，增强保护长输油气管道的意识。

【行政审批效率】　按照市、区政府的安排部署，认真落实固定资产投资项目管理办法，继续深化“两集中、两到位”审批流程再造程序，通过区政府网站向社会公开15项行政审批职权清单，主动接受社会监督，提高项目审批效率，方便群众办事。全年政府投资项目审批共110个，总投资额为53852.04万元。企业投资项目备案共审批36个，总投资额为19411.81万元。送审房地产公司项目4个，投资额为179081.18万元。　（王会军）

经济和信息化

【概述】　2016年，区经济和信息化局认真落实党建和党风廉政建设工作要求，开展工业经济、节能降耗、小微企业创业创新、民营经济、区属企业管理和职工保障等各项工作，全面完成年度各项经济指标任务。

迎泽区有规模以上工业企业6家，分别是山西昆烟集团有限公司、太原热力公司、迪爱生油墨有限公司、山西新华印业有限公司、山西今鼎印务有限公司和山西省益源庆醋业有限公司。除山西今鼎印务有限公司企业为民营企业外，其余均为中央、省、市属国有企业。

2016年，投产投资计划完成168亿元，实际完成178亿元。规模以上工业企业增加值计划增幅2%，实际增长2.3%。工业新兴产业投资比重计划30%，实际占比达到40%。非煤产业增加值计划比重90%，实际占比100%。万元地区生产总值能耗降幅3.2%。小微企业营业收入指标，计划完成608亿，实际完成650亿。小微企业新增就业人数指标1.06万人，实际新增1.29万人。小微企业技术合同成交额和小微企业拥有授权专利数指标，分别完成1.03亿元和305项。

2016年，规模以上工业企业增加值计划增长2%，实际完成增幅2.3%，受整体经济下行、污染企业外迁等因素影响，规模以上工业经济整体形势严峻，面对不利局面，迎泽区紧紧抓住山西昆烟等影响全局的重点企业，有针对性地开展工作，提供服务；另一方面努力挖掘新的增长点，在转型中促发展，实现工业企业增加值增幅的由负转正，保持工业经济平稳向好发展。按照产业转型升级的要求，区经济和信息化局继续加大对新兴产业投资项目的服务力度，努力克服迎泽区在产业结构和工业用地方面的不足。2016年全年工业项目投资总额中新兴产业占比达到40%，超过年初制订的占比30%的目标。继续保持非煤产业增加值比重100%的良好形势。

区经济和信息化局为正科级行政单位，业务接受太原市经济和信息化委员会的指导。核定行政编制11个，工勤编制2个，2016年实有10人。内设办公室、经济调控科、信息化建设科和企业管理科。下属两个事业单位：迎泽区中小企业服务中心（参公事业单位）和迎泽区企业资产运营中心（差额事业单位）。

【法治政府建设】 梳理行政权力，公布“两个清单”和“一表两图”。完善行政决策制度机制，聘请专业法律顾问。落实政务公开要求，重要信息及时发布。开展法制宣传教育，推进法律“进机关、进企业”。畅通投诉建议渠道，主动接受各方监督。深入基层化解矛盾，维护企业稳定局面。牵头开展区属企业企务公开工作。

【重点职能工作】 开展企业年度考核，组织对100余家区属企业2015年度工作完成情况进行集中考评。严格企业选人用人监督。向拆迁企业发放补贴款700余万元，为特困欠费企业补缴社保、医保等保障支出430余万元，设立的“困难企业职工救助专项基金”开始用于职工救助。切实做到安全监管常态化、制度化，努力确保全系统无重大安全生产责任事故发生。

【小微企业创业创新】 迎泽区成立“双创”工作领导组，制订迎泽区工作实施方案。2016年，收到11个项目申请，组织专家对项目进行评审，最终对9个项目共给予资金支出1925万元。

【区属企业综合评价考核】 按照区属企业考核管理办法，组织对100余家区属企业2016年度工作完成情况进行集中考评。重点考核企业的目标任务完成情况、领导班子队伍情况、党风廉政建设情况，形成了对区属企业年度工作成效的常态化监管。

【区属企业职工保障】 2016年，按照道路改造拆迁企业补贴办法，按时足额向拆迁企业发放补贴款700余万元，使企业职工不因拆迁而降低保障水平。全年共为特困欠费企业补缴社保、医保等保障支出400余万元，为数十家特困企业解决职工到龄退休和看病就医等民生难题，实现区属困难企业职工“老有所养，病有所医”。设立的“困难企业职工救助专项基金”规模已达到45550元，并向困难职工进行救助。

【党建工作】 2016年5月6日，在全系统党员中开展“两学一做”学习教育活动，切实提升党员素质，区经济和信息化局累计开展机关学习40余次，百人以上规模的基层企业集中学习1次。抓队伍，提高基层组织战斗力，进行了联述联评联考，开展支部整合、整顿软弱涣散党组织；抓制度，支部管理持续规范，完善各项党建工作制度，加强日常工作管理；抓活动，教育实践成效明显。狠抓基层企业党建，开展支部整合、整顿软弱涣散党组织，提升基层组织战斗力。2016年，共整顿软弱涣散党组织3个，整合后有支部100个，有效带动基层薄弱党支部提升党建工作水平。

【“两个责任”落实】 安排部署党风廉政建设和反腐败工作任务，落实党政主要领导干部五个不直接分管工作规定，明确局党委担负的党风廉政建设主体责任和纪委的监督责任，坚持约谈工作机制，坚决执行“一把手”对上级交办案件签字背书制度，深入贯彻落实中央八项规定精神，驰而不息纠正“四风”，继续加大案件查办力度，保持惩治腐败高压态势。

（高旭方 靳 睿）

国土资源管理

【概述】 国土资源。截至2016年年底，迎泽区面积104.99平方公里，其中城市面积26.56平方公里，农村面积78.43平方公里。耕地面积1.3164万亩，其中基本农田面积0.7350万亩。

矿产资源。截至2016年年底，迎泽区发现矿产资源8种，主要有煤、石灰石、石膏和砖瓦黏土等。2015年，拥有矿山企业1座，即：智海企业集团有限公司西祁家山石灰石矿，各类证件齐全有效。年末，保有储量为2067.81万吨。全年采出量为55.06万吨，损失量为1.7万吨，动用储量56.76万吨，采区回采率达到了97%。

地质灾害。迎泽区地质灾害主要分布于郝庄镇，主要灾害有地面塌陷、地裂缝、滑坡、崩塌、泥石流等。具体有：张家河村地面塌陷、裂缝；大窑垴村地面塌陷、裂缝；观家峪村地面塌陷、裂缝；小山沟村村东南地面裂缝；孟家井村佰灵寺不稳定斜坡；松小公路滑坡、崩塌；港道南沙河泥石流；新沟村地面塌陷；新沟村崩塌；水峪村崩塌；后水峪村崩塌；白云寺不稳定斜坡等地质灾害隐患共计12处。

迎泽区矿山生态环境保护的总体要求是：坚持矿山资源开发与生态环境保护并重的原则，实施矿业开发与环境保护协调发展战略。实行以预防为主、防治结合的方针，保护矿山生态环境，杜绝地质灾害的发生。建立矿山动态监测网络，包括对矿产资源储量变化、勘查和开发利用情况、矿山生态环境状况恢复治理、矿业权人履行法律法规的权力和义务、矿业权市场建设、矿业秩序等情况的动态监测做出统筹安排，提出具体实施方案，推进矿山环境的综合治理。

太原市国土资源局迎泽分局（简称国土迎泽分局）有编制35人。局机关编制9人，其中公务员8人，公勤1人，现有8人。监察大队编制9人，实有9人。中心所编制8人，实有6人，不动产登记中心编制9人，实有9人。全局2016年在册职工32人。内设土地科、矿政科、办公室。下辖3个事业单位：太原市国土资源执法监察支队迎泽大队、太原市国土资源迎泽中心管理所、太原市国土资源局迎泽分局不动产登记中心。

2016年，国土迎泽分局深入贯彻党的十八大三中、四中、五中和六中全会精神，认真学习习近平总书记系列讲话，坚持以保障发展为第一要务，以保红线、保发展、惠民生为根本要求，在新换届的党支部班子带领下，经过“两学一做”学习教育，全体职工合力同心，勇于开拓创新，根据市局的工作部署和区委、区政府的重点工作，紧紧围绕目标责任书，积极全面推进各项工作，按时全面启动不动产登记等中心工作。

【“两学一做”学习教育】 2016年4月初，召开“两学一做”学习教育动员部署后，迎泽分局党支部坚决把思想和行动统一到中央的决策部署上来，按照市局党组的安排，扎实推进“两学一做”学习教育。一是及时制定下发国土迎泽分局《关于开展“学党章党规、学系列讲话，做合格党员”学习教育的实施方案》，同时成立“两学一做”学习教育领导组，指导“两学一做”教育工作。二是在自学基础上组织全体党员按计划集中学习，把“抓学习”作为搞好本次学习教育的重中之重；分别以“讲政治、有信念”“讲规矩、有纪律”“讲道德、有品行”“讲奉献、有作为”为专题，开展四次集中学习研讨会。结合纪念建党95周年和纪念长征胜利80周年，支部举行“坚定理想信念，重温入党誓词，做合格共产党员，继续新的长征”主题活动。党员上专题党课4次，开展主题讨论4次，撰写发言提纲96篇。三是局党支部书记带头讲党课，坚持领导带头、以上率下，在“学”上用真功，在“做”上见真章。四是切实加强党费收缴。对照收费标准重新核定每个党员的缴费基数，党费四舍五入精确到角，做到应交尽交，如期上缴。

【党风廉政建设】 国土迎泽分局党支部以建设“为民、务实、清廉”为目标，全面落实《中国共产党廉洁自律准则》和《中国共产党纪律处分条例》，不断建立健全反腐倡廉惩防体系，深入开展理想信念和社会主义核心价值观教育。重点强化对科级党员干部廉洁从政教育，领导班子认真履行“一岗双责”，深入推进党风廉政建设和反腐败工作。

一是坚持党建工作与业务工作一起部署，一起落实，一起检查，一起考核。年初，即对全年党风廉政建设和反腐败工作任务进行了逐项分解，与各科室、队、所签订党风廉政建设目标责任书，做到责任到领导，任务到岗位、量化到个人，“一把手”为第一责任人，勇担主体责任，把党风廉政建设与各项工作有机结合起来。开展了党纪党规、法律法规和职业道德讲座共6次，进行了2次警示教育，彻底清理了会员卡，并作出公开承诺，全局风清气正，斗志昂扬。

【耕地保护】 耕地保护目标。2016年，市政府下达迎泽区耕地保有量责任目标为1.15万亩，基本农田保护责任目标为0.7350万亩。截至年底，迎泽区耕地数为1.05657万亩，可调整地类为0.093615万亩，合计耕地保有量为1.150185万亩。本年度迎泽区未发生占用基本农田项目，实现基本农田保护目标，圆满完成全年耕地和基本农田保护任务。

耕地占补平衡。迎泽区地理地貌以土石山区为主，耕地后备资源匮乏。土地利用现状：宜开发区已全部纳入中心城区规模圈，规划土地整治区集中于迎泽区观家峪以东的土石山区，大部分已退耕还林，2015年以前迎泽区上报建设用地项目的占补平衡由市国土资源局在全市协调补充。2016年迎泽区没有造地任务。

土地储备。结合2016年度储备土地和迎泽区实际情况，征求区政府意见后，确定了2017年纳入政府储备的经营性用地计划，已上报市局。

【地籍管理】 地籍变更和卫星遥感工作。按时完成2015年度地籍变更和卫星遥感工作数据上报工作。部下达遥感监测图斑68个，总面积54.8公顷，2016年度实际变更图斑26个，面积20.72公顷。

集体建设用地使用权和宅基地登记发证工作。迎泽区符合发证条件需确权登记的宅基地宗地数为1339户（其中属于换证的814户），集体建设用地为54宗（全部无用地手续），上述宗地已完成外业测绘，界址点定桩。其中：1312户宅基地的外业测绘、界址点定桩和地籍调查工作全部完成，完成率达94.18%，将按时提出“两权”申请，力争通过市级验收。

【基本农田划定】 2014年9月，启动迎泽区基本农田划定工作，截至2016年年底，已完成迎泽区7350亩基本农田划定指标，完成各项资料收集整理，包括外业图表制作、实地核实、落实划入和划出基本农田地块、数据库建设和图件及各类相关数据表制作等工作。竖立若干保护标志，省市验收后即刻签订目标责任书。

同时按照省市部署，开展城市周边永久性基本农田划定工作。此次永久性基本农田划定工作，共下达给迎泽区135个图斑，面积3646亩。涉及郝庄镇郝庄、松庄、王家峰、赵北峰、枣园、店坡、马庄、新沟、水峪、港道、观家峪11个村。根据部省要求，由市国土局安排，2016年划定约106亩，已通过验收。

【农转非和征用集体土地】 完善转征土地的征地工作。完成新沟采煤沉陷区61.395亩、王家峰城中村补征土地121.752亩的征地工作；为王家峰棚户区9.8175亩制订征地补偿方案，并已批准，进入收储阶段。

2016年，组卷上报的太原市城市建设用地批次项目为：王家峰棚户区改造18.58亩，山西省档案馆66.702亩，双塔城中村改造用地68.124亩、武警驻太原部队士官公寓项目120.2115亩。其中，王家峰棚户区改造批转回完成收储，征地完毕。山西省档案馆和双塔城中村改造两项目已批转回，完成征用土地方案公告。山西省档案馆完成了征地补偿登记，等待项目单位支付被征地村征地补偿款中。双塔城中村改造项目正在进行征地补偿登记。武警公寓项目待批。

完成2008年以来批准实施的34个批次的征地信息公开工作。按时填报征地批后实施信息系统。

【配合全区城中村改造】 郝庄、双塔、王家峰、东太堡、枣园、赵北峰为迎泽区2015年6个重点改造城中村，国土迎泽分局积极配合，完成双塔、东太堡、郝庄、赵北峰四村共26宗地、1261.55亩、133城改土地确权工作，完成王家峰城中村改造用地的初审。

配合完成2016年启动的四个重点城中村马庄、店坡、松庄、郝家沟的133城改用地划定，并已开始农用地转用和确权工作。

【不动产登记】 根据太原市机构编制委员会文件《关于组建不动产登记机构的通知》精神，设立局不动产登记办公室（设在局土地管理科），同时，成立太原市国土资源局迎泽分局不动产登记中心，核定自收自支事业编制9名。5月中旬，国土迎泽分局接收从小店国土分局调配的不动产登记人员9名，人员到位后国土迎泽分局组织多次岗前集中培训学习，为迎泽区的不动产登记工作打下扎实的理论基础。6月20日，国土迎泽分局还选派多名不动产中心人员参加由省厅组织的在侯马市国土局举行的培训学习，实地对侯马市的不动产登记中心的工作流程，人员设置等做详细考察，人员由小店国土分局调配，并已到位。于9月30日，按照市统一部署，颁发迎泽区第一本不动产权证书。

【土地租金收取】 国土迎泽分局克服城市拆建带来的诸多不利影响，积极努力做说服劝导工作，收取土地租金44.4248万元，全年翻番超额完成任务。

【城镇居民分割登记发证】 随着不动产登记的全面启动，分局的城镇居民分割登记发证工作已告一段落。截至9月底，国土迎泽分局分割发放国有土地使用证490个，分割宗地5宗，抵押3宗，注销抵押4宗。

【“十三五”土地整治规划编制】 分局主动部署，积极协调，按照《山西省国土资源厅办公室关于开展“十三五”土地整治规划编制工作的通知》和《县级土地整治规划编制技术规程》等相关政策和技术要求，积极与确定的技术承担单位山西金瓯土地矿产咨询服务有限公司联系沟通，于年底形成区级“十三五”土地整治规划编制的初步成果。

【矿政管理】 完成固体矿产资源填报工作。智海企业集团有限公司西祁家山石灰石矿固体矿产资源报表已经通过市局矿管处和储勘处审核，完成上报工作。

开展矿山年检工作。国土迎泽分局组织矿管、中心所工作人员，重点对矿山企业是否有越层越界、超能力生产等行为，进行实地检查。严格把关，对证件不全、违法违规生产的企业不予年检。2016年3月，组织国土、安监、中心所等有关部门，对迎泽区所属矿山企业进行检查验收，通过检查迎泽区矿山企业证照齐全，无越层越界、超能力生产等行为。管理制度完备，职工安全意识增强，任务明确，责任到人，能各负其责。通过检查验收，全部通过年检。合格率100%，已录入报备系统，并通过专项检查，圆满完成年检工作。

强化矿产资源补偿费缴纳工作。该矿自建矿始至今多年来，均按照相关规定及时足额缴纳矿产资源补偿费。2015年度计征矿产品总量为71.99万吨，应征收矿产资源补偿费20.58914万元，采矿权使用费3000元。实际征收20.88914万元。全部征收入库。2016年征收矿产资源补偿费18万元左右，与上年基本持平。

加强地质灾害防治工作。一是积极主动与区政府协调，及时审批下发2015年地质灾害防治方案和突发性地质灾害应急预案，成立领导组，制定措施，明确各职能部门的工作职责，全方位开展地质灾害防治工作。迎泽区层层落实责任。层层签订地质灾害防治工作目标责任书，区政府和镇政府、镇政府和各村、各矿山企业分别签订责任书，共签订责任书39份。将全区地质灾害防治、监测、检查等项工作落实到单位到人。二是健全各种制度。国土迎泽分局健全完善地质灾害速报制度、险情巡视制度、汛期24小时值班制度和汛期“零报告”制度，不断完善迎泽区地质灾害区、镇、村三级监测网络，明确职责任务，责任到人，保证该项工作真正做到责任到位，措施落实到位，灾害监测到位。四是贯彻落实李克强总理重要批示精神，结合迎泽区地质灾害防治规划区划，对全区地质灾害隐患点的现状进行2次全面排查检查。重点对农村居民点、城镇（村镇）规划建设区、矿山企业范围、公路沿线、铁路沿线、旅游景点、学校周边等地质灾害易发区段进行排查，排查检查共出动135人次。国土迎泽分局在排查中将70余张防灾避险明白卡发放到张家河村、松小公路、观家峪村、港道村、新沟村、大窑脑村、东祁家山村等地质灾害防治重点区域的村（居）民手中。同时，将11张防灾工作明白卡发放到相关单位和部门。五是继续完善群防群治三级监测网络。由于2015年村级换届选举，对村级班子和检测员进行调整，及时更新各村监测员，共聘用地质灾害村级检测员16名，确保每个隐患点落实到人，责任到人，监测到人。2016年，共确定了五个重点防治点。六是在地质灾害防治主汛期，加大隐患点的排查力度，坚持24小时严防死守，做到汛前排查、汛中检查、汛后核查，杜绝发生地质灾害，扎实有效地开展全区地质灾害防治和隐患排查工作，开展1次三级网络地质灾害防治培训，参加人员70余人。七是分组进行地质灾害巡查，共出动人员135人次，排查地质灾害隐患点12处。八是加强应急救援体系建设。国土迎泽分局制订《太原市国土资源局迎泽分局应急抢险实施方案》，组建24人的应急抢险队伍，同时与郝庄镇武装部民兵预备役队伍协作，组成120人的应急抢险队伍。九是采取入户宣传，张贴条幅，集中宣讲等形式，开展地质灾害应急防治宣传4次，共计发放宣传资料

1000余份。十是配合区政府开展采煤沉陷区治理。

开展采煤沉陷区综合治理工作。根据《山西省进一步推进深化采煤沉陷区治理搬迁安置工作方案的通知》精神，迎泽区制订“迎泽区关于解决采煤区受灾居民居住安全问题工作方案”和“迎泽区采煤沉陷区治理搬迁安置规划”。国土迎泽分局委托“山西省第三地质工程勘察院”对全区采煤沉陷区进行调查，确定采煤沉陷区范围为19.168千米，涉及搬迁村庄7个。搬迁村庄的选址已经确定，并上报市国土局。已完成首个采煤沉陷区（新沟村）土地转征工作。

现配合相关部门对剩余的6个村水峪、港道、观家峪、小山沟、大窑垴、张家河采煤沉陷区进行最后选址。之后，将进行土地利用总体规划修编及办理土地转征手续事宜。

推进重点矿区矿山生态环境治理。智海企业集团有限公司西祁家山石灰石矿是国土迎泽分局辖区内仅有的一家矿山企业，该企业已委托山西逸达农林工程设计咨询有限公司对矿区复垦植被恢复进行规划设计，并与寿阳县宝林营林专业合作社签订《绿化工程施工合同书》，该企业近几年开采过程中，采取变开采边复垦植被的措施，共计完成土地复垦约120亩，坡面绿化约108亩，平面绿化约50亩，已投入绿化资金约240万元。

【惩治非法违法用地】 2016年，国土迎泽分局依照巡查检查包片责任制的要求，共完成土地日常巡查检查80次。查处违法用地4宗，立案率，查处率达到100%。按时上报国土资源综合统计月报表。

2015年，国土资源部下发迎泽区卫星遥感监测图斑为68宗，迎泽区全部完成卫星遥感监测图斑的核查工作，对3宗违法占地涉及的8个图斑依法立案查处。区政府积极推进卫星遥感监测图斑整改拆除工作。卫星遥感监测图斑执法检查工作数据在线填报已按时完成并上报，已顺利通过验收。

国土迎泽分局认真贯彻落实区政府建立的惩治违法用地共同责任机制，严格履行职责，派出4名工作人员，常驻由迎泽区集中整治“两违”专项行动领导组成立的综合执法队，参与联合执法。2016年，综合执法队共拆除存量违建500余宗，拆除面积41.8万平方米，其中自拆125宗，拆除面积11万平方米，强制拆除375宗，拆除面积30.8万平方米，受到区政府好评。

【惩治非法违法采矿】 落实网格化管理制度、将责任区层层分解，责任到人，对迎泽区11个涉煤村、15座关闭煤矿、2座关闭石料厂做到专人专管。结合“一张图工程”将制度上墙，严格执行，发现问题“露头就打”，不给非法违法采矿行为生存空间。2016年，国土迎泽分局出动人员车辆进行日常巡查60余两（次），夜间突击检查18次、节假日巡查8次，及时发现制止私挖滥采现象。根据山西省国土资源厅办公室《关于进一步做好今冬严厉打击非法违法采矿工作的通知》，国土迎泽分局开展冬季严打非法违法采矿专项整治行动，实施精确打击、重点打击、有效打击，在持续保持高压态势下，国土迎泽分局实现私挖乱采案件零发生，私挖乱采现象基本绝迹。

【国土所建设管理】 配合迎泽测绘管理办公室对辖区的20余家使用测绘成果的单位进行涉密测绘地理信息成果专项检查，确保测绘项目登记工作落实到位。按照国家的法律法规，全年对辖区8个测量标志进行8次有序的全面检查，有效保障国家地理信息成果安全。

积极开展国土所信息化建设试点工作，实现网络自动化办公。一是市局给国土所配备了电脑、办公桌椅、传真打印一体机等办公设施，强化了硬件设施，提升信息化办公水平。二是加强制度建设，实现内外网隔离，确保网络信息安全。三是对工作人员加强业务知识的学习，全所工作人员理论和业务能力得到进一步提高。

【信访工作】 畅通民众诉求渠道，认真受理和调处办理群众来信来访，及时为群众排忧解难。国土迎泽分局接到信访件13宗，其中涉土地信访件10宗，涉矿产信访件3宗；收到太原市人民政府便民服务热线转办信访案件4宗，其中涉土地4宗，均已处理，接访率、答复率、结案率均达到100%。

国土迎泽分局为贯彻省综治委，《关于进一步加强矛盾纠纷大调解工作的意见》《关于进一步加强矛盾纠纷联调工作的实施方案》和太原市委办公厅、太原市政府办公厅《关于建立完善矛盾纠纷联调工作体系的实施意见》及区综治委《关于进一步加强矛盾纠纷联调工作的实施方案》等文件精神，坚持运用法治思维和法治方式解决信访问题，建立依法处理涉法涉诉问题新机制，开展社会风险大排查大整治活动，及时调节迎泽区涉及土地权属、征地补偿安置等引发的矛盾纠纷12起。国土迎泽分局制订《关于建立土地纠纷调解组织的实施方案》并建立了土地争议调解组织，把矛盾纠纷尽量化解在基层。

（四）国土迎泽分局积极配合，安排专人负责，实现无缝对接，主动服务棚户区及老旧房改造项目，为推进青年东街等6个棚户区改造项目回迁安置房建设，积极开展相关工作。

（五）为推进马庄、店坡、松庄郝家沟等4个城中村的整村拆除，加快村民安置回迁，派出7名工作人员常驻城中村改造拆迁指挥部开展现场办公，按时保质保量完成指挥部交办的任务，保障城中村改造工作顺利推进；同时结合惩治“两违”专项行动，国土迎泽分局和其他相关职能部门组成的综合执法队，积极开展联合执法，对2015年7个城中村的存量违建依法进行强制拆除。全年实现安全无事故。

【宣传评议】 进村、进社区、进学校开展“4·22”地球日、“6·25”土地日、“8·29”测绘法宣传日、“12·4”法治宣传日、安全宣传月活动和“防灾减灾周”有关活动。两次组织收听政风行风热线，开展政风行风民主评议面对面活动。开展为期1个月的“学系列讲话精神、谋工作落实之策”专题学习讨论；结合纪念建党95周年和长征胜利80周年，支部举行“坚定理想信念，重温入党誓词，做合格共产党员、进行新的长征”主题活动，积极开展文明创建活动，开设以办公文明礼仪为主题的道德讲堂，设立善行义举榜。开展一次全民学习周活动。机关工会认真履行工作职责，及时将不动产登记中心职工归入会员管理，并纳入大病医疗互助保险。

按照国土资源部县级政务信息网上公开检查内容要求，及时上网发布，内外网公开发布信息500余条。积极给太原国土投稿6次，编发简报66条。认真贯彻局长批示，妥善接待新闻媒体2次，按时答复群众政务信息公开申请4件次。

（杨志春）

物价管理

【概述】 2016年，紧扣国家价格宏观调控政策，规范市场价格秩序这一主题，坚持查处案件与事前预防相结合，抓住群众反映强烈的价格热点难点，规范中介机构垄断性以及具有强制性的经营服务收费行为，对教育、医疗等关系群众切身利益的价费行为进行重点防控，开展专项检查，落实各项惠民优惠政策，规范行业服务和收费行为，坚决惩治乱收费、乱涨价问题。全年共受理价格举报340余件，其中，“12358”价格举报案件192件，区政府“为您解忧愁”热线转办150余件，全部处理落实，投诉结案率100%，有力地解决群众民生诉求，做到件件有回声，妥善化解价格纠纷。

【价格专项检查】 一是对辖区内申请太原市城镇基本医疗保险定点医药机构准入和年审情况进行价格检查。进一步规范其诚实守信合法经营，保障百姓的切身利益。二是环保价格政策检查。重点检查太原市环保局迎法分局、迎泽区城市管理局。力求形成有效的监督约束机制，确保重点环节监督到位。三是涉企专项检查。重点检查已取消收费项目，如区文体局文化市场证工本费已取消，区交通局已取消道路运输经营许可证工本费。四是涉农收费专项检查。检查重点：农产品流通、农村中小学收费、农民建房收费、国家取消的收费项目和降低的收费标准、公共和理和公共服务单位收费等。五是游服务项目收费专项检查。六是节假日市场价格专项检查。节日期间以检查明码标价和不正当价格行为做为重点，从而规范市场明码标价，整顿市场价格秩序。七是积极配合其他部门开展的各项联合检查。

【平价商店建设惠民工程】 加强平价商店的规范化、制度化、标准化建设，坚持每周巡查、每月全面考核，严格落实各项稳价惠民制度措施。通过监测管理系统随时掌握平价商店蔬菜进销价情况、实时销售情况、让利惠民情况，为实现科学有效监管提供翔实的基础数据。进一步加强平价商店增点布设工作，扩大平价蔬菜点覆盖范围，以此带动全区蔬菜市场价格的稳定，真正让百姓得到实惠。

【价格认证】 价格认证工作为司法机关准确有效惩治刑事犯罪，稳定社会治安和社会秩序，提供有力保障。自2016年年初开始实施新的价格认定规定和程序规定，工作较以前更为严谨，切实做到程序合法、结论真实，把风险降至最低。全年共完成涉案价格认定125件。同时配合做好全区公车改革工作，对全区90多辆报废公务用车残值进行价格认证。

【收费备案】 完善行政权力事项清单和责任清单，依法确定权力。继续做好今年收费备案工作，共三项：民办非学历学校、幼儿园、物业服务项目收费。

【价格监测】 认真贯彻《太原市价格异动监测预警制度》，严格落实价格监测通报制度。为上级部门及时掌握市场价格动态提供第一手资料，为平价商店提供价格信息服务，引导居民群众理性消费。

【“价格服务进社区”活动】 通过“12358”价格维权指示牌、价格法律法规宣传资料，让百姓了解日常价费标准，明明白白消费。真正让96个“价格监督服务站”有效的发挥作用，起到社会监督的积极效果。

（区发改局）

质量技术监督管理

【概述】 太原市质量技术监督局迎泽区分局（简称区质监分局）为正科级建制，隶属于太原市质量技术监督局，是太原市质监局设在迎泽区负责标准化、计量、质量、认证、代码、特种设备安全监察等质量技术监督管理工作的派出机构。分局领导职数一正两副，纪检组组长一名，稽查队队长一名。内设监督科、业务科、稽查队和办公室。全局共有干部职工22名，其中行政编制14名，工勤3名，事业编制7名。2016年，认真学习贯彻党的十八大和十八届三中、四中、五中、六中全会以及习近平总书记系列重要讲话精神，深入开展“两学一做”学习教育，坚持以特种设备安全和消费品安全为重点，认真履行质监职责，积极创新工作思路，不断完善工作机制，努力改进工作作风，扎实推动各项质监事业健康发展，全力助推迎泽区建成“首善之区”各项工作。

【电梯安全大会战】 迎泽区作为太原市政治、经济、文化的中心，特种设备种类多、数量大、分布广、情况复杂（如在电梯安全方面，辖区内电梯普遍安装较早，带病运行的“问题电梯”“三无电梯”“老旧电梯”较多，治理难度比较大），监管压力较大。针对上述情况，区质监分局采取监察员+安全员的监管巡查模式，一是彻底摸清辖区特种设备底数，夯实基础。二是开展15年以上“老旧”电梯的专项整治工作。全年基本完成15年以上存在隐患的老旧电梯更换主要零部件要达到80%以上。三是开展“三无”电梯的整治工作。由于历史、产权等原因，迎泽区存在一些“三无”（无物业、无维保、无维修资金）电梯，此项工作区质监分局准备向上级部门及区安委会汇报，以帮助解决问题。

【助推城中村改造】 迎泽区城中村改造工作是重中之重。区质监分局结合工作实际，全面融入质量元素，尤其是在检验检测机构监管工作方面，始终坚持“两手抓、两促进”，一方面严查违法违规行为，使之公平、公正、合法规范运行。另一方面努力提高其服务意识，并要求其做到：把服务城中村建设作为一项重要任务，全力做好服务支撑。对建设过程中需要进行质量检验的建材、电缆等相关产品，要积极搞好检验服务，严把产品质量关；对于需要进行强制检定的水、电、气、热民用“四表”等检测任务，要及时跟进，确保用表准确可靠；对于新安装的特种设备，要优先进行检验检测，确保设备早日安全运行。检验检测机构之间还应加强交流与合作，力争为城中村改造提供科学公正、及时高效的服务。 （李 军）

审计监督

【概述】 2016年，迎泽区审计工作在区委、区政府的正确领导下，认真贯彻党的十八大和十八届三中、四中、五中、六中全会精神，紧紧围绕“反腐、改革、法治、发展”这条主线，按照省、市全年工作部署，紧扣区委、区政府中心工作，以“两学一做”学习教育为契机，以开展“双学双促”专项行动为抓手，以监督检查财政政务收支的真实合法效益为基础，以揭示问题、促进规范、强化整改、从严监督为工作重点，在推进全区财政资金规范使用、强化权力运行制约、促进党风廉政建设、保障全区经济社会健康发展中发挥审计监督作用，较好地完成了全年各项工作目标。

主要职责：贯彻执行国家、地方有关审计工作的法律、法规；制定并组织实施全区年度审计工作计划。对区级财政和各部门、各街道办事处、郝庄镇、区属事业单位单位的财政、财务收支，以及法律法规规定属于审计监督范围的财务收支的真实性、合法性和效益性进行审计监督。对审计、审计调查和检查的事项依法进行审计评价、作出审计决定或提出审计建议，并督促被审计单位进行整改。

区审计局是区政府主管全区审计监督工作的职能部门。内设办公室、财政审计科、投资项目审计科、经济责任审计科，所属迎泽区审计监督中心为全额财政拨款事业单位。局领导班子成员共5人，其中局长1名，副局长3名，总审计师1名。审计监督中心设主任1名。2016年，有在职工作人员14人。

【财政审计】 按照“全面监督、突出重点”的原则，区审计局重点关注预算资金的完整性和执行的规范性，关注政府效能，重点检查“三公”经费和会议活动等经费管理情况，组织进行对区财政局、地税局、水务局、科技局、农委、科协、迎泽街道办事处、文庙街道办事处2015年度预算执行和其他财政收支情况的审计。针对审计查出的违规问题，进行相应的处理处罚，并提出规范财政财务收支行为的整改意见和建议。通过做好“纠正、整改、完善”三个步骤，积极探索有效手段和方法促使审计结果全面按时落实到位，审计监督取得良好的效果。

【重大政策措施落实情况跟踪审计】 区审计局关注国有资产安全，充分发挥审计促进政府政策部署落实的保障作用。根据山西省审计厅和市局的工作安排，抽调一名审计业务骨干参加市审计局2016年。审计中关注经济发展过程中出现的新情况，对发现的问题及时提出整改意见和建议，突出跟踪审计的实效性，确保审计取得效果。另外，完成区政法委2015年度财务收支审计。

【专项审计】 区审计局积极参与全区专项治理工作，发挥审计发现问题、完善机制的作用。

一是根据区监察局、区财政局、区审计局联合下发的《关于组织开展财经纪律执行情况专项检查工作的通知》要求，在全区各部门自查自纠的基础上，会同监察局、财政局开展对部分单位的预算收支、政府采购、资产管理及设立“小金库”等情况的重点检查。

二是于2015年7月开始，派出3名审计业务骨干参加区委巡察办安排布置的迎泽区首轮和第二轮巡察工作。首轮巡察工作圆满结束，成绩显著，受到巡察办领导的好评。第二轮巡察工作正在进行。

三是派审计骨干参与由区纪检委牵头，由区财政局、审计局联动协作全面监督“四风”问题，对部分区直部门、街（镇）和事业单位的财务和“三公”经费等日常经费开支进行常规检查。根据检查中发现的问题，提出改进管理的意见和建议。通过审计参与监督和专项治理，较好地发挥审计的“免疫系统”功能和“体检诊断”作用，进一步拓展了审计监督工作和专项治理成果。

四是抽调一人参加区政府办组织的全区公务用车验收工作。 （王立新）

统计工作

【概述】 2016年，区统计局坚持以科学发展为主题，以提高统计能力、统计数据质量、政府统计公信力为主线，以提高统计的科学性、准确性、权威性为中心，以优质服务为根本，以推进各项统计建设为保障，突出工作重点，按照政府年度中心工作的要求，各项任务取得明显成效，为促进全区经济社会跨越发展做出了积极贡献。

【常规统计】 数据质量不断提高。完成综合、核算、农业、工业、科技、能源、劳资、财贸、服务业、投资、建筑业、人口、文化产业等各项常规统计专业的2015年年报和2016年定期月、季报统计调查工作。随着统计改革与发展全面推进，“两创”（大众创业、万众创新）、“三新”（新产业、新业态、新商业模式）、“非四上”（规模以下工业、限额以下商业、限额以下服务业、资质以下房地产建筑业）、文化产业、民营经济、全行业劳动工资抽样调查等多项新的专项调查监测任务已经逐步开展。

【主要经济数据统计】 充分利用统计资源，不断强化服务意识，积极拓宽服务领域，充实完善服务内容，为区、街（镇）党委、政府和各职能部门提供富有特色统计服务。一是每月为区委、区政府及各职能部门提供经济运行监测数据；二是每季为区委、区政府领导准确及时提供迎泽区经济运行情况统计分析，使统计参与决策的能力明显增强，较好地履行统计咨询服务职能。全年撰写15篇统计分析。三是及时发布2015年《迎泽区国民经济社会发展公报》；四是积极开展妇女儿童发展、小微企业等多项调查工作，客观准确地反映全区经济社会发展实际情况。

【全国人口抽样调查】 按照1%人口抽样调查领导小组的安排部署，圆满完成全国人口抽样调查数据的录入、审核、上报及调查数据质量的检查、抽查；完成调查数据的整理、公布、应用和总结。

【第三次农业普查】 第三次全国农业普查的调查时间点为2016年的12月31日零点。为保证此次调查圆满进行，区统计局按照市局安排，成立迎泽区第三次全国农业普查领导小组，下设办公室；成立乡级第三次全国农业普查办公室及村级农业普查小组。普查所需的设备PDA按照市局的安排部署正在积极调试中；参加省统计局组织的农业普查试点工作及农业普查业务培训；与区农委、林业局、编办等相关职能部门积极沟通，及时收集整理迎泽区涉农企业相关信息。

【"一套表"联网直报】 区统计局重点围绕"四上"企业是否具备入库标准、"四上"企业和房地产开发经营企业及建筑业是否具备联网直报条件、所在地区是否存在一址多企现象、企业是否独立真实地上报数据、存在被授意报送数据的行为、统计部门是否存在代填代报的违规现象以及主要统计指标之间逻辑关系匹配情况进行"八个全覆盖"检查。经过全面详细的检查，没有发现违反"四条红线"情况，"四上"企业均具备入库标准、"四上"企业和房地产开发经营企业及建筑业具备联网直报条件、所在地区不存在一址多企现象、企业独立真实地上报数据、没发现存在被授意报送数据的行为、无统计部门代填、代报的违规现象。

【"四上"企业入库】 每季度召开一次专业联审会。紧紧把握"先建库，在出数"的原则，工业、商贸、房地产、建筑、名录库等专业人员联合对照企业上报的营业执照、税务登记证、财务报表等资料一一对应查看，对资料提供不完整的企业及时要求其补充材料，对暂不符合标准的企业不进行申报，对不符合"四上"标准的企业申请退出。从而确保全区应进的企业全部进入，该退的企业坚决退出，确保名录库单位数据的真实、准确和完整性，为统计工作的"不重不漏"提供准确的数据平台。

【统计执法】 2016年，区统计局始终坚持依法统计这个基本方针，以深入开展统计普法活动为基础，加大统计执法检查力度，继续开展统计巡查工作，取得显著成效。结合学习贯彻新《中华人民共和国统计法》和《统计法实施细则》，组织开展统计执法大检查和专项执法检查活动，加强督促检查，严肃查处统计违法行为。根据市局安排部署，对辖区所属800余家企业进行“八个全覆盖”的专业及法规培训。努力营造良好的统计法治环境，提高统计数据质量。

【队伍建设】　加强统计队伍建设是加快推进体制改革，开创统计工作新局面的必然要求，也是确保统计数据质量，提高统计信誉的关键所在。一是建立和完善机关工作规章制度，加强岗位目标责任制，明确工作职责，严格工作要求；二是加大对各项制度执行的监督检查，以制度的执行保障和推动各项工作任务的落实，使统计工作有章可循、有序高效；三是以深入开展教育实践活动为契机，使全体干部职工努力争当推动发展、服务群众、凝聚人心，促进和谐的先锋，为推动统计事业高起点、跨越式、可持续发展提供组织保证。

（张　星　赵　雷）

安全生产监督管理

【概述】　2016年，迎泽区高度强化安全红线的工作意识，牢固树立安全发展的工作理念，严格按照科学有效的工作方法，扎实推进周密细致的工作部署，以“依法治安”为安全生产工作主线，坚持问题导向，坚持具体深入，坚持重点突出，狠抓主体责任和安全监管责任落实，全面深入开展全年安全生产工作，严防各类事故，力控各项指标。截至2016年11月底，全区共发生一般安全生产事故295起，其中道路交通事故101起，消防火灾191起，工矿商贸3起。事故数较2015年同期大幅下降；各类安全生产事故共死亡3人，其中道路交通死亡2人，同比减少2人；工矿商贸死亡1人，同比增加1人。全年未突破市政府下达的各项控制指标。

【安全责任落实】　2016年，迎泽区召开14次区委常委会、区政府常务会、区安全生产例会等会议，学习传达习近平总书记、李克强总理关于安全生产重要讲话和批示指示精神及党中央、国务院、省委省政府、市委市政府关于安全生产工作的决策部署，强化红线意识，推进安全发展，落实责任体系。

1. 突出党委政府领导责任。迎泽区积极推进安全生产党政同责“三级五覆盖”，出台《迎泽区安全生产党政同责一岗双责失职追责暂行办法》。党政“一把手”负总责，认真研究，亲自协调解决安全生产工作中的重大问题。继续执行领导干部对重点行业、重点企业安全生产挂牌责任制，落实安全生产例会工作制度，定期召开例会，研究协调解决安全生产重难点问题，推进安全生产各项工作落实到位。

2. 突出行业部门监管责任。2014年，区政府下发文件明确了各部门安全监管职责，明确街镇的属地监管责任，2016年5月，区安委办按照上级要求，对全区的工商注册企业安全监管责任进行明确划分，进一步做到职权清晰，促进责任落实。

3. 突出生产企业主体责任。积极强化企业安全生产主体责任。严格实行安全生产目标责任考核“一票否决”和安全生产“黑名单”制度，促进企业依法依规安全生产。结合安全生产“五落实五到位”，强化安全宣传，全区所有中型以上企业及高危企业全部张贴《五落实五到位》规定挂图，同时利用“两随机一公开”方式强化部门安全执法，督促检查，确保落实。

【安全生产大检查】 2016年，迎泽区成立区级安全生产领导组，由区长任领导组组长，各位副区长及安委会成员单位“一把手”任副组长，明确重点，细化分工、制定步骤，全面安排部署。根据上级安排，结合自身突出问题，深入开展安全生产大检查，并针对节日、重大群体活动、极端恶劣天气等不同时期、不同情况下的安全生产特点，深化安全生产大检查、打非治违和重点领域专项整治行动，切实做到全覆盖、零容忍、严执法、重实效。共惩治违章指挥、违章作业和违反劳动纪律608起，其中：道路交通135起，消防398起，危险化学品29起，冶金机械制造31起，其他15起。

【专项安全整治】 结合区政府重点工作，在拆迁改造、有限空间、燃气管线治理等方面加强安全监管，重点突出危险化学品、消防、非煤矿山、道路交通、建筑施工、特种设备、食品安全、人防工事、人员密集场所等重点领域安全专项整治。

【安全隐患风险排查治理】 在开展“大检查”“反三违”基础上，认真制订《太原市迎泽区安全隐患风险排查治理行动方案》，梳理排查出安全风险点、薄弱点和隐患点，开展专项整治，突出问题针对性、检查全面性、任务清单化、措施有效化。2016年，共出动检查组1917个，检查人员5505人次，检查生产经营单位28489家，责令改正、限期整改、停止违法行为2658家，关闭非法违法企业7家，处罚罚款22.4161万元。实现安全隐患风险排查“全覆盖”。

【应急管理】 建立健全各部门之间应急救援联动机制，以大型企业和消防队伍为依托，大力推进危险化学品等专业应急救援队伍建设，完善应急预案体系，积极开展演练，提升应急处置和防范能力。对于发生事故的，要严格事故查处，严肃追究责任。共调查2起安全生产事故。一起是郝庄镇高空作业张贴广告布1人摔落死亡，事故调查已经结束，区政府已批复。另一起是桥东地区高空作业门头安装时1人摔落死亡，事故存在谎报瞒报行为，目前已移交公安机关。同时为认真吸取事故教训，迎泽区将建筑装修领域高空作业列为安全风险点，安排部署安全隐患风险排查治理行动，以切实措施避免安全事故再次发生。

【职卫监管】 认真贯彻落实《职业病防治法》，明确企业职业病防治主体责任，推动企业加强职业卫生基础建设，实行职业病危害告知、定期检测评价、职业健康监护等措施。着力提高企业职业病预防能力和水平；深化重点行业领域职业病危害专项整治，开展非煤矿山、带喷漆的汽车修理行业职业病危害专项治理工作；强化高危粉尘、高毒物品等职业病危害源头治理。

【宣传培训】 积极开展安全生产宣传月、安全教育培训等专题活动，增强全社会安全意识。（王 清）

食品药品监督管理

【概述】 2016年，迎泽区以食品药品安全监管提档升级为核心，大力推进食品安全信息化建设，开通门户网站，建立企业信息数据库；建设食品安全可追溯体系；加大检验检测投入力度。全年未发生食品药品安全事故。

【食品安全】 开展学生、职工食堂专项检查，食用油、食醋、粉条、酒类节日市场专项检查，“贝因美”、“雅培”等媒体曝光的婴幼儿乳粉问题品牌及“越南酸奶”、散装牛奶等乳品专项检查，肉类市场专项检查。

【药品药械安全】 开展药品经营企业GSP管理规范化检查，药店和诊所回收药品、未凭处方销售处方药等整治行动；针对山东问题疫苗事件，对辖区药品批发及器械经营企业进行检查，重点核查辖区疫苗接种单位二类疫苗购进储运等问题。

开展医疗器械专项整治，打击非法制售和使用注射用透明质酸钠，集中开展义齿生产使用质量安全隐患排查，严查经营体外诊断试剂及无菌和植入类器械的企业。全年移送公安案件2起。

【保健品化妆品安全】 继续规范许可发证工作，开展保健食品、化妆品生产企业摸底巡查；对保健食品、配制酒、玛卡制品等产品开展专项检查。（王 东）

农林水务

NONGLIN SHUIWU

农　业

【概述】　2016年是“十三五”开局之年，在中央和省、市惠农政策的持续发力下，在践行“五大发展”理念的指引推动下，区农委在区委、区政府的领导、支持下认真落实各级农村工作会议精神，围绕全年农业农村工作目标任务，攻坚克难、努力作为，取得了农业增效、农民增收、农村稳定的可喜成绩。全区农业人口17205人，全年农村常住居民人均可支配收入完成19112元，增幅6.4%，第一产业增加值完成3286万元，农产品加工企业销售收入完成1.5亿元，现代农业投资完成601万元，休闲农业和乡村旅游营业收入完成1200万元，肉类产量完成374.44吨，禽蛋产量完成111.01吨，存栏鸡37000只、羊2700只、猪2000头。

迎泽区农委为区人民政府工作部门，正科级建制，核定行政编制5人，实有5人，副科级及以上领导干部4人，主任陈勇兵、葛增友（正科级）、副主任王兵、副主任邢志强，工勤人员1人，下设办公室、业务科2个职能科室。隶属农委的下属事业单位有农业综合执法大队、动物卫生监督所。农业综合执法大队为副科级建制，核定全额拨款事业编制5人，现有人数3人；动物卫生监督所核定全额拨款事业编制5人，实有5人，其中，中级技术职称2人。

【支农惠农】　按照中央和省市区有关支农惠农工作要求，完成统计核实并上报粮食补贴面积2133.4亩，489户，杂粮良种面积1005.4亩；为种粮村申请秸秆综合利用补助资金15.4万元（2200亩，70元/亩），结合“两学一做”活动开展涉农资金专项清理整治工作，全面清查2013—2016年惠农资金的拨付、使用情况，确保程序规范、补贴及时和使用合理。

【土地确权登记】　迎泽区应确权面积为5219.25亩，前期已完成工作领导组调整和充实，落实工作经费制订工作方案，招投标确定测绘公司，对镇、村确权工作人员进行集中培训，完成测绘队伍与镇、村的对接工作。实际确权工作开展以来，采取调查工作与清查摸底工作并行推进的办法，有效提高工作效率，按照进度服从质量的原则加速推进。截至当前，已有13个村完成基础数据测绘工作，8个村完成公示，相关梳理解决矛盾、信息应用平台建设、档案管理、保密等工作正在进行。同时，按照省、市领导批示精神及相关文件要求，对迎泽区土地仲裁、流转相关机构启动整改和完善工作，根据工作实际需要调整了区农村土地承包仲裁委员会及成员，土地经营权产权流转交易市场初步建立，解决办公场所、工作经费，充实工作人员。

【林果基地项目】　为进一步优化种植业结构，努力推动农业结构战略性调整，推进东山生态环境建设，促进农民持续稳定增收，区政府于2014年决定实施林果基地项目。实施地点为郝庄镇小山岩、柳沟、小山沟、孟家井、观家峪、沟北、前头河、捐子、东祁家山、水峪等10个村，总规模853亩，共种植经济树种62081株，建设5栋日光温室，总投资857万元，全部为区财政资金。2015年4月，完成立项、招标等手续正常开工，工期为两年，截至目前除大棚正在选址建设外已全部完成栽种，完成投资797万元。

【农产品质量安全】　区农委紧紧围绕提高农产品质量安全水平、确保不发生重大农产品质量安全事件目标，成立农产品质量安全整治工作领导小组，把农产品质量安全工作列入重要议事日程，修订《应急预案》，制定《工作要点》，明确目标责任；狠抓专项整治，检查经营门店、种植、养殖农民合作社210家次；积极开展宣传培训，累计培训从业人员60人次，签订《承诺书》130份，发放宣传资料5000余份，接受群众现场咨询300余人次。至年底，迎泽区农产品质量安全形式平稳向好，没有农产品质量安全事故发生。

【特色工作】　1. 扎实推进都市现代农业提档升级，拓展农村服务城市功能。年内，推荐台骀山滑世界农村生态游乐园晋升为省级休闲农业与乡村旅游示范点，投资1300万元新建农家乐2000平方米，种植果树500亩，年接待游客10万余人次；张家河龙池山庄投资300余万元，新建农家乐餐饮住宿休闲区5亩及配套道路、饮水设施，提供村内就业岗位60个；东祁家山五里沟农业生态休闲园区投资200余万元整理土地20余亩，养羊300只，新建菜田50余亩，泉水蓄水池一座。

2. 依托美丽乡村建设，积极打造董家庄文化产业园生态旅游项目。投资8000余万元，利用2600亩荒山新建“森栖谷文化山庄”，目前民俗展示区雕塑馆、陶艺馆2400平方米，休闲酒店2000平方米已完成建设并初步实现运营，在建项目有特色养殖区棚圈、景观湖水面、民宿区、观光采摘园。

3. 积极扶持新型农业经营主体，促进农业产业化经营。开展三级示范社创建，新创建省级示范社1家、市级示范社2家、区级示范社3家，新成立合作社7家，合作社总量已达80家，辐射带动900余农户参与经营。

【精准扶贫】 迎泽区对口精准帮扶娄烦县静游镇，成立区对口精准帮工作领导组，有针对性地制订《实施方案》，确定15个“一对一”结对帮扶单位和15个重点专项帮扶单位，召开会议全面动员部署，在全市率先拨付对口帮扶资金2000万元，并为驻村帮扶工作拨付保障经费52.5万元，区四大班子领导、结对帮扶单位、驻地企业负责人多次实地调研，考察产业项目。各帮扶单位积极进村入户开展建档立卡和建档立卡“回头看”工作，掌握解村情民情及致贫原因，发挥部门优势，认真落实各项帮扶措施，积极帮助招商引资、安排培训就业，帮助制定脱贫项目31个，2016年底帮助实现脱贫4087人。 （张咏星）

林　业

【概述】 2016年，迎泽区林业局以创建国家森林城市为主线，紧紧围绕“让森林走进城市，让城市拥抱森林”的创建宗旨，圆满完成市政府考核迎泽区提档升级造林工程3000亩的年度任务，完成任务率100%。同时实施2015年第二批森林植被恢复造林工程、2016年未成林造林地抚育管护工程和区林业局森防基地改扩建项目工程。

区林业局是区政府主管林业工作的职能部门，下设综合办公室，主要职责是协助局领导处理日常工作，负责工作计划总结、目标责任制监督检查、政务公开、督查督办（包括人大代表建议、政协委员提案办理）、政务协调，文电、会务、印信、机要、档案、保密、信息、信访、安全保卫、机构编制、人事财务、资产管理、后勤保障和对外联络接待等工作。核定行政编制3名，局长1名，副局长2名，实有3名。工勤人员1名，使用事业编制。

下属事业单位3个：迎泽区森林防治检疫站，核定全额事业编制4名，实有1名。2016年10月，新增2名公开招聘的“三支一扶”人员；迎泽区谷草坪林场，核定自收自支事业编制4名，实有3名；迎泽区林业种苗管理站，核定自收自支事业编制3名，暂无编制人员。

【林业工程建设】 太原市百万亩森林围城建设2016年迎泽区提档升级造林项目，位于迎泽区郝庄镇范围内，总面积0.3万亩，项目总投资2707.4万元。涉及孟家井、东祁家山、董家庄、小山沟、大窑堖、外麻地沟、里麻地沟7个村25个小班，采用空地镶嵌或行间加植方式，设计栽植油松、白皮松、火炬、五角枫、臭椿、香椿、新疆杨、山桃、山杏、红栌、黄栌、紫叶矮樱、金叶榆等乔灌木共计21.49万株。4月5日，太原市百万亩森林围城建设2016年迎泽区提档升级造林工程在山西招投标网发布招标公告，4月27日开标，5月1日中标，5月5日签订施工合同并开工建设，11月15日，全部保质保量完成3000亩的造林任务，并通过市级检查验收，受到市绿委的通报表扬。

【林地变更调查】　厘清林地与非林地界限、核实小班地类、乔木林地小班纠偏和征占地等变化小班。科学界定迎泽区林地范围，对全区林地“一张图”进行纠偏，掌握林地变化的空间分布与管理属性变化信息，与国土数据充分衔接，出台林地变更调查成果，更新全区林地“一张图”数据库。保持林地数据现实性和时效性，为迎泽区建设项目使用林地行政许可、林地保护行政执法提供科学依据，同时也为今后林地保护利用规划修编打牢基础。4月12日，成立迎泽区林地变更工作领导小组；8月2日，确定山西上林园林景观设计工程有限公司为成交供应商；8月12日签订业务委托合同；11月29日，迎泽区林地变更成果内、外业合格，符合省级验收标准，成果数据按照相关要求提交国家林业局。

【森林防火工作】　区林业局按照市政府提出的“五抓”（即抓防、守、巡、救、责）要求，全面展开“特险期”（3月15到5月15）、秋冬季以及节假日期间森林防火工作，传达国家、省、市森林防火会议精神，全面部署森林防火工作。4月2日，区委书记刘文华、区长冯原平、副区长贾津生，带领林业、人武部、安监、公安、交通、郝庄镇等相关部门，深入实地督查辖区清明节期间森林防火工作。

成立以郝庄镇牵头的基层应急救火队伍、人武部牵头的常备应急队伍和区林业局的森防矿管大队。实行区、镇、村三级包片领导、两委干部、护林员具体化、网格化，做到各级防火人员全部上图上表、层层落实责任，大力加强应急联动机制建设，与各森林防火责任单位签订目标责任书。

及时补充维护各类防扑火车辆、机具、物资，在原有6辆消防水车、2辆巡查车、1辆多功能宣传车的基础上又新购制2辆17座专用运兵车；强化宣传教育，悬挂张贴宣传标语条幅100余条，配发森林防火袖标200条，出动宣传巡查车800余辆/次。

【森林防治检疫】　区林业局重点加强林业有害生物防治检疫工作，进一步强化区森防检疫站职能，加大现场检疫执法力度。根据造林工程病虫害易发时段适时开展检疫执法活动，对2016年度将要用于造林的所有苗木进行病虫害检疫和苗木质量检查，辖区内所有造林工程苗木调运检疫手续档案齐全。

按照迎泽区与市政府签订的《重大林业有害生物防治责任书》考核目标要求，区林业局组织相关人员在全区范围内开展林业有害生物普查工作，通过前期专业技术人员的实地踏查、现场诱捕和取样比对，全面查清全区林业有害生物的种类、分布、危害、寄主等基本情况，及时更新林业有害生物数据库及图库。

【行政执法】　把法治政府的建设纳入年度考核内容，建立法治政府建设长效机制，并明确相关人责任，确保各项工作落实到位，开展依法行政宣传月，建立行政执法全过程记录制度、行政执法公示、考核、责任制度和事中事后监管制度，建立执法人员名录库和行政执法随机清单。坚决落实执法人员持证上岗，严格按照法律规定规范执法。

区林业局成立以局长为组长，林业站、种苗站、森林防治检疫站等基层技术单位负责人为成员的知识产权工作领导小组，对侵犯林业知识产权，生产、销售劣质种子的行为予以坚决的惩治，规范林业市场。

加大对候鸟等野生动物资源保护力度，拆除候鸟迁徙通道和栖息地的鸟网，严厉打击非法猎捕、运输、经营候鸟等野生动物行为，确保全区范围内无非法猎捕、毒杀候鸟、非法经营、运输候鸟等野生动物行为的情况发生，共出动车辆巡护15车次，人员巡护50人次。

【行政审批】　严格对照区林业局权力清单落实林业审批程序，对权责清单实行动态管理；全面推行“双随机一公开”，建立随机工作细则。9月30日，根据太原市迎泽区落实并政发〔2016〕60号文件取消行政审批事项目录的有关规定，涉及区林业局应取消的权力清单事项名称《县级森林公园设立及变更的审核》，事项编码2100-Z-00500-140106；权力清单事项名称林木种子生产经营许可，事项编码2100-A-00300-140106，许可范围扩大，由营业执照注册资金100万以下调整为2000万以下。

【安全生产工作】　区林业局组织开展为期1个月的“安全生产月”活动、“除隐患、保平安”和“反三违”专项行动。6月16日，利用版面、广播等多样的形式大力宣传林业安全生产政策措施和相关法律法规，对林业工程队伍进行安全生产知识培训，并对雨季、高火险期的施工安全提出重点要求并深入工地现场指导林业生产安全工作。6月14—20日，为应急预案演练周；6月22日，对全区森林防火应急队进行集训，训练内容分为：基本队列、队形训练和专业扑火技能培训两个部分。积极组织涉林企业开展自查自改，与林业安全生产相关单位签订安全生产责任状，对企业落实安全生产主体责任进行重点检查，强化安全培训、应急管理等工作。

【基层党建】　区林业局认真组织开展“两学一做”“四讲四有”“双学双促”专题学习教育活动，全年共召开专题党课6次，党员大会4次，民主生活会1次，采取领导班子带头学、理论学习集体学、业务知识辅导学、自学等多种形式，以整风精神开展批评和自我批评，深入查摆问题。严格按照基层党建任务重要落实：完成党员组织关系集中排查工作；完成党代表和党员违纪违法未给予相应处理排查清理；完成基层党组织按期换届选举工作；完成党费收缴工作；完成机关党员干部学习教育工作。

【党风廉政建设】　扎实履行党风廉政建设和“一岗双责”“党政同责”职责，积极开展案例警示教育，组织全体党员观看《筑梦路上》，倡导全体干部职工观看《永远在路上》专题教育片，与全体党员签订“遵守党纪党规、做合格党员”的承诺书，积极开展两节期间自查自纠工作，使党风廉政建设和反腐败斗争常态化。

（史 哲 牛彩萍）

水 务

【概述】 2016年，太原市迎泽区水务局（简称区水务局）围绕各项目标任务和迎泽区水利发展与改革“十三五”规划，扎实工作，加强水务基础设施建设和薄弱环节建设，完成小山岩深井1眼和小山沟村水井配套工程，对孟家井、沟北、占道及时更换损坏水泵、清洗蓄水池，持续做好饮水安全工程维修养护工作；落实各项防汛工作措施，确保全区安全度汛，特别是平稳应对“7·19”强降雨过程；实施南沙河上游小山岩段河道治理工程；完善山洪灾害防治非工程措施运行工作；扎实做好移民后扶工作；加强依法行政和水资源管理工作；扎实开展“两学一做”学习教育，收效明显；落实“两个”责任，扎实落实党风廉政建设责任制落实，圆满完成各项目标任务。为迎泽区转型跨越发展和“示范区、先行区、引领区”建设提供强有力的水利支撑和保障。

区水务局成立于2002年5月，内设办公室、业务科，核定行政编制5名，实有4人。下属事业单位：区水资源管理办公室（挂区水资源征费稽查队牌子），核定事业编制7名，实有6人；区人民政府防汛抗旱指挥部办公室（挂区抗旱服务队牌子），核定事业编制3名，实有3人；区河道管理所，核定事业编制31名，实有18人；区郝庄水利水保管理站，核定事业编制3名，实有2人。

区水务局主要职责为：1. 宣传、贯彻、执行国家、省、市关于水务工作的方针、政策、法律、法规，研究制订全区水务中长期发展规划及年度计划。2. 负责保障全区水资源的合理开发和利用，负责全区生活、生产经营和生态环境用水的统筹兼顾工作，组织开展全区水资源的调查评价工作，制定并实施取水许可制度和水资源有偿使用制度。3. 负责全区计划用水、节约用水工作。编制全区水资源保护规划，指导全区地下水合理利用和开发；宣传、贯彻落实节约用水方针和政策，指导和推动节水型社会建设工作。4. 负责防治水旱灾害。组织、协调、监督、指导全区防汛抗旱工作；编制全区防汛抗旱应急预案并组织实施；负责全区水利突发公共事件的应急管理工作。5. 负责全区水文工作。做好对水文水资源和河、库、池、地下水水量和水质的监测，做好水文站网建设和管理。6. 负责全区水利工程和水利设施建设管理工作。组织实施国家水务技术质量标准和水利工程的规程、规范；负责全区重点水利建设项目建议书和可行性报告的起草、规划；负责全区水利设施、水域及其岸线的管理和保护工作；负责全区河道防洪设施的监管、维护。7. 负责全区水土保持工作。研究制定水土保持规划并监督实施，负责全区水土流失的检测、预报，组织实施重点水土保持建设项目，负责全区有关开发建设项目水土保持方案的审批、实施及水土保持设施验收工作，对有关水土保持法律法规的执行实施监督。8. 指导全区农村水利工作。组织协调全区农田水利基本建设和管理；组织实施、监督指导全区农村饮水安全、节水灌溉等工程的建设与管理；组织水利工程的竣工验收工作；指导全区农村水利社会化服务体系建设。9. 负责监督、管理全区水政监察和水行政执法工作，协调水事纠纷，维护水事秩序。10. 承办区人民政府交办的其他事项。

【防汛工作会议】 2016 年 5 月 31 日，迎泽区人民政府防汛抗旱指挥部召开迎泽区 2016 年防汛工作会议，全面安排部署迎泽区 2016 年防汛工作任务。

【六权治本工作】 2016 年，对《迎泽区水务局行政权力事项清单》进行补充、修改和完善，保留行政权力 47 项，并对保留的行政权力编制办事指南表、运行流程图、廉政防控图等。

【水利基础设施建设】 2016 年，完成小山沟村水井配套工程，建成 500 吨蓄水池、铺设输供水管道 1850 米，管理房、泵房等相关配套设施；完成小山岩村 750 米深井 1 眼，解决了项目区及小山沟村、小山岩村生活、生产、生态用水，稳步推进东山生态项目区水利基础设施建设。对孟家井、沟北、占道及时更换损坏水泵、清洗蓄水池，确保农村饮水安全工程长期、正常发挥效益。

【防汛工作】 2016 年，区水务局坚持“安全第一，常备不懈，以防为主，全力抢险”的防汛工作方针，不断完善防汛抗旱及水利工程安全管理应急预案，结合安全生产大检查，对南沙河、马庄河、南沙河水库、马庄水库、淤地坝、南十方排洪渠等水利设施进行全面细致地汛前检查处理、配备足量的编织袋、铁锹、镐头、救生衣、防护绳、污水泵、橡皮船等抢险物资、认真执行 24 小时防汛值班、带班制度，加强防汛监测系统建设，做好山洪灾害防御工作，加强安全宣传教育、应急抢险队伍建设、强化水库安全管理，加大清淤清障、水毁工程修复力度和河道治理工程，共计清淤清障 14470 立方米、砍伐河道中自然生长的阻水树木 126 棵，清除护坡杂草 4600 平方米，修复石堤 220 米，确保水利工程平稳度汛，积极平稳应对了“7·19”强降雨过程。

【移民后扶工作】 2016 年，区水务局足额、按时发放 269 人、共 16.14 万元移民后扶资金，将党的惠民政策真正落到实处。加强库区移民基础设施建设，投资约 30 万元实施水峪村排洪渠护坡工程，有效改善当地及其移民的生产生活条件，确保国家惠民政策真正落在实处。

【水资源管理】 2016 年，区水务局开展水法律法规和节约用水宣传，加大对城区各用水单位水法律法规的普法宣传和节水宣传，在第二十四届“世界水日”、第二十九届“中国水周”宣传活动中，组织开展宣传进校园、进社区、进农村系列宣传活动。加强水资源管理，深入各村对其实际用水量摸底，围绕实现宏观上总量控制、微观上定额管理目标，将取水计划逐一分解至各取水单位。对辖区内7眼地下水位监测井设备，定期现场察看检修，及时发现、处理问题，规范档案管理，做好相关数据记录，确保地下水位检测设备在线率达80%以上。完善制度建设、强化措施落实，实行最严格水资源管理制度，出台《迎泽区最严格水资源管理制度实施意见》，成立领导组、明确责任单位、确定目标任务，从加强水资源开发利用控制红线管理、严格实行用水总量控制，加强用水效率控制红线管理、加快建设节水型社会，加强水功能区限制纳污红线管理、严格控制入河湖排污总量等方面做出了详细的规定，切实发挥“三条红线”的硬约束作用，加强部门协同配合，形成共同落实最严格水资源管理制度的合力，全面完成最严格水资源管理的预期目标，制度建设和相关措施的实施也取得一定成绩。2015年度全区用水总量5402万立方米，万元工业增加值用水量降幅1.56%，农田灌溉有效利用系数和水功能区水质达标率等四项考核目标均达到考核要求，顺利通过太原市对迎泽区的考核。

【机关建设】　2016年，区水务局加强思想政治建设，牢牢把握正确的政治方向。认真学习贯彻党的十八大和十八届三中、四中、五中、六中全会精神和省、市第十一次党代会精神，强化政治意识、大局意识、核心意识、看齐意识，根据区委统一部署，扎实开展“两学一做”学习教育和“双学双促”专项行动，强化主动、担当、创新的工作意识。严肃组织生活，增强组织活力。认真召开党支部专题组织生活会和民主生活会，认真落实整改，促进机关纪律作风的进一步改善；开展民主评议党员工作，客观公正地对每位党员作出评价；完成党费清查补缴工作，9名党员补缴党费共计6392元，确保党费收缴合规、及时、足额；按照有关规定，完成党支部换届选举；积极组织党员参加各项党建活动，丰富支部活动形式，坚定理想信念，激发工作活力。推进法治建设，促进职责履行。继续完善制度建设，新增通行共性制度8条，行政权力运行监督制约制度15条，行政执法制度12条，制度规范性、操作性增强，执行情况良好，靠制度管事管人管权的工作格局初步形成；扎实推进权责清单制度建设，依法清理、规范行政权力事项和责任事项，对权力责任清单进行补充、修改和完善，保留行政权力47项，并对保留的行政权力编制办事指南表、运行流程图、廉政防控图等。加强法治宣传，结合“世界水日”“中国水周”及防汛工作，抓好各个层面的法治宣传教育工作。积极探索水行政执法工作，不断加大水行政执法力度，有效制止两起水事违法行为。

【“两学一做”学习教育】　区水务局按照省、市、区委关于“两学一做”学习教育统一部署开展学习教育活动，周密安排、狠抓落实，并组织召开动员大会，制订“两学一做”学习教育计划，将学习教育与日常工作精密结合在一起，并创新学习方式，开展“人人都来讲党课”活动，注重每个人的实际行动和落实，使“学”成为“做”的基础和前提，使“做”成为“学”的效果和目的，通过实实在在抓住每个重点、抓实每个环节，“两学一做”学习教育收效明显。

【党风廉政建设】 2016年，局党支部坚持把党风廉政建设纳入水务工作整体，与水务业务工作同研究、同部署、同检查、同落实，采取针对性措施，确保党支部主体责任落到实处。党支部书记切实担负起第一责任人的职责，始终坚持党风廉政建设逢会必讲，逢事必抓，全年研究和涉及党风廉政建设的会议18次；对照责任清单，加强对水利建设计划、投资、工程建设、公车以及人事财务等工作的管理。组织干部职工集体学习34次；组织副科以上领导干部进行集体约谈3次；对典型案例进行研究剖析反思3次。不断完善局党风廉政建设相关制度；严格执行《领导干部分工履职尽职制度》，落实一把手不直接分管干部人事、财务、工程建设项目、行政审批、物资采购工作的有关规定，实行请示报告卡制度；凡涉及重大决策、干部推荐、重大项目安排和大额度资金的使用事项经集体讨论决定后开展工作。每逢重要节日前后，都要通过会议、个别谈话等方式，对全局干部职工进行警示教育；全年重要节日前后进行落实八项规定精神和反对“四风”问题监督检查共计12次，未发现明显问题；从严控制公务接待、公务用车等经费支出，并将“三公”经费支出情况进行公开；严格公车管理，做到双休日、节假日公务用车统一停放，全年依规报备3次，填报派车单5次。

2月份，局长就2015年度“两个责任”落实情况向纪委全委会作现场述责，并接受评议质询，得到较高满意度评分。还接受了区纪委联组巡查、市纪委交叉检查（古交）、区审计局年度预算审计，均没有发现明显问题。（杨慧茹）

城乡建设与管理 环境保护

CHENGXIANG JIANSHE YU GUANLI HUANJING BAOHU

城乡规划

【概述】 太原市城乡规划局迎泽分局位于老军营小区东巷6号，是太原市城乡规划局派驻迎泽区的直属规划管理机构，在市城乡规划局授权氛围内对辖区履行规划管理职权。规格为市级机关部、委内设处建制，实行公务员管理。领导职数一正两副，内设办公室、出纳室、规划管理科3个科室，现有5人。

太原市城乡规划局迎泽分局的主要职能是：负责辖区内建设工程竣工规划条件核实；负责处理因建设工程竣工规划条件核实等引起的群众来信来访、举报投诉、咨询建议，以及提案议案答复等工作；参加案件审理会审议违法建设案件；协助执法支队对违法建设进行处理；完成上级交办的其他工作。

2016年，太原市城乡规划局迎泽分局紧紧围绕区委、区政府的中心工作，团结带领全体职工，创新工作思路，认真履行职责，较好地完成了各项工作任务。

【“两学一做”学习教育】 以十八大精神为指导，认真学习和领会党的十八届三中、四中、五中全会和习近平总书记系列重要讲话精神，把党风廉政建设与提高廉洁从政能力相结合，深入学习中央八项规定和反对“四风”要求，强化“一岗双责”，全面落实党风廉政建设责任制，为贯彻落实市局和区委、区政府有关要求，全面加强党风廉政建设的组织领导，制定“两学一做”实施方案和学习教育计划，成立领导机构，召开动员大会，明确任务分工和人员责任，精心组织，周密部署，扎实推动党风廉政建设工作。要求全体党员干部以“八项规定”为准绳，严以律己，反对“四风”，查摆思想观念、体制机制、方法作风方面存在的不足，修订、完善有关财务、接待、工作纪律等方面的制度。认真落实规划管理各项制度，把政风行风建设与反腐倡廉、精神文明等工作紧密结合，认真抓好信访“领导接待日”工作，切实解决在执法和行政过程中存在的以权谋私等问题，使作风建设和廉政建设落到实处，为完成各项工作提供思想保障。

【查处核实工作】 根据市局的通知要求，为进一步加强和规范城市的建设管理，妥善处理太原市国有土地上历史遗留的违法建设，有力化解一批重大不稳定因素，维护社会和谐稳定，按照国有土地上违法建设专项整治处置办法，坚持依法查处、部门联动、兼顾历史、结合实际的原则，认真开展查处核实工作，特别是“烂尾楼”问题关系城市形象，不仅损害城市的整体形象，也造成一部分土地资源的浪费，分局高度重视、严肃对待、强化担当，按照上级的要求，迅速安排部署，查找核实相关资料，依照城乡规划法等法律法规，尽快积极配合相关部门，认真工作、加强监管。

【公共停车场选址】 为贯彻上级指示精神，促进城市停车产业化、规范化，以缓解停车难、治理乱停车为目标，大力加快推进公共停车场建设，分局按照市局的安排要求，积极配合市局做好公共停车场建设工作，要求工作人员协助相关部门在适当区域选址，督促建设单位完成建设任务。

【规划选址调查】 积极协调市局做好迎泽区涉及规划选址调查的工作，配合区政府协调市局做好采煤沉陷区的规划选址以及配合区政府完成道路改造和城中村改造、迎泽公园改造的拆迁等工作。

【资产清查管理】 国有资产是行政事业单位履行职能、保障政权运转以及提供公共服务的物质基础，是党和政府执政能力的重要保障。按照上级通知要求，圆满完成工作。

【规划执法机制改革】 一是加强组织领导，领会通知精神，做好职能调整工作，通过职能调整，分局不再有执法职能，使其实现市局、分局、执法支队既有协调合作、又有相对独立的权责明晰“三级联动”执法模式；二是自《通知》下发之日起，分局与执法大队做相关工作的移交，严格履行签字程序，做到无缝对接；三是处理好《通知》下发前未清理的保安费用等相关事宜。

【服务重点工程】 2016年，分局根据市、区规划工作总体安排，围绕市、区的重点工程，主动对接、服务前移，为重点工程搞好规划服务。一是为五一路、创新科技园区建设、双塔等城中村改造项目、南沙河道路改造及迎泽公园改造项目等重点工程的规划编制和规划审批，确定项目跟踪服务人员，有力推动了重点项目的规划工作。二是指定专人与区各相关部门密切配合，全过程参与以上重点工程的规划对接、摸底调查、规划认定、资料汇总等工作。三是多方沟通、积极协调，主动上门对接，反复征求业主单位意见，确定立面改造效果方案，确保高标准完成五一路立面整治工作。

【助推城中村改造】 加快推进城中村改造，是2016年的一项重点工作。规划分局从三个方面主动服务：

(1) 围绕2016年推进的重点村改造，分局指派一名副局长进驻区城改办专职从事规划服务工作，主动与市局相关处室、设计单位以及各街办、村进行沟通、对接，力争缩短规划编制和审批的时间，为城中村改造规划手续的办理进行协调、提供服务。2016年，协调市局5次到区政府进行现场办公。

（2）积极协助市局“驻村规划师”搞好服务，加强分局人员与驻村规划师、村委的交流，把村民意愿、市场需求和城市规划理念有机结合，力争使做出的规划方案更完善、更科学，更有利于城中村改造的进行。

（3）创新管理思路，搞好规划手续的批后工作，变批后监管为批后服务。主动协调有关部门，在建设工程的放线、验线和规划验收等方面积极引导、提前介入，促进城中村改造按照批准的规划实施。

【批后监管】 为强化监管责任，规划分局实行了划片包干、责任到人的监管机制，把辖区内所有的批后监管件全部纳入正常监管范围，对投诉举报件，由专人登记督办，按时限要求予以答复，日常监管中对群众反映强烈、严重影响规划的违法建设，首先下发停工通知书，对拒不执行的工地，实行派驻保安强制停工。需立案查处的，提交案件审理会审理，按要求执行处罚。有效控制违法建设的滋生和蔓延，维护规划法的严肃性。

对日常批后跟踪管理案卷，坚持做到跟踪到位。2016年，分局共接收批后管理案卷18件，件件做到接收后及时转件，责任到人，对监管内容及时录入微机和批后管理系统，对有疑难问题的案卷及时请示汇报，掌握管理原则，及时整改月报，做到管理心中有数。

分局认真履行职责，严把规划验收关，2016年共审核规划验收件122件，面积约83.22万平方米，完成规划验收件24件，面积约38.01万平方米。

【信访工作】 迎泽区地处中心城区，市民的法律意识和维权意识非常强，对政府部门依法执政的监督力度很大，使信访工作压力也很大。分局按照市局的要求，指定专人分管信访工作，对历史积案实行领导包案制度，认真抓好信访“领导接待日”和大接访工作。截至8月底，共接到市信访转办件9件，区信访转办件80件，接待来信来访50余人次。 （何海明）

住房与城乡建设

【概述】 2016年，迎泽区住房和城乡建设系统按照迎泽区打造“省城首善之区”的总目标，积极主动适应经济发展新常态，努力实现住房和城乡建设工作在十三五规划起步之年的高质量开局、高水平起步。

【道路建设工程】 迎泽大街下穿火车站通道建设工程。迎泽大街下穿火车站通道建设工程（建设路—双塔北路）共涉及6家单位和48户居民，房屋征收总面积31784.736平方米（其中住宅9615平方米）。针对单位公建部分，区住房和城乡建设局与房屋征收工作所涉及的太原铁路局等6家企业多次对接沟通，并与太原铁路局等4家企业签订过渡协议，并启动拆除工作。对于另两家企业，待市建审中心出具评估价格后，即可签订征收协议。关于居民私产部分，已与48户居民全部签订房屋征收补偿安置协议，为迎泽大街下穿火车站通道建设工程顺利完工打下良好的基础。

地铁轨道交通迎泽段建设工程。按照市政府《关于轨道交通2号线一期工程拆迁的通告》安排，太原市轨道交通2号线一期工程于3月15日全面开工，涉及迎泽区的南内环站及双塔西街站等节点工程的房屋征收工作正式展开。区住房与城乡建设局具体负责位于解放路沿线的省安装公司宿舍楼、市粮油公司宿舍楼、安业大厦及体育馆等4家单位的征收工作。2016年，省体育博物馆及安业大厦片区改造方案上报市规划局审批，市粮油公司宿舍楼于年底拆除完毕。

小街巷道路改造工程。按照市小街巷综合整治改造中心《关于委托背街小巷改造工程拆迁征地的函》安排，2016年迎泽区共涉及18条背街小巷的改造工作。其中，工程建设任务由业主单位市小街巷综合整治改造中心组织实施，房屋征收工作任务由相关街办承担。涉及房屋征收任务的郭家巷、旧城街、康乐南巷等15条小街巷红线范围内的房屋征收工作于8月1日全面展开，完成1117户的房屋征收工作（其中文庙街办987户，桥东街办66户，庙前街办6户，柳巷街办11户，老军营街办47户）。

双塔西街滨河路节点建设工程。按照太原市市政建设开发中心《关于双塔西街与滨河东路节点改造摸底拆迁的函》安排和区政府相关领导的批示，完成双塔西街与滨河东路节点改造建设工程近400平方米建筑物的房屋征收和拆除工作。2016年年底，双塔西街与滨河东路节点道路改造工程全部结束，实现顺利通车。

【棚户区改造】　按照李克强总理关于加快棚户区改造步伐的指示精神和市委市政府提出的两年内完成太原市棚户区改造任务的统一部署，根据市保障办《关于下达2016年太原市棚户区改造征收任务的通知》安排，2016年迎泽区棚户区改造任务总计为3927户，征收总面积155680平方米。年初以来，迎泽区将上马街周边、西里街、桃园路华联超市周边、五一东街、康乐村片区共5个棚户区列入改造范围。至2016年年底，已完成2550户的房屋征收工作。

【保障性安居工程】　按照市保障办《关于下达2016年我市保障性安居工程建设任务的通知》安排，2016年迎泽区保障性安居工程新开工任务为6176套（其中，城市棚户区改造2676套、城中村改造3500套），基本建成2670套，完成投资20.21亿元（含续建项目）。至2016年年底，全区新开工保障性安居工程共完成6992套，完成率为113.21%。其中，城市棚户区4166套（南江大酒店198套、东岗棚户区420套、民政园3296套、轻工仓库片区252套），完成率为155.68%；城中村改造2826套（郝庄566套、松庄585套、店坡736套、马庄783套、郝家沟156套），占应完成任务的80.74%。基本建成937套（并州北路182号城市棚户区改造项目27套、松庄585套、店坡96套、马庄229套），占应完成任务的35.09%，年底前民政园安置房建设项目上报基本建成任务2732套，保证迎泽区基本建成任务顺利完成。完成投资9.95亿元，占应完成任务的49.23%。

年底前东太堡城中村改造回迁安置房建设项目（城市之光）预计可开工建设1000套，可保证全年城中村改造新开工任务的顺利完成。

【公共租赁住房保障申请审核】 按照市保障办《关于开展2016年度城镇低收入住房困难家庭公共租赁住房保障申请审核工作的通知》文件安排，会同区民政局召集各街办（镇）于4月13日召开2016年度公共租赁住房工作会议，对城镇低收入住房困难家庭公共租赁租房保障申请审核工作进行安排部署。至2016年年底，申请居民的城区审核工作已基本结束，市有关部门正在进行居民收入和住房信息的比对工作。

【建筑节能改造】 按照市既改领导组办公室《关于下达2016年既有居住建筑供热计量及节能改造任务的通知》《关于认真做好2016年既有居住建筑节能改造工作的通知》文件安排，2016年全年迎泽区既有居住建筑节能改造工作任务为120万平方米，共涉及6个街办21个标段，441栋楼，总面积176.83万平方米的改造工作。截至2016年年底，21个标段已全部报建完毕，全部改造工程施工工作已进入收尾阶段，预计年底前可完成全年改造任务。

【供热管网改造】 按照市城管委安排，2016年迎泽区老旧二次管网改造工程任务为25公里，至年底，已分两批、将总长度11.16公里的改造任务上报市城管委。

【供水管网和“一户一表”改造】 按照市政府办公厅《关于印发太原市老旧困难小区供水管网和“一户一表”改造实施方案的通知》要求，迎泽区制定并印发《迎泽区老旧困难小区供水管网和“一户一表”改造方案》，正式启动改造工作。

【农村危房改造】 按照市住建委《关于提前下达太原市2016年农村危房改造任务的通知》要求，2016年迎泽区需组织完成20户农村危房改造任务。区住房与城乡建设局及区民政部门会同郝庄镇调查筛选，将改造任务落实到户，年底前全面完成。

（崔雅琼）

城市管理

【概述】 2016年，区城市管理局以打造干净整洁、宜居宜业、清新靓丽的美丽迎泽为目标，凝心聚力，扎实推进各项工作深入开展和提档升级，圆满完成年度目标任务，城市管理水平取得新成效。一是全面提升城乡环境面貌，环卫作业和管理再上新台阶。人工清扫保洁作业时间由往年每天实行的一扫全保制度变更为2016年每天2扫全保制度，即每天13：00至14：00

再增加一次重点路段普扫；迎泽大街、柳巷、火车站等重要地段实行24小时保洁作业。成立小街巷便道清洗组，全年机械化作业冲洗率达到市里要求的85%以上，平均每月机械化作业车辆里程数11.5万公里持续保持全市第一。全区12个城中村实行城市化清扫保洁和垃圾收运的专业化队伍管理，16个山区村的生活垃圾实行了专业收运管理，修建地埋式垃圾桶站（点）90个并全部投入使用。实现垃圾分类试点10个。新建公厕5座，改建院内公厕1座，改造旱厕3座，实现全区旱厕改造全覆盖。二是全面提升街景容貌靓丽程度，市容市貌整治再出新亮点。高标准整治文源、桃园三巷2个片区和上马街、旧城街、羊市街等19条背街小巷。组建小广告清理清洗队伍，实行“专门的人干专门的事”。在区属20条街道深入开展标准化管理达标创建活动。三是全面提升管控能力和执法力度，市容综合管理再有新突破。火车站管委会对火车站站前广场及其周边区域做到全天候24小时综合管控，24小时不间断清扫保洁，站前广场做到“三无”管理，即无烟头、无摊点、无小广告，持续开展整治占道经营活动，全区摸底登记的160余家露天烧烤全被取缔，在市局的考核中连续4个月排名第一。开展专项整治，惩治“两违”行为，共拆除面积170984.0平方米。2016年，区城管局被评为太原市文明单位。

2016年年底，迎泽区城市管理局局机关行政编制10人，实际在职13人；工勤编制2人，实际在职3人。离退休人员25人。局内设机构有办公室、市容科、环卫科。区城乡清洁办、燃气办设置于区城市管理局开展各项工作。所属单位有4个：（1）行政执法分局：参公单位。2016年年底，有在编人员152人，合同制协管员594人。内设办公室、督察室、案件审理室。下设：桥东、迎泽、老军营、文庙、庙前、柳巷、郝庄7个属地中队。主要职责为负责火车站、迎泽大街的行政执法工作；负责对各街办（镇）的行政执法工作进行业务指导。（2）城市管理应急大队：事业单位。2016年年底，有在编人员132人，合同制人员125人。主要职责为负责街道、小区内的垃圾清运工作；负责辖区内公厕、户厕的清掏。（3）城市管理监督大队：事业单位。2016年年底，有在编人员50人，合同制人员50人，公益性岗位人员87人。主要职责为负责辖区内环境卫生质量的管理监督检查工作。（4）市容环境卫生执法中队：事业单位。2016年年底，有在编人员7人，合同制协管员13人。主要职责为负责辖区内垃圾运输过程中的日常监管；负责新建和拆迁工地市容环境卫生的日常监管。

【片区整治】　2016年，区城管局开展对文源、桃园三巷2个片区和上马街、旧城街、羊市街等19条背街小巷的高标准整治，主要包括硬化破损路面，粉刷楼道立面，拆除私搭乱建，整治脏乱现象，整饰建筑立面，美化街区环境，打造整治新亮点。

【清扫保洁】　2016年，迎泽区共有清扫保洁街道 528 条，630 余万平方米的清扫保洁工作。一是在严格执行全区统一的人工清扫保洁作业时间的基础上，由往年每天实行的一扫全保制度变更为今年每天 2 扫全保制度，即每天 13：00 至 14：00 再增加一次重点路段普扫；迎泽大街、柳巷、火车站等重要地段实行 24 小时保洁作业。二是区属无论主次干道和大街小巷的路面卫生、花池树坑、墙根墙角（含空调底部死角）、城市家俱（如果皮箱、垃圾桶）的清扫清理，统一按照街道长、宽、面积划分，足额配置环卫工人。废弃物在责任区路面滞留时间不超过 10 分钟，果皮箱、垃圾桶内垃圾随时清运，不超过箱桶的 4/5，箱桶外不得有满溢出的垃圾废弃物。三是进一步健全和完善环卫作业监督管理、考评制度，印制“迎泽区环卫工人环卫作业知晓卡”，内容包括“环卫工人行为规范、道路清扫保洁作业标准、环卫工人作业九不准”等工作安全、规范作业条款，统一下发给全区 2000 余名环卫工人，要求其每天随身携带，遵守执行。

【机扫作业】　2016 年，区城管局落实机扫作业绩效考核制度，切实提高作业车辆出车率、安全率、道路机扫率，降低事故率、扩大作业范围，全面提升街面洁净度。一是做好全区范围内市属 6 条示范道路（迎泽大街、南内环街、长风东街、新建路、滨河东路、东中环路），14 条一类街道，63 条二类街道，40 条三类街道，共计 123 条街道 435 万平方米车行道和便道的机械化清扫、冲洗、洒水和喷雾降尘作业。在春夏秋三季，对 6 条示范道路每日进行“二冲四扫三降尘”作业；对 14 条一类街道、63 条二类街道每日进行“一冲三扫二降尘”作业；对 40 条三类街道每日进行“一冲一扫一降尘”作业；在冬季，强化湿式机扫作业，根据气温变化，灵活掌握作业趟数，改变以往冬季每日四小时（10：30—14：30）固定湿式机扫作业时间，气温只要在-6℃以上，用按 3%比例配制的融雪剂水溶液在每日 8：30—16：30 进行 8 小时湿扫作业，气温在-10℃以下时，才将湿扫作业时间变更为每日 4 小时，真正做到在冬季最大限度减少扬尘污染，净化空气质量的效果。二是全年机械化作业冲洗率达到市里要求的 85%以上，为全市最高，平均每月机械化作业车辆里程数 11.5 万公里持续保持全市第一，达到“面黑线白、路见本色、清新湿润、扩面提档”的要求。三是成立小街巷便道清洗组，具体负责大中型清洗车辆无法进入作业的便道死角和立面，每天对重要地段采用人工高压冲洗枪进行冲（清）洗，保证各个不同路段、路面、便道、立面、死角的干净、整洁，达到“全覆盖”的要求。

【垃圾清运】　2016 年，区城管局全面开展和推行城乡生活垃圾全收集工作。一是对全区 12 个城中村实行城市化清扫保洁和垃圾收运的专业化队伍管理，对城中村院落、沿街店铺所产生的生活垃圾、废弃物按照定人、定时、定点的要求进行收集，对全区 16 个山区村的生活垃圾实行专业收运管理；并在区属 28 个农村积极推广郝家沟地埋式垃圾桶站（点）的收集、管理和运行办法，采取设置垃圾地埋桶和集中修建垃圾转运站相结合的方式进行收集，在郝庄镇共修建地埋式垃圾桶站（点）90个并全部投入使用。二是在主城区全面推行“上门店、进单位、入楼院”的生活垃圾袋装定时上门收集工作。至2016年年底，迎泽区在6条示范街道和一、二类街道共计83条和三类部分街道26条总计109条街道开展和推行生活垃圾定时定点上门收集，有效遏制垃圾收集过程中出现的二次污染和桶站周边环境脏乱差问题，极大的改善街巷环境卫生状况，受到市民群众的称赞和好评，生活垃圾定时上门收集工作的开展和推行保持全市第一。三是按照“由易到难、有简到繁、循序渐进”原则和“大分流、小分类”思路，积极开展和推广垃圾分类试点，引导垃圾分流处理，实现垃圾分类试点10个。

【小广告治理】　2016年，区城管局进一步组建完善小广告清理清洗队伍，实行“专门的人干专门的事”，在强化对示范街道，一、二、三类共123条主要街道，天桥，临街建筑物两侧立面清理清洗的同时，切实做好居民楼院内小广告治理和其他小街小巷小广告清理工作，确保全区市容环境卫生的干净整洁。

【公厕管理】　2016年，对区属107座公厕中的74座进行下水防臭U型管并加装电热缆的全面升级改造，其中水冲式43座，不锈钢31座，全区不锈钢公厕已全面完成U型管除臭改造。按照市、区公厕管理作业规范和管护质量标准，区城市管理局每月不定时严格检查全区107座公厕开放、关闭时间（夏季：早6：30—晚22：00、冬季：早7：00—晚21：00），严把公厕管理和卫生质量关。柳巷、钟楼街区域，实行公厕24小时全天候开放。积极协调沟通社会各方力量，在区属范围内进一步开放宾馆、酒店、文明单位、“双拥”单位内部公厕30座，并完善导向标识和建立手机查询方式，方便群众查找如厕，形成“建设固定公厕、设置移动公厕、开放单位公厕”格局，使广大市民切实感受到如厕环境的明显改善。全年，新建公厕5座，改建院内公厕1座，改造旱厕3座。

【裸露地面整治】　2016年，区城市管理局对区属六街一镇裸露地面、高边坡和高切坡位置和面积进行摸底统计，制订详细的工作进度表。共对辖区内裸露黄土苫盖12处，面积为13700余平方米；对社区、小区裸露地面进行绿化种植、绿化建设8处，共15300余平方米；区政府投资300万对郝庄镇裸露地面进行了围挡；其中，王家峰小游园、东太堡村小游园裸露地面整治工作经验在五月份被《太原新闻》进行报道。

【燃气安全】　2016年，区城管局在切实做好职责范围内瓶装燃气经营、汽车加气站经营及其他燃气经营监督检查工作上下功夫，一方面是在7月，专门组建一个5人燃气安全专项检查组，充实力量。另一方面是严格开展定期不定期的监督检查，下发安全文件10余份，同时针对消防隐患多次下达整改通知，对太原晨光煤层气开发有限公司（体育馆站）、太原公交能源天然气有限公司（松庄加气站）两家加气站因无燃气经营许可证下达关停通知，对太原市宏泰昌液化气储备有限公司、太原市东城气体有限公司下达完善手续的整改通知。对此项工作，区城市管理局将强化检查和监管，确保其按照要求办理燃气等相关手续，对于无法办理手续的站点将采取措施按照有关要求进行关停整改。同时，按照市、区两级的安排部署，对区属六街一镇的建（构）筑物占压燃气管线开展专项整治，经过前期大量的对接和宣传工作，目前以完成拆除18处，改线5处。

【行政执法】 2016来，迎泽区执法分局紧紧围绕“五城联创”总目标，持续开展市容环境综合整治，取得明显成效。一是对全区500余条街道的占道经营、露天烧烤进行大力整治。露天烧烤全部“清零”，在全市考核排名第一；30条主干道、快速道、8所三甲医院、64所中小学校周边已基本整治到位，在柳巷商业区、迎泽大街、火车站周边实现无占道经营，无露天烧烤、无商业噪音。二是整治“两违”行为，不断加大对城中村集体土地违法建设的巡查、管控力度，对郝庄地区28个城中村存在的“两违”行为大力整治，拆除违法建设30余万平方米，实现违法建设“零”增长。三是对郝庄地区集体土地的9处建设工地的扬尘进行监管。

【环卫应急】 2016年，区城管局环卫应急工作把取缔主要街面的垃圾桶站作为重点，对影响大、管理难度大、居民反映强烈的街道逐步取缔，实行定时定点收运，共清运垃圾14余万吨，清掏清运粪便5000余吨。同时，以创建全省一流中转站为目标，本着高效、美观、卫生、舒适的原则，对七个中转站进行标准化改造，配置安装全国一流水平的防蝇、防臭喷淋系统，实现一流中转站建设目标。

【城管监督】 2016年，区城管局城管监督大队与区城管中心、各街办（镇）形成三级网络平台，采取定人、定岗、定责管理，通过易信手机拍照、电话通知等形式，对重点街道进行24小时监督检查，对其余街道进行16小时监督检查。2016年，平台共计接收对迎泽区范围市容环境卫生及摊点占道等的监督检查报件230487，处置反馈率达100%。接收“为你解忧愁”12件、“12319”热线983件、数字城管1343件、应急问题436件、便民服务热线238件、网名留言6件、微信平台5件、社情民意通道5件、媒体舆情4件、政务微博2件、“12345”2件、其他6件、均达到处置反馈率100%为居民正常的出行和生活提供了保障。

【市容环卫执法】 2016年，区城管局市容环卫执法中队采用疏堵结合，宣传与执法并进的方法，对辖区内渣土车辆在运输途中无证拉运、带泥上路、沿路抛洒、乱倾乱倒等违法行为进行严格的日常监管和大力查处，共出动车辆180台次，人员1080人次，责令整改工地28处，纠正违规车辆34台。依法查处严重违法案件19

起，发放宣传资料300份，安装警示标示、告知牌80块，限高杆封堵乱倒场地10处。全年市容环卫执法中队共受理“12319”“12345”市民反映问题304件，办结率达到100%。

【“两学一做”学习教育活动】　2016年，城管工委高标准启动、高质量推进“两学一做”学习教育活动。针对不同岗位特点和党员年龄结构、文化程度、身体状况等情况，安排学习时间、细化学习内容、下发学习计划，针对性地组织党员干部开展全方位的学习教育，对年老多病、出行不便的退休党员，采取“送学上门”的形式，力争做到党员参与无死角，学习教育全覆盖。各支部组织集中学习8—10次、专题讨论4次；累计发放《中国共产党章程》《两学一做学习教育辅导》《习近平总书记系列重要讲话读本》《中国产党的九十年》《胡锦涛文选》等学习书籍370余本，学习笔记本60余本。深入开展“党员先锋行”主题实践活动，党员挂牌上岗亮身份，发挥先锋模范作用，开展清理卫生死角、清理乱倾倒垃圾、整治占道经营、集中更换破损严重垃圾桶等专项行动，进一步改善辖区群众的居住环境，用实际行动赢得群众信任和拥护。签订“遵守党纪党规　做合格党员”承诺书130余份，138名党员参加“两学一做”知识测试，全部合格。发展预备党员3名。积极抓好贫困农村的扶贫帮困工作，与娄烦县静游镇上静游村结对，实施“一对一”精准帮扶和进村驻扎。

【党风廉政建设】　切实抓好党风廉政建设“两个责任”落实。一是抓好两个责任落实，夯实党建工作基础。年初认真制订党风廉建设工作计划和落实“两个责任”问题清单和整改清单，与基层各支部签订党风廉政建设工作责任书。班子成员严格落实“一岗双责”，做到党风廉政建设工作与业务工作、分管工作紧密结合，坚持两手抓，两手硬。二是狠抓思想学习教育，提升城管队伍素质。以“两学一做”学习教育活动为契机，以中心组学习为龙头，通过集中学习、警示教育等多种形式，学习党的政策理论、文件精神，领导讲话等，切实把思想和行动统一到中央和区纪委的要求上来，切实转变工作作风。三是持续深化纠正“四风”，营造清风正气氛围。紧密结合城管工作实际，紧盯春节、元旦、清明、“五一”等重要节日节点，对城管系统加大监督检查力度，杜绝节日腐败，为城管系统各项工作开展提供有力保障。四是从严监督执纪问责，2016年，处理违纪问题4起，积极配合区委巡察三组的巡视工作，立行立改，应改尽改，制订整改方案，采取了19项措施，确保整改到位，取得实效。

（冯秀玲）

环境保护

【概述】　2016年，太原市环保局迎泽分局（简称区环保分局）共有编制50人，其中公务员编制7人，参公编制35人，事业编制8人，实有人数45人，其中公务员编制7人，参公编制32人，事业编制6人，离退休11人。本科以上学历30人，占67%，45岁以下22人，占49%，党员24名，占53%，内设办公室、业务科，下设监察大队、监测站两个事业单位。

2016年，迎泽区二级以上优良天气共245天，达标率为75.6%，综合污染指数为6.55，六城区排名第四。

【分散燃煤采暖锅炉清零】 根据市委、市政府《太原市2016年全面改善省城环境质量实施意见》，区环保分局2016年第一批、第二批分散燃煤采暖锅炉限期拆除任务共涉及75个单位的96台燃煤锅炉，迎泽区自加压力，将全区109台燃煤锅炉全部拆除，率先在太原市六城区实现分散燃煤锅炉清零，大气质量得到明显改善。

【洁净煤推广使用】 2016年是全面推广使用洁净煤的第二年，根据市经委、环保局、财政局联合下发的《关于2016年度太原市民用洁净焦炭价格组成及相关工作的通知》要求，区环保分局全面开展洁净煤推广使用工作。截至年底，配送洁净煤14915吨，使惠民政策落到实处，区域大气环境质量得到有效改善。

【铁腕治污行动】 根据迎泽区《"铁腕治污行动"工作方案》要求，从2016年12月20日开始，在辖区范围积极开展铁腕治污行动，坚持以环境质量改善为导向，进一步落实相关单位环境保护责任，坚持依法行政、严惩环境违法违规行为，明确整治重点，加快解决一批重点和突出环境问题。截止目前，关停取缔不符合国家产业政策、严重污染环境的企业45家；对污染防治设施不正常运行的太原远航混凝土有限公司责令立即整改，并处罚5万元整；对污染环境的迪爱生（太原）油墨有限公司下达VOCs限期治理任务，现已完成治理任务；做好洁净焦炭配送、使用监管工作，确保惠民政策落实到户；加大土小燃煤设施的排查力度，发现一处取缔一处，2016年12月27日，拆除李维萍旅馆擅自安装的一台0.1吨立式燃煤锅炉，杜绝原煤散烧污染；对扬尘污染严重的智海企业集团西祁家山石灰石矿责令停产治理，不达标不得恢复生产。

【创建高污染燃料禁燃区】 2016年，创建8.146平方公里，实现辖区东中环路以西全部为高污染燃料禁燃区的创建任务。

【全面清理环保违法违规建设项目】 2016年，区环保分局继续开展对未批先建和久试不验违法违规建设项目的清理整顿工作，下发《关于加快对违法违规建设项目集中清理整顿的通知》，清理未批先建项目5个，久试不验项目73个，完成率达100%。并对环保违法行为实施按日计罚、限产停产、查封扣押、行政拘留等处罚措施，同时建立环境行政执法与司法联动机制。

【扬尘污染整治】 根据《迎泽区加强扬尘污染防治实施方案》《关于进一步加强扬尘污染治理工作的通知》以及《迎泽区扬尘污染防治联合检查工作计划》，联合相关部门开展建筑工作扬尘污染整治专项检查，加强渣土拉运扬尘污染的监管，与各建筑工作签订规范拉运责任书，对全区所有建筑工地渣土堆放、出口硬化、安装车辆清洗设备、铺设草帘、土方拉运车辆等的监管和巡查，加大机扫、喷雾降尘力度，采取大型湿式机扫车与人工配合作业，对迎泽大街、火车站、柳巷商业区等重点街道实行24小时清扫保洁管理，其余街道实行16小时保洁管理。

【环境敏感区综合整治】 根据《太原市迎泽区强化环境空气敏感区域环境综合整治工作实施方案》，区环保分局开展裸露地面和高切坡、高边坡专项整治工作，《太原新闻》对王家峰小游园、东太堡村小游园裸露地面整治的工作经验进行报道。同时，区环保分局关停山西瑞银祥驰汽车服务有限公司，对郝庄点位周边的燃煤锅炉已下达限期拆除任务。此外，区环保分局建立环境敏感区巡查机制和应急响应机制，发现问题及时协调相关部门进行处理，并针对不同的污染物采取喷雾降尘和降温处理等应急措施。

【餐饮业油烟整治】 根据《太原市迎泽区2016年年餐饮服务单位油烟污染治理实施方案》，区环保分局对131家规模以上餐饮业单位80家已安装油烟净化设备，完成治理任务。同时，加大露天烧烤整治力度，所有烧烤摊点必须入户经营，并加装高效油烟净化设备。

【环境安全大检查】 坚持以改善环境空气质量为核心，开展环境保护大检查、环境安全隐患大排查、大整治，加强医疗单位、放射性污染源及危险废物的监管，全年触动执法人员1500余人次，对相关单位进行地毯式现场检查，检查“谁检查、谁签字、谁负责”的原则，建立环境安全大检查台账，对迪爱生（太原）油墨有限公司和太原润禾环卫工程设备有限公司进行重点检查，对太原润禾环卫工程设备有限公示坞城路分公司未如实填写危险废物转移联单的行为进行整改，并罚款两万元。

【违法排污企业整治】 明确每个企业、每台设施、每个排口具体的排放标准，促使企业使用优质燃料，完善设施和强化运行管理，对重点排污企业太原市热力公司城南供暖分公司、迪爱生（太原）油墨有限公司、智海企业集团有限公司西祁家山石灰石矿、太原润禾环卫设备有限公司以及混凝土加工企业加强现场检查，保证污染防治设施运行正常。

【监控点位周边污染源及综合整治】 区环保分局加大对点位周边相关污染源的监督力度，对监测点位周边进行降尘、绿化等多项措施，对点位周边燃煤设施、建筑工地、街边烧烤、汽修厂、加油站等敏感点源进行有效控制。

【黄标车和老旧车辆淘汰工作】 区环保分局认真落实省市关于黄标车及老旧车淘汰工作任务，在迎泽区政务大厅进行一站式服务，加快淘汰老旧机动车，2016年完成淘汰黄标车和老旧车辆2198辆，其中黄标车356辆，老旧机动车1724辆，并于年底停办此业务。

【完善网格化环境监管体系】 区环保分局制订《迎泽区环境监管网格化管理实施方案》，坚持“分级负责、无缝对接、全面覆盖、责任到人”的原则，在全区建立区、街道（镇）、社区（村）为主体的三级环境监管机制，划分成5个单元网格，建立环境监管网格管理联席会议和联席执法制度，基本形成“全面覆盖、职责明确、监督有力、运转高效”的环境监察体系，做到了所有排污单位全覆盖和动态监管。

【关注民生　服务群众】　畅通“12369”“12319”“我们为您解忧愁”环保投诉热线和微信举报平台，积极推进环境保护信息公开制度，及时公开群众举报等信息，2016年共查处环境信访案件790件，重复投诉率明显降低，查处率、结案率、反馈率达到100%。　（王　璐）

园林绿化

【概述】　2016年以来，迎泽区园林绿化局进一步深化绿化部门职能职责，创新工作思路，努力开展工作，城区绿量不断增加，生态环境明显提升，各项工作顺利开展，荣获“市级文明单位称号”。

区园林绿化局是迎泽区人民政府主管全区园林绿化工作的直属事业机构，为参照公务员法管理单位，编制7名（其中局长1名，副局长2名，科员3名，工勤人员1名），实有人数8名（其中局长1名，副局长2名，副主任科员1名，工勤人员2名，二线人员2名）。离休人员1名，退休人员5名。内设机构三个：综合科、技术科、审批科（原管理科变为审批科）。下属单位：迎泽区园林绿化队，为全额拨款事业单位，正科建制，事业编制203名，实有工作人员99名，与外聘的康培园林绿化工程有限公司和绿都园林绿化工程有限公司共同担负着城区287410平方米绿地、26186株的管养任务。另外，园林绿化队招收公益岗位人员223名，分布在各街办（镇）担任保绿员。

园林绿化局主要职责是：负责辖区内所有树木绿地的养护管理（打药、冬剪、浇水等）；园林绿化设施的管理（园林小品、栏杆、雕塑等）；监督管理辖区的绿化工作；小街小巷的绿化改造和六项行政审批职能（采摘古树名木果实种籽事项的批准、非正常修剪树木事项的批准、古树名木的鉴定、在城市公共绿地从事商业、服务经营活动的批准、公园内举办活动的批准、公园内拍摄影视作品的批准）。

【重点工程】　1.“五个一批”重点建设项目。根据市政府逐步实现生态园林城市的目标，园林绿化局在时间紧任务重的情况下，经过实地勘察、立项设计、可行论证、招标投标、施工完成水西关二社区游园、水西关三社区游园、青年路三社区游园、邮电东游园、邮电西游园、南内环169号绿地、柳南东侧绿地、如一坊绿地、葡萄园绿地、南十方街绿地的建设，全区共新增了五个小游园和五个小绿地，工程共投资7892400元，新增绿地16359平方米。

道路林荫化改造任务。按照市园林局的要求，在春季对辖区内的14条街道补植了行道树106株。完成双塔寺街、双塔西街、并州西街、新西巷和文源巷西段五条林荫化街道改造任务。

停车场林荫化改造任务。按照太原市创建国家生态园林城市的要求，完成恒大山水城停车场、省林业厅宿舍停车场、省团校宿舍停车场三个林荫停车场的绿化改造任务。

【专业绿化】 1. 花卉栽植工作。对辖区内的23条街道栽植221351盆花卉，完成2800平方米的裸露地面绿化任务。在8月底对柳巷进行花卉的更换，共栽植孔雀草7600株，长春花2500株，垂吊矮牵牛1520株。进一步巩固提高已建成的13条花卉盆景街的景观水平，在花卉街栽植美人蕉、洋绣球、芹叶牡丹等十几个品种的花卉，共计22万盆，同时多次对枯萎的花卉进行更换。

2. 古树保护工作。在对辖区内的古树进行巡查和摸底的基础上，采用修剪、消毒、防腐、固化等措施，完成市、区计划内A001、A004、A006共14株古树的保护工作，共投入费用123100元。

【社会绿化任务】 经过前期的摸底，重点培养太原市绿化先进居住区劲松南路新景小区；太原市绿化先进居住区太原万科紫台小区；太原市园林化居住区半山国际二期；太原市园林化标兵居住区恒大山水城；山西省园林化居住区恒大山水城。

【立体绿化任务】 按照市局的要求，已在迎泽区半山国际二期栽植爬山虎2500株共500延长米，完成本年度的立体绿化任务。

【安全生产工作】 2016年以来，区园林绿化局坚持“安全第一，预防为主，综合治理”的方针，严格落实安全生产各项工作措施，结合安全生产大检查、“反三违”专项行动、安全隐患风险排查治理工作等活动的开展，确保园林系统安全生产工作顺利开展，杜绝各类安全生产责任事故发生。

严格“一岗双责”“党政双责”“失职追责”制，落实安全生产责任体系，对2016年度安全生产工作重点工作任务进行分解，制定任务书、路线图和时间表，明确每项任务的牵头部门、配合部门，落实到各分管领导、具体处室和责任人，确保责任落实到位。

认真履行安全生产监管责任。要求各养管单位落实安全生产主体责任，将《企业安全生产责任体系五落实五到位规定》挂图张贴于单位醒目位置，完善安全生产管理机构，配齐安全监管人员，全面保障安全生产隐患排查治理、应急救援等方面的投入。按照“有人办事、事有人办”的原则，创造安全生产必要的工作条件，包括：人员、车辆、装备、经费等问题，确保安全生产。认真落实安全生产例会工作，坚持每季度召开1次安全生产例会，安排安全生产工作，解决安全生产工作中的突出问题。

加强对老、病、危树的清理工作。特别是在汛期，城区多处树木出现倒伏、断裂情况，危及市民生命、财产和交通安全。领导班子高度重视，亲临现场，指挥抢险。同时启动园林防汛应急预案，召集养管应急小分队携带救险设备与车辆火速赶往现场，对倒伏树木清理修剪重新栽植加固，排除险情。对不属于本部门产权的危险树木也进行了清理。共计出动抢险人数50余人次，抢险车辆10台次，伐除倒伏树木98余株，处理绿地塌方8处，确保城区园林绿地和市民生活的安全稳定，受到群众的好评。

【精神文明创建】　2016年以来，迎泽区园林绿化局按照精神文明建设重在坚持、贵在创新的原则，不断深化文明机关创建，将精神文明建设与城区绿化建设工作紧密融合，拼搏进取，务实创新，使全系统干部职工的整体素质不断提高，开创了绿化事业新面貌，实现新突破。一是用浓厚氛围鼓舞人。区园林绿化局积极开展文明礼仪宣讲活动、道德大讲堂、家风家训宣传，制订详细的工作方案，以召开座谈会、现场会等形式，加强工作指导，交流经验做法，充分调动干部职工的积极性，形成了浓厚的创建氛围。二是用规章制度规范人。用完善的制度、严格的管理规范全员行为。先后制订完善依法行政相关制度、党员志愿者服务制度、政务公开制度等规章制度18条，有效保证精神文明建设的各项工作。三是用创建活动引导人。区园林绿化局相继开展“志愿者服务活动”“做合格党员”承诺活动、共产党员挂牌上岗活动、职工毽球比赛等多种群众性精神文明创建活动，进一步丰富干部职工文化生活，陶冶思想情操，又凝聚人心，焕发干部职工爱我园林、奉献园林的强烈愿望和工作热情。

【两学一做活动】　以面向全体党员深化党内教育、推动从严治党、保持党的先进性和纯洁性为根本要求，区园林绿化局深入开展“两学一做”专题教育活动，引导党员干部争做合格党员。为保证人员、时间、内容、效果四落实，区园林绿化局为参加学习的人员统一配备了笔记本，开展谈心、讨论、专题民主生活会等活动做好记录并定期交流。全局10名党员人均参加党课培训10课时以上，共撰写心得体会、抄写读书笔记10000余万字，开展征求意见谈心活动10余人次。全局党员的党性观念、宗旨观念、廉洁观念明显增强，在各项工作中冲在前沿，发挥旗帜作用。

2016年在强化抑制杨柳飞絮治理工作中，为进一步优化城区生态环境，减少杨柳飞絮对居民生活的影响，区园林绿化局领导全部亲临现场，和大家一道，克服人员紧、设备少的不利因素，加班加点，轮流24小时对辖区内树冠喷药、喷水，有效治理了柳絮的漫天飞舞。在开展创建国家文明城市活动中。区园林绿化局结合工作实际，对辖区内绿地和游园进行全面的清理整治，特别是对树上的树挂和落叶垃圾进行彻底清理。通过一系列活动开展，不断提高局党支部的创造力、凝聚力、战斗力，为加快推进城区绿化建设发展提供坚强的组织保证。

【双学双促活动】　开展“双学双促”专项行动，是区委、区政府确保党的十八大和十八届三中、四中、五中、六中全会精神，省、市第十一次党代会精神在迎泽区不折不扣地贯彻落实做出的重要部署，区园林绿化局以学党章、学理论为切入点，以打造美丽迎泽为契机，提高园林队伍思想政治素质和业务素质为目的，把学习宣传贯彻全会精神与扎实做好当前园林工作紧密结合起来，同“两学一做”学习教育结合起来，认真开展“双学双促”专项行动，全面完成各项工作任务。通过开展“双学双促”专项行动，增强党员干部争创一流，争当模范的意识，进一步开创了全局各项工作新的局面。（区园林绿化局）

交通运输

【概述】　2016年，区交通运输局全面推动区重点项目占道至柳沟、小山沟至大窑垴森林消防通道工程；进一步推动了道路运输管理服务工作，全年新增货车179辆，累积达3321辆营运货车；更新旅游客车65辆，累积达640辆营运客车；三类汽车维修企业39个；处理非法道路运输营运案件153起，全区客货运市场秩序井然；经区政府公示的8家合法货运源头企业已全部纳入规范化、信息化、标准化管理，区监管载货货车和过境货车均按载重新标准运行，全年没有恶性超载货车事故发生，年度超限超载率严格控制在0.2%的范围之内。

在全年工作中，道路运输工作以安全生产为中心，强化管理、搞好服务、减化程序为重点，对客运企业及车辆、货运物流场站及货运经营户、三类营运车辆维修企业开展有针对性的工作，排查安全生产隐患，推动安全生产标准化工作，严厉惩治扰乱道路运输经营秩序和非法经营行为，全年交通运输行业没有发生重大安全生产责任事故。区管农村道路养护继续保持良好状况，区管126公里农村公路，全年共修补道路坑洼1200立方米，清理边沟200立方米，土方1200立方米，处理碎石、滑坡、塌方330立方米；新设立20余处道路警示标志牌，维修防撞墙46米，累计投入资金50余万元，整体保持良好的养护状态。

区交通运输局的主要职责是负责全区农村公路及其设施的建设、养护、治超和路政管理工作；负责全区交通运输行业中道路货物运输企业及经营户、客运（旅游客运）企业、三类汽车维修企业、物流市场的行政监管服务。

2016年，区交通运输局内设办公室、业务科。下属太原市迎泽区交通运输局路政管理所、太原市迎泽区道路运输管理所两个事业单位。行政在编人员7人，事业单位人员24人。

【小山沟至大窑垴森林防火通道建设工程】　小山沟至大窑垴森林防火通道路线全长约4.040公里，路线起点位于小山沟村南与县道郝小线相接，终点位于大窑垴村与乡道郝大线相接。

采用四级公路标准测设，设计速度15公里/小时，路基宽度8.50米（考虑消防车辆通行），路面采用沥青混凝土路面，水泥稳定碎石基层，结合公路工程技术标准规定，全线桥涵汽车荷载等级采用公路——Ⅱ级标准。

至2016年9月，小山沟至大窑垴森林防火通道工程路基、路面及交通安全设施工程全部完工。

【占道至柳沟森林防火通道建设工程】 占道至柳沟森林防火通道通道路线全长约12.418公里，路线起点位于占道村与县道张新线相接，经捐子村、柳沟村终点与太钢石灰石矿现有矿区道路相接。

至2016年年底，占道至柳沟森林防火通道建设工程的一标段路基、砂砾垫层、水稳碎石底基层及基层铺设、5厘米中粒式沥青混凝土、3厘米细粒式沥青混凝土全部铺设完工。二标段路基也全部完工，水稳碎石底基层完工600米。 （毕燕江）

城乡管理行政执法

【概述】 2016年，太原市城乡管理行政执法局迎泽区分局（以下简称区执法分局）在市城乡管委的业务指导下，以开展“两学一做”活动为抓手，围绕“优化城市环境，构建和谐城管，服务百姓生活”的工作中心，致力于“创新思路、重塑形象、争创一流”的奋斗目标，认真履行城管行政执法职责，圆满完成各项工作任务，为建设首善之区、实现城市让生活更美好做出应有贡献。

2016年9月，区执法分局局长闫俊力被迎泽区推荐为“山西省人民满意的公务员评选表彰先进个人”；区执法分局被列入迎泽区20个考评“优秀单位”，这是自2003年区执法分局成立以来首次获得该项考核的最高等次。12月，区执法分局被评为2016年度山西省爱卫工作先进单位、2014年—2015年文明标兵单位。

区执法分局于2003年11月15日挂牌成立，局机关位于双塔寺街10号，为区属参公管理的事业单位。正科级建制。编制170人，实有152人，退休14人。合同制协管员20人，公益性岗位人员380人。设办公室、督察室、案件审理室、机动队；桥东、迎泽、老军营、文庙、庙前、柳巷、郝庄7个属地中队。柳巷中队于4月被直管。配置通信总台1部，对讲机200部，执法记录仪200部，机动车79辆，电动摩托车336辆。

区执法分局根据《行政处罚权委托书》〔2016〕2号精神，受太原市城乡管理行政执法局委托，在迎泽区范围内行使下列职权：一是行使市容环境卫生管理方面（除外事项：渣土垃圾、有毒有害垃圾管理）法律、法规、规章规定的行政处罚权；二是行使工商行政管理方面的法律、法规、规章规定的对无照商贩的行政处罚权；三是在太原市火车站广场的太原市火车站游园用地范围内，行使《太原市公园条例》中属太原市城乡管理行政执法局所属行政处罚权的以下条款：第四章中第四十二条第（四）项、第四十四条第（二）项、第四十四条第（三）项、第四十五条；在太原市火车站广场的太原市火车站游园用地范围内，行使《太原市城市绿化条例》第四章中规定的行政处罚权。

【整治露天烧烤】 区执法分局以打造柳巷示范片区为带动，以解决数字化返工件为重点，以提升处置率为切入点，全面推进整治露天烧烤工作。全年共出动8340人次，车辆1450台次，电动车5200台次，取缔650处，扣押烧烤炉200余个。全区163处露天烧烤全被取缔，处置率100%，在全市率先实现露天烧烤“清零”目标，在市月专项考核中均排名第一。特别是火车站、迎泽大街、柳巷地区实行24小时执法管控制度，市容秩序稳固提升，实现无占道经营、无露天烧烤，无商业噪音。

【整治占道经营】 区执法分局持续开展整治占道经营活动，制订整治占道经营实施方案，成立由分管副区长担任组长，区执法分局局长、区公安分局分管副局长担任副组长，工商、食药、环保、数字化城管中心、各街办（镇）主要负责人为成员的迎泽区占道经营专项整治领导组，形成以区执法分局牵头，属地街办（镇）为主体责任的工作机制，将全区街道划分为：严禁区、严控区、疏导区，持续开展为期3个月冬季整治占道经营活动。全年出动9340人次，车辆1350台次，电动车3200台次，取缔占道经营650余处，规范出店经营400余处，依法扣押轮式工具700余台，其他工具790余件。30条主干道、快速道、8所三甲医院、64所中小学校周边已基本整治到位，在市月专项考核中均名列前茅。

【柳巷商业区市容综合整治】 自2016年4月执法分局接管柳巷管委会，柳巷执法中队的人财物收归分局后，针对城市乱象，开展整治占道经营、露天烧烤；整治违法违规设置的牌匾、构筑物等乱象；整治商业噪音扰民；整治乱贴乱放等乱象等活动。通过一段时间的大力整治，柳巷地区已打造成迎泽区示范片区。

【整治城中村违法建设违法用地】 区执法分局持续开展专项整治城中村集体土地“两违”行为。每日出动执法人员60余名，执法车10台，分8个巡查组、1个拆除组、1个后勤保障组对郝庄地区28个村（社区）的违法用地、违法建设进行全覆盖巡查并依法实施拆除，实现了两年内违建“零增长”，存量违建大幅减少的目标。

区执法分局做充分的宣传动员，悬挂条幅200余条，张贴《通告》1000余份，说服规劝教育2000余人次。截至年底，巡查9600余次，共下达《拆除通知书》300余份，督促自拆68处，面积60642.05平方米；实施强拆157处，面积125871.77平方米；共拆225处，面积186513.82平方米；组织强拆行动126次，出动机械150多台次，4000多人次。

【工地扬尘治理】 按照市、区整治扬尘工作的要求，区执法分局对辖区9个工地严格按照“五全一湿”标准对施工现场扬尘情况进行检查，重点对土方作业，裸露黄土未占盖、工地出入口的未硬化等场内扬尘现象进行制止。执法人员白天检查工地的出入口车辆的清洗和道路硬化以及工地扬尘治理责任牌的建立情况，夜间检查工地的土方作业，制止未占盖的土方车辆上路。针对雾霾天气，建立应急处置机制，确保整治扬尘工作落实到位。

全年督促清运建筑垃圾480平方米，新建工地围挡2570米，苫盖裸露地面5040平方米，硬化工地路面12220平方米，赵北峰回迁工地新配置清洗设备一套，林语郡新配置喷淋设施200米。12月以后，所有工地按规定已停止施工。

【重点市容保障】 在元旦，春节，省、市“两会”，“五一”，国庆长假期间以及迎接创建全国文明城市检查等重大节日和重大活动期间，区执法分局全员出动充实到街道一线巡查，每天工作15个小时，全力进行市容管控，圆满完成了市容保障任务。特别是在“五一”、国庆假日期间。实行预警执法监控机制，在晚10点到次日早8点对迎泽大街进行夜班巡查，实现全天24小时无缝隙行政执法管控，首次实现长假期间火车站、迎泽公园北门周边道路顺畅，市容整洁的良好氛围。

【治理非法小广告】 区执法分局不断开展执法进社区治理非法小广告13年来，对全区60条主要街道，31个宜居社区的小广告清理涂覆，赢得领导和居民的好评。2016年，在涂覆人员减少（退休、调离等原因）的情况下，共清理涂覆小广告（油漆、张贴、喷涂）共计35万余处，累计整饰建筑立面18000余平方米，清理率100%、及时率98%。

【党建工作】 以开展“两学一做”活动为契机，加强“三基”建设。一是支部制度上墙，规范支部和各支部委员的职责；二是制定廉政建设机构，完善党风廉政建设和“一岗双责”制度体系；三是规范党员档案，和领导干部重大事项报告制度。

加强党员的管理。将两个火车站管委、柳巷管委的党员接收纳入支部管理；加强对党员的廉政教育，设置廉政警示墙和廉政自创作品墙；自创廉政微电影《城管爸爸》。

进一步完善党建制度。制定《一把手不分管财务制度》《重大事项议事制度》，完善《党务公开制度》。

【精神文明建设】 在市区文明办的领导下，全体人员共同创建文明单位，2016年度申报标兵单位获得成功。

开展献爱心活动。10月，开展2016年“慈善一日捐”活动。各中队、室执法人员共500余人参加此项活动，共募集善款9400余元。

志愿服务活动。区执法分局志愿者服务队“开展美化城市，扮靓家园”志愿者服务活动。开展以“摒弃交通陋习，畅通城市道路”为主题的文明单位志愿服务活动。

设置善行义举榜。7月，区执法分局机关设置善行义举榜。迎泽大街直属队科员郭建杰、老军营中队协管员杜铁树、迎泽大街直属队协管员李子光分别被评选为“诚实守信”“宽厚仁爱”“孝亲敬老”的模范。

开展道德讲堂活动。全年开展道德讲堂2次。与文庙街办五一东街社区联合开展，主题为爱岗敬业。与文庙街办五龙口三社区联合开展以廉政建设为主题的道德讲堂。

（王新堂）

治超工作

【概述】　2016年，迎泽区治超工作按照省、市治超工作的总体安排部署，全面贯彻落实市治超工作会议精神，围绕全年工作目标和工作重点，继续坚持“政府主抓、部门联动、属地管理”的工作格局，认真贯彻国务院五部委《关于进一步做好货车非法改装和超限超载治理工作的意见》，把治超工作作为道路交通安全工作的重要内容，继续抓好源头治理和路面管控。区政府高度重视治超工作，区治超工作领导组由区长任组长，分管副区长任常务副组长，区交通、公安、交警、工商、质监、安监等21个成员部门组成，负责统筹协调全区治超工作，领导组下设办公室，主任由区政府办副主任担任；区政府常务会议专题听取和研究治超工作，安排部署全区治理非法超限超载工作，将治超工作列入政府重要议事日程，并在《政府报告》和年度考核中予以安排；治超领导组定期召开治超工作例会，听取各成员单位治超工作汇报，分析研判形势，切实解决问题；初步形成了领导组织有力、部门配合密切，齐抓共管的工作机制。4月15日，组织召开了2016年度治超工作会议，制定下发《迎泽区2016年度治超工作要点》《迎泽区治超办关于在全区范围开展安全生产大检查“反三违”专项行动实施方案》；9月迎泽区召开了贯彻落实治理货车非法改装和超限超载工作会议。重点对开展“三个专项行动”进行安排部署，明确了部门职责及责任，细化了工作分工，统一了思想认识，会议印发了《关于推进货运超载超限治理和道路货运车型标准化工作培训班培训资料汇编》和区治超办《关于转发省交通运输厅、省公安厅〈关于进一步做好治超工作的通知〉的通知》《关于做好新形势下治超工作的意见》等文件资料，逐步完善治超长效机制，治超工作进展顺利。

【党风廉政建设】　强化领导，落实责任是做好党风廉政建设工作的前提条件，区治超办始终把党风廉政建设工作作为“一把手”工程，放在突出位置切实抓好抓实，把党风廉政建设“两个责任”的全面落实贯穿到治超各项工作之中。一是以领导班子为中心，组织召开专题会议，分析研究党风廉政建设各项工作，严格落实《治超办议事规则》，“一把手”不直接分管财务、干部人事、物资采购等具体工作已经落实。二是落实《迎泽区治超办关于落实党风廉政建设主体责任清单（试行）》《迎泽区治超办关于落实党风廉政建设监督责任清单（试行）》，区治超办领导班子承担24项责任、治超办班子主要负责人承担16项责任、治超办领导班子其他成员承担15项责任，明确了党风廉政建设主体责任和监管责任，为做好全面从严治理党支部工作打下了基础、指明了方向、明确了责任。三是按照落实两个责任的安排，采取周二集中学习和日常自学相结合方式，集中学习新党纪条规，学习中注重理解法规内涵和精神实质。四是廉政文化建设中大力学习弘扬焦裕禄等优秀党员干部的情操风范，集中组织观看党史文献纪录片《筑梦路上》，开展了警示教育，组织职工观看警示教育片《作风建设永远在路上》，党员干部在家观看了大型反腐专题纪录片《永远在路上》，落实八项规定、正风肃纪，集中开展深圳光明新区渣土受纳场“12·20”特别重大滑坡事故警示教育，强化依法行政意识、安全责任意识和廉洁自律意识；创作廉政文化、社会主义核心价值观等内容版面五块，营造拒腐防变的文化环境，不断提高干部职工的廉洁意识，增强拒腐防变的能力。五是改进工作作风，落实廉洁自律各项规定，修订完善《迎泽区治超办党支部“三会一课”制度》《科室工作规范》等规章制度，完善治超办规章制度，汇编《治超办制度规范》，切实增强领导干部廉洁从政的自觉性和主动性，完善各项工作目标责任管理体系，提高执行力，力求在纪律约束、作风规范和责任落实等方面进一步细化和完善，实现以制度建设促进“两个责任”的有效落实。六是邀请中国民主促进会会员田效忠为区治超办党风廉政建设监督员，拓展了监督路径。七是党风廉政建设做到有计划、有督促、有落实，治超办领导班子全年上报《区治超办落实“两个责任”的问题清单和整改清单》《区治超办关于落实全面从严治党“两个责任”履职情况的报告》，党风廉政建设的不断深入，为治超工作的顺利开展提供坚强保证。

【科技治超】　科技治超平台规范运行，科技治超水平进一步提高。治超信息监控平台建设，签订维保合同；源头企业客户端在原有3家监控的基础上，今年又接入2家源头企业；通过远程视频监控平台、货运源头运输IC卡，对源头企业进行远程监控，初步实现源头企业信息化管理；修订完善《科技治超平台值守工作规范》促进科技治超平台工作科学有序发展。

【路面稽查】　突出工作重点，惩治短途非法超限超载运输行为。9月21日起，严格执行公路货运车辆超限超载认定标准，治理短途非法超限超载，工作中，注重强化交通、交警等部门间的协作与配合，于9月启动货车非法改装和超限超载联合治理，通过对郝庄地区重点路段、建筑工地超限超载等专项治理行动，始终保持路面执法高压态势，组织稽查小队，采取高频度流动稽查的方式，在辖区县乡公路内实施24小时不间断巡查，严格执行统一的超限超载认定标准，坚持卸载以消除违法状态，突出重点惩治恶性超限超载行为，开展“动、静”结合式的集中整治，推进联合执法。采取日常巡查和夜间联合巡查的方式，共组织督查或联合巡查16余次，有力推动治超工作开展；交警大队按照属地管理原则，责任到人，责任到组的工作模式对重点路段加大管制力度；交警、交通等单位共出动稽查人员6000余人次，检测货运车辆3200余辆，查获货运车辆违法共计2128起，其中货车闯禁行1896起，超高、超长货车12起，其它220起。严格落实责任倒查制度，及时追究车辆超标准装载货物的源头企业的责任，强化路面稽查工作的同时，强化队伍建设，文明执法，杜绝“公路三乱”行为。

【源头企业监管】 全面深化源头治理工作，加强社会监督，形成政府、企业、社会齐抓共管治理超载的格局，区政府对辖区14家货运源头企业情况进行公示，(其中物流运输企业10家、混凝土搅拌站3家、石料厂1家）并设举报电话和邮箱让社会公众监督；3月底，下发《关于开展辖区货运源头企业及建筑工地摸底调查的通知》40余份，组织公安、交通、经信、工商、国土、环保、质监等成员单位开展了整治货车非法改装和取缔非法货运源头两项专项行动，严厉依法惩治和取缔非法货运源头；针对郝庄物流园区是我市最大的物流集散地，进出货物车辆繁多特点，区交通局设立专职货运源头治超巡查队，对政府公示的非驻站货运源头企业进行巡查，重点企业坚持每企业三天内必巡查一次。对取得无“双超”信用企业称号的货运源头单位每月不少于一次，对公示源头企业监管率达100%；交警迎泽二大队深入辖区货运源头企业、工地开展对重点车辆、大型货车、土方车的安全检查，对驾驶员进行安全教育提示，赢得了社会各界的理解与支持；环保迎泽分局、国土迎泽分局加强对公路沿线储（售）煤场、石灰场、矿山等货源地进行监管；工商迎泽分局共出动执法人员300人次，执法车辆近200台次，末发现非法改装、拼装车辆的工厂及非法储售煤场；质监迎泽分局对辖区内的14家货运源头企业进行检查，重点对有地衡的重点企业使用的计量器具进行跟踪检查，确保计量器具在检定合格期内使用，从源头上杜绝后患。各成员单位工作职责的落实，形成了治超工作的合力，取得综合治理效果。为进一步加强治理非法超限超载工作，提高治理非法超限超载工作的准确性和规范性，根据区政府常务会议安排，迎泽区治超办特委托两家磅房对执法对象的货运车辆称重过磅。

【宣传教育培训】 区治超办认真贯彻落实省、市关于治超宣传工作的各项安排部署，组织治超成员单位学习贯彻国家五部委《关于进一步做好货车非法改装和超限超载治理工作的意见》精神，在全区范围有针对性地对货运业主和驾驶员开展治超工作法律法规宣传教育，对成员单位主要负责人、分管负责人及工作人员、各建筑工地主要负责人进行了宣传，专题组织学习《关于推进货运超载超限治理和道路货运车型标准化工作培训资料》等文件精神。

以落实国家五部委和省公安厅、省交通运输厅治理货车非法改装和超限超载工作为契机，区治超办组织交警、交通等部门开展了形式多样的宣传活动，在重点路段、源头企业和“城中村”改造工地，悬挂标语条幅40余条，发放宣传册10000余份，重点宣传公路货运车辆超限超载认定标准，开展超载、超限、非法改装车辆以及“三无”黑车运输的警示教育，营造全社会治理超限超载的浓厚氛围。 （区治超办）

财政　税务

CAIZHENG　SHUIWU

财　政

【概述】　迎泽区财政局位于太原市南海街北口，是区人民政府主管全区财政收支、财税政策、国有资本金基础工作的组成部门，正科级建制。1998年4月1日，由原南城区财政局更名而来。内设办公室、预算管理科、国库支付科、行政事业财务管理科、城市建设财务管理科、会计管理科、国有资产管理科、财务监督科8个职能科室。局机关行政编制20名，工勤人员编制3名。2016年年底，有在职职工20人，退休职工19人。局领导职数为局长1名，副局长3名，总会计师1名。2016年，获区综合考核优秀单位、市双拥模范单位、市文明单位标兵、全市财政系统先进集体等。

区财政局下属3个事业单位：迎泽区国库支付中心（加挂迎泽区行政事业单位会计核算中心牌子），2016年年底有在职职工22人。职责是对财政部门及纳入集中支付的部门和单位负责并提供优质服务；具体办理各预算单位财政资金的审核、拨付、监督管理业务，确保财政性资金支付安全、及时、准确；负责管理代理银行备用金账户；为区行政事业单位建立财务管理系统并为财政管理提供全面、及时、准确的支付信息，报告财政资金支付执行报告，定期与财政局代理银行、预算单位核对账务；依法监督纳入会计集中核算部门和单位各项资金的使用情况；帮助部分单位代理记账，办理会计业务提供会计报表、整理会计档案。迎泽区中小企业信用担保中心，核定事业编制5名，2016年有在职职工4人。职责是负责为本区下岗失业人员、小额贷款提供担保工作；负责为本区中小企业融资贷款提供担保工作；负责为本区政府行政事业单位建设公益性项目提供担保融资工作；负责政府政策性各类担保服务工作。迎泽区财政投资评审中心，核定事业编制6名。2016年有在职职工1人。职责是受财政局委托对财政项目的预算编制、执行、决算进行评审并提供决策依据和建议；审查政府性服务投融资建设项目的工程概算、预算、工程价款结算和竣工财务决算。

【财政收支】 财政收入情况：截至2016年12月底，一般公共预算收入完成139219万元，同比下降13.71%。区财政局承担的收入，全年完成16630万元，为年初预算的113.9%，同比增长0.43%。

财政支出情况：一般公共预算支出193940万元，为调整预算225182万元的86.13%，同比下降13.39%。财政支出预算坚持民生优先理念，加大对社会事业的投入力度。全年民生支出161651万元，占一般公共预算支出的比重为83.35%。

【预决算工作】 将全区近130家预算单位的2016年预算支出明细提交区人代会审议，并按法律要求将审议通过后的部门预算及时进行批复。强化预算执行刚性约束。严格执行人代会通过的预算，严控预算追加，财政支出预算坚持民生优先理念，加大对社会事业的投入力度。全年民生支出161651万元，占一般公共预算支出的比重为83.35%。按照中央、省、市盘活财政存量资金要求，积极盘活财政存量资金，摸清各部门存量资金情况，分门别类提出处理方案。凡是上级转移支付资金，必须在规定日期内予以下达和支付完毕，各单位2016年“专项经费”预算统一按70%安排下达。80万元以上需要政府采购项目，分三年安排资金，安排比例确定为4:3:3，截至12月底，盘活财政存量资金16909.3万元。同时加大预决算公开力度。各单位对2016年区级财政预决算、“三公”经费预决算和预决算报告按时进行了公开，公开率达100%，初步建立预决算信息公开长效机制，提高了财政资金使用透明度。

【财政投资评审】 针对大额工程审计项目，从入围的20家中介公司二次进行遴选，有效提高工作效率，进一步确保工作质量。全年评审估算项目29项，评审资金1.36亿，审减资金1900万元，审减率13.97%，评审预（结）算项目103项，评审资金6.78亿，审减资金8200万元，审减率12%。

【国有资产管理】 协助完成公车改革工作。配合区车改办对全区涉改车辆进行相应处置，报废车辆100辆，涉及金额1402万元，区内调拨车辆29辆，涉及金额284万元，报废车辆残值全部上缴金库。调拨车辆均依据财政调拨批复进行了车辆过户及账务处理。同时认真做好迎泽区预算单位资产清查工作。根据国家、省、市要求，积极动员部署和培训。5家招标入围的中介机构对清产核资进行审计，资产清查数14.35亿元，负债清查数3972万元，净资产清查数10.51万元，对符合处置的资产进行了批复。

【政府采购】 严格执行山西省集中采购目录及采购限额标准，采纳使用市级协议供货单位，进一步降低采购成本、规范采购行为。1—12月，迎泽区组织政府采购436批次，采购预算金额约2.6亿元。

【融资公司监管】 根据市政府要求，对辖区内的6家融资性担保公司及1家政策性担保中心经营许可证的换证情况进行了现场检查，同时完成对6家小贷公司的评级工作。为政策性融资担保机构注册资本金增资到5070万元，12月，与一家担保有限公司签署合作协议，累计担保业务额2547万元，达净资产的51%，圆满完成区级目标任务。

【加强财政资金监管】 根据区纪委安排，2016年与审计局组成联动组，开展财经纪律执行情况专项检查；对2家单位开展会计信息质量检查；对迎泽区“双创”示范基地项目资金使用情况进行资金审计；对住建局的供热补贴、郝庄镇农村危房改造资金进行专项检查，对发现的问题下达整改报告。

【会计管理】 认真完成2015年票据核销工作，对2014年财政票据使用情况进行检查，同时对发现的问题依据《财政票据管理办法》给予行政处罚，并暂停财政票据的使用。

规范会计从业资格证的考试、资格审核工作，依法、按规办理会计从业资格证书发放、变更和调转等日常工作，进一步理顺会计从业资格管理权限和范围。受理申领新证、变更、省内外调转人员500多人。

【财政投资评审】 紧紧围绕节约政府投资，提高财政资金使用效益这一核心，进一步强化财政投资评审工作职能，拓宽评审领域，加大对政府投资项目的监管力度，提高财政资金使用效益的潜力，促进财政投资评审工作的全面开展。全年估算审核项目8个，送审金额4.38亿，核减2378万，核减率为5.48%；投资评审中心共审查工程预（结）算项目64个，评审金额1.99亿元，核减金额2453万元，审减率12.33%。

【财政业务】 根据区政府法制办统一安排，对财政局的行政权力进行进一步的梳理，每一项行政事项的行使要有法律依据，使得权力在制度下行使，在阳光下运行。宏观工作讲法律、业务工作讲制度、具体工作讲道理，做到法定职责必须为、法无授权不可为。结合群众路线教育实践活动制度建设计划，梳理完善区财政局内部制度。2014年，制定区级培训费管理办法、差旅费管理办法、项目资金审批管理办法等，规范各预算单位的会计行为，保障财政资金的使用安全。

【上级部门调研】 2014年2月25日，市财政局副局长杨桂梅一行三人到区财政局进行党的群众路线教育实践活动调研，局领导班子全体成员参加座谈会，市局领导听取各位局长对市局工作的建议及区县财政工作中遇到的问题，为下一步市局工作的更好开展集思广益。4月23日，区委组织部部长裴耀军、常务副部长白进联到区财政局调研，局领导汇报了2013年度财政工作开展情况以及2014年财政工作思路，裴耀军提出三点要求：一是抓好班子、带好队伍；二是开展好党的群众路线教育实践活动；三是欢迎大家去组织部谈心、提意见和建议。7月25日，迎泽区人大到区财政局视察上半年财政预算执行情况，代表们提出：一是要积极培植财源，做大收入蛋糕；二是要加强收入征管，按照新

《中华人民共和国预算法》的要求做到应收尽收；三是拓宽预算绩效管理范围，加大绩效评价工作覆盖面；四是加大部门预算执行监管力度和政府采购力度。12月12日，区政协委员到区财政局视察财政及党建工作开展情况，委员们对如何在新形势下开展财政工作提出自己的见解，提出财政工作要贴近群众、阳光透明，有开拓创新的思路和举措，在严峻的形式下组织好收入，支出上有保有压，为确保迎泽区各项工作的顺利开展提供坚实的保障。

【志愿者服务】 积极参加各类社会援助和社会公益活动，一是组织全局党员干部开展定向捐助计划，筹集人民币2000元捐助结对子社区困难学生武云倩，2014年是区财政局捐助武云倩的第二年，大家表示要将此项捐助延续下去；二是开展慈善一日捐活动，筹得善款3500元，定向捐助患病困难职工；三是开展扶危帮困工作，七一前夕，慰问结对子社区困难党员和群众，春节前，对辖区内3户军属送去慰问品及慰问金。

【群众路线教育实践活动】 3月25日，财政局召开党的群众路线教育实践活动动员大会，区委党的群众路线教育实践活动第二督导组专门到会指导，督导组组长薛晓明出席会议并讲话，党支部书记何吉铮主持会议并作动员讲话，财政系统干部职工30余人参加会议。6月24日，召开专题会议进行“会诊”，查找出四大类18个具体问题，班子成员相互提出34条意见建议。对教育实践活动中征求到的各类问题，制定19条班子整改措施，研究制订14项专项整治方案，已制定23条，拟制定7条制度建设计划，明确整改责任领导和具体落实科室，按照“谁主管、谁负责”的原则，实行目标化、具体化、责任化管理。针对党员干部“四风”方面存在的突出问题，找准一个，研究一个，解决一个，用务实的作风和精神，进一步密切党员干部同群众的血肉联系，切实转变工作作风。11月4日，召开全局开展党的群众路线教育实践活动总结大会。

（马志青）

国家税务

【概述】 2016年，区国税局认真贯彻落实省、市局国税工作会议精神，开拓创新，狠抓落实，较好地完成了全年各项工作任务。2016年，面对严峻的组织收入形势，区国税局始终保持攻坚态势，迎难而上，积极作为，最大限度抓好组织收入工作。截至12月底，全局总管户36484户，其中单位纳税人22241户，占60.96%，个体工商户14243户，占39.04%。

2016年度营改增改革全面到位后，区计划追加为57790万元。区国税局累计完成40958万元，同比增长78.61%，增收18027万元。完成区计划的70.87%。

2016年，区国税局积极落实堵漏增收各项措施，加强组织收入进度监控，深化经济税源分析，不断加大组织收入工作力度，积极为地方财政提供有力保障；传统行业中大型百货批发零售、制造业稳中有增，加大煤炭运销行业评估检查，行业税收同比增加 3878 万元，增长 138.60%；规范行业税收秩序，同时受刚性需求影响，医药及医疗器械批发零售行业增势明显，同比增加 4549 万元，增长 51.05%。

2016 年，省市局领导多次调研指导区国税局山西国税网上申报平台运行、“营改增”、“金税”三期优化版换版上线、24 小时电子自助办税等工作并给予肯定。省局党组中心组（扩大）学习会、全省国税系统“便民办税”经验交流会在区国税局召开，省委常委、常务副省长高建民对区国税局“山西国税网上申报平台”工作给予肯定性批示，并于 12 月 6 日莅临区国税局参观指导工作。总局党组成员、总经济师任荣发对区国税局 24 小时电子自助办税服务中心给予肯定性批示。

【“两学一做”教育活动】　一是用两学内容武装头脑。严格按照“三会一课”制度，制订学习计划。二是用严格的标准要求党员。开展了党员关系集中排查工作，严格清理处置不合格党员和失联党员。组织全体人员观看《南平红荔》《关工委主任》廉政教育影片，提高组织凝聚力和战斗力。按照总局巡视有关问题立行立改及市局党组的要求，自查补缴 2008 年至 2014 年的党费 18942 元。三是用“四讲四有”要求做合格党员。以“讲政治、有信念，讲规矩、有纪律，讲道德、有品行，讲奉献、有作为”为着眼点和落脚点，着力解决党员队伍在思想、组织、作风、纪律等方面存在的问题，巩固拓展党的群众路线教育实践活动、学习讨论落实活动和“三严三实”专题教育成果，充分发挥先锋模范作用。“七一”期间对 1 个先进基层党支部，23 名优秀共产党员、党务工作者及营改增岗位标兵进行了表彰。

【队伍建设】　一是加强班子建设，完善党组中心组学习制度，坚持开好民主生活会。二是加强干部教育培训，集中组织各类培训 24 期；按照营改增业务要求，组织全体干部职工开展多种形式的岗位练兵活动，在参加全省国税系统营改增业务考试，2 名同志获得全省第一名和第三名的优异成绩；利用太原国税微课堂，有效地解决当前税务干部日益突出的工学矛盾，形成随时随地随学的学习新风尚。三是严肃工作纪律。推行“考勤周报月通报制度”，对考勤签到、请销假、着装三项制度的考核管理内容进行严格的管理和考核。四是优化轮岗机制。根据区国税局工作需求，对 33 名一般干部进行部分岗位调整，真正把那些能干事、干实事的人才提拔到适合的岗位上，充分调动了干部职工的积极性。

【落实税收政策】　2016 年，即征即退企业 3 户，退税 31.43 万元；减免小微企业增值税 6029 万元，企业所得税 422.66 万元；享受 1.6 及以下排量的乘用车购置税减半征收的优惠政策车辆 9508 台，减免税款 4580 万元，其他减免车辆 487 台，共减免税款 1168.29 万元。政策受惠面达 100%，做到了应征则征，应减必减。

【加强税种管理】　一是增值税管理。积极

开展增值税专用发票风险防控管理工作，共涉及企业291户，发票12157份，经核查，52户企业存在问题，补缴税款及加收滞纳金5219万元，进项税额转出83万元；对进出口企业不退税的876条数据和未申报的222条数据进行核实，涉及企业51户，16户企业存在应计提销项税额问题，补缴税款7.6万元。二是企业所得税管理。开展申报收入与财务报表利润比对不符的核查工作，涉及纳税人157户，全部进行整改；对2015年度企业所得税零申报数据进行核查整改，2015年度汇算清缴零申报率不含注销户达2.26%，符合市局不超3%的要求。

【加强风险应对】 一是今年区国税局召开两次风险应对专题研讨会，请业务骨干讲解评估工作经验，汇报评估工作进展，及时调整评估工作进度。二是开展专业化评估，先后按行业有针性开展房地产业、建筑业、住宿餐饮业等行业专业评估。三是发挥评估部门风险分析的职能作用，由评估部门分析、筛选风险纳税人，征管部门统一推送，完善三级风险分析机制。四是强化工作考核，建立按月计划、每日通报、月末考核的机制，实行分管局领导蹲点负责制，多措并举，提高风险应对质效。省局推送4户，市局推送649户，区国税局自行组织应对469户。起到堵漏增收、规范执法、减少税款流失的效果。

【加强发票管理】 2016年以来区国税局对企业发票领购、开具、取得、保管和缴销情况，进行全面检查，发现应开具而未开具发票等各类发票违法行为，共115起，罚款6.83万元；定期对纳税人开具发票信息与申报信息进行比对，发现问题数量73条，补缴税款及加收滞纳金2.13万元。

【开展“三证合一”管户清查】 积极与迎泽地税联系，共享管户信息，相互通知、督促漏办国税或地税信息的纳税人，及时通知补录的纳税人及时补录信息，截至12月底，共核实漏管户30501户次。其中：地税登记国税未登记户1838户；地税正常国税非正常或注销户387户；工商登记国税未登记户28276户，已核实27997户，279户正在核实。

【落实国地税合作】 共同宣传、培训，联合做好营改增待确认户的信息审核工作。同时建立起科学化的国地税信息传递制度。在办税服务厅设置2个地税窗口，联合办理开业登记、注销登记、非正常户管理、代开发票、收缴地税相关税费等业务。

【网上申报平台推广】 区国税局做为全省网上申报平台升级版试点单位，参与平台从申报、缴款、代开发票、发票发售等功能的测试，为平台需求提出修改的意见和建议。7月26日，区国税局通过网上申报平台提出代开票申请，并在自助机上成功开具增值税专用发票，成为全省第一家通过网上申请、自助代开发票的单位。

【“便民办税年”活动】 一是持续推行小规模纳税人按季申报纳税。从2016年1月1日区国税局对市场外个体工商户全部实行查账征收、自主申报、按季申报，共有12000余户小规模纳税人充分享受到按季申报带来的便利；二是全面推行网上申报，网上缴税，AB 级纳税人勾选认证。设立网报辅导专区，全面推广使用山西省网上申报系统升级版，区国税局网上申报、网上缴税使用率均达 99%以上，AB 级纳税人全面推广使用勾选认证；三是全面推行 AB 级纳税人发票网上申领、邮寄配送。积极引导纳税人使用发票邮寄配送业务，截至 12 月底，共有 363 户纳税人与邮政速递公司签订了发票邮寄授权协议；四是在实名办税基础上持续放宽发票用量和限额。按照调增版本限额和用量相结合的原则提版增量，根据纳税人用票需求放宽发票用量，特大用户实行批量供应。全面推行自助终端购票；五是落实三证合一，深化咨询服务。落实三证合一相关工作要求，税务基础信息补录即来即办的同时，一次性办结网报密码发放、三方协议签订；设立公告栏、“二维码”展架、办税指南取阅架，一次性告知申报纳税、申领发票、行政许可审批所需资料及办理流程；印制“便民办税服务袋”，一次性备齐办理涉税事项相关表证单书；六是提速审批。试行“窗口受理+后台批量处理”的业务运作方式，纳税服务部门组织业务处理团队定期集中会审、集中签批、批量处理。降低了执法风险，审批时限大幅缩短，效率明显提升；七是推行“全省通办”。落实“全省通办”，实现了申报、认证、发票领取、咨询辅导等 4 类、31 项业务的“同城通办”。

【实名办税】 实名办税自 2015 年 12 月 1 日在全省率先推行以来，得到广大纳税人的积极支持配合。为加快实名办税信息采集工作进度，12 月底，区国税局设置实名信息采集服务专区，设立 8 个服务窗口，全面采集区国税局管辖企业相关人员信息。截至 12 月底，办理实名信息采集纳税人 4681 户次，其中，企业类纳税人 3448 户次，个体工商户 1233 户次；采集验证法定代表人、财务负责人、办税人员身份信息 13911 人次。

【“e 税客”】 根据市局要求制定出区国税局推广计划，与微博，微信结合构成“两微一端”涉税服务体系，为纳税人提供方便快捷服务。利用个体工商户由定额征收改为自主申报等纳税人前来大厅办理业务的机会，积极介绍推广发放印制有关宣传资料进行“e 税客”掌上办税操作讲解，设置专职导税员进行面对面耐心指导，协助纳税人下载安装并且完成绑定。

【绩效管理】 采用绩效办督导检查、各部门具体落实、全员共同参与的形式，确保绩效管理工作稳步开展，区国税局先后制定完善《太原市迎泽区国家税务局组织绩效管理实施细则》《太原市迎泽区国家税务局个人绩效管理实施细则》等 6 项制度，形成 2016 年太原市迎泽区国家税务局绩效指标（共性部分 16 项、个性部分 154 项和营改增专项 11 项）指标体系，确保绩效管理运行取得实效。全年组织多种形式的绩效管理学习 7 次，截至 12 月底，已完成了全部指标的考核，扣分科室最低分值 0.2 份，最高分值 4.3 分，分差 4.1 分。申请提交加分项目 14 项，无减分事项。

【文化建设和创建】 在“卓越”文化品牌精神引领下，全面总结经验和成果，深入推进迎泽国税“卓越”文化精神建设，开展了道德讲堂、“传承好家风 带动好税风”“学雷锋、树新风”和“进社区互助”及“我们的节日”系列主题等活动。区国税局先后被授予“山西省文明单位标兵”“太原市双拥模范单位”等荣誉称号。

【治理违规“涉税中介”】 根据相关文件精神，组织专题学习，严禁以各种名义指定或强制纳税人选择涉税中介机构，严禁税务干部直接或间接参与“涉税中介”牟取利益，并作好学习记录，做到入心入脑，规范行为。按照自查清理的工作要求，全面清查“涉税中介”，建立日常监管机制，对违规插手涉税中介经营活动情况进行深入细致的检查，确保自查工作查深查透、不留死角。区国税局干部职工不存在“涉税中介”违规行为。

【监察从严治队】 在继续开展专题教育活动、持续优化工作作风的基础上，进一步加大执法监察力度。开展2016年度税收执法监察工作，采取19项措施，解决“营改增”推进、税收优惠政策落实、征管规范落实、发票管理等工作中存在的问题，向15个部门分别下达监察建议书，督促分管领导和各部门负责人有效防范税收执法风险和廉政风险，履行主体责任。

【“营改增”工作】 截至6月底，实际接收营改增纳税人8432户，其中单位纳税人7003户，个体工商户1429户，并实现营改增纳税人的正常申报。

【设立“营改增”办税服务专区】 管户接收期间，设置2个服务专区，为营改增纳税人提供管户接收、一般纳税人认定，发票审批和金税发行等一条龙服务。后期设置了代开发票、金税发行、营改增政策咨询、网上申报辅导等4个办税服务专区，组建政策咨询专家团队和网上申报专业辅导团队，实现专、普票代开一窗通办，税控设备发行、变更、注销一站办结，咨询辅导一次满意。

【搭建税企线上交流平台】 管户激增，传统的服务管理模式已经无法满足需求。为此，建立涵盖所辖纳税人的“营改增一般纳税人”“营改增小规模纳税人”“存量一般纳税人”和“存量小规模纳税人”等4个税企交流微信群，告知办税事宜，推送最新政策，提供在线答疑。全局税收管理员建立微信群104个，通过互动分享，做到政策宣传全覆盖，纳税辅导零距离，问题解答闪回复，赢得广大纳税人的真心点赞。

【“金税”三期优化版换版上线】 区国税局做为“金税”三期优化版换版试点单位之一，确保“金税”三期优化版换版顺利上线。一是工作流岗责测试。对承担的测试的208条工作流，1057个节点，及时与省局初始化团队实时动态发回的工作流，逐条测试、逐条反馈。二是小双轨运行。以当日发生业务为蓝本，在新旧系统进行同步操作，并选取常用的42项静态数据、动态数据进行横向、纵向比对核实。共发现的6大类、75个问题上报省局，为数据迁移和大双轨提供依据。三是大双轨运行。9月10日开始大双轨，同时承担着防伪税控、网上申报、税控银等9个特色软件的测试任务。为确保实效，区国税局开展全员、全业务、全流程真人实景业务演练，对税务登记、申报纳税、三方协议扣款、发票发售、代开（含自助发售代开）、入库、退库等全业务进行测试。四是预约纳税人提前运行。10月5—7日，提前预约部分纳税人办理税务登记、各税申报征收、车购税申报、发票领购和代开等常用业务和关键业务，进行关键业务相关验证，提前防范可能出现的各类风险。五是全面推广运行。运行首日，区国税局抽调业务骨干每日在大厅和自助厅国轮流值班，积极引导各类纳税人办理申报、发票发售、代开等业务，并按日监控业务办理情况。同时，制定成立风险应急团队积极应对涉税舆情方案。

【24小时电子自助办税中心】 围绕营改增试点等重大税制改革，积极响应纳税人多元化办税诉求，在成功上线运行自助代开增值税专用发票系统的基础上，于2016年9月1日创建24小时电子自助办税中心，全力打造“能问、能查、能看、能学、能办”的电子自助办税服务新模式。试运行以来截至12月底，区国税局在山西省网上申报平台升级版注册的纳税人已达25751户，通过平台办理各类业务22732笔；自助代开发票11949份，自助专用发票11585份，发售普通发票23798份，发票认证17291份。

【搭建数据采集平台】 针对营改增试点改革后新增行业及企业历史数据缺失、无法准确把握行业发展规律、分析税收增减因素等情况，搭建《营改增重点税源数据采集系统》，对2015年缴纳营业税30万元以上的230户纳税人2013年以来的相关数据进行采集，完善数据链，为深入开展税源分析提供基础。

【房地产税源管理软件研发】 结合营改增后区国税局房地产业税源增加，地址分散，管理难度大等特点，区国税积极开发“房地产税源管理平台”，加强对税源较大房地产和建筑行业的管理，通过对管辖区内的房地产企业及其开发的项目和施工情况进行摸底，录入相关信息并在地图上进行展示，区政府、各街办及相关部门通过不同权限进行查询，实现信息共享。同时，实施对房地产、建筑业的专业化管理。

（张志永）

地方税务

【概述】 2016年年底，迎泽地税局有在职正式职工200人，其中，公务员编制167人，实际在职157人，事业人员编制42人，实际在职34人，工勤编制17人，实际在职9人，离退休人员39人。机关党委现有12个党支部，党员145人。其中45岁及以下的占42.7%，35岁以下的占20.6%；大学专科及以上学历的占95.6%。辖区管户23733户，年纳税百万元以上的重点税源企业124户。2016年，区地税局全面落实全省地税系统“1437”工作思路和“11221”工作理念，以深入开展学习讨论落实活动为主线，以落实“三严三实”为抓手，统筹推进科学组织收入、深化依法行政、创新税收征管、优化纳税服务、强化党风廉政建设等工作，顺利完成上级领导交付的各项工作任务。

【学习讨论落实活动】 认真开展“两学一做”学习教育。5月4日，区地税局组织全体党员开展“两学一做”学习教育动员。党组书记、局长温秋生做动员报告，要求全局党员一定要统一思想，深刻认识开展“两学一做”学习教育的重要意义，领会精神，扎实推进“两学一做”学习教育各项工作，确保学习教育工作取得实效。同时，制订“两学一做”教育实施方案和学习时间安排，组织全体党员、预备党员和入党积极分子共128人参加省局“我要学党章党规”“两学一做”在线答题，以支部为单位，开展“我来讲党课”活动。“七一”前夕，邀请市委党校教授郑培君为全体党员进行纪念建党95周年“两学一做”专题讲座，促进全体党员干部尊崇党章、遵守党规、廉洁奉公、岗位奉献，进一步坚定正确的政治方向，提升党性观念，切实增强政治意识、大局意识、核心意识、看齐意识，更好地用以指导和推动地税事业发展。

【党风廉政建设】 1. 为配合好纪检监察机关开展的贯彻落实中央八项规定精神和纠正“四风”监督检查工作，区地税局及时召开会议研究部署并成立专项检查工作小组，积极开展春节期间餐饮及娱乐发票专项检查工作。2. 2月4日，区地税局成立专项检查领导小组对辖区内大中型餐饮酒店及娱乐会所春节期间的发票开具情况现场核查，对公款消费及发票使用不规范的行为，每日按时上报并予以查处。使中央八项规定贯彻到基层，并惩治发票违法行为，规范税收征管秩序和发票使用管理，增强纳税人的税法遵从度。3. 开展层层约谈，推动党风廉政建设。为牢固树立落实党风廉政建设责任制意识、把握和理解主体责任的主要内容和基本内涵、深入贯彻“一级抓一级、层层抓落实”的目的，区地税局于5月24—26日在全体干部之间开展了深入细致的约谈活动。由党组书记温秋生与各部门负责人进行集体党风廉政建设约谈，各副局长与分管部门中层干部采取“面对面、一对一”的方式约谈，各部门第一责任人分别与所属公务员、事业干部采取分别约谈，督促大家廉洁从政、改进作风、履行党风廉政建设职责，形成责任传导机制，深入推进党风廉政建设和反腐败工作。

【党建工作】 1. 严格按照《党章》《中国共产党发展党员工作细则》及相关文件规定发展党员，在各支部民主推荐、培养考察的基础上，确定了两名同志为2016年发展党员对象。2. 在元旦、春节期间开展基层党建走访慰问等活动。慰问生活困难党员12名、退休党员10名，并给他们发放了慰问金。把党的温暖和关怀送到每个干部职工心中。达到“慰问一人，温暖一户，带动一片”的社会效果。3. 严格按照《关于认真开展党员组织关系集中排查的工作方案》的文件要求，以党支部为单位认真开展党员组织关系集中排查。4. 按照迎泽区委关于《中国共产党太原市迎泽区第五次代表大会代表选举工作的通知》，在充分发扬民主，广泛酝酿讨论的基础上，采用差额选举的办法，选举产生了出席中国共产党太原市迎泽区第五次代表大会代表 4 名。区地税局局长温秋生、副局长王敏作为迎泽区人大代表、政协委员，在充分调查民意、听取群众意见的基础上，参加第五届迎泽区人民代表大会、政治协商会议，并及时提出可行性建议，为群众排忧解难。5. 组织拍摄党风廉政建设为主题的微电影《初心》，以大家喜闻乐见的形式，教育干部群众不忘初心、廉洁从政、廉洁从税。6. 12 月上旬，区地税局组织全体干部职工召开全员大会。温秋生宣讲“十八届六中全会精神”和“山西省第十一次党代会精神”并联系区地税局实际情况逐一分析。在区委、区政府等上级部门的正确引领下，迎泽地税局上下统一思想、坚定信念、扎实工作，以高度的政治责任感和历史使命感认真学习、深刻领会，全面贯彻落实十八届六中全会和省第十一次党代会的会议精神。7. 12 月 16 日，区地税局 12 名党支部书记进行 2016 年度党支部书记抓基层党建工作述职评议考核。以调动党支部书记履行工作职责的积极性、主动性，全面提高基层党建工作水平。同时，为全面落实“一个指引、两手硬”，“两个走在前列”“建设首善之区”的目标要求，进一步推动全面从严治党向基层延伸，在做好稳增长、促改革、调结构、惠民生、抗风险等各项工作中，发挥基层党组织战斗堡垒作用和党员先锋模范作用。8. 为迎接中央文明委全国文明城市检查测评，按照上级部门的工作要求，区地税局把创建文明城市工作作为现阶段工作的统领，第一时间动员部署，将任务责任分解，及时督查督办，一是营造文明城市创建氛围。广泛宣传动员，全员参与，确保全局职工人人知晓。二是召开文明城市创建动员部署会，责任落实到人，将文明城市创建工作列入年度绩效管理及目标责任制考核。以确保创建工作取得实效。

【组织收入】 2016 年，面对经济持续下行、税制深度调整、政策性减收、税源增长后继乏力等不利因素，在区委、区政府及市局党组的督导帮助下，区地税局一是深化“组织收入攻坚年”活动，继续实行组织收入“一把手”工程，将税收任务分解到所、落实到人，同时注重绩效考核，以收入进度为硬杠杆，作为中层干部提拔轮岗的依据，推动全局组织收入工作顺利进行。二是着重加强 633 户（2015 年纳税额 10 万元以上）重点税源税收管理，注重做好预警监控、分析预测等工作，逐步建立以风险管理为导向的税源管理模式。至年底，重点税源户 633 户，完成税收收入约 16 亿元，占全局税收收入的 80%。三是加强建筑业管理，积极对辖区 700 余户建筑企业逐户摸底调查，将开具外经证超过半年未纳税业户列入核查重点，逐一实地核查其是否足额交纳税款。四是突出对营业税、企业所得税两大重点税种的管理。强化营改增业户的税收分析及纳税辅导，促进营改增平稳过渡。强化企业所得税汇算清缴管理，推进建筑安装、房地产等重点行业企业所得税风险管理。五是加强与国税部门的沟通协作，9月2日，经过二十多天的加班加点，多次调试，地税办税服务厅正式进驻国税大厅，通过双向委托代征，互向对方开放办税服务权限，实现“进一家门，办两家事”，不仅弥补“营改增”后地税征管手段弱化，附加税难以及时征缴的不足，而且节约了纳税成本，实现了征收、纳税的共赢。至2016年年底，完成税收收入16.52亿元，同比下降17.34%，减收3.47亿元。其中，完成中央级税收收入4.12亿元，同比增长22.85%，增收0.77亿元；完成省级税收收入1.93亿元，同比下降34.68%，减收1.03亿元；完成市级税收收入2.04亿元，同比增长31.14%，增收0.49亿元；完成县、区级税收收入8.43亿元，完成年计划（9.83亿元）的106.47%，超额完成调整后计划。完成规费收入1.36亿元，同比增长21.08%，增收2360万元。

【税收征管】 2016年年底，辖区正常管户23733户，其中，国有企业215户，集体224户，股份合作43户，有限责任公司17133户，股份有限公司59户，私营企业1122户，其他企业10户，港澳台投资、外商企业19户，非企业490户，个体经营3842户，其他18户。非正常管户7443户。

区地税局干部职工集思广益、共同努力，内强管理，外强服务，堵漏增收，促进发展，主要做了以下几项工作：1. 积极助推税制改革，完成营改增。建立“一把手”负总责、领导班子成员对相关营改增工作负全责的工作机制，班子成员包片督导，全面负责该项工作的推进与落实，按照边督导、边解决的工作方案，妥善处置营改增工作中出现的问题，为保证税收政策执行到位保驾护航。各办税服务厅设立“营改增咨询服务岗”，提供“点对点”咨询服务；针对“营改增”中可能出现的、影响面较大的各类问题，明确责任岗位和处理办法。开办纳税人学堂，专题开展营改增相关政策的辅导，引导纳税人及时了解政策，保护其合法权益。同时与国税部门密切协作，共同做好纳税人资料数据移交、发票管理、定额管理、欠税管理等事项的衔接与过渡，落实好各项办税便利化措施，确保办税服务平稳顺畅，工作顺利对接，促进区域经济降低税负。2. 加强重点行业税收管理。重点对房地产及建筑安装、专业市场展开税收专项检查。共检查850余户，查处税款及滞纳金2176.96万元，已追缴入库税款及滞纳金1869.54万元。将提供网络团购服务的美容美发、餐饮、住宿等个体工商户作为重点，逐户核查其经营情况与所纳税款是否匹配，以提高征管水平，加强个体户基础管理工作。3. 加强企业所得税汇算清缴工作，在重点纳税户督促汇算、内容严格把关、征收方式认真鉴定的基础上，成立汇算清缴督查调研组，由分管局长带队到各税务所进行督查，促进汇算清缴工作的顺利完成。至5月底，全局应汇算5494户，已汇算5167户，A类企业4141户，其中盈利1026户，亏损2524户，0收入的591户，实际应纳税所得额4.72亿，应补税额1.61亿，应退税额5868.42万。B类企业1026户，其中符合小型微利企业1659户，实际享受减免875户，共享受减免额500.37万。4. 抓好“1+5+增长点推送”工作。继续落实《太原市地方税务局关于进一步加强税收征收管理工作的意见》以及加强专业市场管理、非正常户管理、城中村税收管理、小产权房税收管理、欠税管理5项重点工作，多次召开落实“1+5+增长点推送”工作专题会议，对全面落实市局“1+5+增长点推送”工作进行阶段性安排，对所涉及到的税收政策及操作流程等内容进行指导培训，对市局推送的税收增长点逐项排查整改。同时成立了税收专项检查组，制订专项检查工作方案，对“1+5+增长点推送”工作中涉及的重点行业和重点税源户开展税收专项检查。5. 积极开展2015年度纳税信用评定工作，按照系统下发的任务数据，及时将初评结果与国税局进行相互比对，及时调整发现的问题，形成公平、科学、合理的统一结果，进一步完善纳税人信用评价体系。据统计，共有6028户纳税人参评，其中：A级纳税人558户；B级纳税人4842户；C级纳税人417户；D级纳税人211户。6. 加强高收入人群所得税征管从加大宣传力度、完善人员资料、进行逐户核查、执行保密制度四方面积极开展2015年度年12万以上个税申报工作。截止3月31日，有1045多人进行“12万”纳税申报工作，应纳税额3029.91万元，已缴（扣）税额3029.91万元。7. 至9月底，区地税局计会科督促各税源管理部门圆满完成2016年税收风险预警的接收和处理工作。8. 10月中旬，针对企业管理过程中应用愈发广泛的股权激励现象及采取的避税措施，对本单位231名税务工作人员进行了股权激励个税业务视频培训。进一步明确了股权激励个人所得税征收对象、征收范围及反避税措施，以加强股权激励个人所得税的征收管理。

【依法行政】 1. 为持续清理和规范涉企收费，减轻企业负担，助力企业快速发展，区地税局积极落实财政部、国家税务总局相关文件精神及省财政厅“撤销非税收入汇缴专户、代征规费直接缴入各级金库”的工作要求，已于5月1日起将各项规费顺利纳入金税三期系统管理并实行就地缴库，切实将优惠新政落实到位。

2. 2016年第二季度，区地税局积极部署国有资产清查工作，依序完成单位户数、机构编制和人员情况的全面清理及“三相符”账务清理工作。同时，抽调人员，对流动资产、对外投资、收入、支出、负债等情况进行清理、核对和查实工作，做到“三实一相”，通过资产清查，对全局资产管理工作认真总结，认真分析，提出相应整改措施和实施方案，建立健全了内部资产管理相关制度。

3. 根据市局的文件精神，结合区地税局工作实际，制定《迎泽区地方税务局2016年税收执法督察工作方案》，明确2016年重点督查内容、督察内容所属期、督察方式和督察步骤。并及时将市局推送的执法疑点和风险数据下发到各所、科室，要求各单位逐户逐项开展重点核查和原因剖析，发现问题及时进行整改。

4. 8月23—30日，区地税局税政科根据省、市局《关于开展金税三期（优化版）个人所得税扣缴系统客户端培训工作的通知》开展纳税人培训，共培训28场次，约12000人。

5. 助力小微企业发展，落实好各项优惠政策。据统计，全年小微企业申报营业税19681户次，减免营业税金及附加449万元；共有4469户小微企业，享受企业所得税税收优惠830.72万元。

【纳税服务】　1. 为进一步加强专业市场管理，组织所辖的38个专业市场法定代表人、财务负责人、办税人员100余人，在郝庄镇东城服装城举办专业市场有关涉税业务专题培训班，以提高纳税人的税法遵从度，增强纳税人依法纳税意识。2. 为做好电子缴税业务推广工作，扩大电子缴税覆盖面，三个办税服务大厅增加6台pos机。切实解决了纳税人“多头跑，排长队”的问题，使纳税人办理纳税业务更加迅速、便捷、愉悦。此外，积极鼓励纳税人签订网上电子缴税三方协议，实现通过网银实时扣款缴税。同时，办税服务厅根据五项服务制度的要求，把握重点，找准差距，从落实首问责任制度、落实限时办结制度、落实预约服务制度、落实延时服务制度、落实自助办税服务制度五方面对存在的问题进行全面梳理，提升纳税服务质效。设立了“同城通办”岗，推进便利服务的落实，设置专人对自助办税终端设备进行日常巡检，确保设备能正常使用。3. 协办太原市地方税务局2016年第四期税收大讲堂。由区地税局五龙口所副所长陈宣主讲，为300余名纳税人讲解近两年来国家税务总局新发布的税收优惠政策。4. 9月9—14日，区地税局组织业务科室全体职工分岗位、分批次、分业务领域进行金税优化版同步培训，以提高职工的业务水平，为广大纳税人提供优质服务。

【队伍建设】　积极开展文明创建，加强税务文化建设。1. 成功举办“税苑达人秀”海选活动，为职工展现才能、服务社会、加强团队合作和沟通创造条件、搭设平台，使“遵纪守法、崇尚道德、快乐工作、健康生活、争创一流”的地税共同价值观在不知不觉中植入职工心中。2. 稳步推进绩效管理工作，确保各项工作的顺利开展。强化责任落实，激励干事创业，有序实施个人绩效管理与目标责任制考核工作，建立起干部职工自我发现问题，查找不足，及时整改的良好局面，促进全局各项工作的改进提升。3. 加强规范化建设，建立完善基层规章制度。将精神文明建设工作的年度计划、任务量化分解，层层签订责任书，落实到部门、到人。形成了主要领导全盘抓，分管领导具体抓，其他领导配合抓，所有干部职工共同参与的工作格局。4. 强化干部教育培训。制定并严格执行“全民终身学习活动周”活动方案，依托省委组织部“干部在线学习”平台，不断提升干部综合素质，严格考核，取得积极学习效果。根据市局关于开展全市地税系统税收业务大比武活动的要求，于4月5日至15日围绕税政法规、税收征管法、税务稽查、税收信息化和公文写作等五项内容，组织45岁以下87名干部职工开展税收业务大比武培训，有效地提升干部职工业务素质。5. 认真贯彻落实《公民道德建设实施纲要》，并将“二十字”公民基本道德规范和“三德”的主要内容编印下发，使人人皆知，时时自省，并通过开展《道德建设故事会》、开展向道德模范学习等活动，使道德建设深入人心。6. 为贯彻落实国家税务总局开展“传承好家风好家训”活动的指示精神，积极推进“孝顺父母不能等、教育子女不能等、个人修身养性不能等”工作。组织全体干部职工在机关四楼会议室参加由市局主办的“三个不能等”视频会议，增强全体干部职工教育子女、感恩父母、修身养性的意愿，为大家提高自身素质，做文明实干地税人构建了良好平台。7. 严肃开展“整顿会风工作”活动。8月，及时召开局务会，深刻检查本部门在办会和参会时会纪会风方面存在的问题，并严肃地开展批评与自我批评，并以9月至12月参加、举办的各类会议作为节点，开展深刻严肃的整顿会风会纪活动，强化“会风就是党风”“会风就是作风”意识，积极建章立制，强化监督会纪会风的考核情况并将责任落实到个人。8. 积极参加由迎泽区慈善会开展的“太原市迎泽区‘慈善·阳光·希望’助学活动”。9月5日，局长温秋生和党组成员在机关二楼会议室率先垂范带头捐款，全局干部职工踊跃参加，共捐献善款15000元，助学迎泽区贫困学子减轻生活负担、继续求学。

【获得荣誉】 2016年，局内个人获得荣誉：温秋生、李健、李荣、孔芳、胡振文、贾富强、刘海平、姜燕、郜慧勇、李长青、梁慧娟、李昕、郭铧、杨晟飞、李静、王慧娟、王彩霞、杜彩玉、徐乐、盛佳、赵聪、韩瑜君、李星、马启飞、殷娜、张翀被太原市地税局评为税苑达人。王俊青、梁宏奇被太原市地税局评为税苑达人最佳人气奖。2016年单位取得的荣誉：迎泽区地方税务局直属二分局被省局评为山西省地税系统先进集体。迎泽区地方税务局被太原市地税局授予税苑达人风采奖。

（张润莲　张文颖）

商　业

SHANGYE

【概述】　太原市迎泽区商务局（简称区商务局）于2015年成立，为迎泽区人民政府工作部门，正科级建制，2016年有公务员编制7名，工勤编制1名；退二线2人。稽查队有事业编制3名，实有人数共13人。领导职数一正三副。内设办公室、市场管理科、综合贸易科、太原市迎泽区粮食流通管理稽查队。下辖太原市迎泽区接待服务中心。

主要职责：（1）贯彻执行国家、省、市有关方针、政策和法律法规；拟定本区国内外贸易、外商投资、和经济合作的措施和实施办法。（2）贯彻执行相关的行业规则和管理办法。负责全区拍卖业、再生资源回收、商业特许经营等经营活动的监督管理；负责酒类流通、畜禽屠宰市场经营者和经营主体的监督管理；指导行业协会、学会工作。（3）负责全区招商引资、投资促进、经济技术协作等方面的工作。（4）负责全区粮食流通领域的管理和业务指导。

【经济指标完成情况】　1. 社会消费品零售额。2016社会消费品零售额。全年限上任务为2761713万。实际完成2845436万，比去年同比增长11.2%。

2. 外贸进出口总额。全年任务为19000万美元。完成22995万美元，比去年同比增长3.14%。

3. 招商引资额。2016年全区完成255.7亿元，同比增长5%。

4. 粮油应急储备。储备应急成品粮200余万斤，小包装食用油22.5万公斤。

【招商引资】　积极主动为企业服务，为企业建设新项目出谋划策；组织规划、国土、发改等部门尽心为企业服务，协调解决项目落地遇到的各种问题；出台《太原市迎泽区推动民营经济若干扶持意见》《小微企业“新三板”挂牌事后奖励资金管理办法》等政策办法。新引进项目：太原市迎泽区东太堡社区城中村改造项目；太原IDC（大数据）中心；双创孵化器及金融创投平台项目；太原市迎泽区店坡社区城中村改造项目；太原市迎泽区张家河古镇风景旅游区项目；华润项目；万科华北广电项目。

【楼宇经济社区服务中心试点】 在各街（镇）组建1—2家社区楼宇服务中心，量身打造“贴身贴心”服务模式，促进总部企业和高端业态集聚发展。成立桥东街办鼎元时代商务楼宇、迎泽街办金港商务楼宇两家试点服务中心；对楼宇经济服务中心试点工作进行情况介绍及任务分工。完成全区重点商务楼宇企业摸底调查工作，对符合入统的企业进行前期资料资料收集，政策讲解等工作，部分企业已正式入库。

【“五个一批”重点工作】 1. 太原IDC（大数据）中心、双创孵化器及金融创投平台项目：现项目地址变更为迎泽区互联网+智慧产业园区内，预计年底可完工投入使用。

2. 中国太原互联网+智慧产业园项目：中国太原互联网+智慧产业园改造工程目前一期工程38000平米已启动运营，入住小微企业110户，形成就业1500人，2016年入住企业100多家，环渤海圈——明鼎医药科技有限公司等生物医疗科技项目、跨境电商——世纪兄妹、山西青年网、Photoshop办公伙伴等知名企业成功入住。资金总投入达2亿6千万元。

3. 华润项目：该项目所在地由于苏宁易购未拍得土地的使用权，故该项目将重新与取得地块的华润集团进行合作。

（姜秀军）

社 会 生 活

SHEHUI SHENGHUO

民　政

【概述】　2016年，迎泽区民政局深入开展“两学一做”学习教育工作，持续推进党风廉政建设和“六权治本”工作，以满足群众需要和期盼为动力，以在社会建设中发挥骨干作用为主题，以民生保障和社会治理为主线，以提升服务能力为重点，加快推进民政法治建设，切实发挥民政在保障基本民生中的保底作用、创新社会治理中基础作用、服务国防和军队建设中支持作用、发展基本公共服务中的支撑作用，努力开拓民政工作新局面。

区民政局成立于1979年4月，原名叫南城区民政局，1998年4月更名为迎泽区民政局，是区人民政府主管有关社会行政事务的组成部门。主要职责：负责依法对全区性社会团体、民办非企业单位进行登记和监管工作；全区的双拥优抚安置工作；移交迎泽区的军队离退休干部、无军籍退休退职职工和退休士官的接收和安置工作；救灾救济和城乡社会救助工作；承担全区行政区划和地名工作；基层政权和社区建设工作，指导社区服务工作；会同区有关部门拟定社会工作发展规划、政策和职业规范，推进社会工作人才队伍建设和相关志愿者队伍建设；组织实施全区社会福利事业发展规划，拟定全区社会福利企业扶持政策工作；组织拟定全区促进慈善事业的政策，组织、指导社会捐助工作，指导老年人、孤儿和残疾人等特殊群体权益保障工作；负责全区婚姻登记管理和殡葬管理工作；协助市局对城市生活无着的流浪乞讨人员的救助管理工作；协助市局进行社会孤儿收养登记工作。

2016年，区民政局内设办公室、优抚安置科、基层政权科、救灾救济科、社会事务科（行政审批科）、区社区建设管理科；行政编制14名，实有10名，退休人员11名；局长王文生（2011年9月至2016年9月）、刘丰。下辖区社会福利院，编制5名，实有3名；区郑村烈士陵园，编制5名，现无在职人员，退休人员3名；

区福利企业生产管理办公室，编制 6 名，实有 5 名，退休人员 1 名；区城乡低保中心，编制 6 名，实有 4 名；区慈善会，编制 3 名，实有 3 名；军队离退休干部管理服务所，编制 4 名，实有 2 名；区社区服务中心，编制 3 名，实有 1 人；区殡葬管理所，编制 3 名。

2016 年，区民政局被山西省民政厅命名“全省养老工作先进县”，被市委、市政府、市警备区评为市级“双拥标兵单位”，被太原市社区建设领导组评为“社区建设工作模范单位”，被太原市民政局评为全市“民政工作模范单位”（连续 5 年在全市各县区民政工作考核排名第一）。

【城乡低保和临时救助】 执行《关于提高和调整城乡居民最低生活保障标准有关工作的通知》文件精神，在落实 2016 年全省城乡低保提标 20 元的基础上，太原市六城区城乡低保标准调整为每人每月 530 元（迎泽区城乡低保每人每月提标 25 元），自 2016 年 1 月起实施，城市补发 1588 户，2067 人，39.5272 万元；农村补发 281 户，451 人，9.245 万元，提标补发资金已全部足额发放到位。迎泽区现有城乡低保对象 1838 户、2426 人，累计发放城乡低保金 1395.7703 万元。春节前，按 300 元每户的标准发放“爱心粮”补贴 1915 份，小计 57.45 万元。按照《迎泽区城乡困难群众临时救助暂行办法》《迎泽区“救急难”救助工作实施细则（暂行）》和《关于做好“救急难”精准化救助工作的通知》的相关规定，对因遭遇突发事件、意外伤害、重大疾病或其他特殊原因导致基本生活陷入困境，其他社会救助制度暂时无法覆盖或救助之后基本生活暂时困难的家庭实施临时救助，共救助 81 户，发放临时救助金 45.7657 万元。

【医疗救助】 2016 年，实施医疗救助 7036 人次，支出 309.1405 万元，其中：直接救助城市医疗救助对象 260 人次，农村医疗救助对象 81 人次，发放医疗救助金 230.7282 万元；资助城市困难群众参加城市居民基本医疗保险 4076 人，支出参保金 25.231 万元，资助农村困难群众参加新农合 447 人，支出参保金 6.705 万元；按照 2016 年 1 季度城乡低保在保人数和农村五保供养人数 2149 人为基数，以全年每人 200 元门诊救助金为标准，为迎泽区 6 家门诊定点医院拨付城乡低保对象门诊救助金共计 41.7803 万元；按 70%的救助比例，开展迎泽区定点医院住院“一站式”即时结算工作，23 人次按 70%的救助比例，获救助金 4.696 万元。

【防灾减灾】 一是及时上报灾情实施救灾。根据并财社〔2016〕12 号文件精神，结合迎泽区去冬今春受灾情况，下拨自然灾害救助金 3 万元，救助灾民 99 户，237 人。对受灾群众按自救能力实施分类救助，严格执行救灾款物发放标准和程序，实行民主评议、登记造册、张榜公布、公开发放、专款专用，不得平均分配或预留。强化督查，确保救灾款物规范发放，及时到位，保障迎泽区灾民基本生活；严格执行应急值班制度，积极应对“7·19”暴雨灾害，迎泽区受灾787人，倒房7户、18间，直接经济损失达161.5万元。与农业、水务、各街道（镇）密切配合，按照《自然灾害情况统计制度》的要求，准确进行查灾核灾、网络报灾，做到“初报迅捷、续报及时、核报准确”。同时迅速有效地开展减灾救灾工作，紧急转移安置411人，紧急生活救助58人；二是加强宣传，创建全国综合减灾示范社区。“5·12”国家防灾减灾日期间，全区广泛开展以“减少灾害风险，建设安全城市”为主题的宣传活动，张贴挂图4000份，发放资料3000份，同时利用板报、微信普及防灾减灾知识，宣传以人为本的防灾减灾理念，增强区社会灾害风险防范意识；加强全国综合减灾示范社区申报管理系统安全管理，根据省厅要求，及时对“全国综合减灾示范社区申报管理系统”进行密码修改，提高密码安全性，消除弱口令漏洞，提高网络安全意识。

【慈善工作】　认真学习贯彻《中华人民共和国慈善法》，以法兴善，2015年“慈善一日捐”活动以来，通过区慈善会募集和接收的善款物资总计63.5万元。通过区慈善会支出和交付的善款物资总计52.4万元，救助困难群众1494人（户）次，其中：助医37人次，助学62人次，助困1270人次，助孤22人次，救灾1人次，临时救助5人次，定向救助97人次。定向捐助实现项目推进、精准实施，推动慈善工作经常、持续、活跃地开展。与团区委、区教育局联合开展2016年“慈善阳光希望”定向助学活动，发放善款8.2万元。与共青团迎泽区委联合开展“爱心小桔灯”关爱少年儿童活动，为30名困难家庭学生发放价值0.6万元爱心物资，与共青团太原市委开展2016“暖冬行动”走进迎泽，向20名困难学生每人发放300元慰问金，合计0.6万元。与北京点点学堂开展在线助学捐助活动，为迎泽区50名贫困中小学生免费提供在线教育。与山西易菲服饰联合开展“衣旧温暖”旧衣捐赠活动，共接收旧衣物26箱，送往古交市、阳曲县的贫困山村。接收山西锦罗贸易有限公司捐赠衣物合计993件，实施精准帮扶，将其中的500件短袖向娄烦县静游镇步斗村捐赠，向迎泽区1户特困残疾家庭捐赠短袖2件。向迎泽区困难家庭发放百圆裤业新裤子521条。与区宗教局、区民政局、枣园村大觉禅寺联合开展迎泽区“冬至送饺子、关爱困难空巢老人”慈善行动，为迎泽区130名困难空巢老人送去爱心饺子；与《生活晨报》社联合开展“社区公益温暖行”活动22期；携手山西天龙救援队为河北洪涝灾区募集衣物、消杀药品等救灾物资。配合市慈善总会开展血友病援助，迎泽区6名血友病患者获助4.2万元。印发《关于建立社区慈善超市的实施方案》，积极推动社区慈善超市建设工作。区慈善会腾讯官方微博和微信公众帐号进一步完善信息发布机制，发布信息117条。扎实开展首个“中华慈善日”送温暖、献爱心活动，募集款物总价值120.37万元。

【流浪乞讨人员救助】 2016年，救助生活无着及流浪乞讨人员120人，发放救助金3200元。开展夏季送清凉流浪救助宣传活动，为流浪乞讨人员发放食品和消暑药品。

【福利企业管理】 2016年，配合市民政局和税务部门对区属福利企业进行年检，迎泽区2家福利企业全部通过；加强对福利企业和社会养老机构的安全管理，坚持“安全第一、预防为主、综合治理”的方针，开展“两会”“两节”“春季安全大检查”“安全生产月”“消防安全大检查”等系列安全检查活动，加强对市局审批驻区社会养老机构的消防安全和食品安全的管理工作，与区消防大队联合检查养老机构，并对各养老机构存在的消防隐患进行整改并验收，防止安全事故发生。开展组织全区福利企业、社会养老机构和全局各科室、各事业单位开展消防安全知识培训，提升安全意识和管理水平。

【社会福利】 开展迎泽区留守老人、妇女、儿童的摸底工作；为1579名90—99岁高龄老人发放高龄保健津贴160.68万元。为140名80—99周岁低保老人发放高龄保健津贴14万元；为19名百岁老人发放百岁老人津贴9.95万元。为21名社会散居孤儿发放孤儿养育金36万元。安排2名三无人员入住区社会福利院。

【城乡养老服务】 2016年就，市委、市政府下达迎泽区养老服务机构建设任务为2016年建设16个城乡社区老年人日间照料中心、15个社区养老服务中心、1个农村老年人日间照料中心和1个公办养老机构。2016年，迎泽区养老服务机构建设进展情况为：社区养老服务中心已建成2个并投入运营，4个完成主体建设，正在积极引进合作运营商，9个已开工建设，预计年底完成。社区老年人日间照料中心已建成6个并投入运营，8个完成主体建设，正在积极引进合作运营商，2个已开工建设，预计年底完成。1个农村日间照料中心的地址在郝庄镇张家河村，现已完成主体建设，建筑面积160平方米，年底将建成使用。迎泽区建设的一个公办养老机构，现已初步完成选址，选址位于菜园街148号的山西省五华塑料有限公司内，与山西省投资集团安养养老发展有限公司合作，采取公办民营方式运营，签署合作协议。扶持现有社会养老机构，为3家民办养老院发放床位补贴19万元。继续推进社区居家养老服务。全区的12家社区老年餐桌平衡运行，为辖区内有需求的老人提供就餐服务。2016年，再为全区城乡60岁以上有需要的老年人免费发放“爱心一键通手机”500部。

【社区基础设施建设】 2016年，全区社区总面积22358平方米，平均社区面积为260平方米。迎泽区1000平方米以上社区8个，500—1000平方米社区10个，300—500平方米社区24个，200—300平方米社区26个，100—200平方米社区12个，100平方米以下社区6个。全区社区办公服务场所不足200平方米的共有18个，市委组织部和市民政局的要求2016

年全部解决社区办公服务场所不足200平方米的情况。200平方米以下社区2016年完成困难的有：涉及到棚户区改造的社区4个（桥东街办的桥南、并州路一和营盘社区，文庙街办的山佑巷社区）；涉及道路改造的社区2个（文庙街办五一东街、五龙口二社区）；选址困难的社区4个（迎泽街办双塔西街三社区、庙前街办桃园路一社区，柳巷街办宁化府、海子边西街社区）。

【社区工作队伍建设】 2016年，开展“领头雁”培训活动，组织村、社区主干，村级后备干部、村第一书记，大学生村（社区）干部157人进行培训，区委书记和区委组织部部长做专题辅导，进一步激发社区（村）干部的服务意识和工作积极性。鼓励社区工作者参加社会工作者职业水平考试，提高其专业化水平。

【社区惠民项目】 2016年，根据市社区建设领导组办公室有关文件精神，对迎泽区社区惠民决策部署的执行情况进行检查，深入到各社区对社区惠民项目的项目征集、立项、程序、项目实施、资金使用范围和管理等方面进行抽查，确保惠民项目真正造福百姓、普惠于民。同时按照太原市财审中心要求，积极配合市政府进行社区惠民项目的财务审计。现已确立项目207个，正在实施79项，预计到年底将全部实施完成。

【基层政权】 2016年，村务公开民主管理工作紧密结合实际，以拓宽公开渠道、健全管理机制为重点，通过不断创新村务公开形式，着力加强农村基层组织建设和民主政治建设，积极促进村务公开民主管理工作向制度化、规范化发展。“3·15”和“7·15”村务公开检查日期间，由区纪委、组织部、民政局、农业局、计生局、审计局、司法局、妇联等各部门组成村务公开监督联合检查组深入各村对村务公开情况进行全面检查，从村务公开和党务公开两方面进行监督检查，细化检查内容，对11大项、42小项工作逐条落实检查，并将检查结果和整改意见及时反馈，限期各村整改，做到检查内容详细，整改意见具体、将村务公开检查落到实处。

【双拥工作】 2016年，广泛开展双拥宣传教育，积极营造浓厚氛围，深入开展“双拥在基层”活动，组织双拥成员单位与优抚对象“认亲结对”开展帮扶慰问。清明节、9月30日烈士纪念日，组织区直机关干部、驻区部队在郑村烈士陵园进行祭奠革命烈士活动；为符合条件的“两参”人员续签卫生监督员岗位协议。“两节”“八一”期间，为93名特困优抚对象发放慰问金4.65万元，为重点优抚对象发放慰问品39.1万元。为纪念红军长征胜利80周年、建党95周年，“八一”前夕对驻区12支部队走访慰问，送去台式电脑、打印机、电视、空调扇等价值28.5万的物品，给人民子弟兵送上节日的问候。

【优抚安置军休工作】 2016年，全区优抚对象1016名，其中：在乡老复员军人30名；带病回乡退伍军人1名；残疾人员727名；“三属”人员27名；参战参核人员132名；60周岁农村籍退役士兵85人；老烈子14人。2016年，累计发放各类抚恤金，定期补助金共2953.63万元，其中发放伤残金1255万元，义务兵优待金1150万元，在乡复员军人定期定量补助19.72万元、“三属”生活补贴45.85万元和两参人员生活补助75.47万元。老烈子生活补贴5.22万元，60岁农村籍退役士兵发放生活补贴12.12万元，发放一次性病故抚恤金372万元。推进郑村烈士陵园修缮工作，正在进行项目招标和水井维修保养等项工作；接收2015年年底退役士兵155人，办理自谋职业6人，发放一次性自谋职业金21.6万元；完成迎泽区第6批无军籍退休退职职工接收安置工作，接收25名，办理档案审核移交，核算、发放退休工资、医保等手续。迎泽区现有无军籍退休退职职工521人。启用民政部新版军队无军籍退休退职职工数据信息软件，录入迎泽区军休职工数据信息。

【婚姻登记】 2016年，区婚姻登记处业务办理量达到85717件，其中：办理结婚登记4080对，离婚1096对，补办结婚证697对，补办离婚证91对，为针对国外公证事项出具（无）婚姻登记记录证明2件。按照全省统一安排部署，将1994年以来79751件纸质婚姻登记档案补录到婚姻登记网络管理系统。为满足广大新人择日“喜结良缘”的美好愿望，提前制定应急预案，做好充分准备、增设登记窗口、增加办理人员、延时办理业务，有效应对登记高峰，确保在“吉祥日”为新人提供优质、便捷、高效的服务。

【地名普查】 2016年，调整优化《太原市迎泽区第二次全国地名普查实施方案》。进一步细化普查任务、内容、方法步骤和工作要求，普查组织机构的职责，各成员单位的职责，形成政府组织、民政局牵头、多部门配合的工作机制和检查督促制度。充实地名普查工作队伍。区民政局专门抽调4人和普查外包单位12人组成普查工作人员。各成员单位确定1名分管领导和1名联络员，对地名普查领导组成员单位联络员、各街道（镇）民政工作人员、社区联络员分别进行业务培训，建立普查周例会制度，确保工作信息流动无障碍，工作进度及时跟进。形成有人抓、有人管、全社会参与的良好局面。严格履行招投标程序，由北京天下图数据技术有限公司以138万元中标迎泽区地名普查工作项目（包括成果转化）。

【社会组织管理】 2016年，迎泽区有社团8个，民办非企业单位115个，新成立民办非企业单位13个。开展社会团体、民办非企业单位年检工作，已年检92家，其中社团3个、民非89个。社会信用代码换证工作有序进行。对社团民非工作进行检查，下达整改通知书6份，使迎泽区社团民非管理工作更加规范。

【殡葬管理】 2016年，开展清明节期间文明祭扫宣传活动，并对永宁园公墓祭扫和防火工作进行重点监查。

【能力建设】 2016年，迎泽区民政局持续强化作风建设，扎实开展“不作为乱作为”专项整治和“冬季行动”等项活动，以“马上就办、真抓实干”的优良作风为全区民政工作的创新务实进取提供坚实的保障；深入开展“两学一做”学习教育工作，成立“两学一做”学习教育工作领导组，制订《“两学一做”学习教育工作方案》，召开动员会，通过集中学习和自学，教育引导全局党员、干部把学习成果转化为提升党性修养、思想境界，真正做合格党员。加强党风廉政建设，认真分析，制定区民政局《落实党风廉政建设“两个责任”问题清单和整改清单》，扎实推进整改工作，通过观看廉政教育片，传达违纪情况通报，进一步增强全局党员的廉政意识和规矩意识。认真开展财经纪律执行情况自查、联组巡察自查、2016 年重大政策措施落实情况跟踪审计自查等项工作，及时发现问题，扎实整改到位。发挥职能作用，担当全区精神文明创建，扎实开展文明单位创建工作，营造团结向上，风清气正的氛围，为推进民政工作落实奠定坚实的基础。（王小东）

教　育

【概述】　迎泽区教育局为迎泽区人民政府工作部门，正科级建制。主要职责：拟定全区教育发展战略、统筹规划、协调指导全区教育体制和办学体制等方面的改革；制定全区教育事业发展规划和年度计划并指导、协调、组织实施；拟定全区教育事业改革与发展的规划和实施方案并组织实施。“三定方案”行政核定编制人数 15 人，其中正科 1 人，副科 6 人，科级以下 6 人，工勤人员 2 人；根据“三定方案”区教育局设 5 个内设科室（办公室、人事科、计划财务科、基础教育科、安全科）及区政府教育督导室，只设科室，没有相对应的编制数。直属单位有 6 个，分别是：教师进修校、教研室、招生考试中心、信息技术教育中心、迎泽区少年宫、教育服务中心。

2016 年，迎泽区继续巩固和扩大均衡教育发展成果，努力办好人民满意教育。一是推进重点工作和项目建设，教育民生实施新举措。启动实施三十六中、三十七中、三十九中学改扩建工程。完成松庄幼儿园建设，已投入使用，可容纳 12 个教学班，幼儿 400 人。建设完成 9 个“智慧教室”，完成教育协同办公、资产管理、资源应用信息化平台建设，开发“中小学安全管理监测系统”，推进迎泽教育的现代化建设进程。二是深化教育综合改革，加快优质均衡发展。全区已经连续三年接受国家监测，始终保持综合差异系数小学不高于 0.60，中学不高于 0.50，圆满完成义务教育基本均衡的巩固工作。规范程序，实行教育“阳光招生”。顺利完成公办幼儿园招生、近 6000 名小学适龄儿童的小学入学工作及全区 5200 余名小学毕业生小升初工作。6 月中旬，作为山西省唯一一个县区，接受国家教育部督导核查组实地核查，高标准通过全国中小学校责任督学挂牌督导创新县区验收。北京、大连等地教育督导专家莅临迎泽区考察学习，对迎泽区创新实施中小学校责任督学挂牌督导工作经验给予高度评价。三是深化内涵建设，队伍建设取得新进步。依法保障教育经费“三个增长”。2016 年，全区生均公用经费增长到小学每生每年 1000 元、中学每生每年 1200 元。出台《迎泽区教育事业发展第十三个五年规划（草案）》及《太原市迎泽区中小学、幼儿园建设专项规划（2016—2020 年）》。进一步推进特色学校建设，在两年创建 17 所市级特色示范校的基础上，今年又申报太原市特色示范学校 11 所，位居十县区前列。组织开展“用身边的事，感动身边的人”师德教育活动、“首善教师”评选活动，举办“我们正青春”诗文音乐会，宣传师德正能量。继续开展不同层次群体的分类辅导和培训，促进队伍的专业化发展。迎泽区“国培计划”被评为全国优秀县区。在各级各类教学比赛中，有 18 人获国家级奖项，有 12 人获省级奖项，有 50 人获市级奖项。“小班化学本课堂实践研究”在山西省教育规划课题评选中获优秀课题。2016 年，有 2 名校长被评为太原市名校长、2 名校长被评为太原市优秀校长，对全区 787 名班主任进行职级认定。全区 196 教师进行交流，16 名校级领导交流任用，圆满完成市教育局交流备案工作。四坚持立德树人，夯实素质教育基础。以一校一基地为抓手，开展“学守则规范　做美德少年”主题教育活动、形式多样的道德实践体验，不断提升学生的核心价值观及道德教育水平。开展“红领巾相约中国梦，争做五城联创小先锋”“六一”系列活动，市委书记参加活动，给予高度评价。迎泽区少先队活动课在全省推广。组织“送法进校，与法同行”专题讲座 37 讲、开展家庭教育公益报告会、家教讲座 30 余场、女生青春期讲座 33 场。持续推进“体育艺术 2+1 项目”的督查和评估，荣获全国第五届中小学生艺术展演活动优秀组织奖。组织参加“十城市”现场课，荣获一等奖第一名。充分发挥“大篷车”流动少年宫指导站作用，开展送教下校、送科技下校、送文艺下校活动，覆盖面达全区 100%。小黄鹂合唱团荣获“全国示范少年儿童合唱团”称号。五是实施规范化管理，各类教育着力新发展。对全区 70 所幼儿园（早教中心）进行检查验收，加大无证幼儿园的清理整顿力度，开展联合执法行动，共下发停办通知书 97 张。开展省级示范园结对帮扶，组织星级园经验交流观摩会，邀请台湾专家现场指导，促进幼儿教师队伍的专业提升。共享共建，规范民办社区教育。启动民办学校星级评比，对全区 60 所民办学校、23 所教学区进行年检。联合政府相关单位，开展对全区非法办学机构的排查，下达《违法办学处理决定书》91 份。不断创新全民终身学习活动周活动。2016 年 1 月，迎泽区荣获全国 2015 年全民终身学习活动周优秀组织奖。以安全能力“三化三建设”为主线，强化“党政同责，一岗双责，齐抓共管”，2016 年，共创建省级平安校园 1 所，市级平安校园 4 所，市级安全教育课程教学实验校13所，省防震减灾科普示范校1所，市防震减灾科普示范校4所。区教育局获市、区年度安全生产先进单位。

【特色办学“校园开放日”活动】 迎泽区教育局组织全区小学于4月下旬开展特色办学“校园开放日”活动。全区15所学校认真组织，特色办学“校园开放日”活动圆满举行。“家长开放日”活动不仅得到社会、家长、驻地单位极高的评价，同时也吸引了社会众多媒体的广泛关注，山西电视台“都市110”栏目、太原教育电视台、《山西日报》《山西晚报》《三晋都市报》分别予以宣传报道。（王慧玲）

【小学英语观摩研讨】 5月19日，太原市小学英语“基于学科核心素养，教学目标引领”课堂教学观摩研讨活动在迎泽区双西小学隆重举行。参加此次活动的有：来自太原市教科研中心小学英语教研员王红丽老师、迎泽区小学英语教研员杨珍老师以及来自各县区的教研员和来自全市各个学校的200余名英语教师。迎泽区小学英语核心团队为太原市所有英语教师带来一场英语学科的盛宴。（杨　珍　李　珺）

【小学数学教学研讨】 5月21日—23日，由中国人才研究会教育人才专业委员会主办的第九届“两岸同课异教”小学数学精品课堂教学研讨会活动在上海隆重举行，迎泽区校尉营小学老师陈敏执教五年级数学课《可能性》，获得一等奖。

（李　玲）

【竞赛展演】 5月18日，第十一届“全国青少年未来工程师博览与竞赛”分赛场项目比赛在北京青少年行知园实践体验基地拉开了帷幕。由少年宫组织迎泽区8所学校作为迎泽区代表队赴京参赛。经过两天激烈角逐，桃园小学的《荒岛求生》、郝庄中学的《通信天下》分别摘取全国小学组及中学组各一枚铜奖，大南关小学、海边街小学分别获得全国一等奖；双西小学、双北小学、桃南小学分别获得二等奖；青年路小学获得三等奖，同时少年宫获得了优秀组织奖。（李季菡）

5月23日，由迎泽区少年宫举办的“畅想阳光迎泽，拥抱绿色希望”2016年迎泽区中小学生主题系列活动之一的“第二十五届中国儿童青少年威盛中国芯HTC计算机表演赛”山西分赛区的决赛现场在双西小学进行。来自山西赛区的197名选手参加比赛，其中有迎泽区24所学校189名选手，分别参加幼儿、小低、小高、初中组的比赛。作为校外科技教育活动之一，迎泽区少年宫已经连续7年承办山西赛区比赛，从2016年1月开始组织学生参加网上初赛，内容包含计算机网络基础赛、多媒体制作赛和高端作品赛三大部分，山西赛区将从此次决赛的选手当中选拔优秀选手8月赴京参加全国总决赛。

（陈　义）

7月21—23日，由中华人民共和国文化部主办，文化部公共文化司、广东省文化厅、中山市人民政府、中国合唱协会共同承办的“第七届中国少年儿童合唱节”在广东省中山市隆重举行。来自全国18个省、自治区、直辖市以及港澳台地区的33

支优秀少年儿童合唱团队共1500名少年儿童参加。组委会为淡化比赛意识，在不设等级奖之时要从33只参赛队伍中选出优秀的8支合唱团进行优秀示范团队展演，以示表彰。小黄鹂合唱团荣幸地被选入这8支优秀示范团，在活动闭幕式中进行了精彩的展演。（杜　飞）

【“六一”活动】　5月31日，省委常委、市委书记吴政隆一行和迎泽区委书记刘文华、区长冯原平，区委常委、副区长、教育局长侯森等市区领导到迎泽区大南关小学参加主题活动，并给广大迎泽少年儿童送上节日的慰问。主题大队会上，《论语》朗诵、小品《社区就是我的家》、京剧《生态城市大家建》等精彩的节目，展现孩子们眼中的迎泽“五城联创”。吴政隆夸奖此次活动创意好、排得好、演得好。同时他勉励孩子们从自己做起，从现在做起，从身边的小事做起，大力弘扬社会主义核心价值观，净化环境、美化心灵，用自己辛勤的双手展示唐风晋韵、锦绣太原的形象。大队会结束后，吴政隆一行到红领巾社团活动现场参与体验。（张艳蕊）

5月31日，市政协主席张贵元、副主席张政、秘书长刘建中、区委副书记李慧、区政协党组书记张志勤、区委常委、副区长、教育局局长侯森及市、区妇联、教育局领导来到桃园小学，与孩子们共庆“六一”。桃园小学组织开展了“文明太原我最美、和美校园馨漫园”“六一”庆祝活动。活动以丰富多彩的各类社团展示为特色，鼓乐、太极、足球、跳绳、诵读、舞蹈、课本剧、民乐、书法、绘画、管乐、茶道……孩子们轮番登场，各类活动精彩纷呈，充分展示桃园小学和美教育办学理念下孩子们全面发展的综合素养。领导们认真观看了孩子们精彩的表演，并不时驻足询问、了解和参与活动。在书法绘画现场，张贵元亲自为孩子们签名祝贺，在茶道表演现场，每一位领导饶有兴趣地品尝孩子们献上的茗茶。（贾列凤）

省教育厅厅长张文栋、办公室主任侯文一、基础教育处处长张爱萍一行在迎泽区委常委、副区长、教育局局长侯森和教育局副局长武静陪同下来到孩子们中间，与孩子们共同欢庆“六一”国际儿童节。文艺演出结束后，张文栋一行还观看大南关小学红领巾小社团——精品科技社团活动，向孩子们赠送无线电测向仪等礼物。（大南关小学供稿）

【教育督导创新】　6月12日、13日，国家教育部督导局中小学校责任督学挂牌督导创新县区督导评估核查组对迎泽区进行督导评估认定。山西省政府教育督导委员会办公室主任贺茂义、正处级督学张利、太原市政府教育督导室主任、教育局党委副书记兼副局长刘富海、教育督导委员会办公室主任黄建林、副县级督学刘耀禹等省市相关领导陪同检查。在工作汇报会上，迎泽区区委副书记、区政府区长冯原平首先致辞欢迎国家核查组督学，并就迎泽区的基本情况进行了简要介绍。区委常委、副区长、区教育局局长侯森就迎泽区申报全国中小学校责任督学挂牌督导创新县区工作情况进行汇报。核查组督学观看迎泽区责任督学挂牌督导工作纪实专题片，查阅相关资料，查看义务教育学校均衡发展数据评估监测、中小学校现代化管理评估监测、课堂教学评估监测三大平台，并随机抽取双西小学、大南关小学和三十七中学进行了实地考核。核查组对迎泽区创新实施中小学校责任督学挂牌督导工作给予高度评价。指出：迎泽区委、区政府高度重视教育督导工作，不断完善责任督学挂牌督导保障机制，创新思路，与时俱进，务实举措，充分运用现代化信息技术，构建“互联网+教育督导”新模式，切实服务迎泽义务教育优质均衡发展，提高区域教育现代化建设水平。

10月25日，大连市甘井子区教育督导团一行20余人对迎泽区教育督导创新工作经验考察学习。考察团由大连市甘井子区政府教育督导室主任吴文章带队，迎泽区教育局分管副局长陪同考察。考察团一行先后深入双西小学、新西小学和三十七中，在责任督学和学校领导的共同引导下，对学校在督导引领下的特色建设、智慧办学成果进行参观学习。

迎泽区作为山西省率先推进责任督学挂牌督导工作的县区，将教育督导作为推进教育事业发展的重要手段，坚持政府主导，提供教育督导强力支撑；坚持联盟督导，促进每所学校内涵发展；坚持质量评估，推动校际优质均衡发展；坚持完善体制，形成挂牌督导长效机制。在不断探索中完善教育督导机制，提升教育督导水平，高效服务教育，锤炼责任的慧眼，夯实荣耀的足迹，走出一条特色创新之路。

11月14日，由北京市人民政府教育督导室副主任刘莉带队的教育督导专家考察团，就迎泽区教育督导创新工作经验进行交流学习。省教育厅政府教育督导室主任贺茂义，市教育局党组书记、局长梁宏宇，省教育厅正处长级督学张淑鱼、张利，市政府教育督导室副主任黄建林、副县级督学刘耀禹陪同考察。在双西小学会议室，区委常委、副区长、教育局长侯森欢迎北京教育督导团莅临指导，简要介绍迎泽区区域概况及迎泽教育的发展现状，邀请专家观看迎泽区责任督学挂牌督导工作纪实专题片《创新之梦》。区教育局副局长作关于责任督学挂牌督导工作经验的介绍。北京教育督导专家一致认为：迎泽区将教育督导作为推进教育事业发展的重要手段，工作扎实、特色鲜明。此次学习交流活动收获很大，今后还将继续加强交流，在教育督导方面相互学习借鉴，共同进步。

（王　颖　王志红）

【领导调研】　9月6日，省政协副主席李悦娥、省教育厅厅长张文栋等领导一行20余人在市教育局局长梁宏宇、副局长王树红、区教育局副局长等领导的陪同下，来到迎泽区金色摇篮幼儿园、省康乐幼儿园调研指导工作。领导一行实地察看幼儿园的园舍环境、食堂管理、各具特色的班级活动，园长就该园的办园特色、文化建设、教育师资等方面的情况作了介绍，领导们边观看边询问幼儿园的办园规模、招生情况等，李主席认真观看幼儿活动，与可爱的孩子们进行亲切交谈。随后，在省康乐幼儿园进行调研督办学前教育座谈会。会上，首先园长郭晚盛汇报了康乐幼儿园的办园情况，接着省教育厅厅长张文栋作提案办理情况汇报，其他政协委员们进行互动交流，最后张主席作重要讲话，指出发展学前教育是人生终身发展的奠基；发展学前教育是发展改善民生的重要保障；发展学前教育是建立人力资源强省的必然要求，并提出四点要求，一是科学保教，提高质量，要尊重幼儿发展的规律和学前教育的规律；二是充实师资，提升素质，要把师德教育放在首位；三是拓宽渠道，加大投入；四是加强管理，规范办园。

（于　桃）

9月28日，太原市政府教育督导室副主任黄建林，市教育局信息中心副主任赵慧仙、市教科研中心副主任薛三虎等领导对迎泽区教育督导信息化平台建设工作进行调研。利用信息技术建立科学、完善的教育质量监测与评估体系是教育督导的发展方向，基于“大数据时代”背景，迎泽区创新思路，务实举措，完善基础教育质量监测标准和工具，创建并使用《迎泽区义务教育中小学校现代化管理评估监测》《义务教育均衡发展数据评估监测》和《义务教育学校课堂教学评估监测》三大平台系统，全区教育质量评估监测科学系统、目标明确、全面覆盖。这一教育督导“创新点”在接受全国中小学校责任督学挂牌督导工作创新县区评估检查中得到充分肯定。调研组对迎泽区创新督导工作的做法给予充分肯定，认为理念先进，思路清晰，特色鲜明。调研组希望迎泽区作为全省义务教育均衡发展示范县区及责任督学挂牌督导创新县区，要在不断创新中积累经验，把充分运用现代化信息技术、构建“互联网+教育督导”的督导新模式推广到全市乃至全省。

（王志红）

12月7日，迎泽区区委书记冯原平，区委常委、组织部部长赵树文，区委常委、区委办主任曹炬等一行5人对区教育工委“两学一做”学习教育、基层党建工作、“双学双促”专项行动情况进行专项调研，教育局党政班子成员参加调研座谈。冯原平对教育工委工作表示充分肯定。冯原平指出，教育是迎泽区发展的优质品牌，发展教育事业是建设省城“首善之区”的重要抓手。要紧扣全区经济发展方略来谋划教育发展方向，加强教育资源均衡的战略布局，放大优质教育资源，进一步促进教育均衡发展。继续加强师德师风建设，不断提升教师素养；加强学校特色化建设，提升学生综合素质。强化责任，全力维护校园的安全稳定。要围绕打造迎泽区“首善教育”全面推进教育事业优质发展。

（贾　捷）

【两岸四地“同课异教”精品课堂教学展示】　9月24—26日，两岸名师大课堂暨全国第九届两岸“同课异教”小学英语精品课堂教学研讨会在江苏苏州召开。研讨会邀请上海特级教师朱浦等专家进行“学科核心素养背景下的小学英语教学设计与教师发展”等的一系列讲座。迎泽区应邀参加，由桃园南路小学老师任烨承担，对译林版英语教材五年级上册 *Our Animal Friends* 进行“同课异构”的课堂展示，耳目一新，获得一等奖。（杨　珍）

11月5—7日，由中国人才研究会教育人才专业委员会主办的第九届两岸“同课异教”小学语文精品课堂教学研讨会活动在江苏溧阳举行，迎泽区新西小学老师李霞获得一等奖。展示现场，迎泽区新西小学老师李霞执教苏教版四年级上册的古诗《元日》。课末的迁移运用环节，是对本节课教学目标落实情况的检测，学生写出很有味道的古诗，赢得全场的热烈掌声。

（李　俐）

【山西省基础教育改革创新项目十大课题中期成果展示】　2016年10月28日，山西省基础教育改革创新项目十大课题中期成果展示汇报会在太原召开。此次展示会由省教科院副院长卢红主持，院长马玉玺对“十大创新项目”的意义及内容作介绍，省教育厅基教处处长张爱萍对前期工作给予肯定，并对下一步工作提出建议。会上对优秀实验区、实验校进行表彰，迎泽区教研室、双西小学、大南关小学、松庄小学、三十六中学、三十七中学均受到表彰。十个创新项目负责人分别作中期成果汇报。教研室作为“创新型教师能力提升研究”的主研单位，副局长郭宏对《创新型教师能力提升研究》进行成果汇报。

（闫亚红）

【少先队品牌活动】　11月15日，局团委少先队活动经验在全省少先队工作者和辅导员培训会议上进行交流展示，来自全省县市两级的少工委主任、总辅导员、基层一线辅导员代表近200人听取经验汇报。局团委张艳蕊就迎泽区少先队工作，分别从抓好品牌活动、拓展活动阵地、狠抓队伍建设、加强课题研究四个方面进行工作经验和方法的汇报、交流。第三实验小学大队辅导员杨吉梅，以《让少先队活动课“活”起来》为题进行少先队活动课的经验交流。展示后，团省委党组成员、省少工委主任马慧健和全国少先队活动专家邱孝感对迎泽区教育局少先队工作给予高度评价。兄弟县市的辅导员老师更是对迎泽区的少先队品牌活动的创新开展，表示极大热情和学习兴趣。（张艳蕊）

【小学图书馆验收】　11月17日，山西省教育厅教育技术装备中心“省一级图书馆”认定验收组一行五人对迎泽区双塔北路小学图书馆建设工作进行验收，获得验收组的一致好评。验收组针对学校图书馆的现状提出了改进建议，希望学校图书馆在管理、使用上多下功夫，将学校图书馆建设及读书活动作为学校特色进一步完善，使开放图书馆和放学后托管工作相结合，发挥学校图书馆的特色作用，让学校图书馆真正成为师生的乐园，让书香真正伴随孩子们健康快乐成长。（孟晓红）

【“山西省首届中小学教师技能大赛”】　为深化课程与课堂教学改革、落实立德树人根本任务，研究学科素养在课堂教学中实施，加强中小学教师队伍建设，促进教师专业素养的提升，山西省首届中小学教师技能大赛11月29日在省城拉开序幕。双南小学教师李晓琦代表迎泽区参加道德与法治学科比赛，与来自山西省各个市的骨干教师同台竞技，比赛中，李晓琦积极渗透核心素养理念，口语表达结合教学实际，讲课条理清晰，课件新颖生动，内容具有特色，与板书结合相得益彰，充分展示迎泽区教师的教学风采和教学特点。在才艺展示环节，李晓琦将迎泽区双南小学办学特色“击鼓鸣志，读书明理”融入展示中，使人耳目一新。（赵　滨）

【太原市第三批特色小学示范校评估认定】　2月6—9日，太原市教育局特色小学示范校认定专家组对迎泽区申报学校进行评估认定。根据《太原市教育局关于进一步加快推进小学特色学校建设的指导意见》要求，继第一、二批迎泽区17所小学通过评估认定后，此次又有建设路小学、双语实验小学、并州路小学、迎泽街小学、金太阳小学、流沙坡小学、并东小学、东岗小学、三晋小学、海边街小学、双南小学11所学校进行申报，接受认定。在十一所学校自评的基础上，评估组通过听取汇报、实地查看、查阅资料、教师座谈等方式对学校特色建设情况进行全面、深入、细致的分析和评估，并依据标准逐项打分。区教育局相关领导和工作人员全程陪同验收认定工作。（赵　红）

【台湾学者指导幼儿工作】　2月27日，美国哈佛大学多元智能MI研究所博士后研究员、美国儿童发展与治疗学会（APST）主任治疗师、台湾中国文化大学儿童发展研究所副教授、台湾马偕医院小儿科、儿童心智科主任医师董青华到迎泽区三晋幼儿园，对迎泽区三晋幼儿园大、中、小各一个班级的环境布置作参观和指导，并结合幼儿年龄发展特点和规律给出意见和建议。（闫亚荣）

【“两学一做”学习教育】　5月5日，迎泽区教育局召开“两学一做”学习教育工作安排会。局领导班子成员，机关科室长，直属单位负责人，区属中小学校长、书记，区属民办教育机构党组织负责人，近100人参加会议。11月8日，省委组织部督查组成员李宁、市委组织部谢明辉一行2人，在区委组织部党管科科长刘凯、教育局副主任科员郭美萍的陪同下，深入迎泽区第二实验小学就“两学一做”学习教育情况暨推进基层党建7项重点任务等工作开展督查调研。李宁经过看、听、查、问调研了解，高度评价了迎泽区第二实验小学“两学一做”学习教育取得的成效，认为该校将支部工作常态化、制度化、系列化，真正做到党建工作“规定动作一个不少，自选动作丰富多彩”。迎泽区教育系统在“两学一做”学习教育中真正发挥了党员是面旗的作用，用实际行动落实“两学一做”学习教育的各项工作，努力办好人民满意的迎泽教育。

（贾　捷　李　薇）

2016年迎泽区教育局各科室（集体荣誉）汇总统计一览表

	获奖时间	获奖项目	颁奖单位	获奖科室	备注
国家	2016年1月	中国校园健康行动　山西省太原市迎泽区少年宫：报送的节目，在2016年第十三届“校园时代”全国青少年才艺电视展演活动中成绩优异，被评为优秀组织单位	中国关心下一代工作委员会 中华人民共和国教育部 中华人民共和国文化部 国家体育总局	少年宫	
国家	2016年1月	中国校园健康行动　山西省太原市迎泽区少年宫：报送的古筝齐奏《茉莉花》节目，在2016年第十三届“校园时代”全国青少年才艺电视展演活动中荣获金奖	中国关心下一代工作委员会 中华人民共和国教育部 中华人民共和国文化部 国家体育总局	少年宫	
国家	2016年1月	中国校园健康行动　山西省太原市迎泽区少年宫：报送的古筝齐奏《彝族舞曲》节目，在2016年第十三届“校园时代”全国青少年才艺电视展演活动中荣获银奖	中国关心下一代工作委员会 中华人民共和国教育部 中华人民共和国文化部 国家体育总局	少年宫	
省级	2015年12月15日	授予太原市迎泽区人民政府：山西省中小学校责任督学挂牌督导创新县（市、区）	山西省人民政府教育督导委员会	督导室	
省级	2016年8月	第十九届全国青少年五好小公民“老师您好 我的好老师”主题教育活动 表现突出的集体	山西省教育厅关心下一代工作委员会	工会团委	
省级	2016年8月	山西省太原市迎泽区：“国培计划”（2015）示范性网络研修与校本研修整合培训项目中被评为优秀区县	北京大学	进修校	
省级	2016年1月	山西省太原市迎泽区少年宫：荣获第十三届“校园时代”全国青少年春节大联欢 中国艺术教育先进单位	中国教育电视协会 中国教师报 国际舞蹈家协会 国际艺术家音乐与舞蹈协会	少年宫	
省级	2016年5月	太原市迎泽区教育局：在第11届全国青少年未来工程师博览与竞赛总决赛中，荣获优秀组织单位	全国青少年“未来工程师”设计与技能竞赛组织委员会	少年宫	

续表

	获奖时间	获奖项目	颁奖单位	获奖科室	备注
省级	2016 年 6 月	曹灿杯第二届全国青少年朗诵大赛太原赛区优秀组织奖	曹灿杯全国青少年朗诵大赛	少年宫	
	2016 年 7 月	山西省第五届“雏菊奖”青少年艺术大赛获优秀组织单位奖	山西省文化厅 山西省教育厅 山西演艺集团	少年宫	
	2016 年 7 月	山西省太原市迎泽区少年宫小黄鹂合唱团：在第七届中国少年儿童合唱节展演活动中，被推选为“2016 年‘小百灵’全国示范少年儿童合唱团”	第七届中国少年儿童合唱节组委会	少年宫	
	2016 年 8 月	第二十五届中国儿童青少年威盛中国芯 HTC 计算机表演赛最佳组织奖	中华人民共和国工业和信息化部办公厅　卫生部办公厅 中华全国妇女联合会办公厅 中国科协青少年科技中心 中国优生优育协会　中国关心下一代工作委员会办公室 中国残疾人联合会办公厅 中国儿童少年基金会	少年宫	
	2016 年 8 月	中国儿童青少年计算机表演赛太原市迎泽区少年宫荣获第二十五届中国儿童青少年威盛中国芯 HTC 计算机表演赛全国总决赛最佳组织奖	中华人民共和国工业和信息化部办公厅　卫生部办公厅 中华全国妇女联合会办公厅 中国科协青少年科技中心 中国优生优育协会　中国关心下一代工作委员会办公室 中国残疾人联合会办公厅 中国儿童少年基金会	少年宫	
	2016 年 1 月 30 日	授予山西省太原市迎泽区 2015 年全民终身学习活动周优秀组织奖	中国成人教育协会	社区学院	
	2016 年 4 月	太原市迎泽区教育局荣获由中华人民共和国教育部主办的全国第五届中小学生艺术展演活动优秀组织奖	全国第五届中小学生艺术展演活动组织委员会	体卫艺教育科	

续表

	获奖时间	获奖项目	颁奖单位	获奖科室	备注
市级	2016 年 8 月	山西省“中华魂”主题教育活动20 周年优秀组织奖	山西省“中华魂”主题教育活动组织委员会	工会团委	
	2016 年 3 月	迎泽教育局(小学):太原市第二届“成长杯”新课堂教学团体竞赛团体一等奖	太原市教育局 太原市教科文卫体工会	教研室	
	2016 年 3 月	迎泽教育局(小学):太原市第二届“成长杯”新课堂教学团体竞赛团体二等功	太原市劳动竞赛委员会	教研室	
	2016 年 3 月	迎泽教育局(初中):太原市第二届“成长杯”新课堂教学团体竞赛团体二等功	太原市劳动竞赛委员会	教研室	
	2016 年 1 月 10 日	迎泽区少年宫：在参加中国儿童电影网、山西朗诵家协会主办的“成功杯”山西省第八届青少年才艺大赛语言表演组的比赛中成绩优秀，荣获山西省总决赛优秀组织奖	中国儿童电影网 山西朗诵家协会 青少年才艺大赛山西组委会	少年宫	
	2016 年 5 月	太原市第九届青少年武术锦标赛总冠军杯	太原市武术协会青少年武术研究会	少年宫	
	2016 年 12 月	荣获太原市中小学科普双百工程第六届“五小”竞赛暨全国青少年未来工程师博览与竞赛太原区域选拔赛优秀组织奖	太原市教育局 太原市青少年活动中心	少年宫	
	2016 年	迎泽区少年宫:荣获 2016 年太原市“传承中华文化 共筑精神家园”全国爱国主义读书教育活动优秀组织奖	太原市教育局 山西新华书店集团太原有限公司	少年宫	
	2016 年 11 月 15 日	迎泽区教育局在 2016 年太原市中小学生“学宪法 讲宪法”演讲比赛中,荣获优秀组织单位奖	太原市教育局	政策法规科	

科学技术

【企业创新园建设】　按照省委、省政府关于资源型经济转型综合配套改革试验区建设工作的总体部署和加快“一市两园”建设的要求，围绕特色优势产业，充分发挥集群创新优势，实现科技资源整合，形成产学研有机结合，通过专业化集聚和园区化承载，组织申报国家、省、市科技计划项目，完成空气源热泵供暖/冷新技术应用示范项目。

【创新创业基地建设】　在东山科技园新组建“山西迎联智慧企业管理咨询有限公司”，申报首批省级众创空间成功，位列太原市19家之一。“智慧创客空间”项目通过创新与创业相结合、线上与线下相结合、孵化与投资相结合的方式，成为满足不同创业者需求的工作空间、网络空间、社交空间和资源共享空间。在享受“省扶持众创空间发展专项资金”支持的同时，为辖区内众创空间提供服务，对众创空间及区域内的创业企业、团队和创客给予扶持。

【产学研协同创新和科技成果转化对接工作】　加强产学研协同创新和科技成果转化对接工作，开发应用信息化技术及成果；重点培育发展8个高新技术企业；进一步完善科技创新园区建设，加快建设区域科技创新公共服务平台建设；培育专业孵化器1个，2016年迎联智慧大健康科技孵化器被省科技厅认定为省级科技孵化器。

【专利申请】　组织专利特派员深入中小企业帮助申请专利，确保完成2016年迎泽区有效发明专利授权量达到970件。全区小微企业拥有授权专利达到303件。　（麦　苗）

文化体育

【概述】　迎泽区文化局成立于1998年，位于青年路55号政府综合楼五楼，主要职责是：一是贯彻执行国家、省、市有关文化艺术、广播电视、新闻出版（版权）、体育、文物、旅游工作的法律、法规和政策；制定全区文化艺术、广播电视、新闻出版（版权）、体育、文物旅游工作的发展规划和年度计划、并组织监督实施。二是依法对全区文化娱乐、演出、图书、音像、美术品、印刷等文化市场实施监督管理，查处非法出版物和非法出版活动。三是指导开展全区群众性业余文化活动；规划、协调全区文化设施建设，建设文化信息资源共享工程。四是依法查处全区违法安装和设置卫星电视广播地面接收设施、违法接收和传送境外卫星电视节目和走私盗版影片放映行为；发展镇、村的广播电视接收网络，负责农村广播电视“村村通”工程。五是制定全区非物质文化遗产保护规划，组织实施非物质文化遗产保护和优秀民族文化的传承普及工作。六是加强全区体育公共服务，促进多元化体育服务体系建设，推行全民健身计划；指导开展群众性体育活动，推动社会体育的发展；组织实施国家体育锻炼标准，开展国民体质监测；负责对公共体育设施的建设、监督、管理。

七是规范全区体育产业的管理，负责体育市场行政执法工作，承办体育市场许可证发证工作；负责审批三级社会辅导员、三级裁判员、等级运动员；监管体育彩票的发行、销售工作。八是监督管理全区文物保护和考古工作，组织协调重大文物保护和考古项目的实施；管理、协调和指导辖区文物的保护、抢救、发掘、宣传等业务工作。审核、申报区级以上重点文物保护单位；督促、检查、指导、协调全区文物安全保卫和消防、技防工作；履行全区文物行政执法督察职责，依法组织查处文物违法案件；负责全区各文物景区、历史文化名城、历史文化街区和世界文化遗产推荐工作。九是旅游区（点）标准化管理、旅游规划管理、旅游市场开发、旅游行风建设工作。十是承办区人民政府交办的其他事项。

迎泽区文化局（挂牌版权局）内设一室四科：办公室、文化科、文旅广新科、体育科、行政审批科。下辖四个事业单位：文化馆（自收自支、财务独立）、文物旅游服务中心、文体市场行政综合执法队、文化事业服务中心（自收自支）。文化局公务员编制10名、工勤编制1名，文化馆自收自支事业编制36名，文物旅游服务中心全额事业编制10名，文体市场行政综合执法队全额事业编制12名，文化事业服务中心自收自支事业编制11名；文化局实有公务员9人（包括1名退二线干部）、工勤人员1人，文化馆实有自收自支事业人员16人，文物旅游服务中心实有全额事业人员7人，文体市场行政综合执法队实有全额事业人员7人，文化事业服务中心无人员。

【行政审批】 根据《国务院关于第二批取消152项中央指定地方实施行政审批事项的决定》，按照《太原市人民政府办公厅关于进一步推行权力清单制度的通知》要求，区文化局对照行政权力清单，进行全面清理和梳理，对保留的事项编制办事指南表、运行流程图、廉政风险防控图，并在区政府网站予以公布，广泛接受社会监督；对列入取消范围的“电影院的扩建、改造”审批权限，向区编办申请取消。

【新版许可证换发】 根据《文化部关于启用新版文化市场经营许可证的通知》和省文化厅市场处的有关要求，全市开展启用新版文化市场经营许可证工作，有计划的开展新版许可证换发工作。自2016年4月起，新版许可证开始启用，旧版许可证停止发放。全区有各类文化经营场所122家，全部完成换发新证。

【文化惠民活动】 两节期间，先后开展了送春联进社区及两节系列文化活动。以公园、广场为主要活动点，以社区、村为基础活动点，在66个广场活动点广泛开展形式多样的广场文化及文化惠民基层行活动。迎泽区广场文化活动主场设在南宫广场、永祚寺广场、藏经楼广场；全区6个街道办事处、郝庄镇的分场活动分别在各自的中心广场和社区进行。根据市文化局统一安排，以“人人享受文化”为理念，以满足人民群众日益增长的精神文化需求为出发点和落脚点，从5月起组织开展了28场文化惠民演出活动。

【全民读书日活动】 围绕“书香迎泽、全民阅读”的主题，在“4·23”世界读书日当天，区文化局与区图书馆联合推出“春风送暖花开季、迎泽邀您挑好书”你选书、我买单、图书速借活动，引导人民群众多读书、好读书、读好书。现场当日办理借阅证45个，现场借阅图书1000余册，接待咨询、服务群众3000余人。

【文化骨干文艺培训】 3月18日，在迎泽区文化馆五楼多功能厅组织“文艺骨干艺术培训大讲堂”举行开启市群艺馆“点单”式基层文化骨干培训的新模式。通过培训，大家对文化志愿服务工作从广度和深度上有了进一步的认识和理解，纷纷表示受益匪浅，为他们今后开展工作提供了有力的指导。10月10—21日，区文化局、区文化馆联合组织开展一系列文化艺术培训，包括合唱艺术培训班、舞蹈培训班、书法艺术培训班、礼仪妆容培训班、古筝艺术培训班。

【农家书屋】 继续做好农家书屋出版物补充更新工作。按照农家书屋重点出版物推荐目录制定了购书合同，并以每村2000元的标准，对28个行政村的农家书屋出版物进行了采购、补充工作，并及时发放到位。

【电影放映】 2016年，共给29个村每月放映电影1场，全年共计放映电影348场。

【市场管理】 3月3日，为确保“两会”前迎泽区歌舞娱乐场所都能按时安全规范营业，执法队于凌晨2点统一行动，对辖区内的20多家歌舞娱乐场所进行集中夜查专项行动，检查的内容包括是否超时营业和日常的消防安全检查，依法对违法规定的歌舞娱乐场所进行取证并下达处罚通知书。

2016年3月，在全区中小学开学之际，开展“扫黄打非·护苗2016”专项行动，集中整治迎泽区范围内中小学校园周边的出版物市场，重点查处有害“口袋本”图书、卡通画册和游戏软件等，查缴宣扬邪教、迷信、淫秽、暴力、恐怖、残酷等内容以及非法出版、侵权盗版的少儿出版物，确保青少年儿童图书市场的健康。4月，在全区开展“扫黄打非·清源2016”专项行动，对涉“文化大革命”有害出版物和政治性有害出版物进行集中打击，进一步规范了辖区出版物、网络市场秩序。

5月19—26日，执法队对区网吧和娱乐场所经营单位进行消防安全和经营规范专项检查。共检查经营场所111家，出动检查16次，其中日常检查12次，夜查4次，整改安全隐患和违规经营情况26处，时间从上午到次日凌晨，范围覆盖全区六街一镇。

【文物普查】 迎泽区第一次全国可移动文物普查从2012年10月开始，至2016年12月结束，是新中国成立以来，首次针对可移动文物开展的普查，是在文化遗产领域开展的又一重大国情国力调查。通过全区普查队员对辖区1388个国有单位的摸底调查，截至2013年12月，迎泽区行政区域内认定上报的国有可移动文物收藏单位12个，截至2016年9月30日，迎泽区辖区范围内除省文物局直属单位外，共登录数据15278条，涵盖玉石器、陶器、瓷器、铜器、金银器等30余种，年底完成《山西省太原市迎泽区第一次可移动文物普查工作报告》。获“2016年度文物保护工作优秀单位”。

【旅游规划】 推进区级旅游发展规划，以台骀山滑世界农林科技博览园建成AAAA级景区为契机，打造东山休闲度假、观光旅游特色片区。着力推进生态建设与美丽乡村建设，推动策划都市文脉观光、东山生态休闲观光等精品旅游线路，助推迎泽文化旅游业健康快速发展。2016年年底，《张家河特色小镇修建性详细规划》基本完成。

【全民健身社区行】 为了深入贯彻落实国务院“将全民健身上升为国家战略”的部署和要求，进一步提升群众的健康意识和健康水平，2016年5—10月太原市全民健身社区行在太原市六城区开展，迎泽区有12个社区参与此次活动。

【全民健身工程】 继续开展全民健身工程三年全覆盖工作，根据各社区实际情况，以小型、分散，方便居民的原则，完成剩余的26个社区选址工作，不断满足百姓健身娱乐需求，提高了群众健康素质和生活质量。

【体育比赛】 12月10—31日，参加太原市第三届“活力篮球·幸福龙城”职工篮球赛，获得第三名。

【体育产业信息采集】 从2016年6—10月进行迎泽区体育产业调查及信息录入工作，涉及调查单位1000余家。调查范围涵盖《国家体育产业统计分类》中所有的大、中、小类；调查对象是范围内的法人单位以及从事体育健身休闲活动、体育培训活动、体育用品制造的个体经营户和非法人企业；调查方式采用全面调查、抽样调查、典型调查、行政记录等相结合的方式。10月底，完成迎泽区体育产业信息调查并将所调查的91家经营单位信息录入系统平台。

（张姝媛）

卫生和计划生育

【概述】 2016年，区委、区政府始终把卫生计生工作摆在全区社会经济发展的战略地位，不断加大政府投入力度，进一步加强了卫生计生服务体系建设，卫生计生服务规模、服务条件和服务水平得到有效改善和提高，全区的卫生计生事业得到持续稳定健康发展。

迎泽区卫生和计划生育局成立于2015年3月27日，是根据区委、区政府《关于迎泽区人民政府职能转变和机构改革实施意见》，合并原迎泽区卫生局职责、原迎泽区人口和计划生育局的计划生育管理和服务职责、迎泽区发展和改革局承担的迎泽区深化医药卫生体制改革领导小组办公室的职责。正科级建制，核定行政编制23名，领导职数：局长1名，副局长4名，行政技术2名，纪检书记按有关纪检监察派驻体制管理规定执行。核定工勤人员3名，使用事业编制。

迎泽区卫计局内设：办公室、医政医

管与妇社科、疾控与基层卫生计生科、家庭发展与信息规划科、流动人口管理与考核评估科、行政审批与卫生监督科、区爱国卫生运动委员会办公室（爱卫办）。下辖：迎泽区疾病预防控制中心、迎泽区卫生局卫生监督所、迎泽区妇幼保健计划生育服务中心、迎泽区中心医院、迎泽区产科医院、迎泽区骨伤科医院、迎泽区中医医院、迎泽区口腔医院、迎泽区迎泽地区医院、迎泽区柳巷地区医院、迎泽区郝庄镇卫生院。下属事业单位：迎泽区红十字会、迎泽区医学会、迎泽区新型农村合作医疗管理中心、迎泽区计生协会。

【医药卫生体制改革】 建立组织推进机制，落实政府保障责任。成立公立医院综合改革工作领导组和区公立医院管理委员会。出台《公立医院人事制度改革的实施方案》《公立医院收入分配制度改革实施方案》和《区级公立医院绩效考核方案》，深化公立医院人事制度综合配套改革。区级公立医院职工基本工资、基础性绩效工资100%核定补助，医疗保险和养老保险按单位缴费部分的100%核定补助。符合国家规定的离退休人员经费，由区财政局核定补助。

推进药品供应保障制度改革。1. 破除“以药补医”机制，挤压药品耗材“水分”，完善基本药物制度，在全区12个政府办和非政府办基层医疗卫生机构配备使用基本药物，区财政专项资金补助。2. “五升两降”，调整医疗服务价格，体现医疗技术服务价值，同时让利于人民群众。

优化资源配置，推进分级诊疗。1. 建立医联体。与省人民医院、市妇幼保健院等4所大型公立医院结成医联体。2. 推进优质医疗资源下沉。开展社区与大型公立医院的“上下联动”“对口支援”等工作，提升基层医疗机构服务能力。3. 引导患者有序就医。新农合县级医院住院补偿比例达85%。促进新农合患者在区域内就诊。4. 加快推行新农合住院按病种分级诊疗制度。2016年，选取175个病种实行次均费用限额，超出部分由医疗机构负担，引导患者在基层就医。

【基层医疗卫生机构服务】 1. 社区服务能力提升工程。2016年，全区共有8所社区卫生服务机构申报服务能力提升工程示范机构。庙前社区卫生服务中心、解南社区卫生服务中心和老军营社区卫生服务站通过省级评审，庙前社区卫生服务中心被推荐为国家级服务能力提升工程候选单位。

2. 建设“群众满意的基层医疗卫生机构”活动。2016年，郝庄镇中心卫生院被评选为全国“群众满意的乡镇卫生院”工作。另有5所村卫生室申报创建“群众满意的基层医疗卫生机构”。在基层岗位练兵和技能竞赛活动中，迎泽区9名参赛选手有8名获奖，其中一等奖一项，二等奖、三等奖各两项。

【全面落实两孩政策】 与所辖六街一镇和22个成员单位签订2016年度人口和计划生育工作目标管理责任书。2016年，共审核各类单位和人员2038个，对违反计划生育法律法规的34人给予否决。截至2016

年9月30日，全区共出生人口6582人，其中计划内出生6409人，符合政策生育率为97.37%，出生人口性别比为106.98。全区出生人口没有爆发性增长，全面两孩政策扎实平稳有序推进。

【出生人口性别比偏高问题综合治理】 打击“两非”，强化对全区医疗保健机构、私人诊所及B超使用情况的整治和管理；严格执行出生实名登记制度，将出生实名登记责任制执行情况纳入考核的重要内容。

【流动人口管理服务】 举办多次以“关怀关爱流动人口”为主题的集中宣传服务活动；实行均等化服务“零门槛”；推进区域协作，区卫计局先后与100个卫生计生局建立流动人口计划生育服务管理双向协作关系，并签订《流动人口计划生育管理和服务双向协作协议书》。

【疾病控制】 一是加强卫生应急和食品安全监测。二是传染病防治工作。三是严重精神障碍患者管理工作。四是地方病与慢病防治工作。五是免疫规划工作。

【卫生监督】 公共场所卫生监督工作。对辖区内389户美容美发场开展专项整治工作；加强“五小”行业卫生监督检查；对公共场所单位监督684户、1454户次。共审核、发放卫生许可证603户。卫生行政处罚10户，罚款人民币1.3万元。

医疗卫生、传染病防治监督工作。对医疗机构监督381户、1024户次。行政处罚9户次，罚款人民币3.35万元，没收违法所得50元。严厉惩治非法行医，共查处无证行医7户，罚款7户，罚款金额0.7万元，没收违法所得0.09万元，没收医疗器械6件。

生活饮用水卫生监督工作。共监督二次供水单位172户、269户次，集中式供水21户、21户次。采集水样159份，共审核、发放卫生许可证159户。

放射卫生和职业卫生监督工作。共监督放射卫生单位21户、36户次。共审核、发放卫生许可证10户。职业病诊断机构2户、2户次。

【爱国卫生城市创建】 一是“农村改厕”，2016年迎泽区把农村改厕作为一个重点工程，对郝庄镇孟家井山各个村落挨家挨户的进行了改厕检查和指导，全区改厕工作取得圆满成功。二是“四害”防治，发放20万包灭蟑药，580公斤灭鼠药品。三是联合工商、食药、环保、公安等部门开展执法行动20余次，全区摸底登记的160余处露天烧烤已全部取缔。

【人才培养】 一是不断加强基层医疗机构人才队伍培养建设。二是探索社区与大型公立医院的上下联动机制。三是根据省卫计委《关于组织开展百千万卫生人才培养工程骨干精英人才选拔推荐工作的通知》。四是完成农村订单定向免费医学生培养工作。

【医养结合服务】 2016年，在郝庄镇中心卫生院、庙前社区卫生服务中心、解南社区卫生服务中心、桥东社区卫生服务中心各规划设置20张医养结合病床，逐步建立医疗和养老相结合的新型养老服务模式。4所机构基本完成床位设置。

【适宜护理项目上门服务】 2016年，全区确定静脉采血、外伤小换药、伤口拆线、导尿、无创血压监测、血糖测定、配药、常规心电图检查8项服务内容，在全区基层医疗卫生机构全面启动适宜护理上门服务。

【城乡困难群众医疗救助服务】 2016年，继续在全区低保人群中开展原发性高血压患者和2型糖尿病患者免费使用国家基本药物工作。

【重点特色专科建设】 2016年，区卫生和计划生育局将中医外科（中医药治疗褥疮病）、中医治未病科、中医骨伤科、皮肤科等4个专科列为2016年度重点专科建设项目。

【计划生育特殊家庭关怀帮扶】 一是建立档案。为347户（806人）特殊计划生育家庭建立个人档案，安排结对帮扶。二是计划生育特殊家庭亲情关爱健康服务家庭医生签约情况。共与301户计划生育特殊家庭签订家庭医生式服务协议书进行管理服务。将其中的高血压、糖尿病、重性精神疾病患者和65岁以上老年人全部纳入基本公共卫生服务项目重点管理人群。对重性精神疾病患者按照国家规范要求进行管理，并积极落实门诊用药补助。三是计生特殊家庭紧急救护培训。2016年5月，对70多户一百余人的计划生育特殊家庭成员进行了常见伤处理、各类出血急救及救护中的各项注意事项的的培训。四是特殊计划生育家庭免费健康检查。失独家庭体检由市出资金和指定定点服务机构，区统一协调组织安排，伤残家庭方面的体检由六街一镇选择辖区内正规医疗机构自行组织安排体检。五是计划生育特殊家庭个性困难精准帮扶工作。共争取市级紧急救助资金14000元、慰问特困户4户，区级争取到红十字会紧急救助3000元、慰问特困户1户。 （李　博）

人力资源和社会保障

【概述】 区人社局是区政府的工作部门，承担着创业就业、社会保障、人事人才、劳动关系等职能，是民生政策的具体落实者，每一项工作都与老百姓的切身利益息息相关。坚持“民生为本、人才优先”的主线，在工作中攻坚克难，真抓实干，圆满完成了各项工作目标。

迎泽区人力资源和社会保障局有行政编制15名，工勤编制2名，实有机关行政人员14名，工勤人员2名。机构规格为正科级，局长：李红如（女），副局长：胡雅男（女），副局长：陈力（女），副局长：侯志宏。设5个内设科室：办公室、公务员管理科、事业单位管理科、劳动就业指导科、工资福利保险科。区人社局所属事业单位共17个：区劳动就业管理中心，全额事业编制20名，实有13人，机构规格为正科级。主任：赵迎茹（女），副主任：王如海，副主任：郭彩萍（女）；区劳动保障监察执法队，全额事业编制11名，实有10人，机构规格为副科级。队长：王杨；区失业保险中心，参照公务员管理事业单位编制13名，实有10人，机构规格为副科级。主任：刘小玲（女）；区城镇职工基本医疗保险中心，全额事业编制 11 名，实有 6 人，机构规格为副科级。主任：刘建利（女）；区机关事业单位社会保险所，参照公务员管理事业单位编制 3 名，实有 3 人，机构规格为副科级。所长：张晓军；区社会保险中心，参照公务员管理事业单位编制 16 名，实有 14 人，机构规格为副科级。主任：曹晋萍（女）；区人才交流服务中心，全额事业编制 3 名，实有 5 人，机构规格为副科级。主任：曹正杨（女）；区劳动人事争议仲裁院，全额事业编制 6 名，机构规格为副科级；区人才市场，自收自支事业编制 1 名，实有 1 人；区职业介绍服务中心，自收自支事业编制 5 名，实有 4 人；柳巷、庙前、文庙、桥东、迎泽、老军营劳动保障所，全额事业编制各 2 名，柳巷、庙前、文庙、桥东、老军营劳动保障所实有人数各 1 人；郝庄劳动保障所，全额事业编制 3 名。

【就业服务】 2016 年，全区城镇新增就业全年人数 18297 人，完成年计划的 116.54%；创业就业人数 4421 人，完成年计划的 117.58%；失业人员再就业人数 8464 人，完成年计划的 112.85%；就业困难人员再就业人数 2020 人，完成年计划的 112.85%；转移农村劳动力人数 321 人，完成年计划的 123.46%。城镇登记失业率为 3.42%，控制在 4%以内。

【社会保障体系】 努力实现社会保险“两个全覆盖”，积极采取有效措施，完成社会保险征缴工作。一是基本养老保险参保人数 81723 人，完成年计划的 100.91%；基金征缴收入 36934 万元，完成年计划的 126.69%。其中，城镇职工基本养老保险参保职工人数 54991 人，完成年计划的 101.2%，基金征缴收入 35694 万元，完成年计划的 124.57%；机关事业单位参保人数 7508 人，完成年计划的 100.11%，基金征缴收入 6947 万元，完成年计划的 112.05%；城乡居民社会养老保险参保人数 26732 人，完成年计划的 100.31%，基金征缴收入 1240 万元，完成年计划的 248%。二是城镇居民医疗保险参保人数 163285 人，完成年计划的 105.35%。三是失业保险参保人数 20929 人，完成年计划的 123.11%，基金征缴收入 1191 万元，完成年计划的 132.33%。四是工伤和生育保险参保人数分别完成 24218 人和 22250 人，完成年计划的 127.8%和 100%。基金征缴收入分别为 609 万元和 510 万元，完成年计划的 247.56%和 145.71%。

【人事人才工作】 一是完成副高级及以上 57 人、中级 1000 余人、初级 21 人职称评审推荐和聘任工作；完成全区机关事业单位 43 人（技师 21 人，高级工 13 人，中级 8 人，初级工 1 人）工人技术等级申报工作，同时完成了迎泽区 2015 年度工人技术等级培训考核合格人员 66 人（技师 23 人，高级工 17 人，中级 18 人，初级工 8 人）的聘用工作；完成了全区 3000 余名专业技术人员公需课程培训继续教育证书验证工作。二是 2016 年技能人才培养（技能鉴定）完成 1100 人，完成年计划的

100%；新增高技能人才完成50人，完成目标任务的100%；创业培训完成295人，完成目标任务的122.92%；城镇失业人员业培训完成1629人，完成目标任务的108.6%；农民工职业技能提升培训完成1635人，完成目标任务的109%；新成长劳动力培训完成1073人，完成目标任务的107.3%。

【公务员职务与职级并行】　按照初核、民主测评、考核、公示以及审批等程序，2016年全面实施公务员职务与职级并行制度。全区由科员级晋升为副科级188人，由副科级晋升为正科级29人，由正科级晋升为副处级41人，由副处级晋升为正处级7人，均落实了职级待遇。

【工资调整审批】　根据晋政办发〔2016〕145号文件为全区8000余在职和离退休人员基本工资进行调整，对160余家事业单位4000余人的绩效工资总量进行审批。认真办理完成退休手续和离退休人员遗属生活困难补助费的审批工作。共办理114人的退休审批，45人丧葬费手续。另外，根据并人社发〔2015〕28号《关于乡镇机关事业单工作人员实行乡镇工作补贴的实施意见》的通知，对符合条件的教育、卫生、食药等部门的200余名工作人员完成乡镇工作补贴审批工作。

【年度考核】　2016年，共审批公务员和参照公务员管理单位81个，合计661人，其中优秀105人，称职（合格）554人，不定等次2人，未参加考核3人；审批事业单位130个，合计3911人，其中优秀584人，合格3298人，基本合格22人，不合格1人，不定等次6人，未参加考核62人。

【劳动关系管理】　授权由街道和社区劳动保障平台承担网格内用人单位劳动用工情况的综合管理工作，共设置了7个二级网格（六街一镇），114个三级网格（86个社区、28个行政村）。劳动监察采集用人单位信息户数7436户，提高处置突发事件的能力。在劳动关系方面，进一步完善劳动执法检查与争议调解相结合的工作模式。落实应急周转金300万元，预存农民工工资保证金48万元。发放农民工工资支付卡1360本，农民工维权公示牌32块。全年受理投诉举报案件209件，涉及劳动者1780人次，结案204件，涉及劳动者1771人次，为他们讨回工资、押金6268万元。其中建筑企业案件54件，涉及农民工862人，追回工资5996万元，有力地维护了劳动者的合法权益。劳动保障监察案件系统上线运行率达到92%，及时办结转办交办信访案件，维护了劳动者的合法权益。受理劳动仲裁案件235件，结案229件，结案率达到93%以上，有力地促进了全区劳动关系和谐稳定。

【区劳动人事争议仲裁院】　根据并编办字〔2016〕11号文件精神，成立太原市迎泽区劳动人事争议仲裁院（撤销迎泽区郝庄镇计划生育服务所），副科级建制，隶属区人社局管理。核定区财政拨款事业编制6名。其中，管理人员2名，技术人员4名，领导职数1名。主要职责：承担劳动人事争议调解仲裁等日常工作。

【队伍建设】 一是积极落实事业单位公开招聘制度，严把进人关，按照德才兼备的标准，坚持公开、平等、竞争、择优的原则，为区行政机关招录公务员15名；为区卫生系统公开招聘64名优秀医务人员；为区财政局、区城建局等部门招募20名“三支一扶”人员。二是突出“高精尖缺”导向，加大高层次人才选拔引进力度。开展“千人百县”高层次人才对接服务，完成2名省级、10名市级高层次人才对接服务；推荐太原瑞飞机械制造有限公司倪日北、太原高科锐志物流仓储设备有限公司马笑两名同志“山西省新兴产业领军人才”；推荐山西中创伟业科技有限公司薛瑞峰为“太原市高端创新型人才”；市外专局在迎泽区召开了引进国外人才和智力工作现场交流座谈会议，2016年，全区共征集了山西红十字口腔医院、骨伤科医院等单位外国专家项目5个。 （区人社局）

民族宗教

【概述】 2016年，区民族宗教局围绕“依法治国、宗教和睦、团结稳定”工作基调，以“三个着力”“三个提升”为工作目标，通过开展系列活动，全面落实民族宗教各项工作。

迎泽区民族宗教工作呈现宗教场所多、信教群众多、教职人员规格高；少数民族族别多、人数多、流动人口多；宗教活动多、影响力大、涉及面广；清真网点多、成分复杂、流动性大、问题多等特点。2016年，区民族宗教局因地制宜，制定全年工作安排，通过开展专题学习、集中培训、巡回宣讲、知识竞赛等活动，促进全区民族宗教干部的依法管理能力，提升基层工作水平；通过开展少数民族惠民工程、民族文化展演、访贫济困等系列活动，加大民族团结进步工作创建力度，使得“重在平时、重在交心”嵌入式的管理模式与社区网格化服务有机结合；通过开展和谐寺观教堂的创建、讲经交流、慈善周、法规宣传月等系列活动，进一步提高各宗教场所和教职人员自身建设更加制度化、规范化、常态化。

【学习宣传】 在全区民族宗教界、基层民族宗教干部中，积极开展民族宗教政策培训宣传活动，深入开展学习宣传贯彻党的十八届四中、五中全会精神、中央民族工作会议精神宣讲，通过成立“民族宗教知识宣讲团”、主题讲座、知识竞赛，印发宣传资料，开设宣传栏，发放《穆民通讯》报纸等多形式，开展进机关、进街道社区、宗教场所、进企业、进学校宣传活动，效果明显。区民族宗教局在庙前街道南海二社区启动“迎泽区民族宗教知识、法规大讲堂”，针对基层民族宗教干部进行法规培训和伊斯兰教、基督教、佛教关于宗教文化、宗教知识以及伊斯兰教教规中清真饮食禁忌的专题讲座、举办宗教与禅茶艺术讲座和实践共计5次，参加人员300人次，印制民族宗教文件汇编300册，民族宗教知识问答3000册，知识竞赛试题 200 份，《民族宗教知识宣传资料》5000 份；引导广大信教群众树立爱国爱教观念，进一步提升民族宗教干部依法工作能力。

【三级网络】　按照“属地管理”的原则，完善了区、街道、社区民族宗教管理三级网络两级责任工作机制，健全由区民族宗教局、六街一镇、社区（村）约 211 人的工作队伍，形成了街道（镇）党委、分管副主任齐抓共管的工作格局，推进安全工作横向到边、纵向到底。

【联席会议制度】　联席会议由区委统战部牵头，组织部、宣传部、民族宗教局、文体局、教育局、区公安迎泽分局、各街（镇）及工、青、妇等部门参加。会议采取定期或不定期两种形式。定期会议，每半年举行一次。遇有紧急情况或突发事件采取不定期的形式随时召开。2016 年，成立迎泽区天主教工作领导小组。联系会议和领导小组的主要职责是：研究、讨论区内民族宗教形势及苗头性、倾向性问题，制定具体解决办法、措施及方案；解决区内民族宗教方面的重大问题、突发事件，协调有关单位各司其职，共同开展工作；通报民族宗教形势及当前重要工作；研究、讨论民族宗教方面深层次的问题，结合区内具体实际情况，提出工作策略和工作计划，为区委、区政府及上级有关部门提供建设性意见。

【调研工作】　深入基层开展调查，力争全面了解掌握基督教、伊斯兰教及佛教等活动场所的相关情况，积极向广大信教群众宣传党的民族宗教政策法规，树立引导爱国爱教的思想，坚决抵制邪教和恐怖暴力的渗透；坚持每周赴场所工作、每月矛盾排查和每月宗教场所负责人学习制度，及时发现民族宗教领域的不稳定因素，加强与公安、安全、行政执法等部门的联动机制，积极化解处置各种矛盾隐患，处置多起矛盾纠纷，避免了群体性、突发性事件的发生。同时，把群众是否满意作为检验工作的根本标准，在涉及少数民族群众服务管理、重大宗教活动安全稳定等工作时，对民族宗教服务对象谈心交心 30 人次，召开基层座谈会 3 次，发放征求意见表 30 份，征求意见建议 3 条，对提出的问题及时调研、及时整改、及时落实。

【民族团结示范社区创建】　制定出台《迎泽区创建少数民族人员服务和管理示范社区的实施方案》，明确创建要求和目标，选择少数民族比较集中的南海街一、南海街二社区作为创建示范点，利用南海街一社区软件设备齐全和南海街二社区“网格化”管理服务突出优势，探索民族管理工作新模式。

南海街一社区充分发挥社区党支部作用，形成健全完善的为少数民族服务的工作机构和制度，动态更新的回族信息网格，开辟法治宣传画郎、“民族知识”专栏等独特的宣传载体，建立了社区回民服务网点、少数民族维权站和清真食品市场监督网等一套民族工作管理机制。

南海街二社区充分发挥网络化管理服

务起来方便，操作起来精确的优点，把服务体现在社区管理和建设的方方面面，将与少数民族群众利益密切相关的计生、民政、社保及再就业等服务工作纳入一站式服务大厅，经常通过举办回汉和谐饺子宴、包粽子比赛等健康的文化娱乐活动增进民族感情，设立的阿訇热线，创建的和谐少数民族楼院，成立的民族调解室外妥善及时解决一批矛盾纠纷。

【清真食品市场监管】　将清真食品监管纳入全年依法行政工作的重要内容，建立迎泽区清真食品监督员队伍，在元旦、春节、中秋和国庆等重要节日，与工商、食药监局、市伊协开展清真食品市场联合执法检查；制定《清真食品义务监督员管理办法(试行)》《清真食品义务监督员工作手册》《清真食品市场监督工作记录本》《清真经营审批意见书》积极发挥清真食品监督员队伍的作用，及时收集信息，通报重要情况，确保清真食品市场安全有序。至2016年年底，全区共有清真食品经营户100，其中清真饭店79户，清真肉食店20户，清真食品店1户。共出动检查人员80人次，处置违规经营行为2起；审批发放清真标牌1户。

【少数民族流动人口服务】　印制《迎泽区少数民族法律法规宣传册》5000册，在清真寺、街道、社区村进行宣传。

【信访联系工作】　认真做好信访举报查办工作，2016年共接待因拆迁、城建执法来访的宁夏、新疆少数民族群众30人次，办理来访来信3件，化解各类矛盾纠纷4起。同时，建立班子成员联系点机制，班子成员结合自身分管工作分别加强联系一个社区、一个重点宗教场所和一名少数民族、宗教代表人士开展结对帮扶教育工作。同时，要求清真寺寺管会，发挥阿訇作用做好与新疆少数民族群众沟通梳理工作，及时化解解决各类矛盾纠纷。

【安全工作】　由于清真寺消防通道不畅；新疆少数民族部分流动人口因为买卖争夺底盘，在清真寺周边滋事；文物保护单位的宗教场所，消防安全实施不达标，根据《迎泽区处置民族宗教领域突发事件安全工作预案》，区民族宗教局监督指导迎泽区桥头街基督教堂、太原伊斯兰教清真古寺、白云寺健全安全工作预案，进行认真落实。2016年“两节”前夕，与全区8个活动场所签订《迎泽区2016年各宗教场所安全工作目标责任书》，对安全台账登记，值班巡查制度、每日零报告工作进行重点安排。

明确各宗教场所负责人是安全稳定第一责任人，要求各宗教场所要健全安全管理机构，配备有专兼职安全人员。各宗教场所应建立消防安全制度和消防工作责任制，建立安全台账和工作档案；配备消防器材，保证疏散通道，安全出口和消防车通道畅通；各宗教场所应加强对水、电、气以及油灯、蜡烛、香火等易燃品的管理，严禁将香烛及一切易燃易爆物品摆在不安全位置；严禁在场所内吸烟、燃放鞭炮、堆放易燃易爆等危险品，安全检查每月不少于2次，各宗教场要严格执行迎泽区宗教场所安全基本台帐制度，做好重大活动和传统节日期间的零报告，期间每日下午17:30前报告区宗教局办公室电话：0351-8285835、8285836；各宗教场要严格控制各类事故，事故发生时，要在20分钟内向所在街道（镇）报告，30分钟内向区宗教、安监、消防部门报告，对逾期不报、瞒报、漏报的场所及个人将依据国家法律法规追究其相关责任。

【专题活动】 在庙前街道南海二社区“迎泽区民族宗教政策法规进街道、进社区、进企业——迎泽区首届“老街坊、老字号、老味道”清真饮食厨艺展活动”全区六街一镇、来自22个少数民族聚集社区回族群众、老字号企业“认一力”桥头街总店等共计70人参加。活动内容通过展示的30个汤、菜、肉中，评出10个招牌菜，作为老字号企业的备选菜，通过倡导老字号企业扶危济困，回馈社会的公益行为，不断增强各民族间交流、交往和交融。

组织街道、社区（村）民族宗教干部对地区回族少数民族贫困人员、乡老、哈吉等穆斯林群众进行慰问。

组织全区22个回族聚集各街道、社区居民，积极参加“完成斋月功课、共创和谐社会”、爱国爱教、坚守中道书法剪纸主题征文活动。

邀请省、市国安、文物、消防、食品药监等有关专家对各宗教团体、宗教场所的教职人员、管理人员、穆报编辑部、应急小分队、民族宗教助理员培训讲座。

【队伍建设】 围绕落实省、市关于开展和谐寺观教堂‘教风’创建的工作主题，区民族宗教局与区文化局共同举办“清净和谐 知恩感恩”佛教文化寺庙创建活动，按照方案的指导思想、工作目标、具体要求，时间安排，通过引导树立佛教界广大信教群众坚持爱国爱教，倡导正信正行，弘扬社会主义核心价值观，践行人间佛教，建设人间净土的思想，积极开展弘法利生、公益慈善、文化交流活动，全面推进我区佛教界在思想、道风、文化和人才建设及教职人员的素质等方面水平的提升，为太原市的经济、政治、文化、民生、生态发展发挥积极的作用。其间，为寺院创建活动解决资金5万元，用于讲经交流、僧人安居、课堂维修。

【廉政建设】 认真落实党风廉政建设“两个责任”，以开展班子成员联系信教群众为契机，认真落实中央八项规定精神，严格按照“为民务实清廉”要求，进一步转变作风，切实提高民族宗教工作的服务能力和水平，在迎泽区委、区政府领导和省市民族宗教部门的指导下，坚持“两个共同”、增进“五个认同”，在2016年6月至8月，区民族宗教局结合开展“民族宗教政策法规宣传月”活动，围绕“国法与教规”，“双学一跟”内容，组织全区各街道、社区、驻地企业，通过宣传版面，民族文化角，举办文化活动、专题讲座，以宣传促团结、以活动促发展，引导广大少数民族群众为促进全社会稳定经济发展做出积极贡献。 （庞　洁）

防震减灾

【概述】 2016年，区防震减灾局紧密围绕宣传、应急、监测开展防震减灾，多方探索应急管理、宣传、监测的新途径，在强化各类人群防震意识，增强防范技能以及开展震后应急等方面取得一定成效。

区防震减灾局为区直属参公事业单位，正科建制，编制3人，领导职数一正一副，局长魏明霞。未设科室和下属单位。职责是负责组织、协调区各专业防救组、办事处、镇开展全区的防震减灾工作，拟定破坏性地震应急预案；震后负责震情、灾害调查和灾情速报；开展建筑工程抗震设防管理，加强对村镇房屋抗震设防要求的指导；开展地震宏观及数据监测；加强三网一员建设；普及防震减灾知识；平息地震谣传、误传事件；加强应急防范，组织各类地震应急演练；同时承担区抗震救灾指挥部办公室日常事务。

【防震法制建设】 制定《太原市迎泽区群测群防观测报告制度》《迎泽区强化震情跟踪工作实施细则》《迎泽区震情跟踪方案》；制定《迎泽区〈防震减灾法〉宣传贯彻实施方案》《太原市迎泽区贯彻落实〈山西省地震应急救援条例〉实施细则》，对区级领导进行防震减灾法和条例的宣传，对专业防救组进行《山西省地震应急救援条例》培训，对社区三网一员进行保护监测环境等条例培训。

开展执法人员培训，依法开展地震行政执法活动。组织学习《关于加强市县政府依法行政的决定》《关于加强法治建设的意见》及行政强制法、行政许可法、行政复议法等行政法知识。

针对区级领导干部，利用党政联席会和中心组学习时间进行汇报和宣传，对区级中层领导干部，利用党校培训时间，请市防震减灾局专家进行自然灾害震后应急培训。发放宣传资料和播放防震减灾录像片；对于专业防救组组织专题会议进行培训和辅导，发放《专业防救组领导专刊》《地震应急流程专刊》《地震应急手册》《加强建筑抗震设防，提高地震应急能力》等专刊。

【监测预报台网建设】 迎泽区在新沟设立PDF监测点。位于新沟村委会，北纬37°49′49"，东经112°38′18"。井深900米，仪器位于深井150米处。每天进行定时监测，每月定期整理数据。每年收集、综合、汇总新沟监测仪数据月报表36份，月运行图12张，填写监测日志365天，排除故障5次。仪器实时记录波形平稳，波形无失真，国际、国内较大地震事件及省一般地震均有一定反应。

【三网一员】 建立了区三级群测群防网络，区防震减灾局——区各街道办事处——社区三级网络。配备有区联络员3名、办事处联络员7名、社区及村委会“三网一员”110多名。

【震情跟踪】 地震异常、预测意见及时落实、上报与处置；会商机制建立与会商结果汇总提交。制定《迎泽区强化震情跟踪工作实施细则》《迎泽区震情跟踪方案》，实现异常速报不过夜。进一步完善灾情速报网建设。全年处置群众报告的宏观异常7次。参加市局召开的震情会商会，并及时向政府主要领导和分管领导报告，向专业防救组传达，确保让所有有关人员熟悉会商情况，并制定采取处置措施。

【地震灾害预防】　编制《太原市迎泽区地质断裂图》。经过请专家多次现场实地勘察标定，以七十万分之一比例进行绘制，以指导全区各项建筑对于活断层的避让。

将抗震设防要求监管纳入基本建设程序。抗震设防管理纳入政务大厅统一管理。重新核定了行政审批项目、行政审批项目流程再造、管理服务项目情况等，为开展管理奠定了基础。

【行政审批】　坚持依法行政，开展“六权治本”活动，接收省、市下放的各项审批项目，制定权力清单，抗震设防审批项目公示，制定一系列依法行政制度，开展“双随机一公开”活动，制定并实施审批程序、风险防范及事中事后监督制度。

【地震应急救援】　建立三级五类预案体系，即区政府总预案、区地震应急专业防救组预案、社区预案、学校预案（幼儿园预案）、驻地单位预案。制定预案管理规定，每3年修订一轮预案。截至目前已完成多轮修订。为增强预案的实效性、可操作性，迎泽区制定社区、办事处、学校、幼儿园预案样本，每次修订均要进行培训。根据应急需要，对驻地单位的应急预案进行指导和监督。

完成《迎泽区地震应急操作手册》编写。对联络员进行了灾情速报培训；在“5·12”“7·28”期间组织社区居民、区中小学校开展地震应急避险演练230余场次，其中媒体报道12次；参加省市地震应急模拟演练。全区防震减灾联络员于7月26日上午，参加了省地震局组织的运城永济5.9级地震模拟应急演练和市防震减灾局组织的模拟清徐5.6级地震震后应急演练。

在11月18日和12月18日，分别就小店3.4级地震和清徐4.3级地震开展震后应急。全区各办事处和社区联络员都参加灾情速报，锻炼队伍，熟练掌握震后应急程序，提高应急能力。

【防震宣传教育】　坚持开展四个层次的宣传教育培训。对区级领导、专业防救组、街道办事处、社区三网一员、驻地单位开展不同层次的宣传；开展“5·12”平安中国防灾减灾宣传，其间，组织发动社区、学校、驻地单位开展讲座120余场次、发放手册1万册、张贴画5000套，开展演练80余次；开展“7·28”纪念唐山地震40周年及邢台地震60周年宣传，其间，开展讲座80余场次，演练110余次。观看电影、录相等防震宣传片30余场次，张贴宣传画200余套，发放宣传册、入户卡5000余份；参加区“3·18”科技宣传周、地质安全宣传、全民学习周活动等多次宣传活动，开展《第五代区划图》《山西省建设工程抗震设防条例》的宣传贯彻工作。

编辑、印制《“画”说地震》宣传画册1万份，面向全区机关干部、办事处、社区干部及全区教师发放，印制《迎泽区防震减灾科普校园读本》1万册，对2014年秋季以来入学新生发放，提高防震减灾意识。

完成科普基地地震应急查询系统软件升级工作，重新设置查询模块、查询内容、图片，增加语音解说功能。使查询系统更加科学、完善。

【示范创建】 开展示范学校和示范社区创建工作，桥东街道办事处南内环社区和双西小学被评为省级示范社区和学校。

【廉政建设】 认真学习贯彻党的十八届三中、四中、五中、六中全会精神和习近平总书记系列重要讲话精神，开展“两学一做”学习及落实省市区党代会精神，提高政治素养。召开党员大会7次，民主生活会2次，开展批评和自我批评，开展纪检廉政监督17次。践行从严治党“四种形态”谈话函询约谈制度，与班子成员和党外人士约谈8次。明确“一岗双责”的重要内容和履行“一岗双责”的重要意义。年初参加区纪检“一岗双责”述责报告会，接受了区委、纪委、人大代表和政协委员考评。在重大事项和财务管理上加强制度建设，建立健全了各项财务管理制度，加强财务监督管理。实行民主决策和民主管理，每一项重大事项、每一笔开支全部经由局务会议研究确定。实现对权力的有效监督。 （冀雅萍）

档案工作

【概述】 2016年，迎泽区档案局按照省、市档案工作会议部署，以服务民生为己任，努力提高服务质量、加强干部队伍建设、加强档案业务指导、加强档案信息化建设、加大档案法治宣传力度、确保馆藏档案安全。档案工作在全区社会、经济建设服务中发挥了重要作用。

迎泽区档案局成立于1998年，前身为南城区档案局，1998年区划后改为现名。为正科级参照公务员管理事业单位，编制5人，实有5人。其中，正科1人，副科2人，科员2人。负责制定迎泽区档案事业发展规划并组织实施，监督和指导区内的档案馆及区属各单位的档案工作。

【档案法宣传】 加强档案普法宣传。按照迎泽区七五普法要求，“6·9”国际档案日、依法行政宣传月和“12·4”国家宪法日暨全国法制宣传日期间，重点开展《中华人民共和国档案法》《太原市档案管理条例》宣传学习。制作宣传版面、宣传手册及档案馆简介，发放档案宣传资料300余份，向到访人员群众解答疑问、讲解档案的重要性和具体操作。

【档案业务指导】 区档案局按照发展提升的总体要求，转变工作职能，增强服务意识，主动开展对立档单位的业务指导。先后帮助指导、整理了区纪委、区委宣传部、区财政局、宗教局、绿化局、老军营街道办事处、区医保等部门的档案，采取上门服务、实际操作指导、电话咨询等方式开展业务指导，着力提升全区档案管理水平。

为确保迎泽区农村土地确权工作顺利开展，2016年年初，区档案局和区农业局牵头开展土地承包确权登记档案的指导，区档案局由主管局长亲自抓，业务指导人员具体指导，积极配合农业局开展土地承包确权登记档案工作，逐步推进土地承包确权登记档案的全面开展，为今后维护农民切身利益打下了基础。

【档案资源建设】 一是完成接收计划。区综合档案馆认真贯彻国家档案局9号令，完善接收范围，依法做好接收工作，特别是加大了对民生领域档案接收力度，不断完善馆藏档案资源结构。从实际出发，立足于民生查档的需要，制定了2016年档案接收计划确定了2016年准备接收档案的单位。全年共接收档案658卷，7233件，其中接收婚姻登记处2015年婚姻档案7233件；庙前街道婚姻档案445卷；郝庄镇文书档案213卷；通过认真细致的清点核对、检查目录后，正式对外提供利用。二是开展档案鉴定划控工作。制订《迎泽区档案局二〇一六年档案鉴定计划》，区档案局鉴定领导组依据机关文书档案保管期限表，按照“去粗取精”“实事求是”“有效利用”的原则，对本馆满30年到期馆藏档案逐卷鉴定、划控、开放，1986年以前开放了永久2740卷、长期5257卷；控制永久497卷、长期298卷。提高馆藏案卷质量，实现有效利用。

【档案数字化建设】 积极采集档案信息，优先发展与老百姓切身利益相关的、现行文件全文扫描系统，建立民生档案数据库。全年对46号知青全宗、47号铁建全宗、53号大南关、牛站、水西关大队全宗进行了全文扫描，共计66000幅。优化数字档案馆平台。年内，先后加强和完善统计台帐管理、档案划控标识、目录疏理分类、创建专门档案等功能，为各项管理与查档提供高效服务。加强数字信息安全管理。2016年，建立一套存储设备系统，制作了移动硬盘备份数据，做好更新维护，确保信息安全。

【档案查询利用服务】 认真分析查档情况，执行窗口制度，做好查档接待工作，充分利用先进的数字档案馆系统搞好为民服务。全年查档接待2000人次，调阅档案2300卷次，提供档案1403卷（次），开具无婚姻记录证明86张，为老百姓解决申请经济房（廉租房）、房产过户、公证处公证、参加社保、领取公积金、土地补偿、退休、出国等提供依据。

【档案规范化管理】 区档案局按照《山西省机关档案工作目标管理办法》和《山西省企业科技事业单位档案工作规范化管理等级评定标准》要求，以提高档案管理水平为重点，加强指导考评，积极推进机关、团体、企事业单位及农村、社区的档案规范化管理工作。2016年，迎泽区档案馆由省档案考评小组评为山西省二级综合档案馆；区城镇医疗保险中心达到山西省档案目标管理三级标准。 （温 洁）

老龄工作

【概述】 2016年年底，迎泽区60岁以上的常住老年人总数为82998人，占全区常住人口的15.7%；其中60—69岁的有38719人，占老年人口总数的46.65%；70—79岁的有26369人，占老年人总数的31.76%；80—89岁的有16348人，占老年人口总数的19.7%；90—99岁的有1540人，占老年人口总数的1.86%；百岁老人22名，占老年人口总数的0.03%。

区老龄办为正科级参公事业单位。编制5人，实有4人。

【老年法宣传】　区老龄办加强新《中华人民共和国老年人权益保障法》的学习宣传，在强化基层老龄宣传干部队伍建设上狠下功夫，通过培训提升老龄宣传工作整体水平，通过整合资源优势、强化协作配合、骨干培训，确保了普法宣传在各村（社区）实现全覆盖。一是依托社区的法律课堂请有关专家进行讲解，二是利用老年大学、老年协会及文艺宣传队伍进行宣传。三是全区各级老龄干部通过散发老年法资料进行宣传。还有的社区制作宣传板，通过漫画、问答的方式，让社区老年人知道什么是维权，通过用法律武器来维护自己的合法权益不受侵害。懂得无论是处置家人关系、邻里关系、借贷关系等，都需要以法律为基准，保护好自身应得的权益不受侵犯。

【便民服务】　印发新的《迎泽区老龄工作通讯录》，并下发到各社区（村）。《迎泽区老龄工作通讯录》中有各办事处（镇）老龄工作的简介和社区（村）老龄工作负责人及承办人员的电话，《迎泽区老龄工作通讯录》的下发大大方便居住在迎泽区的老年人，得到居民的交口称赞。此外，按照全国、省、市老龄办的要求，在社区做好老年人意外伤害险的宣传推行工作，切实维护老年人合法权益，让老年人的生活多一份保障。

【“敬老月”活动】　“敬老月”及“九九”重阳节期间，区老龄办及各街道办事处、镇、社区、村都以不同形式地走访和慰问了高龄、特困、空巢、病弱老人。有不少志愿者采取为老人免费理发、打扫卫生等方式开展志愿服务。区老龄办对23位百岁老人和449特困老年人进行了慰问。区属各级老龄办、各社区的193支老年活动队伍及区老龄办在社区组建的15个老年活动站、114个老年协会，都开展丰富多彩的有益于老年人身心健康的文化体育活动。

【老年人优待证发放】　2016年，全区各社区便民服务代办点为老年人提供了热情、周到的一站式服务，使老年人足不出社区领到老年证。共发放老年证4511本，其中，为70岁以上老年人办理2176本，60岁至69岁老年人办理2335本。

【失能半失能老年人生活状况调查】　为积极应对人口老龄化，摸清全区失能、半失能老年人的生活状况，为精准帮扶困难老年人提供数据支撑，区老龄办按照省老龄办的《通知》要求，在全区开展了失能、半失能老年人生活状况调查。调查内容包括老年人的人口底数、老年人的生活自理能力、收入及受救助情况等。截至2016年8月底，迎泽区共有失能老人1720人，其中，男675人、女1045人；半失能老人

1052 人，其中，男 415 人，女637 人。失能、半失能老人共 2772 人，占全区常住老年人的 3.34%。（平庆如）

史志工作

【概述】 2016 年以来，迎泽区史志办深入贯彻落实《山西省地方志工作条例》及全国地方志机构主任会议精神，积极推进地方志各项工作的落实。

【区志编纂】 区史志办召开《太原市迎泽区志》二轮修志推进会及地方志知识培训会，提高编纂人员理论水平和业务素质；积极配合中标单位，继续完善区志编纂工作。

【年鉴编纂】 继续完成《太原市迎泽区年鉴（2015）》编纂、出版、发行工作；通过公开招投标形式，与山西省史志印刷厂签订了 3 年年鉴编纂、印刷、出版、发行合同，这是年鉴编纂方面的又一次重大探索。完成《太原市迎泽区年鉴（2016）》资料收集工作，并着手编纂。完成为《山西年鉴》《山西经济年鉴》《太原年鉴》供稿任务。

【地名普查】 协助省地名办完成了对区政府办各个单位的地名普查任务。（杨水云）

街　道（镇）

JIEDAO （ZHEN）

迎泽街道

【概述】　迎泽街道办事处位于太原市中心地段，住址双塔西街 39 号。街道所辖范围北起迎泽大街，南至南内环街，西起新建南路，东至并州路，辖区面积 4.8 平方公里，常驻人口 2.9 万户，12 万余人，县级以上驻地单位 108 个，是太原市科研、文化和群众集会活动的中心。第三次全国经济普查迎泽地区共普查单位 1381 个，其中法人单位 1049 个，产业活动单位 332 个。另有个体经营户 2581 个。

2016 年，街道办事处内设 18 个职能科室：党工委办公室、纪检监察办公室、武装部、工会、团委、妇联、社会治安综合治理办公室、人大工委办公室、政协联络办公室、行政办公室、社区服务中心、经济服务中心、城建城管服务中心、计划生育服务中心、文体服务中心、低保和社会劳动保障事务所、交通安全委员会办公室、环卫所。办事处为正科建制，有公务员 14 名，机关工人 2 名，事业干部及工人 38 名。街道辖 15 个社区；在职 142 人，其中社区干部 84 人，社工 56 人。

【经济指标】　2016 年，地区社会固定资产投资完成 18.4 亿元；社会消费品零售额完成 25.4 亿元；建筑业总产值完成 40.7 亿元；住宿餐饮营业额完成 1.8 亿元；批发零售销售额完成 77.5 亿元。

【“两学一做”活动】　5 月 22 日，由双塔西街一社区和驻地单位太原市第三十九中学结合“两学一做”学习教育，共同举办的“崇廉尚德、廉洁自律”廉政诗歌吟诵会在杏花村文化园举行。以诗朗诵形式，讴歌清廉，鞭挞腐败，高扬反腐倡廉主旋律。这是一场别开生面的吟诵会，博得在场听众阵阵掌声。社区工作人员和学生共同朗诵了《廉风颂》《贪腐诫》《七律·崇廉尚德》等多首诗歌。7 月 22 日，迎泽街道党工委组织召开学习习近平总书记纪念建党 95 周年重要讲话精神暨开展“两学一做”学习教育示范培训，书记讲党课活动。街道机关全体党员、各社区书记、非公党组织书记参加了会议。10月20日，市委组织部组织二处处长、督导组组长吕东来及“两学一做”学习教育督导组成员一行到迎泽街道督查推进情况，区委组织部部长赵树文、副部长杨红梅陪同，先后去迎泽街道办事处、双塔西街一社区和南内环二社区进行督导，翻阅资料，街道党工委书记田华对“两学一做”学习教育开展情况、存在的问题及今后的工作思路进行了汇报，并对督导组提出的具体问题进行了解答。在深入开展“两学一做”学习教育过程中，迎泽街办15个社区于2016年11月11日组织社区干部及党员观看警示教育片《永远在路上》；2016年11月14日组织社区干部及党员观看《榜样》专题片，“不忘初心、继续前进”，“向榜样看齐、做合格党员”。

【城市管理】 切实加强城市建设拆迁安置各项工程。积极主动配合市重点工程，实施迎泽公园升级改造的房屋征收工作，配合迎泽公园改造拆除公建项目19处3.7万平方米，与11户职工宿舍住户签订了搬迁协议。继续推进青年东街棚户区拆迁改造清零工作，加快推进青年东街棚户区改造，保障性住房开工建设1061套。积极与华润集团、太原师范学院对接，成立拆迁及动迁工作组织机构，完成前期拆迁工作的摸底、测量、评估、招投标等工作，拆迁动迁工作正在有序推进。新建3个小游园，新增游园面积9994平方米，为居民提供了更多的休闲健身场所。

城市环境面貌全面提升。改善环境质量，拆除青年东街区工业局宿舍2吨燃煤锅炉1台，为30户居民改造集中供暖。围绕“五城联创”，扎实开展9项专项整治。开展露天烧烤、占道经营专项整治，整治露天烧烤2000余次，取缔20处，整治各种占道经营5000余处，教育规范人数9000余人，暂扣经营工具、物品1000多件。清理大型软体广告200余处，清理小广告85000余处，处理违规条幅、灯箱920余处。加大清扫保洁力度，共清理建筑垃圾和混合垃圾580车，补签门前三包协议1550余份，接受处理数字化案卷和“12319”“12345”、网民留言、社情民意的案卷8000余件，结案率100%，环境卫生明显改善。

【社区服务】 突出抓好社区建设。持续推进社区基础建设，实施2个社区提档升级，并州路二社区通过验收，南内环街四社区正在进行内部装修。推进200平方米以下社区活动场所建设，通过提档升级、租赁、与驻地单位共享等方式，15个社区活动场所全部达到200平方米以上的标准。完善养老服务体系，实施1个社区养老服务中心建设和2个社区老年人日间照料中心建设，其中双塔西街一社区日间照料中心投入运营，解放南路二社区养老服务中心正在招投标阶段，南内环街四社区日间照料中心和提档升级同步进行。

【民生保障】 认真细致办好民生实事。认真落实就业创业政策，城镇新增就业2224人，下岗失业人员就业1036人，就业困难人员就业234人。扎实推进社会保障全覆盖，城镇居民养老保险缴费人数为813人，领取人数为1011人，全面完成享受居民养老领取待遇老人的静脉指纹采集。城镇居民医疗保险参保人数为16110人，包含普通成年人6983人，普通成年一般残疾人36人，未成年人9091人。提高低保标准，全年共发放低保金235万元。加强社会救助，为34名身患疾病的贫困居民申报医疗救助，共发放救助金241204元；为9户困难家庭发放临时救助41627元；为12户因病返贫家庭发放临时医疗救助92609元；为6名低保困难家庭发放综合性临时救助21000元；为35户，77人住房困难居民申报了廉租住房补贴金。

主动落实惠民帮扶政策。做好2016年社区惠民项目工作，完成惠民项目39项。免费发放老年爱心一键通手机200余部，发放高龄津贴30.8万元。落实各项残疾人优惠政策，按时足额发放残疾人生活补贴等各类款物。开展优质计生服务，为122对待孕对象开展免费孕前优生健康检查，对67户计生特殊家庭全方位、多层次开展帮扶工作。开展“生育关怀”系列主题慰问活动，全年慰问496人，发放救助金、救助物资价值97870元。

【安全生产】　强化安全意识，全面加强安全生产。建立健全“党政同责、一岗双责、失职追责”的安全生产责任体系，狠抓“两节”“两会”期间安全隐患排查整治，积极开展“除隐患、保平安”专项行动，对排查出的安全隐患进行持续跟踪，发现一起，整治一起，确保全部销号。做好重点地区、重点领域的安全整治工作，开展菜园片区和小南关片区安全隐患集中整治，依法查封关停了安全隐患问题突出的鑫博宝贝幼儿园和海洋大厦。

【社会治安综合治理】　加强综合治理，有效维护稳定大局。进一步加大矛盾排查调处力度，上报重大矛盾预警信息11起，成功调处5起。深入开展平安志愿者活动，积极宣传平安创建，扩大平安志愿者的巡逻范围，进一步增强了居民的安全防范意识和自我防范能力。扎实做好信访稳定工作，对地区内13案、16人制订具体的工作方案，建立“一案一册”工作台账，严格执行“五包一”、包案领导下访制度，圆满完成全国“两会”、“G20”峰会、十八届六中会全期间的信访稳控任务。

加强法治宣传，司法工作扎实开展。采取多种形式进行法治宣传，推进法律服务、法律援助进社区，组织律师与社区签约，实现法律服务网格化、经常化。做好人民调解工作，全年调解纠纷154起，成功150起。注重分类管理，推进社区矫正，做好刑释解教人员的安置帮教工作和狱内服刑人员的网上核查工作。

【获奖情况】　2016年3月，被共青团中央城市青年工作部授予全国城市街道区域化团建示范创建单位；被太原警备区授予先进基层武装部；被迎泽区政府、区武装部授予2015年度战备训练先进单位。4月，被太原市委宣传部授予舆情信息工作2015年度先进单位称号。10月，被山西省精神文明建设指导委员会授予并州路三社区2014—2015年度山西省文明社区。11月，解南一社区、并州路三社区、南内环二社区、南内环四社区被太原市精神文明建设委员会评为2014—2015年度精神文明创建活动先进典型。12月，被太原市委、市政府授予迎泽街道办事处2014—2015年度文明单位。（赵 罡）

桥东街道

【概述】 桥东街道办事处是迎泽区人民政府的派出机构。2016年，桥东街道办事处圆满完成各项经济指标，为企业在桥东地区生根发展创造良好条件和经营氛围。充分发挥数字化平台效能，加强市容执法和城区清洁力度，城市管理工作取得新突破。科学发展街道各项惠民社会事业，积极推进居家养老服务，为签约居家养老服务的老人提供周到、便捷、高效、体贴的服务。落实目标责任制，不断加强党风廉政建设。高度重视安全生产工作，落实安全生产各项规章制度，在抓好日常安全大检查及各类安全专项整治的同时，突出抓好重点时期的安全工作，有效防范安全生产事故发生，建设平安桥东。

2016年，桥东街道办事处下设计生办、社管办、政协办、社会救助室、财务室、行政办、交安委、组宣、妇联、人大办公室、纪工委、团委室、党委办、经济办、安监办、环卫所、数字化城管、工会、综治办、司法所。有公务员编制15人，实有17人；机关工勤编制2人，实有1人。共有事业编制51人，实有38人；事业工勤编制7人，实有5人。

【经济指标】 2016年，规模以上工业总产值全年计划512977，完成450367万元，完成率87.79%；固定资产投资全年计划261042万元，完成291869万元，完成率111.81%；建筑业总产值全年计划115953万元，完成116281万元，完成率100.28%；批发零售业销售额全年计划1685468万元，完成1695111.2万元，完成率100.57%；住宿餐饮业营业额全年计划14740万元，完成15178万元，完成率102.97%；社会消费品零售总额全年计划807585万元，完成863042.1万元，完成率106.87%。

【城市综合治理】 1. 加快推进小街巷道路拆迁改造工作，已拆除住宅面积4926平方米、拆除绿化围墙公建面积1774.06平方米，截止到目前，此项工作已完成90%。

2. 按照太原市政府对背街小巷进行改造的要求，认真做好东岗巷、新生里背街小巷节能改造工作，并且对门头牌匾、围墙、台阶、外墙、垃圾站及宣传栏进行了综合整治。此项工作正在逐步推进中，因进入冬季，暂停施工，截止目前为止，两条街巷完成了任务的50%以上。

3. 做好智慧城市管理系统升级工作，加强平台操作员精细化业务培训。积极推进平台建设，创新管理机制，全面推进精细化管理。落实案卷逐级负责制，确保市民投诉“件件有落实，件件有回音”。数字化平台共受理案卷24000件，其中环卫接件9000件，执法接件15000件，办结率100%；12319接件2800件，结案率100%，；12345办理情况4000件，办结率100%；“解忧愁”服务系统案件3600件，办结率100%；总值班室交办51件，办结率100%。

4. 深入推进城乡清洁工程，全面提升环卫工作水平。全年共接收市容环卫类案件9000件，办结率100%，清理生活垃圾650吨、建筑垃圾150吨、混合垃圾230吨，清除卫生死角2900处，共出动人员4600人次，车辆650台。

5. 做好防震减灾工作和应急值班工作，确保辖区不发生险情，对有险情的地段做到重点检查，加强对应急事件的上报工作。每月20日向区应急平台上报办事处值班表。强化各类应急演练，锻炼和提高应急队伍处置突发应急反应能力。

6. 为确保街道2016年度公共租赁住房保障工作的顺利进行，使城市居民中符合公租住房保障条例的家庭实现应保尽保，根据登记工作时间安排，按程序及具体要求，经过社区受理初审阶段，街办复审阶段后，已有33个家庭通过街办复审。

【行政执法】 桥东执法中队努力克服地域大、人员少、装备少、基础设施差，人口流动大、无证游商多等困难，在问题集中区域采取联合执法、重拳出击、集中取缔等方法，圆满地完成各项任务。共拆除户外高空广告38处、2000余平方米，清理违章小广告156813万处，取缔无证摊点4586处，暂扣物品及轮式工具2013件，整顿明火及烧烤摊点102处，夜市摊点38处。立案查处违章件70件，“伸舌头”经营1865个，保持了辖区良好的市容面貌。另外，实行举报件登记制度，责任到人，及时反馈回复，次日通过碰头会形式，组织研究前一天的工作，做到“件件有落实，件件有回音，件件有记录”。共完成数字城管各类交办任务15000件，办结率100%。

【社会保障】 1. 根据太原市惠民项目动员会议及相关文件精神，桥东街办2016年社区惠民项目工程8月份正式启动，各社区经过广泛征求居民意见，严格按照“四议两公开”程序，共确立惠民项目40项。

2. 街道把扩大就业作为保障和改善民生的重中之重。新增就业3448人，失业人员再就业1584人，其中就业困难人员再就业432人，创业就业人数671人，新办就业失业证78人，年检人数383人，就业困难人员125人。全年累计审核低保户968户、1314人，发放低保金234.7268万元，审核上报公租房33户，困难群众大病医疗救助41人，临时医疗救助和临时救助34人，街办“救急难”应急救助8人，救济4600元。

【计划生育】 2016年，深入开展创建幸福家庭活动，强化流动人口计划生育管理和服务，推进流动人口计划生育基本公共服务均等化，进一步夯实基层基础工作，全地区计划生育工作稳步向前发展。截至2016年9月，辖区总人口122805人，出生1545人（男755人，女790人）。深入开展“美丽桥东·幸福家庭”创建活动，开展“生育关怀”活动，对计生困难家庭从物质、精神、医疗等方面给予关怀和救助；开展“关爱女孩成长，共创幸福家庭”活动，开展“一站式”服务，全程为群众代办证件。全年办理生育服务证1121个、再生育服务证42个、独生子女父母光荣证260个。扎实稳妥实施全面两孩政策，通过宣传栏、社区微信公众号、发放《条例》、政策咨询、入户访视等多种形式，把计划生育政策、优生优育知识宣传到每个育龄群众家庭。加强计划生育目标管理责任制考核，召开桥东地区人口和计划生育工作会，与派出所、8个相关科室、19个社区、54个驻地单位签订人口和计划生育目标责任书，与6个驻地医院签订了打击“两非”责任书。在评先、评优中，严格进行计划生育审查，对7个单位、39名人大代表、25名政协委员、31名党代表、18名区管干部、12名个人进行计划生育审查。认真落实相关部门信息通报制度，全年比对防疫信息806条、妇幼出生信息2142条、民政信息2208条、公安信息332条。全员人口数据库质量进一步提高，全员人口信息管理系统指标全部完成。

【调解与社区矫正】　围绕“法律八进”，大力开展普法宣传工作。深入开展“七五”普法宣传系列活动。按照谁执法谁普法的原则，通过社区板报、宣传栏向居民宣传法律知识，要求社区每月至少出一期，定期更换内容。围绕“五个一工程”建设，继续充实社区法律图书角，为桥北、建铁等5个社区配备系列“七五”普法图书，方便社区居民查阅和学习法律知识。同时在全地区进行摸底，各社区积极申报了可以创建的文化街院，为打造法治文化氛围奠定了基础。筑牢防线，有效开展人民调解工作。街道、居委会两级调委会共调解331件，调解成功率为92.45%。司法所调解7件，经司法确认3件，参与办事处疑难复杂案例调处4件。严格管控，扎实做好了社区矫正和安置帮教工作。全年共接收社区服刑人员27人，解除矫正25人。累计接收社区矫正人员231人，累计解矫185人。截至2016年10月21日，在册管理的社区服刑人员46人，无1人脱管、漏管、虚管，无1人重新犯罪。在安置帮教工作方面，全年网上共核实在狱人员25人，预释放人员17人，刑满释放人员9人。

【安全生产】　对本地区高危行业企业主要负责人、安全管理人员和特种作业人员以及街道系统安全工作人员共300多人进行培训，在全地区20多条主要街巷与重点地段对300多个生产经营企业和商铺进行全方位宣传活动；充分利用各种宣传载体进行宣传，共发放宣传资料6000余份，悬挂宣传条幅100多条，张贴安全用电、用气等宣传资料3800多份，有效提高地区居民安全意识。对本地区酗酒人员、老弱病残、精神病人等三类消防安全重点人口进行摸排，共摸排102人，并逐一登记。同时辖区的太原实验中学、美特好超市、迎宾汽车站、国药集团山西有限公司等26个重点单位均制定消防安全应急预案。街办于9月28日和11月4日分别在中正悦湾小区和山西艺术职业学院开展了以“灭火、逃生”为主要内容的较大规模的消防安全“进社区”“进学校”演练活动。按照“全覆盖、零容忍、严执法、重实效”的要求和“三不论”原则，分别在节假日和大型会议前后联合区消防、公安、公商、消管中心等部门，重点对居民院落、废品收购站、危化场所、建筑工地、“九小场所”、餐饮场所、工贸行业、无证幼儿园、集贸市场等重点部位和重点行业领域开展安全隐患大检查，并进行“打非治违”“反三违”“除隐患、保平安”专项整治行动。共出动检查组40个，检查人员400余人，累计检查各类场所1025处，发现并消除消防安全隐患321个。

【创新社区管理模式】 2016年，桥东街办申报社区养老服务中心项目3个、社区老年人日间照料中心2个。3个社区养老服务中心主体已全部完工，双二社区老年人日间照料中心已开始运营，太堡社区老年人日间照料中心基础设施已基本配齐。确立社区提档升级项目3个，南内环社区提档升级项目已完成。并一、并二社区被列入太原市棚户区拆迁改造范围。2016年8月，桥东街办完成双二社区、并三社区的学习型社区验收工作。9月，桥东街办荣获“全国社区教育示范街道”称号，同时，5个驻地单位、10个社区、14个家庭，分别被授予学习型单位、学习型社区、学习型家庭称号。

【廉政建设】 严格落实和遵守党风廉政建设责任制，明确党风廉政建设责任主体并进行了责任分工。开展一系列的警示教育活动，特别针对领导干部中存在的群众意识淡薄、法纪观念弱化、思想道德滑坡等问题开展“树立公仆意识，强化从政道德”警示教育活动。通过学党课、学资料、写心得、座谈会以及参观廉政教育基地等一系列的活动，强化了宗旨意识，廉洁意识和从政道德素质。切实改进窗口单位作风，在政务大厅、行政、民政、劳动和社会保障、低保、人口计生、各社区等主要窗口单位开展“三亮”“四严”活动，严格桥东窗口工作人员服务行为标准规范和桥东街道窗口单位工作人员文明用语规范。同时纪工委加大监督检查力度，切实改变了窗口工作作风，人民群众满意度有所提高。

（王　佳）

文庙街道

【概述】 文庙街道办事处辖区为历史悠久的老城区，有文庙巷、文津巷、侯家巷、上官巷、万寿宫、狄梁公街、上马街等老街道和文庙、皇庙、崇善寺等文物古迹多处，系山西大学堂、太原女师、进山中学等历史名校的诞生地。如今学校仍十分集中，素有文化地区之称。同蒲铁路横穿辖区中部，设有太原火车站，为省城的交通枢纽和门户之地。辖区经济和各项社会事业全面发展，特别是以万邦国际为代表的楼宇经济，带动周边经济迅猛发展。

2016年，文庙街道以扎实开展“两学一做”专题教育为契机，紧紧围绕“强班子、带队伍、促发展”的总体思路，较好地完成了各项工作任务，有力地保持了街道经济、社会各项事业全面发展的良好势头。

文庙街道办事处驻文庙巷21号，因界内驻有文庙而得名。辖区位于迎泽区东北部，地势东高西低呈长方形。东自省传媒学院与东华苑住宅小区为邻，西至五一路，与柳巷街道办事处辖区接壤，南起迎泽大街、郝家沟街与桥东街道办事处、郝庄镇辖区相连，北以五龙口街、府东街与杏花岭区为界；面积2.7平方公里。辖41条街巷，设13个社区，常住居民总人口7.6万余人。

办事处内设有党委办公室、行政办公室、综治办公室、民政科、城建城管科、计生办、经济科、工会、团委、武装部、低保所、社保所、统计站、纪检办公室、人大办公室、政协联络组办公室、文化站、交安委等机构；在编人员54名。

【经济指标】 通过“三步走”战略的实施，有效地破解了本地区当前经济增长的瓶颈制约，培育了新的经济增长点，进一步增强本地区经济综合实力和整体竞争力。社会消费品零售额限额以上完成64049万元，占全年任务63053万元的101.6%；固定资产投资额完成169074万元，占全年任务137043万元的123.4%；建筑业总产值全年累计完成143821万元，占全年计划143641万元的100.1%。

【“两学一做”专题教育】 通过组织中心组学习、开展专题讨论、交流发言、邀请专家集中辅导等形式，深入学习《党章》、六中全会精神、习近平总书记系列重要讲话精神，以及省、市第十一次党代会精神、区党代会精神，用讲话精神武装头脑、指导实践、推动工作，确保省、市、区重要部署全面贯彻落实。在学习中班子成员带头讲党课，带动各级党组织开展讲党课活动百余场。坚持理论联系实际，落实区委“双学双促”主题活动，增加自选动作，集中开展“双学双促”大讨论，通过讨论凝心聚力、锻炼队伍、打造亮点、促进工作。

【党风廉政建设】 切实履行街道党工委的党风廉政建设主体责任，党工委会议专题研究布置党风廉政建设和反腐败工作4次，专题听取案件进度汇报3次；按照“六权治本”的要求，制定和完善街道、社区权力清单，扎实推进党务公开和政务公开工作；主动落实“三转”要求，细化“一岗双责”，严格落实“一把手”约谈制度。

认真履行纪工委党风廉政建设监督责任，严格执行中央“八项规定”和新常态下纪检监察工作要求，采取明察暗访、定期汇报、接待举报等措施，狠抓纪律作风整顿；召开社区两委违规违纪行为主动申报警示会；开展“颂传统文化扬廉政精神”群众书法比赛，弘扬廉政文化，活跃群众生活。

突出抓好涉纪案件的查办工作，全年共办结各类案件6件，其中，通报批评4人，诫勉谈话1人，党纪处分3人。

【基层党建】 采取一对一联系社区方式，拓宽党代表联系群众的渠道，全年接待党员群众26次，收集意见建议90余条。采取领导挂点、下派整顿工作组，实行“一社一策”，有效解决软弱涣散党组织服务能力不强的问题。扎实推进党员组织关系排查，共排查出8名失联党员和307名未交回回执党员，落实280名，查找到失联党员7名；严格党员义务，加强党费管理，共收缴补交党费7万余元；持续抓好对“三会一课”执行不到位、党员组织生活会不规范等基础党务工作的集中整治，科学规范建立《基层党组织基础党务台账》；多措并举推进“群工系统”落地运行，让为民服务通过指尖深入到居民心中。文庙街道“群工系统”收集录入各类社情民意270条，办结270条，办结率100%，群众满意度100%。

依托干部在线学院、远程教育等载体，采取专题党课、领头雁培训等形式，加大对基层党员干部的教育培训。严格执行入党积极分子“群众推优制”、发展党员“公示制”“票决制”等制度，发展党员7名。持续开展在职党员到社区报到服务群众活动，通过“在职党员认领服务、结合实际开展活动”的模式，组织在职党员清理环境卫生死角45次、排查安全隐患18次、联系慰问困难家庭6户、进行政策宣讲13次。

搭建两个党建微信平台，探索以“微课堂、微服务、微管理”为载体的“微党建”“微社区”，全面推动新型党建及社区建设。建北社区党总支、双塔寺二社区党总支、上马一社区党总支等搭建起微信平台推行微教育，及时传达“两学一做”相关文件精神及学习材料，并听取党员的心声，为党组织和党员学习交流搭建了平台。

把握正确的舆论导向，积极对外宣传街道经济、政治、文化、社会、生态文明建设成果和两学一做学习活动，累计在各级媒体发稿488篇，为街道的经济社会发展营造了良好的舆论氛围。积极开展文明城市创建工作，向辖区居民、单位发放并张贴核心价值观图片、“讲文明树新风”图片、市民公约等相关宣传画1000余份；举办“锦绣龙城、文明太原”少儿书画大赛，从200余幅参赛作品中精选出50幅作品在微信平台进行投票评选，一万多人参与其中，并将获奖作品制成书签发放，营造浓厚的创建氛围；各社区从强化基础设施、活跃社区文化、保障社区治安、美化社区环境、拓展社区服务等方面着手，卓有成效地开展文明社区创建活动。以重大节日纪念日为契机，开展“经典诵读及传统服饰展示”“建党95周年党史知识竞赛”“纪念长征胜利80周年剪纸作品展”等活动，丰富群众的文化生活。开展街道“道德讲堂”39期，用身边人教育、感染身边人，形成了良好的社会风尚。

【人大工作】 依法选举第五届区人大代表25名；及时调整街道人大工作委员会，明确人大工委八项工作职责；完善代表工作制度，开展代表视察调研活动，2016年召开代表联络会2次、专题座谈会2次。组织人大代表开展“走进选区、联系选民、宣传宪法”活动，被《人民代表报》予以报道。

【“三步走”经济战略】 通过完成区委、区政府总部经济“510”工程，继续推动地区经济发展“三步走”战略实施。

1. 树立“走出去、请进来”的思路。全面走访驻地楼宇企业和驻地商业企业，建立楼宇经济服务办公室，进一步加强沟通宣传，增进理解，全年新增各类统计单位10余家，为本地区各项经济指标完成打好基础。

2. 打造重点企业，请进新兴企业。强化万邦国际总部经济基地的示范效应，通过采取组织工商、税务等职能部门上门进行“一条龙”办证、办税服务、加强周边环境卫生综合整治等办法，为企业创造良好的投资环境和城市形象。其中，以罗蒙西服等为代表的总部经济企业的引进多次受到上级、兄弟有关单位的检查观摩。

3. 推动地区批发零售行业。继续发展万吉海鲜、茶叶、眼镜、美容美发等批发零售行业，打造在华北地区有一定影响力的眼镜批发零售行业的龙头企业——华北眼镜城；引导扩建省并唐公司互联网销售平台及冰鲜仓储基地、使地区批发零售行业在“互联网+”模式上迈进了一大步。

【社会保障】 积极做好社会救助保障工作，全年为201户286人办理城市最低生活保障，月发放低保金182775元；为63人申请医疗救助214445元，爱心超市救助10人4800元，为36户无房困难家庭申报廉租房补贴。落实促进就业各项政策，安排就业困难人员261人，灵活就业人员19人，创业带动就业522人，下岗人员再就业1102人，就业困难群体就业261人。对辖区24名重点优抚对象和64名伤残军人进行走访慰问，“八一”前夕为省公安厅警卫连和市消防支队广场中队送去了慰问品。关注残疾人和老年人工作，对65名残疾人家庭进行慰问，为30名残疾人办理燃油补贴，为124名重度残疾人办理了护理补贴；开展敬老助老活动，开办社区老年餐厅，服务老人1000余人次。

【惠民项目】 为保障社区惠民项目资金能够用于解决涉及社区居民利益的各类民生问题，严格执行“四议两公开”程序，制定详细监督措施，严把审核关，在实施过程中社区包片干部和居务监督委员会全程监督，确保惠民项目落到实处。24个项目全部完成，惠及居民3万余人次。

【计生工作】 开展“幸福一家人”幸福家庭创建工作，以宣传全面放开两孩生育政策为重点，开展“助您好孕”“人文关怀”“个性化服务”等活动；坚持依法行政、方便群众登记办证，全年共办理一孩登记387件、二孩登记102件、独生子女父母光荣证289份；深入开展优质服务，免费孕前优生检查85人，落实计生家庭奖励扶助工作，为90户困难家庭发放慰问金近5万元，慰问困难学生52人7千余元。

【社区建设】 幸福社区、五龙口三社区、双塔寺一社区的日间照料中心全面投入运行，双塔寺二社区完成提档升级，老年餐厅开始运营。2016年创建学习型社区2个、学习型家庭11个、学习型单位5个。文庙街道荣获全国社区教育示范街道称号；

上马街一社区被评为全民终身学习活动周优秀社区；文庙社区山西省民俗博物馆被评为太原市全民终身学习大讲堂优秀基地。

【法治政府建设】 1. 依法行政。健全依法科学民主决策制度，严格履行公众参与、专家论证、风险评估、合法性审查、集体讨论决定等重大决策法定程序；规范权力运行，把依法行政纳入法治政府建设和考核体系；深化行政审批制度改革，规范和改进行政审批行为，开展行政审批违规及滥用审批权问题专项整治活动，发现并整改问题 8 项；档案工作逐步规范化；政务信息发布 220 多条，做到及时、公开、有效。

2. 综治工作。以推进平安建设为重心，实行网格化管理，发展社区平安志愿队伍、建立楼院长负责制，充分调动居民群众的积极性，建立志愿者队伍 13 支共 182 人，广泛排查涉及社会政治稳定、国家安全、社会治理、平安建设等方面的信息，及时化解预警。集中开展社会治安重点地区整治工作，对 55 家出租房、37 家九小场所、24 所学校、1 处重点地区进行了整治。

3. 突发事件处置。7 月 19 日晚太原市突降连续大雨，导致五龙口 38 号院发生内涝。受灾区域涉及 13 栋居民楼，460 户居民，其中过水户 81 户，院内车辆被浸泡 27 辆，灌水区水位最深达 1.9 米。办事处联合多部门及时成立应急指挥部、启动紧急预案，及时转移群众、妥善处置抢险救灾事宜，提供卫生、医疗、住宿、食品安全等保障，妥善安置受灾群众。在应急的一周内，街道党员干部全力以赴、不分昼夜坚守岗位，每天派发 700 余名群众的一日三餐、每天两次对 13 栋受灾楼院喷洒消毒药品、照顾临时安置点的 50 多位居民，用爱心和耐心为居民建起一个温暖家园。

4. 司法维权。开展“六五”普法工作，全年组织宣传 23 次，受教育人数达 20000 余人；开展 3 次未成年人专题讲座；为机关、社区配备普法书籍 400 余册。依法做好人民调解工作，全年排查调处各类矛盾纠纷 325 起，成功调处 318 起；加强社区矫正管理、落实帮教措施，全年新接收社区矫正对象 13 人，解除社区矫正对象 14 人，在册管理社区矫正对象 21 人；全年新接收安置帮教 35 人，在册管理 110 人，重新犯罪率为零。继续发挥“一社区一法律顾问”的作用，充分利用法律优势资源，推动了社区各项工作依法进行，为创建法制社区、和谐社区奠定基础。

【安全生产】 按照“一岗双责”的要求划分检查责任，由分管领导、分管科室受领相关行业检查职责，保证专业对口，做到责任到人，措施到位。共对辖区 1600 余家密集场所进行检查，发现并整改隐患 817 处；下发安全隐患通知书 1600 余份，针对150 家重点单位签订安全生产责任书；安全生产月宣传出动车辆 2 台、人员 42 人，悬挂条幅 15 幅、版面 26 块，发放各种宣传资料 3000 余份；安全乡村（社区）工作，共有 11 个社区被命名为“安全社区”。

【武装工作】 坚持党管武装的原则，强化党管武装责任。建设完成预备役高机连、民兵应急排、退役士兵应急分队，建立民兵队伍；圆满完成征兵任务，15名优秀青年光荣入伍；出动应急队员150人次，参加“9·18”国防教育宣传活动、平安夜巡逻执勤、防震减灾拉动演练及各类军事训练任务，提高民兵应急应战能力；投资3万余元修建两间民兵装备器材库和一间民兵战备值班室，并配备专业装备器材，基层武装部规范化建设得到了进一步优化。

【重点工程】 一是片区改造顺利完成。拆迁改造4个片区，涉及五一路道路拓宽、皇庙巷及万寿宫、文庙巷、东五龙口38号院的棚户区。从街道社区党员干部中挑选出15名经验丰富、能力过硬的同志作为队伍骨干，主动担责任、挑担子，辗转支援松庄村的城中村拆除、迎泽大街下穿的房屋征收、新建路9号院的房屋征收等动迁工作。

二是加快推进供热老旧管网改造工作，完成东安路48号土产日杂公司宿舍、文津东巷晋剧院宿舍区的供暖工作，东安路2号煤改电供暖工作。三是节能改造稳步推进，完成了上官巷3号市公安局宿舍17栋楼、山右巷2号住宅8栋楼等共计2万多平米的改造任务。

【城乡清洁工程】 加强门前责任制巡视检查，补签门前责任书350余份。强化卫生监督员队伍管理巡视，加强环卫所工作人员日、周、月巡视检查制度，发动驻地单位、商家、居民、志愿者义务劳动，及时清洗各类小广告，清除卫生死角，共清理生活垃圾360余车，900余吨，清扫、清运下达任务图片480份，完成率达100%。数字化管理平台运行良好，全年共受理区数字中心交办案卷4398件，其中受理12319 案件731件、数字城管3667件，按期结案率99.99%。整治占道经营，取缔摊点670处，规范伸舌头经营600余处，暂扣物品500余件，接收处理数字化城管件1300余件，对辖区内店铺户外广告，霓虹灯广告下达整改通知书45家，拆除户外广告32块，取缔广告条幅180处，涂覆、铲除户外小广告71400余张。

【环境美化】 集中开展露天烧烤专项整治行动，出动人数200多人次、车辆130多次取缔烧烤摊点58处，辖区露天烧烤基本全部取缔。组织开展城乡清洁工程反弹考核，对出现反弹现象的院落和单位督促其及时整改，共组织考核5次，督促整改120多处。占压燃气管道整治工作核实并拆除改线47处，治超专项整治有序开展。加强爱卫宣传执法工作，利用30余块版面、123条条幅开展广泛宣传活动，先后多次联合其他执法部门对80多家场所进行了检查。街道被评为山西省创建国家卫生城市先进单位。

【工青妇工作】 工会工作。推进“工会组建月”和“农民工集中入会行动”，单独建会3家，纳入联合工会管理6家，发展会员332名。帮助弱势职工群体解决困难，为10名困难职工送去慰问金3000元；在五一路道路施工现场设置爱心服务站，端午节期间为农民工送去粽子、矿泉水和扑克；为34名女职工投保特病保险；为5名患病职工累计报销7400元；开展职工维权活动，发放维权材料和书籍1000余册，举办讲座15次，不断提高职工的维权意识；高标准打造“大家读吧”和职工书屋，为职工提供阅读、休闲、交流的平台；开展元宵节文艺汇演、书法培训、“海鲜杯”乒乓球团体赛等活动，丰富职工文化生活。

团委工作。在非公企业新建团支部10家，为5家“两新”团组织开展“五帮五送”活动，积极参加辖区20家“两新”团组织开展的活动，充分发挥非公企业团组织对青年的吸引力。建立1个区域青年工作共建委员会，建设2个青少年工作阵地，社区建团100%全覆盖，形成网络化管理、阵地化服务、社会化运作、功能化发展的区域整体性团组织工作格局。在原有学习阵地基础上连续打造青少年社会工作服务中心、青少年课后作业辅导中心，形式多样的青少年教育阵地，拓展服务居民的新领域，为辖区内团员青年提供实践的平台。

妇联工作。依托老年大学开办“新起点女性学堂”，邀请资深教师开展法律维权、知识礼仪、创业就业培训，提升妇女素质；加强自身建设，在妇联干部中开展解决“四化”问题专项整治活动；开展寻找最美家庭、平安家庭、“好爸、好妈、好孩子”活动，传承家庭美德。加大弱势群体关心力度，对4名两癌妇女、14名贫困儿童、1名贫困大学生进行慰问，发放慰问金13200元，编织手工毛衣19件。

（冯利兵）

庙前街道

【概述】　庙前街道办事处地处省会中心区域，东临解放路，西到滨河东路，南至迎泽大街，北接桃园三巷，总面积3.83平方公里。下辖14个社区：庙前街社区、海边街社区、南海街一社区、南海街二社区、新建路一社区、新建路二社区、桃园路一社区、桃园路二社区、桃园路三社区、桃园路四社区、水西关街一社区、水西关街二社区、水西关街三社区、水西关街四社区。

2016年，庙前街道主动适应新常态，紧紧围绕区第五次党代会提出的建设省城首善之区的目标任务，攻坚克难，积极作为，自觉用新理念、新思维、新要求引领和推动各项工作。

【经济指标】　2016年，庙前地区固定资产投资额全年累计完成187076万元，同比增幅14%。其中，房地产投资完成170455万元；城镇建设项目投资完成16621万元；社会消费品零售总额全年计划完成103646万元，实际完成105227.1万元，同比增幅7.1%，完成全年计划的101.5%；建筑业总产值全年计划完成2841487万元，实际完成3009388万元，完成全年计划的105.9%，同比增速22.4%。

【民主建设】　严格换届程序，圆满完成人大代表换届选举工作，进一步规范完善街道人大工作各项规章制度，有效发挥代表作用，组织人大代表对社会普遍关注的热点、难点问题进行视察调研活动。落实民主监督，召开座谈会、通报会，向民主党派人士通报街道工作进展情况，完成政协委员推荐、审核工作。加强民族团结，做好重大宗教活动的矛盾排查和相关保障，街道及部分非公企业增设统战委员。坚持党管武装，定期召开议军会，开展征兵宣传和兵役登记工作，12名优秀青年应征入伍，完成民兵整组和2个基层连部建设。加强群团建设，增加工会组织覆盖面，新组建企业工会7家，新增会员220人；推动妇联改革创新，增补街道、社区妇联副主席、常委和执委设置，持续开展“寻找最美家庭”活动，重点对妇女儿童进行帮扶慰问；完成区街两级团组织换届工作。

【党的建设】　2016年，全面落实“两学一做”学习教育要求，通过中心组学习、党支部学习、集中培训等形式，进一步引深学习教育工作。认真开展“四讲四有”专题讨论，突出学用结合，强化薄弱环节，不断把学习成效转化为实践成效。加强党风廉政建设，坚持实事求是、教育在先、注重预防，全年共开展约谈97人次；严格执纪问责，组织开展明察暗访10次，专项督查8次，案件线索核查20余次，全年共立案1件，结案1件，重处分1人，诫勉谈话1人。严格党纪党规，开展党员组织关系排查和党费专项清查工作，强化党员自觉履行义务的行为。严格组织程序，完成21个基层党组织换届工作；严格组织建设，积极推进非公企业和社会组织“两个覆盖”工作，派驻25名党建指导员，实现所辖非公企业和社会组织党建工作的巩固提升，消除组建空白点，新增党组织覆盖企业46个。

【城建城管】　对羊市街、水西关南街、旧城街3条小街巷进行综合整治，包括新建围墙、围墙改造、墙面粉刷处理、门头统一设计规范、台阶重新铺设等。对旧城街、水西关南街、桃园三巷的道路进行拓宽改造，拆除旧城街压占红线建筑559.25平方米。开展节能改造，完成100栋楼的节能改造工作，改造面积300125.7平方米。开展环保绿化，拆除燃煤锅炉1处，整顿露天烧烤摊点5处，新增绿化面积12342平方米，种植绿篱13245株、乔木13165株，垂直绿化5940米。数字化城管平台接受各类派单8270件，处置及时率100%，处理率96%，办结督办事项20余件，辖区107个无物业院落实现长效保洁。推进“五城联创”环境卫生治理，拆除违法建设173处，清除卫生死角248处，清运垃圾155吨，处理废弃物2538件，清除小广告16760处，发放爱卫宣传资料3000余份，召开健康教育30余次，纠正不良行为8005人次，大幅提升居民群众的知晓率、参与率。

【社区公共服务】　持续推进社区建设，采取共驻共建方式，解决了南海街一社区、桃园路一社区、桃园路二社区、水西关街四社区4个社区服务场所不足200平方米的问题，有效整合了驻地单位资源，避免了重复投入。其中水西关街四社区与社区养老服务中心同步建设，建成后社区服务场所面积将达到2264.92平方米。强化养老服务功能，打造建设了水西关街一社区（315平方米）、水西关街二社区（335平方米）、桃园路三社区（269平方米）3个社区日间照料中心，推进发展新型社区养老服务模式，项目建成后将采取社会化运营，聘请第三方养老机构提供服务。2016年9月，新建路二社区与太原福寿和养老服务中心签订日间照料中心运营协议，标志着庙前地区正式开始引进第三方服务参与社区服务。

【精准扶贫】　根据要求，庙前街道开展了对新庄村的精准扶贫工作，成立了庙前街道精准帮扶工作领导组，建立了由机关支部42名党员组成的帮扶队伍，并长期派驻固定帮扶队员3名，平均每月驻村天数达20天，积极协助镇、村、第一书记、帮扶工作队做好基础工作。2016年年初，确定了以“农业种植休闲观光项目”为主导的产业帮扶战略，项目地址在新庄村东北靠近汾河西岸，占地400亩。项目已完成前期建设，预计2017年6月完工。增收项目包括：土地流转费用增收；项目建设过程中，为本村贫困人口提供建设岗位增收；无劳动力的贫困户通过提供闲置用房安置施工工人居住的房租增收；在辖区范围发掘提供就业岗位，全年提供就业岗位31个，实际录用13名，平均增收4850元。针对新庄村村级组织建设不够完备，基层党组织作用发挥还不明显的状况，庙前街道进行了党建帮扶，协助新庄村党支部完善组织建设，规范党组织运行，购买部分党员远程教育设施及书籍，投入费用1.5万元，健全了组织制度，充分发挥了党建引领作用，使党员的凝聚力、党组织的战斗力得到加强。至2016年底，新庄村完成整村脱贫任务。

【惠民工程】　通过召开专项工作会议，严格惠民项目工作流程，落实惠民项目工作要求，共收回征集意见表11800余份，涉及社区服务、社区环境卫生治理等，实施项目内容包括老年餐桌、院落美化、硬化路面、粉刷墙面、安装监控等，共计20项。其中，社区环境卫生治理1项，社区服务1项，社区设施维护18项，到2016年底全部完工。

【民生服务】　推进社会保障“全覆盖”，居民城乡医保参保9325人，城镇居民养老保险参保缴费836人，发放707人；发放救助金额169.77万元；发放临时救助金、高龄补贴、大病救助金、医疗救助金等共计72万余元；发放“爱心一键通”手机46部，44户共88人享受了公租房补贴。拥军优属，发放优抚款64.65万元，为16名两参人员提供公益岗位。帮残助残，为24名特困残疾人免费发放医用器具，为371名残疾人申报护理补贴，为6名病患申办了免费服药手续。

【安全生产】　加强日常监管，严格执行“党政同责”“一岗双责”，有效落实安全生产监管责任；强化主体责任，对662家单位进行安全生产责任落实测评，对14个社区的安全生产工作进行考核打分，印发《居民消防安全注意事项》4万份、《告社区居民书》300份，张贴防火通知2000多份。针对汛期特点，对辖区地下车库进行摸底，督促各物业单位做好防汛准备。与驻地单位签订《特种设备责任书》83份，并对持特种设备证件人员进行了登记检查。6月，组织开展安全生产月宣传活动，开展安全生产知识竞赛答题活动。10月，为重点消防安全服务人员家庭安装报警装置。

【司法工作】　全年共开展法制宣传260次，受教育人数12000余人，为辖区社区图书角添置法律图书1500余册；开展法律巡回大讲堂20场；办理法律援助案件5起；组织社区矫正工作人员培训30次；对社区矫正人员集中教育学习11次，组织矫正人员参加公益服务11次，对3名困难社区矫正人员进行慰问；实现街道14个社区法律顾问全覆盖。

【节庆文化活动】　2016年2月18日，庙前街道组织了以“幸福龙城、欢乐庙前”为主题的元宵节文艺汇演；9月，庙前街道组织辖区少数民族代表、统战人士代表、社区干部在南海街二社区大厅开展以“民族团结和谐中国”为主题的各族人民齐聚一堂庆中秋活动。

【荣誉表彰】　2016年，庙前办事处被评为双拥模范单位、市级文明单位；南海街二社区荣获山西省委“全省先进基层党组织”称号、山西省文明委“山西省文明社区”称号；海边街社区被太原市精神文明建设委员会评为文明社区；新建路一社区荣获2016年度山西省计划生育居民自治示范社区称号、太原市精神文明社区称号；桃园路三社区被评为“山西省综合减灾示范社区”；庙前街道妇联“妇女之家”被市妇联授予妇女之家示范点；巾帼志愿者李通莲被市妇联授予优秀巾帼志愿者称号；海边街社区居民侯美莲家庭荣获第十届全国五好文明家庭称号。（韩凯丽）

柳巷街道

【概述】　柳巷街道位于太原市迎泽区，以辖区内有古老繁华的街巷——柳巷而得名，柳巷街道办事处（简称柳巷街办）驻钟楼街东段北侧二市场31号。辖区地处迎泽区北部，呈正方形，东至五一路，与文庙街道办事处为邻；西至解放路，与庙前街道办事处相连；南至迎泽大街，与迎泽街道办事处毗邻；北以鼓楼街、南肖墙为界，与杏花岭区相邻，面积为1.45平方公里，有60余条街、巷。街道下设起凤街、铁匠巷、开化寺南街、柴市巷、校尉营、海子边东街、海子边西街、宁化府、察院后9个社区居民委员会。

2016年，街道办事处内设有党工委办公室、行政办公室、人大办公室、政协联络组办公室（2016年2月撤销）、纪检办公室、综治办公室、社区办（民政科）、城建办、计生办、经济办、总工会、团工委、武装部、低保所、社保所等机构；在编人员52名。

2016年，柳巷街党工委、办事处紧紧围绕“靓丽柳巷、诚信柳巷、和谐柳巷、智慧柳巷”的目标，团结带领广大党员干部群众，进一步转变工作作风，全面打造美丽和谐柳巷，街道各项事业得到全面发展，街道荣获“太原市文明单位”“太原市双拥标兵单位”等称号。

【经济建设】 2016年，街道党工委、办事处采取政府推动、服务助动、企业主动、各方联动的办法，深入企业了解企业发展状况，挖掘经济潜力，不断扩大招商引资领域。2016年，地区限额以上社会消费品零售额完成88.39069亿元，完成全年计划的100.1%；固定资产投资完成27.4366亿元，完成全年计划的100.1%；规模以上工业总产值完成3815万元，完成年计划的100.48%。

【民主政治建设】 2016年，街道人大工委圆满完成换届选举工作，制定街道人大工委的8项规章制度和代表小组的5项规章制度。积极开展统战宣传月活动，整合优势资源，推进“同心工作站”建设，邀请专业律师、医生团队走进社区为居民免费开展咨询服务。工会、妇联、团委、关工委通过组织趣味运动会、“好妈妈课堂”、“创意欢乐变”等活动，丰富职工业余生活，提高青少年创新意识。

【党建工作】 柳巷街道班子成员认真召开专题党建工作会议，扎实开展“学习讨论落实”活动、“三严三实”专项整治活动。发挥党工委统领全局、协调各方作用，以“加强基层服务型党组织建设”为契机，组织召开“非公党建专项工作推进会”，引导非公党组织创建“双强六好”。一是对街道672名直管党员进行认真核查，排查出失联党员15名，经比对公安、计生系统等方法，找到并取得联系的党员9名。同时对1名违法党员做出开除党籍处理。二是落实五城联创工作要求，按期组织“道德讲堂”活动要求，利用电子屏、文明宣传展板及“智慧柳巷”和社区微信公众平台大力宣传社会主义核心价值观，营造五城联创良好氛围。三是在“两代表一委员工作室”共接待群众45人，解决问题56个；695名在职党员到社区报到，为居民群众办实事101次；继续开展“五帮一推”工程，共慰问困难党员群众70余人次，慰问金额达4万余元；组织112支志愿者队伍开展活动1200余次，为居民提供零距离服务。

【党风廉政建设】 2016年，加强街道、社区党风廉政建设和反腐败工作自查力度，组织全体机关干部进行党风廉政建设专题学习26次，党工委研究党风廉政建设工作7次，召开纪律作风专项会议14次；开展明察暗访24次，组织处理12人，诫勉谈话5人，党内严重警告1人，开除党籍1人，形成狠刹“四风”的高压态势。在柴市巷等社区设立廉政文化室、廉政文化墙、廉政文化楼院等，以社区党组织为依托开展多种形式廉政文化活动20余次。

【社区建设】 2016年，开南社区、起凤街社区的“双提档”工程、2个日间照料中心完工并正式开始运行。按照上级要求积极搭建群工服务平台，将街道4台、每个社区2台电脑安装调试完毕，确定了操作人员。搭建社区为老服务新平台，建成老年餐桌5个，月均接待老人930余人次。

联系辖区省商业职工医院深入社区为190余名党员群众进行义诊，为大家送去方便和实惠。老年日托中心共接收半失能老人全托12位，日间照料30余位，280余人次参与康复训练，130余人次参加社区、社会组织共同举办的活动。

【社会保障】 2016年，柳巷街办关注弱势群体，落实惠民政策，城镇新增就业人数2280人，完成年计划的98%，创业带动就业人数950人，完成年计划的98%；6198位居民参保城镇居民医疗保险；每月为171户居民发放最低生活保障金12.9575万元，未参保企业退休职工享受困难补助37人；享受临时救助、救助大病人员34人次，救助金额21.3986万元；发放廉租房补贴42户、84人14.2820万元。认真落实人口和计划生育工作责任制，为外来务工人员提供职业推介、证件办理等系列服务，流动人口计生服务管理水平不断提升。为有康复需求的68名残疾人，建立了基本状况康复需求、资源档案，实行动态管理。

【和谐柳巷】 2016年，柳巷始终坚持安全稳定工作党政同责，将地区安全、稳定作为党工委第一要务抓在手上。强化网格信息报送，完善社会风险预警机制，尽力将不稳定因素纳入可控范围内。安全生产大检查工作中，共检查单位2940余家，共整改一般隐患84条，未发现重大隐患，进一步夯实辖区的小餐饮饭店的安全基础，提高经营户的安全意识。累计接收社区矫正人员99人，解矫85人，无一人脱管漏管或重新违法犯罪，帮教安置率达到100%。深入推进“三进一巡、四问四看”社区网格巡查，全年发现问题4136起，解决问题4083起，调解纠纷390起，排查消除安全隐患532起。

【宜居宜商环境】 按照五城联创标准要求，深入开展城乡清洁工程星级创建活动。对环境卫生进行全面整治，彻底清理辖区内的死角垃圾、天井垃圾和积存垃圾32车，约100余吨，排除安全隐患30余起。完善对无物业院落清扫公司的工作要求及考核制度，对社区反映的问题及时反馈、及时解决，确保无物业院落干净整洁；与清运队、清扫公司及社区人员全面配合，共取消6个站点，实行定时定点上门收集垃圾；提高环境卫生网络化管理工作力度，全面提高网络化数字平台工作人员的业务能力及各项技能，大大提高工作效率，确保工作任务能及时处理。成立应急工作中心，全天24小时有人值班，对辖区内各种突发事件及时上报和处理，处理“12319”居民投诉1300多份，“为民解忧愁”投诉件30多份。

【拆迁工作】 2016年，为保障五一路及周边棚户区拆迁改造工作顺利进行，街道党工委、办事处抽调包点领导、党员志愿者组成强有力的拆迁工作指挥部，深入一线排查摸底做好宣传工作，党员干部身先士卒带头工作在拆迁现场，为居民户答疑解难、细致耐心地讲解政策，积极做好准备工作。拆迁过程中严格把握政策、按规定办事，党员干部的主观能动性、先锋模范作用得到充分体现。通过近3个月的艰

苦工作，共安置居民32户、单位7个，拆迁面积近9600平方米，圆满完成拆迁工作任务。（巩　锋）

老军营街道

【概述】　老军营街道位于汾河东岸，东起新建南路，西至滨河东路，南起南内环街，北至迎泽大街，辖区面积3.5平方公里，常住人口87285人。老军营街道办事处内设党办、行政办、人大办、纪工办、统战、武装部、综治办、工会、团委、妇联、司法所、计生办、民政科、低保所、城建科、城管科、环卫所、统计站、安监办、社保科、交安委、财务室、档案室。下设10个社区居委会。辖区内共有单位1137家，其中工业企业1家；建筑企业55家；批零贸易业218家；住宿餐饮业48家；金融保险业32家；服务业286家；行政事业、社会团体单位58家；物业管理、中介服务及房地产业40家；有个体经营户639户。

【经济指标】　规模以上工业总产值任务16.2840亿元，完成18.1068亿元，完成任务的111.5%；固定资产投资完成25.4767亿元，完成任务的100%；限额以上社会消费品零售额任务5.3292亿元，完成5.3582亿元，完成任务的100.5%；建筑业总产值任务15.7977亿元，完成15.93178亿元，完成任务的100.8%。

【"两学一做"学习教育】　落实工作方案各项要求，结合开展建党95周年活动，党工委书记和社区党总支书记带头讲党课20次；围绕"四讲四有"专题，党支部开展交流研讨44次；落实承诺践诺制度，开展"党员先锋行"主题实践活动，签订承诺书457份；举办"纪念党的生日，践行'两学一做'主题党日"活动，各党支部组织党员重温入党誓词、同唱红色歌曲、观看爱国影片、参观革命教育基地等活动34场。深化学用结合，发挥党支部作用，为居民解决各类突出问题36件。

【党风廉政建设】　全面落实"三转"，严格履行"一岗双责"，制定《老军营街道2016年纪检监察工作要点》《老军营街道党工委关于落实党风廉政建设"两个责任"问题清单和整改清单》，全面构建整体联动、统筹协调的党风廉政建设新格局。召开街道和社区廉政警示教育、纪律作风整顿大会3次，召开案例剖析大会3次。对八项规定执行情况进行检查　68次，下发检查通报13期，组织处理8人。

【基层党组织建设】　完成基层党建7项重点任务。开展党员组织关系集中排查工作，确保联系到每位党员，真正实现活动主体全覆盖；严格换届纪律，选举产生出席区第五次代表大会代表17名。完成党费收缴工作专项任务，补缴党费55380.7元；完成服务群众工作信息系统项目的硬件安装，组织群工系统业务培训4次，发放手机终端295台。召开基层党组织书记抓党建工作述职工作评议考核和民主评议。

【城市建筑节能改造】　完成节能改造35栋居民楼、16万平方米。完成康乐街至文源巷道路打通工程拆迁任务，拆除面积

3700余平方米，安置居民27户。小街巷整治工作（康乐街至文源巷路段）基本完成，对沿街的9座居民楼进行粉刷，完成外立面粉刷16025平方米，楼梯间粉刷12792平方米，新建围墙1200平方米。

【社区活动场所建设】　截至2016年10月，老军营街办10个社区全部提档升级，社区活动场所平均面积达到1353平方米。

【养老服务】　老军营小区第二社区搬迁入住新办公室，与太原市妇幼医院签订协议，开设医养结合养老中心，床位25张。新建南路第三社区引进湖南普亲老龄产业发展有限公司开设嵌入式社区养老服务中心，床位69张。劲松社区与福寿和、小区三与红马甲家政、新南一与山西省图书大厦、新南二与皮卡书屋合作开办4个日间照料中心。开办4个老年餐桌（桃二老年餐桌、小区三老年餐桌、新南一老年餐桌、新南三老年餐桌）。

【社区惠民项目】　一是配合区民政局对2015年的惠民项目全部进行审查，为今后惠民项目的立项提供参考和指导性建议，促进惠民项目效益的最大化。二是通过网格化征求居民意见，通过“四议两公开”确定惠民项目，立项上报，完成落实。

【区域环境】　1. 义务植树800株，完成垂直绿化650延长米。对辖区内死树、枯树及存在安全隐患的树木及时上报，快速处理。

2. 对康乐街、西里街、老军营小区等老旧片区、居民小区内长期积存的废旧家具及无主垃圾集中清理，清运垃圾600余吨；二是强化大街小巷综合管理，坚决取缔一、二类街道摆摊设点占道经营等现象，结合12319平台举报件和日常巡查，对违法占道经营行为批评教育及暂扣，进一步净化街道环境；三是全民动员对背街小巷和无物业居民院落的小广告进行清理，发动驻地单位和各类志愿者队伍对各辖区范围内的小广告清理覆盖，共清理小广告2万余条。

【安全生产】　全年共排查、检查单位2064家次、排查各类隐患455项，现场整改96个，下发限期整改通知书359个；检查居民楼623栋次，发现隐患805项，现场整改隐患626个，下发限期整改通知书179家，有效遏制了各类安全事故的发生；举办安全知识宣传2场，出各类版面20块，悬挂宣传条幅55条，发放宣传手册500份，发放宣传资料2000份，发放环保宣传袋1000份，在居民楼院张贴防火通知1079余份；各类安全事故控制指标为“零”，有效预防和减少安全生产事故的发生。

【社会综合治理】　继续开展社会治安“六项整治”活动，清理整顿九小场所95处，规范整顿6所学校周边环境；结合“六五”普法规划，开展“强化安全意识、增强生命能力”安全教育活动；组织开展综治宣传月活动，累计宣传28场次，专题法制讲座5次，出黑板报35块、悬挂横幅标语16条，发放宣传资料1000余份，营造安全、和谐、稳定的地区环境。

矛盾排查力度继续加强。共调解矛盾纠纷398起，接收社区服刑人员8人，解矫19人；社区服刑人员到所报到491人次，上交思想汇报362份；进行谈话教育433人次，入户走访102次，组织集中教育学习305人次，组织公益劳动250人次，出具委托调查函15件。全年未发生跨地区串联聚集、非正常进京上访和集体上访，未发生影响稳定的重大突发案件，地区无重大矛盾纠纷发生。

【民生事业】　劳动就业保障方面。大力实施就业创业优惠政策，完成新增就业1874人，城镇登记失业率目标控制在1.2%。开展了以“政府学校以努力、携手帮扶促就业”为主题的就业援助月活动。

社会救助保障方面。2016年累计保障城市低保对象1473户次，1833人次；发放提标补助2.9万元，发放电费补助8742元，发放城市低保金106.5万元；为85名低保残疾人发放一次性生活补贴8.5万元；为困难残疾人发放生活补贴5.87万元，对困难群众医疗救助实行提标扩面，为患病群众累计救助总支出23余万元。为符合条件的27户家庭中的60人申请公共租赁住房补贴，总计保障金额10.2402万元。

残疾救助方面。对288名重度残疾人发放重残护理补贴20.7万元，春节慰问50名贫困残疾人合计10000元，“六一”儿童节期间救助残疾儿童2500元，“金秋助学”活动中发放4500元，中秋慰问贫困残疾人4000元。为4名有燃油三轮代步车的残疾人发放燃油补贴，合计1040元；慈善助学活动中，为符合条件的困难家庭学生共发放助学款总计2.2万元。

计划生育服务方面。重点宣传和发放《山西省人口与计划生育条例》《全面二孩办证指南》资料，对全面两孩的简化办证情况广泛宣传；在元旦、春节期以及中秋国庆期间，为特殊家庭送现金或慰问品合计30786元；“帮扶困难独生子女”16户共计9100元；为21户失独家庭送去家政服务卡，共计10500元。

对口脱贫方面。成立西六度村驻村帮扶工作领导小组，通过网上比对和实际走访调查，确定121户贫困户。通过外出打工、光伏发电、退耕还林、教育扶贫四条途径，全年实现脱贫102户。

【精神文明建设】　组建10支由辖区“五老”组成的公民道德教育宣传队伍。组织“善行义举好人榜”“道德模范”“身边好人”人物评选，制作20块“善行义举好人榜”在10个社区进行悬挂。开办“市民道德讲堂”6次，社区开展“百姓道德讲堂”6次。刊登和更新宣传内容1000余条，张贴公益广告400张，市民公约海报1000张，发放创建全国文明城市宣传页10000份。在单位公共场所制作了社会主义核心价值观宣传版面130余块、遵德守礼温馨提示牌13块。注册志愿者达到100%以上。

【文化服务体系】　以街道设文化站站长为指导，10个社区文化分站为依托，抓好设施建设，整合文体资源，以社区文化、广场文化、家庭文化、社区体育、楼院文化、商业文化、公园文化为主，广泛开展一系列群众性文体活动，举办了春节联欢晚会、元宵节、三八妇女节、端午节、六一儿童节、七一建党节、八一建军节等开展形式多样的文体活动。关心下一代工作蓬勃开展，进一步发挥“心灵驿站”和“阳光五点钟”的作用，开展了丰富多彩的青少年教育活动。（贾俊芬）

郝庄镇

【概述】郝庄镇东与寿阳接壤，西至建设路，南与榆次交界，北至杏花岭。共有28个村，6个社区。全镇人口55682人，其中农业人口23192人。主要从事农业、商业、服务业、运输业。辖区总面积89平方公里，耕地10290.2亩，退耕还林8000亩，果园4438.7亩。主要粮食品种为玉米、谷子、高粱、土豆和莜荞麦、豆类等小杂粮。辖区内有煤炭、铝钒土、石料、石灰、石膏等丰富的矿产资源，有慈云寺、芳林寺、永祚寺、白云寺等古迹。东中环、东峰路、东山过境高速公路横穿南北，长风街东延、南内环东延、南沙河快速路、307国道直通东西，道路四通八达，交通极为便利。

2016年，镇党委、镇政府紧紧围绕区第五次党代会提出的建设省城首善之区的目标任务，按照镇第四次党代会提出的工作部署，按照区里科学规划建成区、城乡结合部和东部山区“三个板块”的功能定位和产业布局，持续推进传统服务业提质改造，持续推进产业升级、城市管理、便民服务的融合互通；不断扩大招商引资范围和领域，积极承接产业和项目转移，启动新沟村“迎泽区电子商务园区建设”，签约红星美凯龙城市家居、张家河古镇风景旅游等一批重大项目，积极培育经济新的增长点。启动了董家庄村“市级美丽乡村示范村”创建工作，山西省爱国卫生运动委员会命名小山岩村、董家庄村为2016年度山西省卫生村。

郝庄镇人民政府成立于2002年，位于朝阳街58号。内设党委办、政府办、总工会、妇联、团委、综治办、计生办、纪检办、农业办、林业站、社会事务办、国资办、安全办、财务科、统计办、城管中心、审计办、文化站、村财办、新农合、新农办和交管站。2016年，有公务员编制34人，实有32人（其中，正科级编制3人，副科级编制6人）；机关工勤编制4人，实有2人；事业编制45人，实有21人；镇财政自收自支编制21人。

【经济指标】全年固定资产投资实际完成61.13亿元，同比增长11.8%，占全区固投完成额的28.1%；建筑业实际完成20.67亿元，同比增长27.7%；限上社会消费品零售额完成62.16亿元，同比增长13%，占全区社消完成额的21.8%；批发零售额完成限上65.14亿元，同比增长9.6%；住宿餐饮业完成636万元，同比增长-27.1%。

【民主政治建设】2016年上半年，圆满完成镇第四届党代会和人大会换届选举工作，选好配强镇领导班子。镇人大围绕城中村改造、镇域规划等重点工作开展调研讨论活动，全面提升代表履职综合能力和履职意识。镇工会积极开展金秋助学送温暖等活动，扎实服务基层职工；镇团委圆满完成共青团郝庄镇第四届换届工作；镇妇联不断扩大妇女的组织覆盖，将系列活动常态化。武装部严把兵役登记和征兵质量关，输送28名合格军人，圆满完成任务；充分发挥统一战线优势，为全镇的转型跨越发展，凝聚了方方面面力量。

【党组织建设】 认真组织开展“两学一做”学习教育活动。集中整顿捐子等3个村、1个社区、2个非公企业党组织的组织制度形同虚设、不开展党组织活动、民主管理混乱等问题，6个软弱涣散基层党组织全部实现转化升级。全力推进7项重点任务落实。全面清查党员党费缴纳，做到应缴尽缴，共收缴12.88万元，全部上缴区委组织部。设立群众工作信息平台，进一步完善便民服务体系。扎实推进村（社区）干部“双述双评”考核机制，开展各村（社区）党组织书记履行党风廉政建设专项责任述职，民主评议出10个优秀党组织书记。

【党风廉政建设】 不断强化镇党委履行“两个责任”的思想和行动自觉。镇党委10次研究党风廉政建设，5次全镇范围集体约谈，全年约谈党员干部267人次，层层传导压力，营造廉洁从政氛围。开展各村（社区）“双述双评”和党组织书记履行党建工作责任专项述职评议考核大会。结合实际，制定实施《郝庄镇关于推行“四项谈话制度”的暂行办法》，使约谈工作常态化、制度化。全年进行“四项谈话”30余次，约谈镇中层以上干部及村（社区）两委主干80多人次；查处违纪案件10起，处分党员干部21人。

【城中村改造】 对2015年启动的6个村拆迁工作开展“清零”行动，完成郝庄、双塔、赵北峰等3个村的收尾工作；同步推进2016年新确定的4个城中村整村拆除工作。马庄、店坡、郝家沟均在启动整村拆除20天内基本完成签订协议，30天实现基本拆除目标，体现了“迎泽速度”，实现了中环以内城中村全部拆除目标。

【生态建设】 加大改善环境质量工作力度，将东中环内的区域供暖全部改造成集中供热；持续推进既有居住建筑节能改造，取缔12台燃煤锅炉，将港道、水峪等6个村的区域供热锅炉全部改造成燃气和电的清洁能源；为村民发放1.5万吨洁净焦炭，改善冬季空气质量。严厉打击秸秆焚烧、垃圾焚烧等行为；全镇18个村实现垃圾上门收集，所有村庄、社区生活垃圾全部进焚烧电厂，杜绝了生活垃圾的二次污染。

【土地确权】 土地确权是当前农村土地改革的一项重要工作。全镇应确权的村有17个，已完成12个村的基础数据测绘工作。

【精准扶贫】 开展了对娄烦县静游镇东六度村的精准扶贫工作，进行“一对一”结对帮扶，实现了231户、714人顺利脱贫。

【地质灾害防治】 认真做好地质灾害防治工作，积极做好采煤沉陷区治理前期的选址、勘探以及建设手续办理。

【安全生产】 落实安全生产“党政同责、一岗双责、齐抓共管”要求，与34个村

（社区）签订安全目标责任书，与25个重点企业签订安全生产承诺书，扎实开展“反三违”“除隐患、保平安”专项整治，开展对存在违建以及城中村消防安全隐患的联合整治，拆除有消防隐患库房、收购站9处、5000余平米，先后清理易燃物800多吨。

【重点民生工作】 新建东太堡等2家社区日间照料中心，占道等5个村的日间照料中心正常运营。全面加强计划生育工作，不断提高均等化服务水平，严格落实国家、省、市、区奖励扶助政策，奖励金额合计1777690元。认真落实各项支农惠农政策，完成退耕还林兑现8000亩，每亩补贴90元，为全镇5163户低收入农户每户发放冬季取暖补贴款230元，农村居民人均可支配收入增幅达7.5%。新农合参保率达100%。为16户廉租房补贴4.4万元；拨付资金27万余元，为20户农村危房进行了改造；投资70万元，完成对5个山区村108户的改厕任务。

【社会保障】 扎实推进社会保障“全覆盖”，全年审核、审批6个社区22个村的城乡低保户358户、544人，发放低保金322万余元，为21名五保户发放五保金18万余元，为125名优抚对象发放优抚金42万余元，两参人员公益性岗位补助65万余元。

（程树桢）

2016 年度五一表彰名单

山西省五一劳动奖状获得单位

太原迎泽国有投资有限公司

太原市五一劳动奖章获得者

周靖华　迎泽区文庙街道党工委副书记、办事处主任

张利宏（女）　区宣传部副部长、区文明办主任

畅耀宗　区文体局局长兼城中村改造领导组办公室副主任

太原市劳动竞赛委记功表彰名单

集体一等功（1 个）

迎泽区郝庄镇郝庄社区党总支

个人一等功（4 个）

尹晓平　郝庄镇党委书记、人大主席

李保林　郝庄镇王家峰社区党总支书记

曹雅丽（女）　郝庄镇赵北峰社区党支部副书记

常银钢　迎泽区人民法院党组成员、审判委员会专职委员

迎泽区劳动竞赛委记功表彰名单

集体三等功（1）

太原市公安局迎泽分局迎泽派出所

附　录

FULU

文献辑存

迎泽区2016年国民经济和社会发展统计公报
关于制定国民经济和社会发展第十三个五年规划的建议

迎泽区统计局

2017年4月18日

2016年，在区委区政府的正确领导下，全区上下坚持以科学发展为主题，加快转变经济发展方式，把稳增长、促效益、惠民生放在更加重要的位置，促进经济社会和谐发展。

一、综合

人口：据2016年全国1%人口抽样调查，年末全区常住人口610358人，比上年末增加3998人。其中：城镇人口593109人，增加3954人；乡村人口17249人，增加44人。城镇化率97.17%，比上年提高0.01个百分点。男性人口299327人，女性人口311031人，性别比为96.24:100。

全年出生人口5678人，人口出生率9.33‰；死亡人口1680人，死亡率2.76‰；自然增加人口3998人，自然增长率6.57‰。

经济增长：全区实现地区生产总值（GDP）6022009万元，比上年同期增长6.6%，其中：第一产业实现增加值3286万元，下降9.2%；第二产业实现增加值805952万元，增长7.7%；第三产业（服务业）实现增加值5212771万元，增长6.4%。金融业增加值1962314万元，增长11.32%；营利性服务业增加值1217738万元，增长11.2%；批发零售增加值819635万元，增长0.5%；非营利性服务业增加值565918万元，增长 2.18%；住宿和餐饮业增加值 321485 万元，增长 1.6%；交通运输、仓储和邮政业增加值 113726 万元，增长 0.3%；房地产业增加值 165064 万元，下降 10.6%。

人均地区生产总值 98988 元，增长 6.0%。

产业结构：三次产业对经济增长的贡献率分别为 0.1%、13.4%和 86.6%，分别拉动 GDP 增长 0、0.9 和 5.5 个百分点。

财政：区财政总收入完成 297595 万元，下降 2.06%；一般公共预算收入累计完成 139219 万元，下降 13.71%；一般公共预算支出累计执行 193940 万元，下降 13.39%。

二、农业

种植面积：全年农作物种植面积 177.4 公顷，比上年减少 5 公顷。粮食种植面积 171.9 公顷，比上年增加 1.9 公顷。蔬菜种植面积 2.1 公顷。

表 1　　2016 年主要农产品产量

产品名称	产量(吨)	比 2013 年增长(%)
粮　食	409.4	9.2
其中：夏粮	0	
秋粮	409 .4	9.2
其中：小麦	0	
玉米	268.8	20.4
马铃薯	124.1	–47.3
油　料	6.4	1.6
棉　花		
蔬　菜	255.3	5.8
水　果	178.1	–16.8

造林：全年造林面积 234 公顷。零星植树 108 万株。育苗面积 27 公顷。

畜禽及水产品产量：猪出栏 2127 头。肉类产量 258.45 吨，禽蛋产量 226 吨，牛奶产量 18 吨，水产品产量 50 吨。

化肥施用：全年农用化肥施用量（折纯）2.7 吨。

三、工业

工业：规模以上工业增加值 413896.2 万元，增长 2.3%。其中：中央企业增加值 346168.3 万元，下降 5.25%；省属企业增加值 2455.9 万元，增长 15.84%；市属企业增加值 34444.8 万元，增长 11.65%；村及村以下企业增加值 1845.3 万元，下降 9.48%。

全区规模以上工业增加值在五个行业中，增加值比上年增长的有 3 个。

规模以上工业主营业务收入 628835.5 万元，下降 4.7%。利税总额 277715.3 万元，下降 0.1%。利润总额 42340.6 万元，下降 34.3%。亏损企业亏损额 11280.9 万元，增长 13.9%。

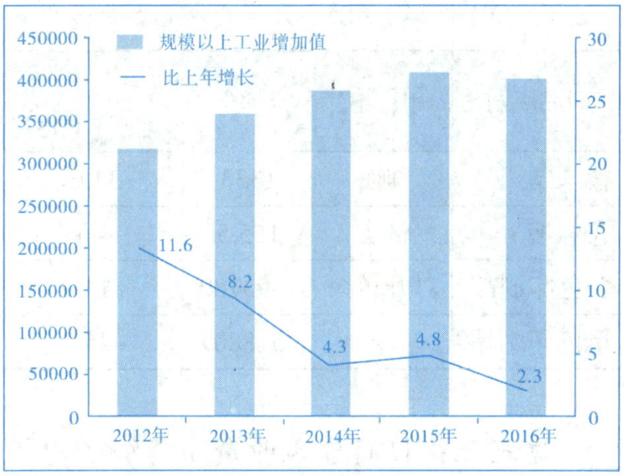

图 1　2012—2016 年规模以上工业增加值

表 2　2016 年规模以上工业增加值分类

指　标	增加值（万元）	比 2015 年增长（%）
规模以上工业	384914.2	2.3
其中：轻工业	355852.7	–5.4
重工业	29061.5	19.7
其中：国有控股企业	378683.3	–3.6
其中：国有企业	29061.5	19.7
股份制企业	351467.1	–5.1
外商及港澳台商投资企业	4385.7	–21.6

表 3　2016 年规模以上工业各行业增加值

行　业	增加值（万元）	比 2015 年增长（%）
烟草制品业	346168.3	–2.25
电力、热力生产和供应业加工业	29061.5	19.66
印刷业	4301.1	4301.1
化学原料及化学品制造业	4385.7	–21.62
食品制造业	997.6	9.75

表 4　2016 年规模以上工业企业主要产品产量

产品名称	单　位	产量	比 2014 年增长（%）
食　醋	吨	1333	11.6
卷　烟	亿支	155.5	–4.9
多色印刷品	对开色令	1693780	–14.9
单色印刷品	令	51880	–45.4

建筑业：具有建筑业资质等级的总承包和专业承包建筑业企业总产值 4039903 万元，增长 21%；利税总额 153852 万元，下降 28.8%；利润总额 107979 万元，下降 2.1%；上缴税金 45873 万元，下降 56.7%。

建筑业企业房屋建筑施工面积 1108 万平方米，竣工面积 274 万平方米。

四、固定资产投资

固定资产投资：全年固定资产投资 2182485 万元，增长 14.3%。其中：城镇项目投资 739556 万元，下降 22.5%；房地产开发投资 1442929 万元，增长 51.0%。

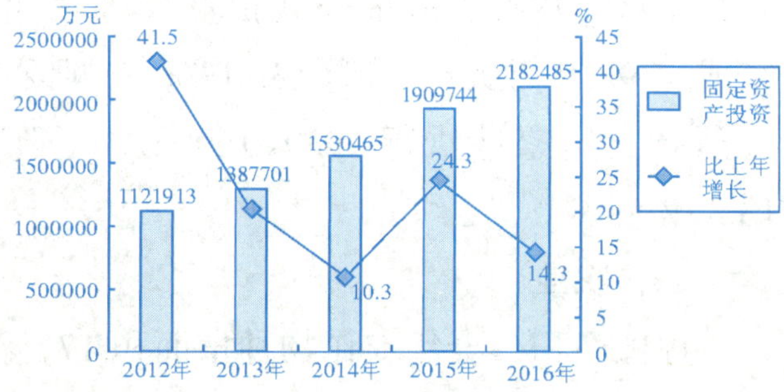

图 2　2012—2016 年固定资产投资

分产业看，第一产业完成投资 3381 万元，同比下降 53.8%；第二产业投资 433447 万元，下降 8.4%，其中，工业投资 425447 万元，下降 7.4%；第三产业投资 1745657 万元，增长 22.1%。三次产业投资比重为 0.1%、19.9%和 80.0%。

分经济类型看，城镇建设项目中国有投资 460136 万元，下降 36.5%；非国有投资 278520 万元，增长 21.4%。

表 5　2016 年分行业固定资产投资

指　标	投资额（万元）	比 2015 年增长（%）
总　　计	2182485	14.3

续表

指 标	投资额（万元）	比 2015 年增长（%）
农、林、牧、渔业	3381	–53.8
采矿业	124296	–10.3
制造业	51213	290
电力、热力、燃气及水的生产和供应业	249938	–17.6
建筑业	8000	–41.2
批发和零售业	31111	–15.1
交通运输、仓储和邮政业	40096	–39.7
住宿和餐饮业	1534	–87.1
信息传输、软件和信息技术服务业	91766	42.2
房地产业	13788	–86.7
房地产开发投资	1442929	51.0
金融业	——	——
科学研究和技术服务业	17844	21.7
水利、环境和公共设施管理业	49200	–64.4
教育	4042	–11.8
卫生和社会工作	10949	–56.2
公共管理和社会组织	3797	–23.6

大项目成为拉动投资重要力量：

全年我区城镇建设项目本年完成投资2亿元以上的有6个项目共完成投资229491万元，占到城镇建设项目本年完成投资的31.0%；本年完成投资1–2亿元以上的有6个项目共完成投资90858万元，占到城镇建设项目本年完成投资的12.3%；本年完成投资1亿元以下的项目共完成投资419207万元，占到城镇建设项目本年完成投资的56.7%。

全年我区房地产项目本年完成投资6亿以上的项目有7个全年共完成685395万元，占全区房地产本年完成数的47.5%。

房地产开发：全年房地产开发投资955392万元，增长8.3%。住宅投资784031万元，增长15.7%，其中：90平方米以下住房投资329611万元，占住宅投资的比重为42.0%。商业营业用房投资56001万元，下降28.1%。全年商品房竣工面积692389平方米，商品房销售额292699万元。

五、贸易

消费品零售：全年社会消费品零售总额4401717万元，增长10.8%。

表6　**2016年社会消费品零售总额**

指 标	零售额（万元）	比 2015 年增长（%）
社会消费品零售总额	4401717	10.8
分地域：城镇	4401717	10.8
其中：城区	4389717	10.9
分行业：批发业	818462	27.5
零售业	3231364	8.2
住宿业	33185	4.1
餐饮业	318706	2.4

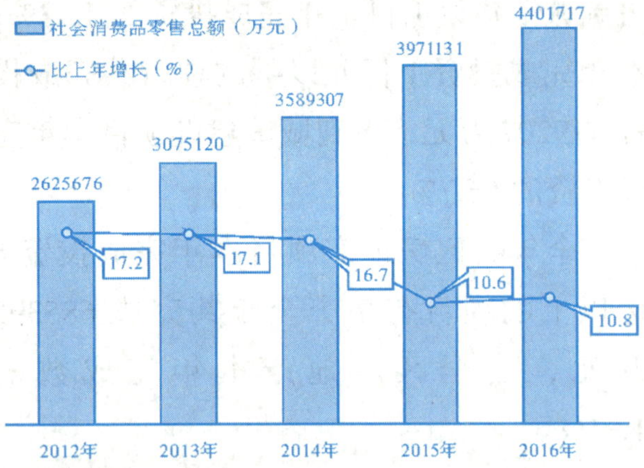

图3　2011—2015年社会消费品零售总额

限额以上贸易企业零售额2845436万元，比上年增长11.2%，占社会消费品零售总额的64.6%。

人民生活：按常住地分，城镇常住居民人均可支配收入30421元，增长7.3%；农村常住居民人均可支配收入19112元，增长6.4%。城乡居民收入比为1.59:1。

表7　2016年限额以上批发零售业商品零售类值

指　标	零售额（万元）	比2015年增长（%）
服装、鞋帽、针纺织品类	1145721	12.3
中西药品类	653005	22.1
家用电器和音像器材类	327673	16.8
石油及制品类	100237	2.5
烟酒类	89345	16.1
粮油、食品类	66144	–13.3
金银珠宝类	62856	–8.9
汽车类	61813	–5.1
化妆品类	47431	15.9
通讯器材类	29978	–7.6

2016 年全区经济运行简析

2016 年，面对复杂多变的宏观经济环境，区委、区政府坚持稳增长工作总基调，主动适应经济发展新常态,努力培育经济发展的新动力、新活力，把调结构促改革惠民生放到更加重要的位置，不断加强经济运行监控，着力提高经济发展的质量和效益，全区经济呈现出平稳健康发展的良好态势。

主要经济指标完成情况：

1. 地区生产总值 6022009 万元，增长 6.6%；十县区排名第七。

2. 服务业增加值 5212771 万元，增长 6.4%；十县区排名第五。

3. 规模以上工业增加值 384914 万元，增长 2.3%；十县区排名第七。

4. 固定资产投资 2182485 万元，增长 14.3%；十县区排名第三。

5. 社会消费品零售总额 4401717 万元，增长 10.8%；十县区排名第三。

6. 一般公共预算收入 139219 万元，下降 13.7%；十县区排名第九。

一、地区生产总值增速有所回落

（一）全区完成情况

2016 年，全区实现地区生产总值（GDP）6022009 万元，比上年同期增长 6.6%，增速比上年同期（7.7%）下降 1.1 个百分点，低于全国（6.7%）0.1 个百分点，高于全省（4.5%）2.1 个百分点，低于全市（7.5%）0.9 个百分点，在全市十个县（市区）中居第七位。

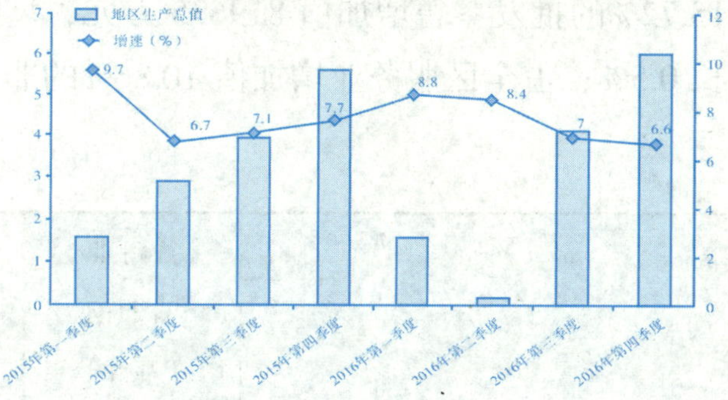

图 1　地区生产总值走势图

第三产业拉动经济增长作用明显。2016 年，第一产业实现增加值 3286 万元，下降 9.2%，增速比上年同期（–9.1%）回落 0.1 个百分点；第二产业实现增加值 805952 万元，增长 7.7%，速度比上年同期（6.3%）提高 1.4 个百分点；第三产业（服务业）实现增加值 5212771 万元，增长 6.4%，增速比上年同期（7.9%）减缓 1.5 个百分点。三次产业对经济增长的贡献率分别为 0.1%、13.4%和 86.6%，分别拉动 GDP 增长 0、0.9 和 5.5 个百分点。

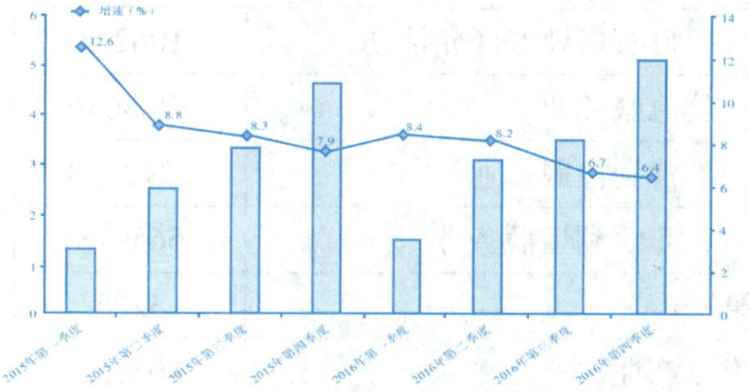

图 2　服务业增加值走势图

在服务业各行业中，占全区服务业增加值 37.64%的金融业增加值 1962314 万元，增长 11.32%；占全区服务业增加值 23.36%的营利性服务业增加值 1217738 万元，增长 11.2%；占全区服务业增加值 15.72%的批发零售增加值 819635 万元，增长 0.5%；占全区服务业增加值 10.86%的非营利性服务业增加值 565918 万元，增长 2.18%；占全区服务业增加值 6.17%的住宿和餐饮业增加值 321485 万元，增长 1.6%；占全区服务业增加值 3.0%的交通运输、仓储和邮政业增加值 113726 万元，增长 0.3%；占全区服务业增加值 3.17%的房地产业增加值 165064 万元，下降 10.6%。

表 1　各行业增加值、增速、占 GDP 比重

	各行业增加值（万元）	增速（%）	各行业占 GDP 比重（%）	贡献率（%）	拉动增长百分比（%）
地区生产总值	6022009	6.57	100.00	100.00	6.57
农林牧渔业	3286	–9.19	0.05	–0.09	–0.01
工业	392082	2.28	6.51	–1.04	0.17
建筑业	413870	13.68	6.87	7.25	0.93
批发和零售业	819635	0.53	13.61	1.13	0.08
批发业	493863	–1.69	8.20	–0.97	–0.16
零售业	325772	4.10	5.41	2.10	0.24
交通运输、仓储和邮政业	160617	0.33	2.67	0.41	0.01
住宿和餐饮业	321485	1.55	5.34	1.17	0.09
住宿业	82448	3.32	1.37	–0.08	0.05
餐饮业	239037	0.92	3.97	1.25	0.04
金融业	1962314	11.32	32.59	57.12	3.34
房地产业	165064	–10.60	2.74	–2.77	–0.36
房地产业（K 门类）	58823	–29.85	0.98	–3.48	–0.46
自有房地产经营活动	106241	5.00	1.76	0.71	0.09
其他服务业	1783656	8.08	29.62	36.82	2.32
营利性服务业	1217738	11.20	20.22	31.86	2.10
非营利性服务业	565918	2.18	9.40	4.97	0.22
第一产业	3286	–9.19	0.05	–0.09	–0.01
第二产业	805952	7.73	13.38	6.21	1.10
第三产业	5212771	6.39	86.56	93.88	5.48

表 2　　服务业各行业占服务业比重

	各行业增加值（万元）	增速（%）	占服务业增加值比重（%）	贡献率（%）
批发和零售业	819635	0.53	15.72	1.20
批发业	493863	-1.69	9.47	-1.03
零售业	325772	4.10	6.25	2.23
交通运输、仓储和邮政业	160617	0.33	3.08	0.43
住宿和餐饮业	321485	1.55	6.17	1.25
住宿业	82448	3.32	1.58	-0.08
餐饮业	239037	0.92	4.59	1.33
金融业	1962314	11.32	37.64	60.84
房地产业	165064	-10.60	3.17	-2.95
房地产业（K 门类）	58823	-29.85	1.13	-3.71
自有房地产经营活动	106241	5.00	2.04	0.75
其他服务业	1783656	8.08	34.22	39.22
营利性服务业	1217738	11.20	23.36	33.93
非营利性服务业	565918	2.18	10.86	5.29
第三产业	5212771	6.39	100.00	100.00

二、农业经济有所回落

2016 年，全区农林牧渔业总产值 7097 万元，比上年同期下降 8.31%，增速比上年（-3.24%）回落 5.07 个百分点。其中：农业产值 336.3 万元，增长 16.97%；牧业产值 979.1 万元，下降 10.35%；渔业产值 59.6 万元，同比增长 0.17%。

肉类总产量 258.45 吨，同比下降 30.97%；禽蛋产量 226 吨，增长 103.6%；牛奶产量 18 吨，下降 50%。

三、规模以上工业增速呈下降趋势

（一）2016 年完成情况

2016 年全区规模以上工业总产值完成 635250 万元，同比下降 3.72%，增速比上年同期（6.2%）回落 9.92 个百分点。规模以上工业增加值完成 384914 万元，同比增长 2.3%，增速比上年同期（3.78%）回落 1.48 个百分点。

从行业看，热力供应行业完成产值 181039 万元，同比增长 14.53%，比三季度（15.6%）回落 1.07 个百分点；制造业完成产值 454182 万元，同比下降 9.5%，比三季度（-3.9%）回落 5.6 个百分点。

从隶属关系看，中央企业完成产值 420925 万元，同比下降 8.84%，比三季度（-3.77%）回落 5.07 个百分点；省属企业完成产值 24226 万元，同比下降 20.2%，比三季度（–6.5%）回落 13.7 个百分点；市属企业完成产值 184884 万元，同比增长 14.3%，与三季度（15.5%）回落 1.2 个百分点；私营企业完成产值 5117 万元，同比下降 13.68%，比三季度（–8.51%）回落 5.17 个百分点。

（二）各街办完成情况

与全区比较，增速超过全区水平（–3.7%）的有 2 个：柳巷（3.5%）、老军营（14.5%）；增速低于全区水平（–3.7%）的有 1 个：桥东（–9.6%）。

与上年同期比较： 3 个街办增速都比上年同期有所回落。其中柳巷回落 5.2 个百分点；桥东回落 12.6 个百分点；老军营回落 3.2 个百分点。

四、建筑业增速加快

（一）全区完成情况

全年建筑企业共完成产值 4039903 万元，同比增长 21%，比去年同期（5.5%）提高 15.5 个百分点。全市总量排名第四，增速排名第五。

（二）从不同层面来看

从各街办看，柳巷街办完成产值 50618 万元，增速 17.7%；文庙街办完成产值 143821 万元，增速 18.1%；庙前街办完

表 3　全区各行业规模以上工业产值

行业类别	上年同期		2016 年		
	绝对量（万元）	增速（%）	绝对量（万元）	增速（%）	速度比上半年加快（+）减缓（–）百分点
烟草制品业	461742.85	3.68	420924.54	–8.84	–12.52
电力、热力生产和供应业	158096.1	17.65	181068.5	14.53	–3.12
印刷业	12093.3	–16.6	11927.7	–1.4	15.2
化学原料及化学品制造业	24200	2.54	17514.6	–27.63	–30.17
食品制造业	3687.7	8.69	5117.2	–13.68	–22.37

表 4　全区及各街办规模以上工业产值

	上年同期		2016 年				
	绝对量（万元）	增速（%）	绝对量（万元）	占全区比重（%）	增速（%）	增速排位	增速比上年同期加快或减缓百分点
迎泽区	659820	6.2	635250	—	–3.7	—	–9.9
柳　巷	3688	8.7	3815	0.6	3.5	2	–5.2
桥　东	498036	3.0	450367	70.9	–9.6	3	–12.6
老军营	158096	17.7	181069	28.5	14.5	1	–3.2

成产值 3009388 万元，增速 22.4%；迎泽街办完成产值 406763 万元，增速 28.5%；桥东街办完成产值 116281 万元，增速 17.3%；老军营街办完成产值 159318 万元，增速 18%；郝庄镇完成产值 206715 万元，增速 27.7%。

从隶属关系看，中央企业产值 3235551 万元，增长 23.9%；省属企业产值 773260 万元，增长 11.4%；市属及以下企业产值 31093 万元，增长 5.5%。

从行业看，房屋建筑业产值 1180508 万元，下降 7.9%；建筑安装业产值 437400 万元，增长 36.4%；建筑装饰和其他建筑业产值 235782 万元，增长 7.9%。

从企业看，全区资质以上总承包和专业承包建筑业企业 300 家，比上年增加 38 家，增长 14.5%；其中有工作量的企业 237 家,增加 18 家，增长 8.2%。

五、固定资产投资增长平稳

（一）全区完成情况

全年固定资产投资完成 2182485 万元，同比增长 14.3%，增速比前 11 个月（17.6%）回落 3.3 个百分点，比上年同期（24.8%）回落 10.5 个百分点，高于全市（0.1%）14.2 个百分点，在全市 10 县区中居第 3 位。

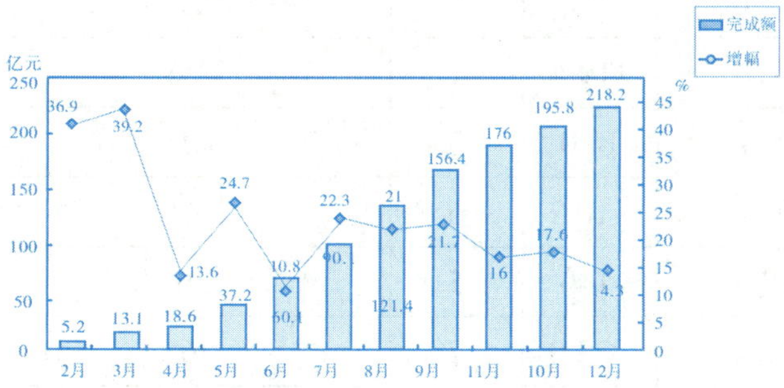

图 3 迎泽区 1—12 月投资趋势图

从投资结构来看，城镇项目投资 739556 万元，下降 22.5%，比前 11 个月（-14.4%）回落 8.1 个百分点。房地产开发投资 1442929 万元，增长 51.0%，增速比前 11 个月（47.0%）提高 4.0 个百分点。

从隶属关系看，城镇建设项目中央投资 72046 万元，同比下降 40.1%；地方投资 667510 万元，同比下降 20.0%。

从经济类型看，城镇建设项目国有投资 460136 万元，同比下降 36.5%；非国有投资 278520 万元，同比增长 21.4%。

从投资构成划分看，建筑工程投资完成 1045680 万元，同比增长 7.6%；安装工程投资完成 244773 万元，同比增长 40.3%。

从销售情况看，房地产商品房销售面积为 289803 平方米，同比下降 35.7%；房地产商品房销售额 222750 万元，同比下降 23.9%。

（二）各街办完成情况

与全区比较，增速超过全区水平（14.3%）的有 2 个：文庙街办（119.4%）、柳巷街办（19.0%）；增速低于全区水平（14.3%）的有 3 个：庙前街办（14.0%）、郝庄街办（11.8%）、桥东街办（1.4%）。出现负增长的有 2 个：迎泽街办（下降 10.2%）、老军营街办（下降 32.0%）。

（三）主要运行特点

1. 各产业投资增幅表现不一。全区一产、二产有所下降、三产略有增长。第一产业全年完成投资 3381 万元，同比下降 53.8%；第二产业全年完成投资 433447 万元，同比下降 8.4%，其中，工业完成投资 425447 万元，同比下降 7.4%，第三产业全年完成投资 1745657 万元，同比增长 22.1%。

2. 城市基础设施建设投资规模比上年同期下降

全区全年城市基础设施建设投资 739556 万元，比上年同期下降 22.5%，占全区投资的比重为 33.9%，其中，四季度制造业完成投资 51213 万元，同比增长 2.9 倍；但是另外一些行业投资出现了大幅度下降，住宿餐饮业完成投资 1534 万元，同比下降 87.1%；水利环境和公共设施管理完成投资 49200 万元，同比下降 64.4%。

3. 大项目成为拉动投资重要力量

全年城镇建设项目本年完成投资 2 亿元以上的有 6 个项目共完成投资 229491 万元，占到城镇建设项目本年完成投资的 31.0%。

全年房地产项目本年完成投资 6 亿以上的 7 个项目共完成 685395 万元，占全区房地产本年完成数的 47.5%。

（四）存在的主要问题

1. 老城区投资发展局限性大。从全区固定资产投资现状来看，作为成熟城区的迎泽区，投资发展十分局限，又经过连续几年的高增长，上升空间已十分有限，要保持投资持续增长，确保全年目标完成面临较大压力与挑战。

2. 投资不均衡，集中于少数大企业。太原市龙城南部置业有限公司、太原市龙城东部置业有限公司两个龙头企业的本年完成投资数占到了全区房地产本年完成数的 59.1%。

3. 有项目的企业比例不高，项目产能未能充分发挥。全年我区房地产在库企业 160 家，有项目的企业 58 家，仅占企业总数的 36.2%。在库项目 85 个，当月无产值的项目

表 5　分街办固定资产投资完成情况

	1–11 月		全年				
	绝对量（万元）	增速（%）	绝对量（万元）	占全区比重（%）	增速（%）	增速排位	增速比前 11 个月加快或减缓百分点
迎泽区	1958370	17.6	2182485	——	14.3	——	——
柳　巷	234550	11.1	274366	12.6	19.0	2	7.9
文　庙	141430	87.8	169074	7.7	119.4	1	31.6
庙　前	164766	12.9	187076	8.6	14.0	3	1.1
迎　泽	148362	–25.3	185140	8.5	–10.2	6	15.1
桥　东	255501	–1.2	291869	13.4	1.4	5	2.6
老军营	254767	–6.0	270153	12.4	–32.0	7	26
郝　庄	583096	15.5	611289	28.0	11.8	4	–3.7

44 个，占项目总数的51.8%，其中有 18 个项目本年无产值，占项目总数的 21.2%。

4. 房地产销售面积下降。全区商品房销售面积为 289803 平方米，同比（450963 平方米）下降 35.7%，跌幅比去年同期（–50.7%）回落了 15 个百分点，低于三季度（–25.2%）10.5 个百分点；商品房销售额 222750 万元，同比（292699 万元）下降 23.9%，跌幅比去年同期（–58.2%）回落了 34.3 个百分点，比三季度（–24.2%）回落 0.3 百分点。

（五）建议与对策

从全年全区投资的运行情况看，制约全区投资发展的主要因素主要有三个方面，一是新开工项目数量明显减少，投资增长缓慢；二是中小型投资项目投资不足，进度缓慢；三是住宿餐饮投资出现负增长，成为行业投资的短板。针对以上情况，下一步应从以下几方面采取措施：

一是抓项目落地，着力落实新开工项目。持续推动城中村改造工作，把项目落地开工建设作为落脚点，切实扩大全区新开工项目的数量与规模，增强全区投资续接能力；应采取“统筹支持、项目优先”的方针。统计部门应定期与住建、发改等部门碰头，研究具体解决方案，将解决不了的问题详细整理，及时向上级反映，并提出可行性的建议。尽最大努力做好新项目入库工作，让驻地企业的投资情况都通过联网直报体现出来。

二是抓招商引资，大力引进民间投资。坚持以项目建设为抓手，创新理念，拓宽思路，切实以项目促招商、带投入，放宽民间投资市场准入，营造公平竞争的投资环境，发挥政府投资的引导带动作用，大力促进创业创新中民间投资发展，加大对民间投资的金融支持，落实地方政府和部门责任促进民间投资持续稳定增长。

三是抓中小项目，有力推进中小项目建设。未开工的要加快手续办理进度，促使其早日正式开工，已开工但建设进度缓慢的要主动服务和督导，尽快解决影响项目进展的问题与症结，从而扭转中小项目投资低迷的态势。

六、社会消费品零售总额快速增长

2016 年，全区消费品市场有效需求旺盛，市场规模不断扩大，保持了较快的增长势头。全年实现社会消费品零售总额 4401717 万元，比上年同期增长 10.8%，增速比上年同期（10.6%）提高 0.2 个百分点，比上半年（8.9%）提高 1.9 个百分点。截止 2016 年底，全区目前共有限额以上批发企业 34 个，零售企业 87 个，住宿业 33 个，餐饮业 34 个，个体工商户及非同业产业活动单位 145 个。

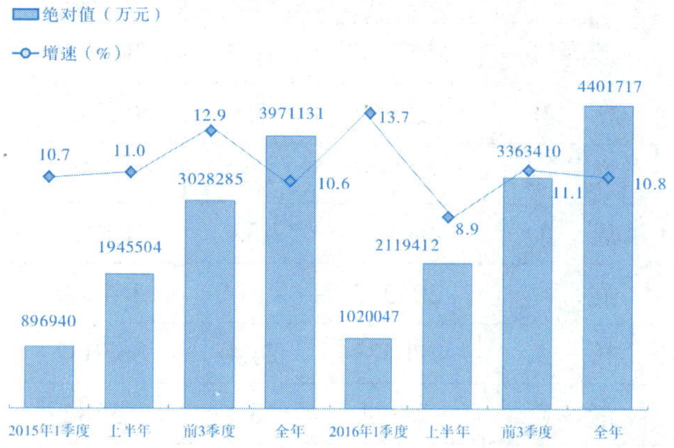

图4　社会消费品零售总额走势图

（一）消费品市场特点

1. 批发零售业对消费品市场增长起决定作用。

分行业看，批发业实现零售额 818462 万元，占全部社会消费品零售总额的 18.6%，同比增长 27.5%；零售业实现零售额 3231364 万元，占全部社会消费品零售总额的 73.4%,同比增长 8.2%；住宿业实现零售额 33185 万元，占全部社会消费品零售总额的 0.8%,同比增长 4.1%；餐饮业实现零售额 318706 万元，占全部社会消费品零售总额的 7.2%，同比增长 2.4%。

批发业和零售业实现的零售额占到了全部社会消费品零售总额的 92.0%，拉动全区社会消费品零售额总额增长 10.6 个百分点，增长贡献率达到 98.1%。

2. 限额以上单位占据消费品市场主力地位。

全区实现限额以上零售额 2845436 万元，占全部社会消费品零售总额的 64.6%，同比增长 11.2%，拉动全区社会消费品零售额总额增长 7.2 个百分点，增长贡献率达到 66.5%；实现限额以下零售额 1556281 万元，占全部社会消费品零售总额的 35.4%，同比增长 10.2%，拉动全区社会消费品零售额总额增长 3.6 个百分点，增长贡献率达到 33.5%。

限额以上单位无论是从零售额还是对消费品市场的增长贡献率，都远大于限额以下单位，占据绝对的主力地位。

3. 地区发展不平衡。

从限额以上部分来看，全区七个街（镇）中，三个地区零售额增长高于全区平均速度，实现两位数的增长，两个地区零售额不足 5.0%。

其中迎泽实现零售额 202377 万元，同比增长 25.5%；郝庄实现零售额 550108 万元，同比增长 13.0%；桥东实现零售额

表 6　全区及分街镇限额以上社会消费品零售总额

	2015 年		2016 年				
	绝对量（万元）	增速（%）	绝对量（万元）	占全区比重（%）	增速（%）	增速排位	增速比上年加快或减缓百分点
迎泽区	2557187	10.3	2845436	100	11.2	—	0.9
柳　巷	822689	2.3	883907	31.1	7.4	4	5.1
文　庙	62554	11.7	64050	2.3	2.4	6	-9.3
庙　前	98272	-3.7	105227	3.7	7.1	5	10.8
迎　泽	202377	-14.8	254069	8.9	25.5	1	40.3
桥　东	770423	24.4	863042	30.3	12	3	-12.4
老军营	50764	-8.1	53582	1.9	2.1	7	10.2
郝　庄	550108	23.8	621559	21.8	13	2	-10.8

863042万元，同比增长12.0%，柳巷实现零售额883907万元，同比增长7.4%；庙前实现零售额105227万元，同比增长7.1%；文庙实现零售额64050万元，同比增长2.4%；老军营实现零售额53582万元，同比增长2.1%。

4. 健康消费快速增长。

随着收入水平的提高，以及生活节奏的加快，健康问题越来越成为大众关注的焦点。对健康的投入是受益最大的投资，也已成为现代社会的共识。全区限额以上中西药品类实现零售额653004.9万元，占全部社会消费品零售总额的14.8%，同比增速22.1%。

5. 家电市场稳中有进。

伴随着IT行业及互联网行业的迅猛发展，家用电器近年来也呈现数字化、智能化、重视用户体验、各家电之间互联互通的特点，从而引发新一轮家电产品更新换代的热潮。全区限额以上家用电器和音像器材类实现零售额327673.1万元，占全部社会消费品零售总额的7.4%，同比增速16.8%。

（二）*存在的问题*

1. 个别大型企业对市场影响巨大。

国药集团山西有限公司、山西百圆裤业连锁经营股份有限公司、山西苏宁云商销售有限公司三个大型单位拉动全区社会消费品零售总额增长7.1%，增长贡献率达到65.0%；三个单位拉动全区限额以上零售额增长10.9%，增长贡献率达到97.7%，如果没有这三个“定海神针”，全区限额以上单位基本处于“原地踏步”状态。

一旦这些恐龙型企业遭遇经营上的“侏罗纪”灾难，对全区消费品市场的影响也是巨大的，市场增长的稳定性难以保证。

2. 汽车销售市场继续萎缩。

继去年同期销售大幅下滑13.9%之后，全区汽车经销企业针对市场现状，采取一系列营销措施，虽然取得一定效果，但仍未能改变市场份额继续下滑的态势。全区限额以上汽车类实现零售额61812.5万元，同比下降5.1%。

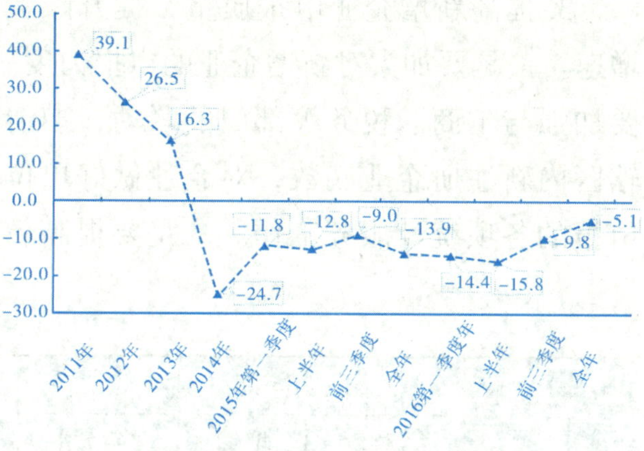

图5　2011年以来限额以上汽车类商品零售额增速走势图

3. 限额以上住宿餐饮业营业乏力

全区实现限额以上住宿餐饮业营业额161466万元，同比下降3.9%。67家限额以上住宿餐饮企业中，营业额实现正增长的仅有23家，占比仅34.3%。

（三）*意见和建议*

1. 做好商贸企业的配套服务。要加强与企业的沟通联系，帮助企业解决在生产经营中出现的实际问题；帮助企业开展形式多样、内容丰富的促消活动，并做好相关配套服务。

2. 逐步消化成长性低的限上企业，调减限上基数。我区限额以上社会消费品零售额，经过近几年的快速增长，带来了高基数。在基数增大的同时保持高增长存在较大难度。从全区限上企业的实际情况来看，部分限上企业的增长水平达不到全区平均水平。在统计法规和制度允许的前提下，逐步消化成长性较低，经营情况不理想，增长乏力，营业收入不达限额的企业，逐步调减限上社零基数。

3. 提高新增企业申报质量，提升限上增速。一是要加大对新增企业的申报力度。要加强与工商、税务等部门的联动，摸清辖区内新注册企业底数，对企业做好单位申报的各项统计服务工作。二是要提高新增企业的申报质量。在单位申报时，要详细了解企业的生产经营情况，成长性较好的企业要优先予以申报。对新入规企业、对全区社零有突出贡献的商贸企业和相关人员进行一定的奖励，提升制度的激励性。

七、一般预算收入增速低位运行

全年财政总收入完成 297595 万元，同比下降 2.06%；一般公共预算收入累计完成 139219 万元，同比下降 13.71%；一般公共预算支出累计

综上所述，2016 年我区经济基本实现了“十三五”的良好开局，主要经济指标均保持了持续增长的良好局面，为今后经济的可持续发展提供了坚实的基础。

附表：各街办完成情况

附表 1：　全区及各街办规模以上工业产值

	上年同期		2016 年				
	绝对量（万元）	增速（%）	绝对量（万元）	占全区比重（%）	增速（%）	增速排位	增速比上年同期加快或减缓百分点
迎泽区	659820	6.2	635250	—	-3.7	—	-9.9
柳　巷	3688	8.7	3815	0.6	3.5	2	-5.2
桥　东	498036	3.0	450367	70.9	-9.6	3	-12.6
老军营	158096	17.7	181069	28.5	14.5	1	-3.2

附表 2：　全区及各街办建筑业总产值

部门	2015 年四季度				2016 年四季度			
	绝对量（万元）	增长（%）	增速排名	总量排名	绝对量（万元）	增长（%）	增速排名	总量排名
全　区	3335562	5.5	——	——	4039903	21	——	——
柳　巷	43017	28.0	2	7	50618	17.7	6	7
文　庙	121730	-9.0	6	5	143821	18.1	4	5
庙　前	2458231	1.9	4	1	3009388	22.4	3	1

续表

部门	2015年四季度				2016年四季度			
	绝对量（万元）	增长（%）	增速排名	总量排名	绝对量（万元）	增长（%）	增速排名	总量排名
迎 泽	316526	-1.0	5	2	406763	28.5	1	2
桥 东	99105	-17.0	7	6	116281	17.3	7	6
老军营	135023	26.9	3	5	159318	18	5	4
郝 庄	161928	343.1	1	4	206715	27.7	2	3

附表3： 全区及各街办固定资产投资

	2015年全年				2016年全年			
	绝对量（万元）	在全区位次	增速（%）	在全区位次	绝对量（万元）	在全区位次	增速（%）	在全区位次
迎泽区	1909744	—	24.8	—	2182485	—	14.3	—
柳 巷	230591	4	4.0	6	274366	3	19.0	2
文 庙	77065	7	23.5	5	169074	7	119.4	1
庙 前	164095	6	31.4	4	187076	5	14.0	3
迎 泽	206157	5	-36.6	7	185140	6	-10.2	6
桥 东	287864	3	51.7	2	291869	2	1.4	5
老军营	397071	2	76.1	1	270153	4	-32.0	7
郝 庄	546901	1	51.0	3	611289	1	11.8	4

附表4： 全区及各街办社会消费品零售总额

	2015年				2016年			
	绝对量（万元）	在全区位次	增速（%）	在全区位次	绝对量（万元）	在全区位次	增速（%）	在全区位次
迎泽区	2557187	—	10.3	—	2845436	—	11.2	—
柳 巷	822689	1	2.3	4	883907	1	7.4	4
文 庙	62554	6	11.7	3	64050	6	2.4	6
庙 前	98272	5	-3.7	5	105227	5	7.1	5
迎 泽	202377	4	-14.8	7	254069	4	25.5	1
桥 东	770423	2	24.4	1	863042	2	12	3
老军营	50764	7	-8.1	6	53582	7	2.1	7
郝 庄	550108	3	23.8	2	621559	3	13	2

便民指南

迎泽区行政审批服务事项汇总表

序号	单　位	审批事项名称
1	工商分局	公司登记
2	工商分局	个人独资企业设立
3	工商分局	非公司企业法人登记
4	工商分局	合伙企业登记(普通合伙企业)
5	工商分局	农民专业合作社登记
6	工商分局	企业名称预先核准
7	工商分局	非公司营业单位注销
8	工商分局	有限责任公司注销
9	工商分局	个人独资企业及分支机构变更登记
10	工商分局	有限责任公司变更登记
11	工商分局	农民专业合作社及分支机构变更登记
12	工商分局	有限责任公司分公司变更登记
13	国税分局	个体工商户税务登记
14	国税分局	企业及其他非个体户税务登记（分公司）
15	国税分局	企业及其他非个体户税务登记（有限公司）
16	地税分局	企业及其他非个体户税务登记（新办）
17	地税分局	企业及其他非个体户税务登记（变更）
18	地税分局	企业及其他非个体户税务登记（补办）
19	地税分局	个体工商户税务登记
20	质监分局	计量标准器具核准
21	质监分局	制造、修理计量器具许可证核发
22	质监分局	特种设备使用登记（1 次申请 10 台以下）
23	质监分局	特种设备使用登记（1 次申请 10—50 台以下）
24	质监分局	特种设备使用登记（1 次申请 50 台以上）
25	质监分局	气瓶使用登记证
26	质监分局	特种设备注册登记（电梯）
27	质监分局	特种设备注册登记（锅炉）
28	质监分局	特种设备注册登记(起重机械）

续表

序号	单 位	审批事项名称
29	质监分局	车用气瓶使用登记证
30	质监分局	特种设备注册登记(压力容器)
31	质监分局	特种设备注册登记(厂内机动车辆)
32	质监分局	特种设备注册登记(游乐设施)
33	质监分局(未下放)	计量检定员资格核准
34	环保分局	建设项目环境影响评价文件审批(报告表)
35	环保分局	建设项目环境影响评价文件审批(报告书)
36	环保分局	建设项目竣工验收审批
37	环保分局	建筑施工夜间作业证明
38	环保分局	大气、水体排放污染许可证核发
39	国土分局	建设项目用地预审(初审)
40	国土分局	土地复垦设计方案审批及复垦后土地验收
41	国土分局	临时用地审批
42	国土分局	国家基础测绘成果资料提供使用的审批
43	国土分局	矿山地质环境恢复治理方案的审批或审查
44	国土分局	建设项目地质灾害危险性评估报告备案
45	园林绿化	非正常修剪树木的许可
46	园林绿化	古树名木采摘果实种子的审批
47	园林绿化	在城市的公共绿地内从事商业、服务经营活动的审批
48	园林绿化	公园内举办活动的批准
49	园林绿化	公园内拍摄影视作品的批准
50	园林绿化	城市古树名木的鉴定
51	城管局	临时占用城市道路审批
52	城管局	燃气经营许可证的核发
53	城管局	新建、拆除或者改造城市环境卫生设施审核
54	城管局	公共场所举办宣传咨询等活动的审批
55	城管局	接纳城市建筑垃圾和生活垃圾的审批
56	城管局	建筑物、构筑物或者设施的外观造型、装饰及色彩设计方案报市容环境卫生行政主管部门备案
57	城管局	设置自行车存车处的审核
58	城管局	建筑物、构筑物等设施悬挂宣传条幅

续表

序号	单　位	审批事项名称
59	城管局	在街道两侧和公共场地堆放物料和搭建建筑物、构筑物及其他设施的同意
60	人防办	人防工程利用审核
61	人防办	已建人防工程拆除批准
62	人防办	已建人防工程的报废、改造
63	人防办	警报器拆除（迁移）审核
64	住建局	新设立物业服务企业资质核定
65	住建局	物业服务企业三级资质核定
66	住建局	物业服务企业资质证书变更
67	住建局	房屋租赁登记备案
68	发改局	县区政府出资的不使用上级政府资金的投资项目审批（含项目建议书审批、可行性研究报告审批、初步设计及概算审批；国家、省有特殊规定的除外）
69	发改局	固定资产投资项目节能评估审查(含企业)
70	发改局	企业、事业单位、社会团体等投资建设的固定资产投资建设项目的核准
71	发改局	企业投资5亿元以下项目备案（省属、市属企业、外商投资企业除外；国家省有特殊规定的除外）
72	发改局	工程建设项目招标事项核准（含需向市发改委报备的项目）
73	发改局	区政府投资项目竣工验收
74	发改局	上级发展和改革部门审批和核准项目的初审
75	发改局	企业投资不涉及跨县（市、区）水资源配置调整的水事工程项目（水库除外）核准（省属、市属企业、外商投资企业除外）
76	发改局	企业投资县乡公路（不含独立公路桥梁隧道）项目核准（省属、市属企业、外商投资企业除外）
77	发改局	企业投资其它城建项目（不含城市快速轨道交通、供水、垃圾焚烧发电、危险废弃物处理，污水处理.生活垃圾处理、房地产）核准（省属、市属企业、外商投资企业除外）
78	发改局	企业投资教育、卫生、文化、体育、广播电影电视项目核准（省属、市属企业、外商投资企业除外）
79	发改局	企业在县（区）主管河流上投资建设径流式水电项目核准（省属、市属企业、外商投资企业除外）
80	发改局	企业投资压缩天然气（CNG）加气子站项目核准（省属、市属企业、外商投资企业除外）

续表

序号	单 位	审批事项名称
81	发改局(转自物价)	民办学校(非学历)收费备案(新办)
82	发改局(转自物价)	民办学校(非学历)收费备案(年审)
83	发改局(转自经信局)	工业固定资产投资项目节能评估与审查
84	发改局(转自经信局)	投资项目核准
85	发改局(转自经信局)	企业投资项目备案(5000 万元以下) (不含扩权强县试点、综改实验区试点、开发区)
86	发改局(转自经信局)	技术改造项目达产达效验收
87	婚姻登记	结婚证登记
88	婚姻登记	离婚证登记
89	婚姻登记	补发结婚证登记
90	婚姻登记	补发离婚证登记
91	民政局	民办非企业单位成立登记
92	民政局	民办非企业单位法人变更登记
93	民政局	民办非企业单位注销登记
94	民政局	社会团体成立登记
95	民政局	民办非企业单位住所变更登记
96	民政局	社会团体及分支机构、代表机构的设立登记
97	民政局	社会团体法人变更登记
98	民政局	社会团体注销登记
99	民政局	社会团体住所变更登记
100	人社局	企业综合计算工时和不定时工作制审批
101	人社局	工伤认定
102	人社局	企业职工退休审批(正常退休)
103	人社局	企业职工退休审批(特殊工种退休)
104	人社局	企业职工退休审批(病退)
105	人社局	补办退休证
106	人社局	连续工龄审批
107	人社局	调整工伤人员工伤保险待遇审批
108	人社局	遗属生活困难补助费审批
109	人社局	职业介绍机构资格许可
110	人社局	民办职业培训学校办学许可

续表

序号	单　位	审批事项名称
111	教育局	中华人民共和国民办幼儿园办学许可证
112	教育局	中华人民共和国民办学校办学许可证
113	农业委员会	动物防疫条件合格证核发
114	农业委员会	拖拉机、联合收割机登记注册
115	农业委员会	拖拉机、联合收割机驾驶证核发
116	农业委员会	动物诊疗许可证核发
117	农业委员会	动物检疫合格证核发
118	农业委员会	农药经营许可证核发
119	农业委员会	兽药经营许可证核发
120	农业委员会	农作物种子经营备案证核发
121	农业委员会	在草原上修建直接为草原保护和畜牧业生产服务的工程设施使用70公顷以上草原审批
122	农业委员会	征收草原植被恢复费
123	农业委员会	退耕还草草原权属证书核发
124	农业委员会	草种经营许可审批
125	农业委员会	食用菌母种和原种生产经营许可证审批
126	农业委员会	临时占用草原、开展经营性旅游活动、征用使用草原等的审核审批
127	卫计局	公共场所卫生许可
128	卫计局	供水单位卫生许可
129	卫计局	医疗机构设置
130	卫计局	医疗机构许可
131	卫计局	医师执业（助理）注册
132	卫计局	护士执业注册（初审）
133	卫计局	从事助产技术服务、结扎手术和终止妊娠手术的医疗、保健机构设置许可
134	卫计局	放射诊疗许可
135	卫计局	护士延续注册
136	卫计局	护士变更注册
137	卫计局	公共场所卫生许可换证
138	卫计局	供水单位卫生许可换证
139	卫计局	放射诊疗许可换证
140	卫计局	从事助产技术服务、结扎手术和终止妊娠手术的医疗、保健机构设置许可换证

续表

序号	单 位	审批事项名称
141	文化局	互联网上网服务营业场所(非直营店)设立及变更的审批
142	文化局	娱乐场所设立及变更的审批
143	文化局	文艺表演团体设立及变更的审批
144	文化局	国内营业性演出备案
145	文化局	演出场所经营单位备案
146	文化局	个体演员、个体演出经纪人备案
147	文化局	出版物批发、零售企业设立及变更的审批
148	文化局	一次性内部资料性出版物出版审批
149	文化局	设立报刊记者站初审
150	文化局	乡镇设立广播电视站和机关、部队、团体、企事业单位设立有线广播电视站审核
151	文化局	印刷企业(不含出版物印刷)设立及变更审批, 印刷经营者申请兼营、兼并、合并、分立(不含出版物印刷)审批
152	文化局	专业性强危险性大社会影响大的体育项目经营许可
153	文化局	经营性体育活动场所设立及变更许可(备案)
154	文化局	体育类民办非企业登记审核
155	文化局	体育经营专业人员资格证核发
156	文化局	举办健身气功活动及设立站点审批及监督检查
157	文化局	在县(市、区) 级文物保护单位的保护范围和建设控制地带内 进行建设工程和作业的审批
158	文化局	对县区文物单位必须做出迁移或者拆除方案的审核
159	文化局	学校体育设施改变性质和用途批准
160	文化局(未下放)	艺术品经营场所的设立及变更的备案
161	文化局	体育类社会团体登记审核
162	国税分局	车辆购置税优惠办理
163	国税分局	车辆购置税退税
164	国税分局	车辆购置税征收
165	商务局	外商独资项目备案
166	商务局	酒类流通备案登记证
167	商务局	酒类批发许可证(初审)
168	商务局	再生资源备案初审
169	司法局	基层法律服务工作者执业核准
170	财政局	会计代理记账职业资格审核(初审)

续表

序号	单　位	审批事项名称
171	财政局	会计从业资格审批(初审)
172	安监局	危险化学品经营许可及变更许可
173	安监局	地勘工程备案
174	安监局	重大危险源备案
175	安监局	砖瓦粘土开采建设项目、县级国土资源部门颁发采矿许可证的其它非金属矿山建设项目安全设施设计审查
176	安监局	第三类非药品类易制毒化学品经营备案证明
177	水务局	水源勘探、开凿或更新水井的审批
178	水务局	取水许可(50米以下)
179	水务局	河道管理范围内有关事项的审批
180	水务局	采砂许可证〔县(市、区)水务局负责县管河道采砂许可证审批〕
181	水务局	河道排污口设置和扩大审批〔县(市、区)水务局负责县管河道排污口设置和扩大审批〕
182	水务局	蓄滞洪区避洪设施建设审批
183	水务局	水利建设项目的审批
184	水务局	开发建设项目水土保持方案及工程验收审批
185	水务局	水域滩涂渔业养殖、捕捞及水产苗种生产许可
186	水务局	核发水域滩涂养殖证(初审)〔县(市、区)水务局负责水库、池塘及水库滩涂内所有网箱养殖证的初审〕
187	水务局	河道管理范围内有关事项的审批
188	水务局	实施地下水动态监测
189	水务局	捕捞业许可
190	水务局	水域滩涂养殖证核发
191	水务局	民间规模性水生生物增殖放流活动审批
192	水务局	水产苗种产地检验
193	水务局	内陆渔业捕捞许可证审批
194	水务局	专项(特许)渔业捕捞许可证审批
195	水务局	临时渔业捕捞许可证审批
196	水务局	农村集体经济组织修建水库批准
197	水务局	责令限期安装计量设施
198	水务局	对用水单位取得水资源使用权的调整

续表

序号	单 位	审批事项名称
199	防震减灾局	建设工程抗震设防要求及地震监测设施和观测环境保护范围内建设工程的审批事项
200	交通运输局	在辖区公路内申请办理超限运输许可
201	交通运输局	道路运输相关业务维修许可
202	交通运输局	道路货物运输、站场经营许可及变更许可
203	交通运输局	跨越穿越公路、修建桥梁、渡槽或者架设、埋设管道、电缆等设施的许可
204	交通运输局	占用、挖掘公路、公路用地或者使公路改线、公路用地范围内和跨越公路的设施设置、悬挂非公路标志的许可
205	交通运输局	经营性道路货运车辆年度审验
206	交通运输局	经营性普通道路货物运输车辆经营者过户变更
207	交通运输局	货运车辆退出市场审核
208	交通运输局	道路运输(货物)经营许可
209	民族宗教局	清真许可证及清真标志牌事项审批(清真食品生产经营许可和清真标志牌审批)
210	民族宗教局	宗教活动场所事项初审
211	民族宗教局	变更少数民族成分审核
212	民族宗教局	宗教教职人员备案
213	民族宗教局	宗教场所负责人备案
214	民族宗教局	清真食品专用包装、标识备案
215	林业局	林木种子生产经营许可
216	林业局	省内运输、携带非重点保护陆生野生动物及其产品审批
217	林业局	非重点保护陆生野生动物驯养繁殖及经营利用许可
218	林业局	林木采伐、木材经营加工及运输许可
219	林业局	临时占用、征用林地审批
220	林业局	森林、林木、林地权属登记及证书核发
221	林业局	植物检疫证书核发
222	林业局	天然林保护范围内利用森林资源从事旅游、种植、养殖等经营活动的许可
223	林业局	使用新型药剂进行生产性森林病虫害防治审定
224	林业局	在森林公园设置商业网店同意
225	林业局	县级森林公园总体规划的批准
226	林业局	市级义务植树基地的审核
227	林业局	义务植树尽责形式、组织登记、检查验收工作的审核
228	林业局	森林防火期野外用火的审批

续表

序号	单　位	审批事项名称
229	林业局	林业工程绩效评价
230	食药监分局	麻醉药品和精神药品邮寄证明核发
231	食药监分局	麻醉药品、第一类精神药品运输证明核发
232	食药监分局(转自工商)	食品经营许可证审批
233	食药监分局	食品生产加工小作坊许可证审批
234	公安治安	刻制公章、公章丢失补制
235	公安治安	烟花爆竹道路运输、燃放许可
236	公安治安	旅馆业特种行业许可证核发
237	公安治安	养犬年检
238	公安治安	集会、游行、示威及大型群众文化体育活动安全许可
239	公安治安	金融机构营业场所、金库安全防范设施设计审核
240	公安治安	金融机构营业场所、金库安全防范设施竣工验收
241	消防大队	建设工程消防设计审核
242	消防大队	建设工程消防验收
243	消防大队	建设工程消防设计备案
244	消防大队	建设工程消防竣工验收备案
245	消防大队	建设工程消防设计备案(层数为18层及以下的高层住宅消防设计备案及竣工验收备案)
246	消防大队	公众聚集场所投入使用、营业前消防安全检查
247	公安户政	毕业生分配落户
248	公安户政	学校录取新生落户
249	公安户政	军人身份证
250	公安户政	边境通行证
251	公安出入境	大陆居民往来台湾通行证
252	公安出入境	港澳通行证
253	公安出入境	护照申请受理
254	公安出入境	港澳二次签注
255	机关事业保险所	机关社保参保登记
256	机关事业保险所	机关社保变更登记
257	机关事业保险所	机关社保注销登记
258	机关事业保险所	机关事业单位养老保险年度审核
259	机关事业保险所	机关事业养老保险基金征缴

续表

序号	单 位	审批事项名称
260	机关事业保险所	死亡待遇及遗属待遇审核
261	机关事业保险所	养老保险待遇领取资格认证
262	机关事业保险所	养老保险关系的转移、接续
263	机关事业保险所	办理退(离)休人员待遇审核业务
264	机关事业保险所	参保单位发生人员增减变动
265	机关事业保险所	养老保险关系的终止
266	失业保险中心	办理失业人员失业保险金申领认定
267	失业保险中心	失业保险缴费基数核定
268	失业保险中心	缴费证明的出具
269	失业保险中心	企业和事业单位新参保
270	失业保险中心	失业保险变更登记
271	失业保险中心	失业保险申报缴费
272	失业保险中心	失业保险注销登记
273	失业保险中心	失业人员按月申领发放
274	失业保险中心	失业人员申领登记
275	医保中心	居民医保参保单位缴费登记
276	医保中心	居民医保多号合一
277	医保中心	居民医保停保
278	医保中心	急诊住院报销手续
279	医保中心	急诊门诊死亡报销手续
280	医保中心	生育报销手续
281	医保中心	新生儿住院报销手续
282	医保中心	未成年人门诊意外报销手续
283	医保中心	大学生住院报销手续
284	医保中心	医疗保险异地备案及报销手续
285	医保中心	社区居民参保缴费手续
286	医保中心	低保中心特殊人群参保缴费手续
287	医保中心	残联重残人员参保登记手续
288	医保中心	学校参保缴费手续
289	医保中心	参保人员信息变更手续
290	医保中心	居民医保参保单位社保卡领取

续表

序号	单　位	审批事项名称
291	医保中心	居民转职工参保登记手续
292	医保中心	城乡居民养老保险参保登记
293	医保中心	城乡居民养老保险转移，接续
294	医保中心	城乡居民养老保待遇发放
295	医保中心	城乡居民养老保险继承
296	低保中心	城乡最低生活保障
297	社会救助	城乡困难群众临时救助
298	社会救助	城乡困难群众医疗救助
299	新农合	普通住院、分娩、意外伤害、省外住院及诊疗项目中涉及内置材料的补偿
300	新农合	门诊大病（特殊重大慢性病）补偿
301	新农合	就医卡补办
302	职介中心	人事档案代理
303	职介中心	人事档案退休
304	职介中心	人事档案转递、借阅
305	职介中心	已退休、未退休人员死亡
306	职介中心	灵活就业困难人员社会保险补贴
307	职介中心	下岗失业人员及灵活就业人员就业失业登记证
308	职介中心	灵活就业人员医疗保险新增手续
309	职介中心	灵活就业人员医疗保险转入手续
310	职介中心	灵活就业人员医疗保险转出手续
311	职介中心	灵活就业人员医疗保险退休办事流程
312	职介中心	灵活就业人员医疗保险拿票手续
313	社保中心	企业职工基本养老保险单位参保登记
314	社保中心	企业职工基本养老保险新增人员参保登记
315	社保中心	企业职工基本养老保险变更登记
316	社保中心	企业职工基本养老保险注销登记
317	社保中心	企业职工基本养老保险缴费基数核定
318	社保中心	企业职工养老保险费征收
319	社保中心	企业职工养老保险参保人员因病或因工死亡待遇审核
320	社保中心	职业养老保险养老金核定
321	社保中心	工伤保险待遇核定

2016年迎泽区公办小学学区范围

序号	学校名称	学校地址	学区范围
1	校尉营小学	太原市迎泽区西校尉营21号	西夹道、南仓巷、靴巷、大剪子巷以东，五一路以西，南肖墙、鼓楼街以南，开化寺、袁家巷、海子边西街、海子边东街、皇华馆以北
2	桃园小学	太原市迎泽区桃园北路90号	滨河东路以东，新建路以西，桃园三巷以南，水西关街以北
3	海边街小学	太原市迎泽区海边街9号	新建路以东，南海街、都司街以西，迎泽大街以北，西羊市街以南
4	三晋小学	太原市迎泽区庙前街19号	南海街、都司街以东，解放路以西，西羊市街以南，迎泽大街以北
5	海边街小学	太原市迎泽区水西关南街南一巷9号	新建路以西，滨河东路以东，迎泽大街以北，水西关街以南
6	回民小学	太原市迎泽区云路街33号	解放路以东，柳巷南路以西，云路街两侧(柳巷南路以西)，迎泽大街以北。前所街，柳南小区六号楼
7	双语实验小学	太原市迎泽区解放路晋府店4号	解放路以东，鼓楼街以南，大剪子巷、靴巷、南仓巷、西夹道、前所街以西，开化寺街两侧
8	双西学校	太原市迎泽区双塔西街52号	新建南路以东，解放南路以西，南沙河南沿岸以南，菜园街以北
9	滨河小学	太原市迎泽区桃园南路西一巷7号	滨河东路以东，新建路以西，迎泽大街以南，康乐街、康乐西街以北
10	大南关小学	太原市迎泽区文源巷53号	新建南路以东，迎泽公园以西，南沙河北沿岸以北，迎泽大街以南
11	桃南小学	太原市迎泽区桃园南路西里街3号	滨河东路以东，新建南路以西，康乐街、康乐西街以南，沙河桥东侧双塔西街以北，沙河桥西侧南沙河北沿岸以北
12	青年路小学	太原市迎泽区邮电后街3号	并州西街以南，青年路南段(以并州西街为界)两侧，南沙河以北，并州北路以西
13	迎泽街小学	太原市迎泽区新南四条12号	并州西街以北，迎泽大街以南，并州北路以西，青年路北段(以并州西街为界)两侧
14	东岗小学	太原市迎泽区并州东街75号	并州东街以南，南沙河以北，东岗路以西，并州北路以东及东岗小学围墙外侧
15	并州路小学	太原市迎泽区并州路西一里51号	并州北路以东，南官坊、新生里、北联干休所以西，迎泽南街以南，并州东街以北

续表

序号	学校名称	学校地址	学区范围
16	并东小学	太原市迎泽区并州东街东岗路南三巷20号	东岗路以东，建设路以西（南沙河北沿岸以北含铁路沿线），并州东街以南，南内环街以北
17	流沙坡小学	太原市迎泽区新生里66号	迎泽南街以南，并州东街以北，北联干休所、东岗巷东二里、二六四医院、南官坊以东、建设路南路东侧铁路线以西
18	朝阳街小学	太原市迎泽区朝阳街北二巷19号	火车站铁路线以东，太行路以西，郝家沟街以南，南沙河以北
19	小五台小学	太原市迎泽区新城南街2号	文庙派出所：文庙巷、五一东街南一巷以东，建设北路、东安路（不含东安路）以西，五一东街、迎泽大街以北，新城街以南。桥东派出所：迎泽大街以南，迎泽南街以北，广场以东，建设北路以西
20	建设路小学	太原市迎泽区新城街3号	五一路以东，建设北路以西，上马街、崇善寺、新城街、五一东街以北，杏花岭街、府东街以南
21	双南小学	太原市迎泽区双塔南巷31号	南十方街以北，白云寺街、永祚寺西街以南，建设南路以东，太行路以西
22	狄村小学	太原市迎泽区双塔南路8号	建设南路以东，东中环以西，白云小区（不含白云小区）以南，龙堡街以北
23	第三实验小学	太原市迎泽区菜园街6号	新建南路、解放南路以东，并州北路以西，南内环街以北，南沙河南沿岸以南
24	太师一附小	太原市迎泽区侯家巷2号	迎泽大街以北，上马街、崇善寺以南，五一路、广场以东，崇善寺、文庙巷、五一东街南一巷以西
25	太师二附小	太原市迎泽区老军营小区小环路2号	新建南路以西，滨河东路以东，南内环街以北，沙河桥东侧双塔西街以南，沙河桥西侧南沙河南沿岸以南
26	三好小学	太原市迎泽区双塔寺街葡萄园7号	并州北路以东、东岗路以西、南内环街以北、南沙河南沿岸以南范围，山西日报社宿舍院及山西日报社的职工子弟
27	第一实验小学	太原市迎泽区经园路汇隆花园北门	东华苑小区、汇隆花园A、B区、戒毒所小区、五龙花园小区1—4号楼、华北广电小区

续表

序号	学校名称	学校地址	学区范围
28	起凤街小学	太原市迎泽区起凤街2号	五一路以西，柳南南路以东，儿童公园以南，迎泽大街以北
29	第二实验小学	太原市迎泽区双塔北路9号	太行路以西，建设北路以东，五龙口街以南、五龙口南巷以北
30	双塔北路小学	太原市迎泽区双塔北路一马路608号	五龙口南巷以南，郝家沟街以北，火车站铁道以东，太行路以西
31	港道小学	太原市迎泽区郝庄镇港道村	按照行政村划接收学生，包括五个自然村：港道村、前水峪村、后水峪村、观门前村、观家峪村
32	松庄小学	太原市迎泽区郝庄镇松庄村	迎泽区郝庄镇水峪村以西，郝庄镇郝家沟村以东，郝庄镇赵北峰村以北，杏花岭区杨家峪镇淖马村以南
33	王家峰小学	太原市迎泽区郝庄镇王家峰村	按照行政村划接收王家峰村学生
34	马庄小学	太原市迎泽区郝庄镇马庄村	按照行政村划接收学生，包括五个自然村：马庄村、店坡村、新沟村、枣园村、赵北峰村
35	孟家井小学	太原市迎泽区孟家井村	按照行政村划接收学生，包括九个自然村：孟家井，柳沟，捐子，沟北，东祁家山，西祁家山，占道，前头河，张家河

迎泽区民政局2016年优抚对象和优待抚恤金明细表

优抚对象	人　数	补助金额(万元)
老复员军人	32	38
残疾军人	713	1268
三属人员	27	45.8
两参人员	131	75.5
60周岁农村籍退役士兵	86	12.1
老烈子	14	5.2
总　计	1003	1444.6

索　引

说　明：一、本索引以人名、地名、机构名称为主题词进行索引。二、本索引按主题词汉语拼音字母顺序排列（数字开头的主题词另行排序），主题词后面的数字表示所在页码。三、本索引主题词主要选自年鉴正文部分，特载、大事记、附录、照片不在索引范围内。

H

J

K

L

R

S

T

Z

迎泽 2017 年鉴